高职高专公共基础课系列教材

新编大学语文

主　编　李　春　徐　曼

副主编　梁　斌　刘　鹤　朱　瑞

马卓昊　吕惠珠

参　编　司　娟　李晨霞　韩　芳

吕　萌　吴海中　李　臣

西安电子科技大学出版社

内 容 简 介

本书根据“大学语文”教学改革实际需要，为帮助学生了解古今中外名家名作、感受文化多样性、提高综合人文素养、提升语言表达和交际能力而编写的。全书分为上下两篇。上篇阅读与鉴赏包括诗歌、散文、小说、戏剧、影视文学的阅读与鉴赏等内容；下篇口语训练包括口才技巧、演讲技巧、辩论技巧、交际口语技巧等内容。本书编写突出“三教”改革和信息化教学改革特点，融入思政教育和课程思政，融入信息化技术手段，体现思想性、教育性、时代性、欣赏性、实用性；本书知识体系科学合理，编排形式新颖独特，内容丰富全面。

本书可作为高等院校“大学语文”课程和提升学生人文素养的教材，也可作为文学爱好者的读本。

图书在版编目(CIP)数据

新编大学语文 / 李春，徐曼主编. —西安：西安电子科技大学出版社，2021.9
ISBN 978-7-5606-6207-7

Ⅰ.①新… Ⅱ.①李… ②徐… Ⅲ.①大学语文课—高等学校—教材 Ⅳ.①H19

中国版本图书馆 CIP 数据核字(2021)第 192593 号

策划编辑 李鹏飞 刘 杰
责任编辑 李鹏飞
出版发行 西安电子科技大学出版社(西安市太白南路 2 号)
电 话 (029)88202421 88201467 邮 编 710071
网 址 www.xduph.com 电子邮箱 xdupfxb001@163.com
经 销 新华书店
印刷单位 咸阳华盛印务有限责任公司
版 次 2021 年 9 月第 1 版 2021 年 9 月第 1 次印刷
开 本 787 毫米×1092 毫米 1/16 印张 17.5
字 数 412 千字
印 数 1～8000 册
定 价 48.00 元
ISBN 978-7-5606-6207-7 / H
XDUP 6509001-1
***如有印装问题可调换

前　言

《中共中央国务院关于深化教育改革全面推进素质教育的决定》指出，高等教育要普遍提高大学生的人文素养和科学素质。《教育部关于深化职业教育教学改革全面提高人才培养质量的若干意见》指出，要加强文化基础教育，发挥人文学科的独特育人优势，加强公共基础课与专业课间的相互融通和配合，注重学生文化素质、科学素养、综合职业能力和可持续发展能力培养，为学生实现高质量就业和职业生涯更好发展奠定基础。“大学语文”就是高等教育培养新时代大学生人文素养的一门重要的公共基础课程。人文素养体现的是一个人的综合素质及内在涵养，人文素养可以通过语言、文学、艺术、哲学、历史等多种社会科学学科培养，其中，语言、文学又是一切知识的基础，为大学生完成专业学习和终身发展提供智力基础。

高职教育的教育目标是培养技术技能人才，但走出校门的毕业生仅有劳动技能是不够的，社会需要的是既有人文素养又有技术技能的高素质应用型人才。所以，高职高专的大学语文教育是必要的，且其重心应该是对学生进行人文精神和文化素质的培养。通过对文质兼美的文学作品的阅读来感染学生、影响学生、教育学生，使他们能够汲取人类几千年文明成果的精华，徜徉在优美的传统文化之中，并在潜移默化中提高自身人文素养，真正成为社会需要的人才。

基于上述认识，为了使大学语文教材真正符合高职高专教学的实际，更好地发挥这门课的作用和功能，实现其“实用性”和“可操作性”的有机结合，我们咨询了有关方面的专家，组织长期工作在高职高专语文教学一线的资深教师，编写了本书。我们在选文上特别注意所选文章的经典、新颖和多样性，以及与其他学科的交叉。

本书打破了传统的以文学史为线索的编排形式，采用按主题板块编排，全书分为“上篇：阅读与鉴赏”和“下篇：口语训练”。上篇收录脍炙人口的千古名篇，又选录有别于中学语文的近代、现代和当代的名家之作，体裁方面兼顾了诗歌、散文、小说、戏剧等，以求宏观上的协调。下篇的内容主要是口语和交际能力的训练以及当下热门问题的探讨，通过训练，让学生掌握相应的交际能力，解决人际交往中遇到的实际问题。

本书编写体例新颖、内容与时俱进，使阅读、欣赏、理解、应用紧密相连，融会贯通，既满足对大学生进行人文素质教育的需要，也符合青年学生求新、求变的心理，有利于将大学语文教育的重心落实到人文素质教育上，让每位走进高职高专院校的学子都能受到人类优秀传统文化的熏陶，毕业后，不仅熟练掌握应用技术，而且还具有较高的文化素质，真正成为适应社会发展的复合型人才。

本书由李春、徐曼任主编，梁斌、刘鹤、朱瑞、马卓昊、吕惠珠任副主编，司娟、李晨霞、韩芳、吕萌、吴海中、李臣参与编写。其中李春、徐曼提出课程改革的总体思路，并对全书进行框架设计、统筹和审定。具体编写分工为：徐曼编写了第二章，梁斌、吕惠珠编写了第六章、第七章、第八章和第九章，刘鹤、李晨霞编写了第三章，朱瑞、吴海中编写了第四章，马卓昊、司娟编写了第一章，韩芳、吕萌编写了第五章和附录，李臣等参与了其他辅助工作。

编写教材是一项影响深远的工作，我们深感责任重大，但由于时间仓促，加之编者水平有限，虽然经过反复校对和仔细推敲，书中仍难免存在问题与不足，我们诚恳地期待各位专家提出宝贵的意见和建议，以便修订时加以完善。

关于大学语文

本书在编写过程中参考了众多文献资料，有些未能一一列出，在此一并表示感谢。

编　者

2021 年 8 月

目　录

上篇　阅读与鉴赏

下篇　口 语 训 练

上篇　阅读与鉴赏

第一章 诗歌的阅读与鉴赏

一、诗歌概述

诗歌是世界上最古老、最基本的文学形式，是一种阐述心灵感悟的文学体裁。诗人需要掌握成熟的艺术技巧，并按照一定的音节、声调和韵律的要求，用凝练的语言、充沛的情感以及丰富的意象来高度集中地表现社会生活和人类精神世界。

中国的诗歌在世界诗歌史上光彩夺目，熠熠生辉。在中国古代，不合乐的称为诗，合乐的称为歌，后世将两者统称为诗歌。

（一）诗歌的发展

中国有悠久的诗歌传统。从远古时代的萌芽到唐代的成长巅峰到近现代的改革创新再到当代艰难的发展，诗歌不断变化着自己的表现形式，呈现出与大时代相适应的特点，同时也坚守着固有的表达传统，让一代代人感受到诗歌精彩纷呈的表现力。

孔颖达在《毛诗正义》中曰："讴歌自当久远，其名曰诗，未知何代。"这既可以看出诗歌产生年代的古老久远，又可以感受到作为具有审美功能的样式之一的诗歌与人类和时代紧密相连。

周王朝为制作礼乐，收集了从西周到春秋大约五百年的诗歌 305 篇，这就是《诗经》，它被看作是我国古代诗歌现实主义的源头。战国时期，屈原在楚国民歌的基础上创作了"书楚语、作楚声、纪楚地、名楚物"的"楚辞"，后由西汉刘向编辑《楚辞》。西汉汉武帝时期，朝廷的音乐机构"乐府"把所有采集来的民歌进行集中编辑，这就是《乐府诗》。《乐府诗》多以五言为主，继承了《诗经》的现实主义创作风格，如《十五从军行》《东门行》等。值得一提的是这一时期的《古诗十九首》，被看作是早期文人进行独立创作的典范。汉朝末年的"三曹""竹林七贤"的创作风格等更是被后世当作诗风革新的一个榜样。魏晋南北朝时期被看作我国古代诗歌发展的又一重要时期，出现了独具特色的山水田园诗派。陶渊明被称为田园诗派的开创祖师，谢灵运被称为山水诗派的鼻祖，南北朝的诗歌艺术集大成者庾信所创作的诗歌，在声律、结构上更加接近律诗、绝句等近体诗，被认为是唐诗发展的先锋。

唐代是我国古代诗歌发展的黄金时期，诗歌发展也以唐为分界线，以前称为古体诗，以后称为近体诗。初唐四杰斗志昂扬，在诗歌理论上有所发展，盛唐被誉为"双子星座"的李白和杜甫蜚声文坛，中唐"韩孟""元白""刘柳"的诗歌有了进一步的创新和改革，晚唐“小李杜”诗风明丽清婉，他们都为诗坛留下了宝贵的精神财富。宋代与唐代相比，诗风更加的平实，这时期豪放派代表“苏辛”和婉约派的李清照、柳永用各具特色的诗风，进一步丰富了我国古代诗歌的内容和表现手法。

(二) 诗歌的特点

根据不同的分类标准我们可以把诗歌分成抒情诗和叙事诗，格律诗与自由诗，近体诗与古体诗，等等。不同时代，诗歌也在悄然地发生着改变，但诗歌语词简练，结构紧凑跳跃，富有韵律性和节奏感，能够高度集中反映生活并表达思想情感这些基本特征是不变的，主要概括为凝练性、跳跃性、节奏韵律性。

凝练性是指要用最少的字词表达出最全面的意义，这就需要诗人有文字功底，反复锤炼语言。如宋祁在《玉春楼》中对“红杏枝头春意闹”一句反复斟酌，最终敲定“闹”字，使得简单的景物深化为满目的春色，顿时境界升华。

跳跃性主要表现在诗歌的结构上，诗歌不必严格遵守传统的思维模式、理性逻辑，经常会穿越时间和空间，形成一种扑朔迷离、无法把握的神秘境况。如唐代诗人李白在《金乡送韦八之西京》写道“狂风吹我心，西挂咸阳树”，想象没有规律可循，变幻莫测，给人一种新奇之感。

节奏韵律性是诗歌最为强调的一点，诗歌的节奏主要指长短强弱不同的音有规律地起伏变化，使得诗歌能够抑扬顿挫，更加淋漓尽致地表达感情。我国古代诗歌停顿有严格的限定，并且讲究平仄押韵。如五言律诗的平仄，有四个基本句式：① 仄仄平平仄；② 平平仄仄平；③ 平平平仄仄；④ 仄仄仄平平。像杜甫的《旅夜书怀》就严格遵守平仄要求。

中国古代诗歌最初起源于远古时代，早期的诗歌创作是人民性、集体性的，正如鲁迅先生在《门外文谈》中给我们做的通俗化的解释，即那个叫“杭育杭育派”的诗派，这时诗歌的主要功能是协调行动，减缓疲倦，交流情感和信息。当然，作品中大都描写了当时人们劳动生活的内容，如《击壤歌》中的“日出而作，日入而息。凿井而饮，耕田而食”就真实而具体地写出了早期人们的农耕生活。正是因为有诗歌做最早的记录，当代人依旧可以了解很久之前先民们的生产、生活。

唐代诗人王之涣《登鹳雀楼》中“欲穷千里目，更上一层楼”这句，既描绘了诗人登楼的情感体验，也给读者平添了很多想象的空间。一个“更”字让人回味无穷，它可以是主观地希望自己在某一时刻再一次登上鹳雀楼，可以是登楼的动作从低向高的增加，也可以是无论从动作还是数量都要不断地向上攀登，这里有很多可以挖掘的意义，让人们体味到诗歌的魅力。杜甫《江汉》中“落日心犹壮，秋风病欲苏”一句用借对的手法，既表达了时空的对应，又表达了情感的转折，生动形象地表现出作者身处逆境而壮心不已的精神状态。

(三) 诗歌的鉴赏方法

诗歌的鉴赏方法十分复杂，这源于诗歌的创作讲究含蓄、委婉、凝练，诗人的抒情往往不是情感的直接流露，说理也不是思想的直接灌输，而是言在此而意在彼，写景则借景抒情，咏物则托物言志。鉴赏古诗词中的形象，重要的是要捕捉并理解诗歌中的意象。

意象是指诗歌中熔铸了作者主观感情的客观物象，是作者内在的思想情感与外在的客观物象的统一。也就是“借景抒情”中的“景”或“托物言志”中的“物”。诗人对意象的选取与描绘，正是作者主观情感的流露。意象往往蕴含着丰富的意旨，寄托着复杂的情感，暗示着深刻的哲理，承载着诗人强烈的主观色彩，其客观之“象”与主观之“意”共同构成了富于美感的形象。我们理解诗歌形象，总是从感受意象开始，捕捉“意”和“象”的能力是诗歌鉴赏中居于核心地位的艺术感受能力。马致远的《天净沙·秋思》一连叠用九个意象组成一幅弥漫着阴冷气氛和灰暗色彩的秋郊夕阳图，烘托出浪迹天涯的游子思念故土的彷徨悲苦的情怀，那枯藤、老树、昏鸦、古道、瘦马等意象，都传递着作者的羁旅愁思。

我们只有领悟诗歌的意象，才能把握诗歌的思想内容。有些意象在古诗中反复被使用，已经约定俗成成为某种情感的固定载体。如一提到菊花，往往表达“不畏权贵，追求淡泊”的情感；一提到“杨柳”，往往指朋友依依惜别之情；一提到“鸿雁”，往往抒发羁旅伤愁或者思念亲人的情感等。

诗歌意境是指诗人的主观感情和客观事物相互融合而形成的一种艺术境界，是一种情景交融而又虚实相生的艺术形象，是作者的创作与读者的想象共同创造的结果。诗人常通过一系列相关意象的组合，构成具有特定意义的意境。鉴赏意境就要从作者所描绘的事物、景象入手，把握作者贯穿其中的思想感情。在一些写景抒情诗中，意象是一个个物象，而意境则是这些物象综合起来形成的一种艺术境界。意象是构成诗歌的一些具体的、细小的单位，而意境的范围比较大，通常指整首诗所构成的境界，具有整合性，意境是诗歌艺术成就的重要显现。如王维的《山居秋暝》“空山新雨后，天气晚来秋。明月松间照，清泉石上流。竹喧归浣女，莲动下渔舟。”表现出宁静幽深的意境。

语言是描绘事物，表现思想内容的最基本的手段。诗歌的语言准确、凝练、生动、形象，富于表现力；讲究押韵，富于节奏感；经常运用比喻、拟人、对偶、夸张等修辞手法，富于感染力。我们要联系诗词描绘的意境、表达的思想感情等方面，仔细推敲，反复揣摩，理解字、词、句的含义，欣赏其语言魅力。品味字词的妙处时，要抓住动词、形容词等关键词语，把它们放到原句中去体会其极强的表现力、丰富的意蕴和十足的韵味；也可以用一个词语来替换某个关键词，通过反复比较来推敲其精妙之处。古人非常讲究“炼字”，力求一字传神，类似的例子很多，如“大漠孤烟直，长河落日圆”“羌笛何须怨杨柳，春风不度玉门关”“感时花溅泪，恨别鸟惊心”“气蒸云梦泽，波撼岳阳城”“采菊东篱下，悠然见南山”等。

从作品的文字词语，我们知道了它写的是什么，而从作品的表现方法上，我们可以知道作家在如何写，弄清了如何写，也就容易理解作品的内容和领略写法的妙处了。诗词描绘的形象及所表达的感情、思想往往借助于各种艺术表现手法来展示，比如联想与想象，借景抒情，对比、衬托，借古讽今，引用典故，赋、比、兴等。总之，只要对诗歌有兴趣，掌握一定的规律，仔细推敲，反复揣摩，就一定能打开诗歌鉴赏的大门，培养出较高的鉴赏能力。

二、经典文本赏析

(一) 蓼　莪

《诗经·小雅》

【题解】

《蓼莪》选自《诗经·小雅》，是一篇悼念父母、感其恩德的文章，抒发了作者失去父母的孤苦和未能终养父母的遗憾。全诗沉痛悲怆，凄恻动人，清人方玉润称其“千古孝思绝作”。

蓼蓼者莪[1]，匪莪伊蒿[2]；哀哀父母，生我劬劳[3]。

蓼蓼者莪，匪莪伊蔚[4]；哀哀父母，生我劳瘁。

瓶之罄矣，维罍之耻[5]。鲜民[6]之生，不如死之久矣！无父何怙[7]？无母何恃？出则衔恤[8]，入则靡至。

父兮生我，母兮鞠[9]我。拊我畜我[10]，长我育我，顾我复我[11]，出入腹[12]我。欲报之德，昊天罔极[13]！

南山烈烈[14]，飘风发发[15]。民莫不谷[16]，我独何害？

南山律律[17]，飘风弗弗[18]。民莫不谷，我独不卒[19]！

[1] 蓼(lù)蓼：长又大的样子；莪(é)：即莪蒿，又名萝蒿，蒿的一种。

[2] 匪：同“非”；伊：是；蒿：指青蒿，又名香蒿。

[3] 哀哀：十分可怜；劬(qú)劳：与下文“劳瘁”皆辛劳、劳累之意。

[4] 蔚(wèi)：即牡蒿，蒿的一种。

[5] 瓶：汲水器具；罄(qìng)：尽；罍(léi)：盛水器具。

[6] 鲜(xiǎn)：少；民：人。

[7] 怙(hù)：依靠。

[8] 衔恤：含忧。

[9] 鞠：养。

[10] 拊(fǔ)：通“抚”，抚摸；畜：养育。

[11] 顾：照顾；复：返回，指不忍离去。

[12] 腹：拥抱。

[13] 罔极：无边。

[14] 烈烈：高大的样子。

[15] 发发：急骤的风声。

[16] 谷：善、好。

[17] 律律：义同“烈烈”。

[18] 弗弗：义同“发发”。

[19] 卒：指终养父母。

【简析】

高高似莪草，原来是青蒿。可怜父母亲，养我真辛劳。

高高似莪草，原来是牡蒿。可怜父母亲，养我真疲劳。

酒瓶空荡荡，酒瓮愧难当。孤独活世上，不如早死亡！没爹依赖谁？没娘怎依仗？出门怀忧伤，进门无尊长(空荡荡)。

爹爹生养我，娘亲抚育我。抚我疼爱我，培育我成长。百看不生厌，出入抱怀中。欲报父母恩，如天无穷尽。

南山多威壮，暴风多迅疾。别人生活好，我独忧什么？

南山多险峻，暴风也强劲。别人生活好，我独难尽孝。

《毛诗序》说此诗“孝子不得终养尔”，抒发了诗人不能终养父母的痛极之情。

此诗六章，似是悼念父母的祭歌，分三层意思：首两章是第一层，写父母生养“我”辛苦劳累。头两句以比引出，诗人见蒿与蔚，却错当莪，于是心有所动，遂以为比。莪香美可食用，并且环根丛生，故又名抱娘蒿，喻人成材且孝顺。而蒿与蔚，皆散生，蒿粗恶不可食用，蔚既不能食用又结子，故称牡蒿，蒿、蔚喻不成材且不能尽孝。诗人有感于此，借以自责不成材又不能终养尽孝。后两句承此思言及父母养大自己不易，费心劳力，吃尽苦头。中间两章是第二层，写儿子失去双亲的痛苦和父母对儿子的深爱。第三章头两句以瓶喻父母，以罍喻子。因瓶从罍中汲水，瓶空是罍无储水可汲，所以为耻，用以比喻子无以赡养父母，没有尽到应有的孝心而感到羞耻。句中设喻是取瓶罍相资之意，非取大小之义。“鲜民”以下六句诉述失去父母后的孤身生活与感情折磨。汉乐府诗《孤儿行》说“居生不乐，不如早去，下从地下黄泉”，那是受到兄嫂虐待产生的想法，而此诗悲叹孤苦伶仃，无所依傍，痛不欲生，完全是出于对父母的亲情。诗人与父母相依为命，失去父母，没有了家庭的温暖，以至于有家好像无家。第四章前六句一一叙述父母对“我”的养育抚爱，这是把首两章说的“劬劳”“劳瘁”具体化。诗人一连用了生、鞠、拊、畜、长、育、顾、复、腹九个动词和九个“我”字，语拙情真，言真意切，絮絮叨叨，不厌其烦，声促调急，确如哭诉一般。如果借现代京剧唱词“声声泪，字字血”来形容，那是最恰切不过了。这章最后两句，诗人因不得奉养父母，报大恩于万一，痛极而归咎于天，责其变化无常，夺去父母生命，致使“我”欲报不能！后两章第三层正承此而来，抒写遭遇不幸。头两句诗人以眼见的南山艰危难越，耳闻的飙风呼啸扑来起兴，创造了困厄危艰、肃杀悲凉的气氛，象征自己遭遇父母双亡的剧痛与凄凉，也是诗人悲怆伤痛心情的外化。四个入声字重叠：烈烈、发发、律律、弗弗，加重了哀思，读来如呜咽一般。后两句是无可奈何的怨嗟。

赋比兴交替使用是此诗写作一大特色。三种表现方法灵活运用，前后呼应，抒情起伏跌宕，回旋往复，传达孤子哀伤情思，可谓珠落玉盘，运转自如，艺术感染力强烈。《晋书·孝友传》载王裒因痛父无罪处死，隐居教授，“及读《诗》至‘哀哀父母，生我劬劳’，未尝不三复流涕，门人受业者并废《蓼莪》之篇”；又《齐书·高逸传》载顾欢在天台山授徒，因“早孤，每读《诗》至‘哀哀父母’，辄执书恸泣，学者由是废《蓼莪》”。类似记载尚有，不胜枚举。子女赡养父母，孝敬父母，本是中华民族的美德之一，实际也应该是人类社会的道德义务，而此诗则是以充沛情感表现这一美德的最早的文学作品，对后世影响极大，不仅在诗文赋中常有引用，甚至在朝廷下的诏书中也屡屡言及。《诗经》这部典籍对民族心理、民族精神形成的影响由此可见一斑。

【思考与练习】

1. 结合本诗，联系生活实际，说说应当怎样孝敬父母。
2. 写一段文字，表达对父母的感激之情。

《诗经》　《蓼莪》

(二) 橘　颂

屈　原

【题解】

屈原(约公元前 339 年—公元前 278 年)，战国末期楚国爱国诗人。名平，字原。楚怀王时任左徒、三闾大夫。对内主张彰明法度、修明政治，举贤授能，对外主张联齐抗秦。被谗，遭放逐。楚襄王时再遭谗毁，迁于江南多年，后见楚国政治腐败，无力挽救，怀着深沉的忧愤，自沉于汨罗江。一生创作了许多不朽的作品。最有代表性的作品是抒情长诗《离骚》，另有《九歌》《九章》《天问》等，在我国文学史上，有深远影响。

《橘颂》是一首咏物抒情诗。前半部分缘情咏物，以描写为主；后半部分缘物抒情，以抒情为主。两部分各有侧重，而又互相呼应，融为一体。诗人用拟人的手法塑造了橘树的美好形象，从各个侧面描绘和歌颂，橘树的形象是诗人用以激励自己坚守节操的榜样。

后皇嘉树，橘徕服兮。[1]
受命不迁，生南国兮。[2]
深固难徙，更壹志兮。[3]
绿叶素荣，纷其可喜兮。[4]
曾枝剡棘，圆果抟兮。[5]
青黄杂糅，文章烂兮。[6]
精色内白，类任道兮。[7]
纷缊宜修，姱而不丑兮。[8]
嗟尔幼志，有以异兮。[9]
独立不迁，岂不可喜兮？[10]
深固难徙，廓其无求兮。[11]
苏世独立，横而不流兮。[12]
闭心自慎，终不失过兮。[13]
秉德无私，参天地兮。[14]
愿岁并谢，与长友兮。[15]
淑离不淫，梗其有理兮。[16]
年岁虽少，可师长兮。[17]
行比伯夷，置以为像兮。[18]

[1] 后皇：即后土、皇天，指地和天；嘉：美，善；徕：通“来”；服：习惯。这两句

是指美好的橘树只适宜生长在楚国的大地。

[2] 受命：受天地之命，即禀性、天性。这两句是说橘树禀受天命，不能迁移，只生在南方的楚国。

[3] 壹志：志向专一。这两句是说橘树扎根南方，一心一意。

[4] 素荣：白色花。这两句是说橘树绿叶白花，长得茂盛可喜。

[5] 曾枝：层层枝叶；剡(yǎn)棘：尖利的刺；抟(tuán)：通“团”，指橘子长得圆美，又一说，同“圜”(huán)，环绕，楚地方言。这两句是说橘树枝条重重，刺儿尖尖，果实圆圆。

[6] 文章：花纹色彩；烂：斑斓，明亮。这两句是说橘子皮色青黄相杂，色彩斑斓。

[7] 精色：鲜明的皮色；类：像；任：担当重任。这两句是说橘子的表皮颜色鲜明，内瓤雪白莹洁，好似可以赋予重任的人。

[8] 纷缊宜修：长得繁茂，修饰得体；姱(kuā)：美好。这两句是说橘清香馥郁，装扮得体，美而不丑。

[9] 嗟：赞叹词。这两句的意思是：可叹的是你从小就有志向，与众不同。

[10] 独立不迁，岂不可喜兮：意思是说，你独立于世不肯迁移，这志节岂能不让人欣喜。

[11] 廓：胸怀开阔。这两句的意思是：你深固其根，难以迁徙，你心胸廓落，不求私利。

[12] 苏世独立：独立于世，保持清醒。苏，苏醒，指的是对浊世有所觉悟；横而不流：横立水中，不随波逐流。这两句的意思是：你对世事清醒，独立不羁，不媚时俗，有如横渡江河而不随波逐流。

[13] 闭心：安静下来，戒惧警惕；失过：即“过失”。这两句的意思是：橘闭心弃欲，谨慎自守，所以终无过失。

[14] 秉德：保持好品德。这两句的意思是：橘秉持美德，没有私心，可与天地相合。

[15] 愿岁并谢：誓同生死。岁，年岁。谢，凋谢。这两句的意思是：希望自己与橘树同心并志，一起度过岁月，做长久的朋友。

[16] 淑离：美丽而善良自守，离，通“丽”；梗：正直。这两句的意思是：橘树善良美丽，干直而有纹理，喻人性格刚强，坚守正道而又符合正理。

[17] 少：年少；师长：动词，为人师长。这两句的意思是：橘树年虽少，却可为人师长。

[18] 行：德行；伯夷：古代的贤人，纣王之臣，固守臣道，反对周武王伐纣，与弟叔齐逃到首阳山，不食周粟而死，古人认为他是贤人义士；置：植；像：榜样。这两句的意思是：橘树的道德品行可与伯夷相比，我要把橘树种在园中，作为榜样。

【简析】

《九章》的内容都与屈原的身世有关，这与《离骚》相似。但每一篇的篇幅较《离骚》短得多；所涉及的事实是生活中具体的片断，不像《离骚》是综合性的自叙；使用的手法以纪实为主，较少采用幻想的表现。在《九章》中，《橘颂》的内容和风格都比较特殊。作品用拟人化的手法，细致描绘橘树灿烂夺目的外表和“深固难徙”的品质，以表现自我优异的才华、高尚的品格和眷恋故土、热爱祖国的情怀，是作者理想和人格的表白。在描写过程中，诗人既不黏滞于作为象征物的橘树本身，又没有脱离其基本特征，从而为后世咏物诗的创作开辟了一条宽广的道路。

“颂”是一种诗体，取义于《诗经》“风、雅、颂”之“颂”。前人多以为此诗作于屈原青少年时代，也有人以为作于放逐江南时期。(清)姚鼐“疑此篇尚在怀王朝初被谗时所作”，似更符合诗中“闭心自慎，不终失过兮”等句透露的诗人境遇。

南国多橘，楚地更可以称之为橘树的故乡了。《汉书》盛称“江陵千树橘”，可见早在汉代以前，楚地江陵即以产橘而闻名遐迩。不过橘树的习性也奇：只有生长于南土，才能结出甘美的果实，倘要将它迁徙北地，就只能得到又苦又涩的枳实了。《晏子春秋》所记“橘生淮南则为橘，生于淮北则为枳”，说的就是这种情况。这不是一大缺憾吗？但在深深热爱故国乡土的屈原看来，这种“受命不迁，生南国兮”的秉性，正可与自己矢志不渝的爱国情志相通。所以在他遭谗被疏、赋闲郢都期间，即以南国的橘树作为砥砺志节的榜样，深情地写下了这首咏物名作——《橘颂》。

《橘颂》可分两节，第一节重在描述橘树俊逸动人的外美。开笔“后皇嘉树，橘徕服兮”等三句就不同凡响：一树坚挺的绿橘，突然升立在广袤的天地之间，它深深扎根于“南国”之土，任凭什么力量也无法使之迁徙。那凌空而立的意气，“受命不迁”的坚毅神采，顿令读者升起无限敬意！橘树是可敬的，同时又俊美可亲。诗人接着以精工的笔致，勾勒它充满生机的纷披“绿叶”，晕染它雪花般蓬勃开放的“素荣”；它的层层枝叶间虽也长有“剡棘”，但那只是为了防范外来的侵害；它所贡献给世人的，却有“精色内白”，光彩照人的无数“圆果”！屈原笔下的南国之橘，正是如此“纷缊宜修”、如此堪托大任！本节虽以描绘为主，但从字里行间，人们却可强烈地感受到，诗人对祖国“嘉树”的一派自豪、赞美之情。橘树之美好，不仅在于外在形态，更在于它的内在精神。本诗第二节，即从对橘树的外美描绘，转入对它内在精神的热情讴歌。屈原在《离骚》中，曾以“羌无实而容长”(外表好看，却无美好的内质)，表达对“兰”“椒”(喻指执掌朝政的谗佞之臣)等辈“委厥美以从俗兮”的鄙弃。橘树却不是如此，它年岁虽小，即已抱定了“独立不迁”的坚定志向；它长成以后，更是“横而不流”“淑离不淫”，表现出梗然坚挺的高风亮节；纵然面临百花“并谢”的岁暮，它也依然郁郁葱葱，决不肯向凛寒屈服。诗中的“愿岁并谢，与长友兮”一句，乃是沟通“物我”的神来之笔：它在颂橘中突然揽入诗人自己，并愿与橘树长相为友，面对严峻的岁月，这便顿使傲霜斗雪的橘树形象，与遭谗被废、不改操守的屈原自己叠印在了一起。而后思接千载，以“行比伯夷，置以为像兮”收结，全诗境界就一下得到了升华——在两位古今志士的遥相辉映中，前文所赞美的橘树精神，便全都流转、汇聚，成了身处逆境、不改操守的伟大志士精神之象征，而高高映印在历史天幕上了！

《橘颂》堪称中国诗歌史上的第一首咏物诗。屈原巧妙地抓住橘树的生态和习性，运用类比联想，将它与人的精神、品格联系起来，给予热烈的赞美。借物抒志，以物写人，既沟通物我，又融汇古今，由此造出了清人林云铭所赞扬的“看来两段中句句是颂橘，句句不是颂橘，但见(屈)原与橘分不得是一是二，彼此互映，有镜花水月之妙”(《楚辞灯》)的奇特境界。从此以后，南国之橘便蕴含了志士仁人“独立不迁”、热爱祖国的丰富文化内涵，而永远为人们所歌咏和效法了。这一独特的贡献，无疑仅属于屈原，所以宋刘辰翁又称屈原为千古“咏物之祖”。

【思考与练习】

1. 作为中国诗歌史上的第一首咏物诗，作者是如何言志的？

2. 作品讴歌和追求的思想品格及精神是什么？

屈原　《橘颂》

(三) 洛神赋

曹　植

【题解】

曹植(192 年—232 年)，字子建，沛国谯县(今安徽省亳州市)人，出生于东阳武，是曹操与武宣卞皇后所生第三子，生前曾为陈王，去世后谥号“思”，因此又称陈思王。曹植是三国时期曹魏著名文学家，建安文学的代表人物。后人因其文学上的造诣而将他与曹操、曹丕合称为“三曹”。

曹植一生以曹丕称帝为界分为前后两期。前期意满自得，多抒发建功立业的雄心壮志。后期因生活境遇的变化，更多表现抱负不得施展的愤懑心情。其诗以笔力雄健和词采华丽见长。留有集三十卷，已佚，今存《曹子建集》，为宋人所编。曹植的散文也取得了卓越的成就。谢灵运有“天下才有一石，曹子建独占八斗”的评价。钟嵘亦赞曹植“骨气奇高，词彩华茂，情兼雅怨，体被文质，粲溢今古，卓尔不群。”

曹植在诗歌和辞赋创作方面有杰出成就，其赋继承两汉以来抒情小赋的传统，又吸收楚辞的浪漫主义精神，为辞赋的发展开辟了一个新的境界。《洛神[1]赋》为曹植辞赋中杰出作品。作者以浪漫主义的手法，通过梦幻的境界，描写人神之间的真挚爱情，但终因“人神殊道”无从结合而惆怅分离。

黄初[2]三年，余朝京师[3]，还济洛川[4]。古人有言：斯水[5]之神，名曰宓妃。感宋玉对楚王神女之事[6]，遂作斯赋。其词曰：

余从京域[7]，言归东藩[8]，背伊阙[9]，越轘辕[10]，经通谷[11]，陵景山[12]。日既西倾，车殆马烦[13]。尔乃税驾乎蘅皋[14]，秣驷乎芝田[15]，容与乎阳林[16]，流眄[17]乎洛川。于是精移神骇[18]，忽焉思散[19]。俯则未察，仰以殊观[20]。睹一丽人，于岩之畔[21]。乃援御者[22]而告之曰：“尔有觌[23]于彼者乎？彼何人斯，若此之艳也！”御者对曰：“臣闻河洛之神，名曰宓妃。然则君王之所见也，无乃是乎！其状若何？臣愿闻之。”

余告之曰：其形也，翩若惊鸿，婉若游龙[24]。荣曜秋菊，华茂春松[25]。髣髴兮若轻云之蔽月，飘飖兮若流风之回雪[26]。远而望之，皎若太阳升朝霞[27]；迫而察之，灼若芙蕖出渌波[28]。秾纤[29]得中，修短合度[30]。肩若削成，腰如约素[31]。延颈秀项[32]，皓质呈露[33]。芳泽无加，铅华不御[34]。云髻峨峨[35]，修眉联娟[36]。丹唇外朗，皓齿内鲜[37]。明眸善睐[38]，靥辅承权[39]。瓌姿艳逸[40]，仪静体闲[41]。柔情绰[42]态，媚于语言。奇服旷世[43]，骨像应图[44]。披罗衣之璀粲[45]兮，珥瑶碧之华琚[46]。戴金翠之首饰[47]，缀明珠以耀躯。践远游之文履[48]，曳雾绡之轻裾[49]。微幽兰之芳蔼[50]兮，步踟蹰于山隅[51]。于是忽焉纵体，以遨以嬉[52]。左倚采旄[53]，右荫桂旗[54]。攘皓腕于神浒[55]兮，采湍濑之玄芝[56]。

余情悦其淑美兮，心振荡而不怡[57]。无良媒以接欢兮，托微波而通辞[58]。愿诚素之先达兮[59]，解玉佩而要[60]之。嗟佳人之信修[61]，羌习礼而明诗[62]。抗琼珶以和予兮[63]，指潜川而为期[64]。执眷眷之款实[65]兮，惧斯灵之我欺[66]。感交甫之弃言兮[67]，怅犹豫而狐疑[68]。收和颜而静志[69]兮，申礼防以自持[70]。

于是洛灵感焉，徙倚[71]彷徨。神光离合，乍阴乍阳[72]。竦轻躯以鹤立[73]，若将飞而未翔。践椒途[74]之郁烈，步蘅薄而流芳[75]。超长吟以永慕兮，声哀厉而弥长[76]。尔乃众灵杂沓[77]，命俦啸侣[78]。或戏清流，或翔神渚[79]，或采明珠，或拾翠羽[80]。从南湘之二妃[81]，携汉滨之游女[82]。叹匏瓜之无匹兮，咏牵牛之独处[83]。扬轻袿之猗靡[84]兮，翳修袖以延伫[85]。体迅飞凫[86]，飘忽若神。凌波微步，罗袜生尘[87]。动无常则，若危若安；进止难期[88]，若往若还。转眄流精[89]，光润玉颜。含辞未吐，气若幽兰[90]。华容婀娜，令我忘餐。

于是屏翳收风，川后静波[91]。冯夷[92]鸣鼓，女娲清歌[93]。腾文鱼以警乘，鸣玉鸾以偕逝[94]。六龙俨其齐首[95]，载云车之容裔[96]。鲸鲵踊而夹毂[97]，水禽翔而为卫。于是越北沚[98]，过南冈，纡素领，回清扬[99]。动朱唇以徐言，陈交接[100]之大纲。恨人神之道殊兮，怨盛年之莫当[101]。抗罗袂以掩涕兮，泪流襟之浪浪[102]。悼良会之永绝兮，哀一逝而异乡[103]。无微情以效爱[104]兮，献江南之明珰[105]。虽潜处于太阴，长寄心于君王[106]。忽不悟其所舍，怅神宵而蔽光[107]。

于是背下陵高[108]，足往神留。遗情想像[109]，顾望怀愁。冀灵体[110]之复形，御轻舟而上溯[111]。浮长川[112]而忘返，思绵绵而增慕。夜耿耿[113]而不寐，沾繁霜而至曙。命仆夫而就驾，吾将归乎东路。揽騑辔以抗策，怅盘桓而不能去[114]。

[1] 洛神：传说古帝宓(fú)羲氏之女溺死洛水而为神，故名洛神，又名宓妃。

[2] 黄初：魏文帝曹丕年号，公元 220 年—226 年。

[3] 京师：京城，指魏都洛阳。

[4] 济：渡；洛川：即洛水，源出陕西，东南入河南，流经洛阳。

[5] 斯水：此水，指洛川。

[6] 宋玉对楚王神女之事：传为宋玉所作的《高唐赋》和《神女赋》，都记载宋玉与楚襄王对答梦遇巫山神女之事。

[7] 京域：京都地区，指洛阳。

[8] 言：语气助词；东藩：东方藩国，指曹植的封地。黄初三年，曹植被立为鄄(juàn)城(即今山东鄄城县)王，城在洛阳东北方向，故称东藩。

[9] 伊阙：山名，又称阙塞山、龙门山，在河南洛阳南。

[10] 轘(huán)辕：山名，在今洛阳市偃师东南。

[11] 通谷：山谷名。在洛阳城南。

[12] 陵：登；景山：山名，在今洛阳市偃师南。

[13] 殆：通“怠”，懈怠。一说指危险；烦：疲乏。

[14] 尔乃：承接连词，于是就；税驾：停车。税，舍、放置。驾，车乘总称；蘅皋：生着杜蘅的河岸。蘅，杜蘅，香草名。皋，岸。

[15] 秣驷：喂马。驷，一车四马，此泛指驾车之马；芝田：种着灵芝草的田地，此处指野草繁茂之地。

[16] 容与：悠然安闲的样子；阳林：地名。

[17] 流眄：纵目四望。眄，斜视。一作“流盼”，目光流转顾盼。

[18] 精移神骇：神情恍惚。骇，散。

[19] 忽焉：急速的样子；思散：思绪分散，精神不集中。

[20] 殊观：少见的异常现象。

[21] 岩之畔：山岩边。

[22] 援：以手牵引；御者：车夫。

[23] 觌(dí)：看见。

[24] 翩若惊鸿，婉若游龙：翩然像惊飞的鸿雁，蜿蜒像游动的蛟龙。翩，鸟疾飞的样子，此处指飘忽摇曳的样子。惊鸿，惊飞的鸿雁。婉，蜿蜒曲折。这两句是写洛神的体态轻盈宛转。

[25] 荣曜(yào)秋菊，华茂春松：容光焕发如秋日下的菊花，体态丰茂如春风中的松树。荣，丰盛。曜，日光照耀。华茂，华美茂盛。这两句是写洛神容光焕发充满生机。

[26] 髣髴兮若轻云之蔽月，飘飖兮若流风之回雪：时隐时现像轻云遮住月亮，浮动飘忽似回风旋舞的雪花。髣髴，若隐若现的样子。飘飖，飞翔貌。回，回旋，旋转。这两句是写洛神的体态婀娜，行动飘忽。

[27] 皎：洁白光亮；太阳升朝霞：太阳升起于朝霞之中。

[28] 迫：靠近；灼：鲜明，鲜艳；芙蕖：一作“芙蓉”，荷花；渌(lù)：水清的样子。以上两句是说，不论远远凝望还是靠近观看，洛神都是姿容绝艳。

[29] 秾：花木繁盛。此处指人体丰腴；纤：细小。此处指人体苗条。

[30] 修短：长短，高矮。以上两句是说洛神的高矮胖瘦都恰到好处。

[31] 肩若削成，腰如约素：肩窄如削，腰细如束。削成，形容两肩瘦削下垂的样子。约素，一束白绢。素，白而细致的丝织品。这两句是写洛神的肩膀和腰肢线条优美。

[32] 延、秀：均指长；颈：脖子的前部；项：脖子的后部。

[33] 皓：洁白；呈露：显现，外露。

[34] 芳泽无加，铅华不御：既不施脂，也不敷粉。泽，润肤的油脂。铅华，粉。古代烧铅成粉，故称铅华。不御，不施。御，用。

[35] 云髻：发髻如云；峨峨：高耸的样子。

[36] 联娟：微曲的样子。

[37] 丹唇外朗，皓齿内鲜：红唇鲜润，牙齿洁白。朗，明润。鲜，光洁。

[38] 眸：目中瞳子；睐(lài)：顾盼。

[39] 靥(yè)：酒窝；辅：面颊；承权：在颧骨之下。权，颧骨。

[40] 瓌：同“瑰”，奇妙；艳逸：艳丽飘逸。

[41] 仪：仪态；闲：娴雅。

[42] 绰：绰约，美好。

[43] 奇服：奇丽的服饰；旷世：举世唯有。旷，空。

[44] 骨像：骨骼形貌；应图：指与画中人相当。

[45] 璀粲：鲜艳明丽。一说为衣动的声音。

[46] 珥：珠玉耳饰。此处用作动词，作佩戴理解；瑶、碧：均为美玉；华琚：刻有花

纹的佩玉。琚，佩玉名。

[47] 翠：翡翠；首饰：指钗簪一类饰物。

[48] 践：穿，着；远游：鞋名；文履：饰有花纹图案的鞋。

[49] 曳：拖；雾绡：轻薄如雾的绡。绡，生丝；裾：裙边。

[50] 微：轻微；芳蔼：香气。

[51] 踟蹰：徘徊；隅：角。

[52] 于是忽焉纵体，以遨以嬉：忽然又飘然轻举，且行且戏。纵体，身体轻举貌。遨，游。

[53] 采旄(máo)：彩旗。采，同"彩"。旄，旗杆上旄牛尾饰物，此处指旗。

[54] 桂旗：以桂木做旗杆的旗，形容旗的华美。

[55] 攘：此指挽袖伸出；神浒：为神所游之水边地。浒，水边泽畔。

[56] 湍濑：石上激流；玄芝：黑色芝草，相传为神草。

[57] 余情悦其淑美兮，心振荡而不怡：我喜欢她的淑美，又担心不被接受，不觉心旌摇曳而不安。振荡，形容心动荡不安。怡，悦。

[58] 无良媒以接欢兮，托微波而通辞：没有合适的媒人去通接欢情，就只能借助微波来传递话语。微波，一说指目光。

[59] 诚素：真诚的情意。素，同"愫"，情愫。

[60] 要：同"邀"，约请。

[61] 信修：确实美好。修，美好。

[62] 羌：发语词；习礼：懂得礼法；明诗：善于言辞。这句意指有很好的文化教养。

[63] 抗：举起；琼珶(dì)：美玉；和：应答。

[64] 指潜川而为期：指深水发誓，约期相会。潜川：深渊，一说指洛神所居之地。期：会。

[65] 眷眷：依恋貌；款实：诚实。

[66] 斯灵：此神，指洛神；我欺：即欺我。

[67] 交甫：郑交甫；弃言：背弃承诺。

[68] 狐疑：疑虑不定。因为想到郑交甫曾经被仙女遗弃，故此内心产生了疑虑。

[69] 收和颜：收起和悦的容颜；静志：镇定情志。

[70] 申：施展；礼防：礼法，礼能防乱，故称礼防；自持：自我约束。

[71] 徙倚：留连徘徊。

[72] 神光离合，乍阴乍阳：洛神身上放出的光彩忽聚忽散，忽明忽暗。

[73] 竦(sǒng)：耸；鹤立：形容身躯轻盈飘举，似鹤而立。

[74] 椒途：涂有椒泥的道路，一说指长满香椒的道路。椒，花椒，有浓郁的香味。

[75] 蘅薄：杜蘅丛生地；流芳：散发香气。

[76] 超长吟以永慕兮，声哀厉而弥长：怅然长吟以表示深沉的思慕，声音哀婉而悠长。超，惆怅。永慕，长久思慕。厉，疾。弥，久。

[77] 众灵：众仙；杂沓：纷纭，多而乱的样子。

[78] 命俦啸侣：招呼同伴。俦，伙伴、同类。

[79] 渚：水中高地。

[80] 翠羽：翠鸟的羽毛。

[81] 南湘之二妃：指娥皇和女英。据刘向《列女传》载，尧以长女娥皇和次女女英嫁舜，后舜南巡，死于苍梧。二妃往寻，自投湘水而死，为湘水之神。

[82] 汉滨之游女：汉水之女神，即郑交甫所遇之神女。

[83] 叹匏瓜之无匹兮，咏牵牛之独处：为匏瓜星的无偶而叹息，为牵牛星的独处而哀咏。匏瓜，星名，又名天鸡，在河鼓星东。无匹，没有配偶。牵牛，星名，又名天鼓，与织女星各处天河之旁。相传每年七月七日才得一会。

[84] 袿(guī)：妇女的上衣；猗(yī)靡：随风飘动貌。

[85] 翳(yì)：遮蔽；延伫：久立。

[86] 凫：水鸟名，也叫水鸭。

[87] 凌波微步，罗袜生尘：在水波上细步行走，溅起的水沫附在罗袜上如同尘埃。凌，踏。尘，指细微四散的水沫。

[88] 难期：难料，难以预期。

[89] 转眄流精：转眼顾盼之间流露出奕奕神采。流精，形容目光流转而有光彩。

[90] 气若幽兰：形容气息香馨如兰。

[91] 屏翳：传说中的众神之一，司职说法不一，有的认为是云师，有的认为是雷师，有的认为是雨师，在此篇中被曹植视作风神；川后：传说中的河神。

[92] 冯(píng)夷：传说中的水神。

[93] 女娲：女神名，相传笙簧是她所造，所以这里说“女娲清歌”。

[94] 腾文鱼以警乘，鸣玉銮以偕逝：飞腾的文鱼警卫着洛神的车乘，众神随着叮当作响的玉鸾一齐离去。腾，升。文鱼，神话中一种能飞的鱼。警乘，警卫车乘。玉銮，鸾鸟形的玉制车铃，动则发声。偕逝，俱往。

[95] 六龙：相传神出游多驾六龙；俨：庄严的样子；齐首：六龙齐头并进。

[96] 云车：相传神以云为车；容裔：即“容与”，舒缓安详的样子。

[97] 鲸鲵(ní)：即鲸鱼。水栖哺乳动物，雄者称鲸，雌者称鲵；毂(gǔ)：车轮中用以贯轴的圆木，这里指车。

[98] 沚：水中小块陆地。

[99] 纡素领，回清扬：洛神不断回首顾盼。纡，回。素领，白皙的颈项。清扬，形容女性清秀的眉目。

[100] 交接：结交往来。

[101] 盛年：少壮之年；莫当：无匹，无偶，即两人不能结合。

[102] 抗罗袂以掩涕兮，泪流襟之浪浪：举起罗袖掩面而泣，止不住泪水涟涟沾湿了衣襟。抗，举。袂，衣袖。浪浪，水流不断貌。

[103] 悼良会之永绝兮，哀一逝而异乡：痛惜这样美好的相会永不再有，哀叹长别从此身处两地。

[104] 效爱：致爱慕之意。

[105] 明珰：以明月珠作的耳珰。

[106] 虽潜处于太阴，长寄心于君王：虽然幽居于神仙之所，但将永远怀念着君王。潜处，深处，幽居。太阴，众神所居之处。君王，指曹植。

[107] 忽不悟其所舍，怅神宵而蔽光：洛神说毕忽然不知去处，我为众灵一时消失隐去光彩而深感惆怅。不悟，不见，未察觉。所舍，停留、止息之处。宵，通“消”，消失。蔽光，隐去光彩。

[108] 背下：离开低地；陵高：登上高处。

[109] 遗情：留情，情思流连；想像：指思念洛神的美好形象。

[110] 灵体：指洛神。

[111] 上溯：逆流而上。

[112] 长川：指洛水。

[113] 耿耿：心神不安的样子。

[114] 揽騑辔以抗策，怅盘桓而不能去：当手执马缰，举鞭欲策之时，却又怅然若失，徘徊依恋，无法离去。騑(fēi)，车旁之马。古代驾车称辕外之马为騑或骖，此泛指驾车之马。辔，马缰绳。抗策，犹举鞭。盘桓，徘徊不进貌。

【简析】

黄初三年，我来到京都朝觐，归渡洛水。古人曾说此水之神名叫宓妃。因有感于宋玉对楚王所说的神女之事，于是作了这篇赋。赋文云：

我从京都洛阳出发，向东回归封地鄄城，背着伊阙，越过轘辕，途经通谷，登上景山。这时日已西下，车困马乏。于是就在长满杜蘅草的岸边卸了车，在生着芝草的地里喂马。自己则漫步于阳林，纵目眺望水波浩渺的洛川。于是不觉精神恍惚，思绪飘散。低头时还没有看见什么，一抬头，却发现了异常的景象，只见一个绝妙佳人，立于山岩之旁。我不禁拉着身边的车夫对他说：“你看见那个人了吗？那是什么人，竟如此艳丽！”车夫回答说：“臣听说河洛之神的名字叫宓妃，然而现在君王所看见的，莫非就是她！她的样貌怎样，臣倒很想听听。”

我告诉他说：她的形影，翩然若惊飞的鸿雁，婉约若游动的蛟龙。容光焕发如秋日下的菊花，体态丰茂如春风中的青松。她时隐时现像轻云笼月，浮动飘忽似回风旋雪。远而望之，明洁如朝霞中升起的旭日；近而视之，鲜丽如绿波间绽开的新荷。她体态适中，高矮合度，肩窄如削，腰细如束，秀美的颈项露出白皙的皮肤。既不施脂，也不敷粉，发髻高耸如云，长眉弯曲细长，红唇鲜润，牙齿洁白，一双善于顾盼的闪亮的眼睛，两个面颧下甜甜的酒窝。她姿态优雅妩媚，举止温文娴静，情态柔美和顺，语辞得体可人。洛神服饰奇艳绝世，风骨体貌与图上画的一样。她身披明丽的罗衣，带着精美的佩玉。头戴金银翡翠首饰，缀以周身闪亮的明珠。她脚著饰有花纹的远游鞋，拖着薄雾般的裙裾，隐隐散发出幽兰的清香，在山边徘徊倘佯。忽然又飘然轻举，且行且戏，左面倚着彩旄，右面有桂旗庇荫，在河滩上伸出素手，采撷水流边的黑色芝草。

我钟情于她的淑美，不觉心旌摇曳而不安。因为没有合适的媒人去说情，只能借助微波来传递话语。但愿自己真诚的心意能先于别人陈达，我解下玉佩向她发出邀请。可叹佳人实在美好，既明礼义又善言辞，她举着琼玉向我作出回答，并指着深深的水流以为期待。我怀着眷眷之诚，又恐受这位神女的欺骗。因有感于郑交甫曾遇神女背弃诺言之事，心中不觉惆怅、犹豫和迟疑，于是敛容定神，以礼义自持。

这时洛神深受感动，低回徘徊，神光时离时合，忽明忽暗。她像鹤立般地耸起轻盈的躯体，如将飞而未翔；又踏着充满花椒浓香的小道，走过杜蘅草丛而使芳气流动。忽又怅然长吟以表示深沉的思慕，声音哀婉而悠长。于是众神纷至杂沓，呼朋引类，有的戏嬉于清澈的水流，有的飞翔于神异的小渚，有的在采集明珠，有的在俯拾翠鸟的羽毛。洛神身旁跟着娥皇、女英南湘二妃，她手挽汉水之神，为瓠瓜星的无偶而叹息，为牵牛星的独处而哀咏。时而扬起随风飘动的上衣，用长袖蔽光远眺，久久伫立；时而又身体轻捷如飞凫，飘忽游移无定。她在水波上行走，罗袜溅起的水沫如同尘埃。她动止没有规律，像危急又像安闲；进退难以预知，像离开又像回返。她双目流转光亮，容颜焕发泽润，话未出口，却已气香如兰。她的体貌婀娜多姿，令我看了茶饭不思。

在这时风神屏翳收敛了晚风，水神川后止息了波涛，冯夷击响了神鼓，女娲发出清泠的歌声。飞腾的文鱼警卫着洛神的车乘，众神随着叮当作响的玉鸾一齐离去。六龙齐头并进，驾着云车从容前行。鲸鲵腾跃在车驾两旁，水禽绕翔护卫。车乘走过北面的沙洲，越过南面的山冈，洛神转动白洁的脖颈，回过清秀的眉目，朱唇微启，缓缓地陈诉着往来交接的纲要。只怨恨人神有别，彼此虽然都处在盛年而无法如愿以偿。说着不禁举起罗袖掩面而泣，止不住泪水涟涟沾湿了衣襟，哀念欢乐的相会就此永绝，如今一别身处两地，不曾以细微的柔情来表达爱慕之心，只能赠以明珰作为永久的纪念。自己虽然深处太阴，却时时怀念着君王。洛神说毕忽然不知去处，我为众灵一时消失隐去光彩而深感惆怅。

于是我舍低登高，脚步虽移，心神却仍留在原地。余情缱绻，不时想象着相会的情景和洛神的容貌；回首顾盼，更是愁绪萦怀。满心希望洛神能再次出现，就不顾一切地驾着轻舟逆流而上。行舟于悠长的洛水以至忘了回归，思恋之情却绵绵不断，越来越强，以至整夜心绪难平无法入睡，身上沾满了浓霜直至天明。我不得已命仆夫备马就车，踏上向东回返的道路，但当手执马缰，举鞭欲策之时，却又怅然若失，徘徊依恋，无法离去。

此赋的主要特点有三：特点一，想象丰富。作者从京城洛阳启程，东归封地鄄城。途中，在洛川之边，停车饮马，在阳林漫步之时，看到了洛神宓妃，这就是想象。她的体态摇曳飘忽像惊飞的大雁，婉曲轻柔像是水中的游龙，鲜美、华丽较秋菊、茂松有过之，姣如朝霞，纯洁如芙蓉，风华绝代。随后他对她产生爱慕之情，托水波以传意，寄玉佩以定情。然她的神圣高洁使他不敢造次。洛神终被他的真情所感动，与之相见，倾之以情。但终因人神殊途，结合无望，与之惜别。想象绚烂，浪漫凄婉之情淡而不化，令人感叹，惆怅丝丝。但这想象并不离奇，因此赋是有感于宋玉的《神女赋》《高唐赋》两篇赋而作。

特点二，词藻华丽而不浮躁，清新之气四逸。讲究排偶，对仗，音律，语言整饬、凝练、生动、优美。取材构思汉赋中无出其右。此赋起笔便是平中蕴奇的氛围创造。开头平平的叙述，正与陶渊明《桃花源记》叙武陵人的行舟之始一样，奇境的显现在事前一无征兆。但在此刻，作者刹那间目睹了一幕终生难忘的景象：一位俏丽的女子，即洛神现身。接着作者像要与宋玉笔下的巫山神女争辉似的着力描摹洛神的神采姣容以及痛苦情状。然后写洛神率众离去，与屈原《离骚》抒写主人公悲怆远逝的景象有异曲同工之妙。

特点三，传神的描写刻画，兼之与比喻、烘托共用，错综变化巧妙得宜，给人一种浩而不烦、美而不惊之感，使人感到就如在看一幅绝妙丹青，个中人物有血有肉，而不会使人产生一种虚无之感。在对洛神的体型、五官、姿态等描写时，给人传递出洛神的沉鱼之貌、落雁之容。同时，又有“清水出芙蓉，天然去雕饰”的清新高洁。在对洛神与之会面时的神态的描写刻画，使人感到斯人浮现于眼前，风姿绰约。而对于洛神与其分手时的描写“屏翳收风，川后静波，冯来鸣鼓，女娲清歌。”爱情之真挚、纯洁，一切都是这样美好，以致离别后，人去心留，情思不断，洛神的倩影和相遇相知时的情景历历在目，浪漫而苦涩，心神为之不宁徘徊于洛水之间不忍离去。

对《洛神赋》的思想、艺术成就前人都曾予以极高的评价，最明显的是常把它与屈原的《九歌》和宋玉的《神女》诸赋相提并论。其实，曹植此赋兼二者而有之，它既有《湘君》《湘夫人》那种浓厚的抒情成分，同时又具宋玉诸赋对女性美的精妙刻画。此外，它的情节完整，手法多变和形式隽永等妙处，又为以前的作品所不及。

【思考与练习】

1. 《洛神赋》取材于历史上的哪些作品？在艺术上有何创新之处？

2. 分析作者是如何刻画洛神这个人物形象的。

曹植生平　《洛神赋》

(四) 行行重行行

《古诗十九首》

【题解】

《古诗十九首》之名，最早见于南朝梁昭明太子萧统所编的《文选》。古诗，是流传在汉末魏初无作者名且无诗题的诗歌总称。一般认为，《古诗十九首》的作者，是东汉末年中下层文人，所写无非是游子、思妇之辞，其间也反映出某些社会现实状况。诗歌感情真挚、语言自然，善用比兴寄托，言近旨远，语短情长，耐人寻味，具有很强的艺术性和感染力。它的出现标志着中国古代文人五言抒情诗的成熟。

其体源出于《国风》。陆机所拟十四首，文温以丽，意悲而远，惊心动魄，可谓几乎一字千金。其外“去者日以疏”四十五首，虽多哀怨，颇为总杂，旧疑是建安中曹、王所制。“客从远方来”“橘柚垂华实”，亦为惊绝矣！人代冥灭，而清音独远，悲夫！

《古诗十九首》，平平道出，且无用工字面，若秀才对朋友说家常话，略不作意。

行行重行行[1]，与君生别离[2]。
相去[3]万余里，各在天一涯[4]。
道路阻[5]且长，会面安可知？
胡马[6]依北风，越鸟巢南枝[7]。
相去日已远[8]，衣带日已缓[9]。
浮云蔽白日，游子不顾反[10]。
思君令人老[11]，岁月忽已晚[12]。
弃捐[13]勿复道，努力加餐饭。

[1] 重(chóng)：又。这句是说行而不止。

[2] 生别离：是“生离死别”的意思。

[3] 相去：相距，相离。

[4] 天一涯：天一方。

[5] 阻：艰险。

[6] 胡马：北方所产的马。

[7] 越鸟：南方生长的鸟。“胡马依北风，越鸟巢南枝”，是当时习用的比喻，借喻眷恋故乡的意思。

[8] 已：同“以”；远：久。

[9] 缓：宽松。这句意思是说，人因相思而躯体一天天消瘦。

[10] 顾反：返还，回来。

[11] 老：并非实指年龄，而指消瘦的体貌和忧伤的心情，是说心身憔悴，好似衰老而已。

[12] 晚：指行人未归，岁月已晚，表明春秋忽代谢，相思又一年，暗喻青春易逝。

[13] 弃捐：抛弃，丢开。

【简析】

这首诗写的是思妇思念离家远出的游子。

开头两句，追叙初别，引出下文的远离、思念。“相去”六句，交代路远难会；尽管路远难会，但相信游子仍然依恋故乡。“胡马依北风，越鸟巢南枝”两句是说动物也不忘故乡，暗示物尚有情，何况人。“胡马”“越鸟”两个比喻最为生动，《韩诗外传》：“诗云：‘代马依北风，越鸟翔南巢’，皆不忘本之谓也。”(《文选》李善注引)。前面四句写双方因路远无法会面；“相去”六句，承接“胡马”两句，落到抒情女主人公身上。自从游子离家，她衣带渐宽，日见消瘦，想到对方由于某种不得已的客观原因而不能回家，再加上一年又已到了尽头，怎不因思念远人而衰老呢！最后两句写妻子不敢指望丈夫会回来，只是希望他多吃点饭，保重自己的身体！这是思妇无可奈何，自我宽勉的话。

“行行重行行”，用四个“行”字，非常特别。《古诗十九首》善于用叠字。但首句就叠字回环、反复咏叹、营造缠绵气氛的，只有这一首。它比起汉乐府民歌(如《饮马长城窟行》)来，可以说已经没有多少叙事成分了，整首诗充满了浓厚的抒情味道。

《行行重行行》

【思考与练习】

1. 试分析《行行重行行》的艺术特征。
2. 试分析《行行重行行》中的思妇形象。

(五) 侠客行

李　白

【题解】

李白(701 年—762 年)，字太白，号青莲居士，唐代诗人。其祖籍为陇西成纪(今甘肃秦安)，幼时随父迁居绵州昌隆县(今四川江油市)青莲乡。李白25岁时“辞亲远游”，出蜀游历天下。天宝元年(公元742年)，唐玄宗征召李白入朝供奉翰林，天宝三年又赐金放还。安史之乱中，李白曾为永王李璘幕僚，因李璘败亡而下浔阳狱，被流放夜郎。肃宗乾元二年(公元759年)，李白行至巫山，遇大赦，旋即东还。上元二年(公元761年)，李光弼率百万军镇临淮，抵抗史朝义，李白曾请缨从戎，途中因病返回金陵。此后生活无着，投奔族叔当涂县令李阳冰，次年病重而卒。李白有“诗仙”之称，与杜甫并称“李杜”，现存诗作900余首，有《李太白文集》三十卷行世。

《侠客行》属于乐府《杂曲歌辞》。在李白这首诗之前，没有以《侠客行》为名的诗作。同类题材的诗多见于《汉书·游侠传》，以《游侠篇》或《游侠行》为名。李白这首诗用的是乐府体裁吟咏传统的游侠题材，所吟咏的侠客，是慷慨悲歌、行侠仗义的勇士。李白借这首诗表达他豪迈的壮志以及期望立功边塞的决心。

赵客[1]缦胡缨[2]，吴钩[3]霜雪明[4]。
银鞍照白马，飒沓[5]如流星。
十步杀一人，千里不留行。
事了拂衣去，深藏身与名。
闲过信陵[6]饮，脱剑膝前横。
将炙啖朱亥，持觞劝侯嬴。[7]
三杯吐然诺，五岳倒为轻。
眼花耳热后，意气素霓生。[8]
救赵挥金槌，邯郸先震惊。
千秋二壮士。烜赫大梁城。
纵死侠骨香，不惭世上英。
谁能书阁下，白首太玄经[9]。

[1] 赵客：燕赵之地的侠客，自古燕赵多慷慨悲歌之士。

[2] 缦胡缨：少数民族佩戴的没有花纹的带子。这句写侠客的冠带。缦，没有花纹。胡，古时将北方少数民族通称为胡。缨，系冠帽的带子。

[3] 吴钩：宝刀名。

[4] 霜雪明：宝刀的锋刃像霜雪一样明亮。

[5] 飒沓：群飞的样子，形容马跑得快。

[6] 信陵：信陵君，战国四公子之一，为人礼贤下士，门下食客三千余人。

[7] 朱亥、侯嬴：都是信陵君的门客。朱亥本是一屠夫，侯嬴原是魏国都城大梁东门的门官，两人都受到信陵君的礼遇，为信陵君所用。炙，烤肉。啖，吃。

[8] 素霓：白虹。古人认为，凡要出现不寻常的大事，就会有不寻常的天象出现，如“白虹贯日”。这句意思是，侠客重然诺、轻死生的精神感动了上天。也可以理解为，侠客这一承诺，天下就要发生大事了。

[9] 太玄经：西汉扬雄写的一部哲学著作。扬雄曾在皇帝藏书的天禄阁任校刊工作。

【简析】

李白这首《侠客行》古风，抒发了他对侠客的倾慕，对拯危济难、用世立功生活的向往。

前四句从侠客的装束、兵刃、坐骑描写侠客的外貌。

第二个四句写侠客高超的武术和淡泊名利的行事风格。

第三个四句引入信陵君和侯嬴、朱亥的故事来进一步歌颂侠客，同时也委婉地表达了诗人自己的抱负。侠客得以结识明主，明主借助侠客的勇武谋略成就一番事业，侠客也就功成名就了。

最后四句表示，即使侠客的行动没有达到目的，但侠客的骨气依然流芳后世，并不逊色于那些功成名就的英雄，写史的人应该为他们也写上一笔。

唐代游侠之风颇为盛行，这与唐代西域交通发达，全国经济日益繁荣，城市商业兴旺的时代背景有关，所以，不仅是燕赵传统的多任侠而已。特别是关陇一带的风习“融胡汉为一体，文武不殊途。”(陈寅恪：《唐代政治史述论稿》)更促成了少年喜剑术、尚任侠的风气。李白少年时代，颇受关陇文化风习的影响，因此，他自幼勤苦读书“观百家”外，“十五好剑术”(《与韩州书》)“高冠佩雄剑”(《忆襄阳旧游赠马少府巨》)甚至，他一生都不离剑：“抚剑夜吟啸，雄心日千里。”(《赠张相镐》其二)“长剑一杯酒，男儿方寸心。”(《赠崔侍御》)堪称是“文武不殊途”，兼备于一身了。那么，诗人李白何以如此爱剑呢？这和他轻财重义，尚任侠分不开。他说：“十五好剑术，遍于诸侯。”正是当时任侠流行的社会意识，为了事业心和抱负的驱使，尚任侠的少年都企求干一番豪纵、快意的事，得到社会上的普遍赞誉。李白这首《侠客行》就是以任侠意识为旨的。

《侠客行》是诗人李白以夸张的笔墨，从游侠的服饰开始：“赵客缦胡缨，吴钩霜雪明。银鞍照白马，飒沓如流星。”仅二十个字，仿佛全是写物而不写人。但当时游侠的气势、风貌，就栩栩如生地展现在眼前了。因为诗人并不是为物而夸张地写物，而是处处着眼于人的精神气势而写物。“缦胡”的“缨”，“霜雪明”的“吴钩”，“飒沓如流星”的“白马”这些当时流行的任侠服饰，不仅具有典型性，而且流露出主人豪纵、慷慨之气，把物都写活了。

诗人进而写游侠的行为：“十步杀一人，千里不留行。事了拂衣去，深藏身与名。”也仅是二十字，就高度概括了排忧解难、不图名利、尚义气、重承诺的高尚人格。诗人是以“纵死侠骨香，不惭世上英”的思想加以歌赞的。诗人以此为向往的理想人格，把一般的任侠社会意识，写得如此深刻而生动。

最后，诗人以战国时“窃符救赵，夺晋鄙军”中的侯嬴、朱亥“二壮士”为例，阐明“纵死侠骨香，不惭世上英”之旨。诗人不仅在热烈地颂唱“二壮士”，同时也对校书天禄阁抄《太玄经》的扬雄之辈，无情地加以蔑视：“谁能书阁下，白首太玄经”是为壮夫所不为！

【思考与练习】

1. 本诗刻画了游侠什么样的精神？

2. 李白的诗具有浪漫主义特色，结合此诗谈谈你的体会。

李白生平　　李白诗歌及《侠客行》

(六) 八声甘州

柳　永

【题解】

柳永(987年—1053年)，字耆卿，原名三变，崇安(今属福建)人，宋代词人。景祐元年(1034年)进士，官至屯田员外郎。因排行第七，世称柳七。为人放荡不羁，终身潦倒。柳永的词多描绘城市风光与歌妓生活，善于抒写羁旅行役之情。词风婉约，词作甚丰，是北宋第一个专力写词的词人。其创作慢词较多，对北宋慢词的兴盛和发展有重要作用。同时也发展了铺叙手法，在词史上产生了较大的影响。柳永的词作流传极广，有"凡有井水处，皆能歌柳词"之说。生平亦有诗作，传世不多，有《乐章集》传世。

八声甘州，词牌名。唐教坊大曲有《甘州》，杂曲有《甘州子》，因属边地乐曲，故以甘州为名。《八声甘州》是从大曲《甘州》截取一段而成的慢词，因全词前后共八韵，故名八声，又名《潇潇雨》《宴瑶沁池》等。

对潇潇[1]暮雨洒江天，一番洗清秋。渐霜风凄紧[2]，关河冷落，残照当楼。是处红衰翠减[3]，苒苒物华休[4]。惟有长江水，无语东流。

不忍登高临远，望故乡渺邈[5]，归思难收。叹年来踪迹，何事苦淹留[6]。想佳人妆楼颙望[7]，误几回、天际识归舟[8]。争[9]知我，倚栏杆处，正恁凝愁[10]。

[1] 潇潇：形容雨声急骤。

[2] 凄紧：一作"凄惨"，凄凉紧迫。

[3] 是处：到处、处处；红衰翠减：红花绿叶，凋残零落。翠，一作"绿"。

[4] 苒苒：形容时光流逝。一说，同"冉冉"，犹言"渐渐"；物华：美好的景物。

[5] 渺邈：遥远。

[6] 淹留：久留。

[7] 颙望：凝望。一作"长望"。

[8] 天际识归舟：语出谢朓《之宣城郡出新林浦向板桥》"天际识归舟，云中辨江树"，意思是水天相接的地方能够认出返回的船。

[9] 争：怎。

[10] 恁：如此、这般；凝愁：凝结不解的深愁。

【简析】

面对着潇潇暮雨从天空洒落在江上，经过一番雨洗的秋景分外寒凉清朗。凄凉的霜风逐渐地迫近，关隘、山河冷清萧条，落日的余晖照耀在楼上。到处红花凋零翠叶枯落，美好的景物渐渐地衰残。只有长江水，不声不响地向东流淌。

不忍心登上高山看远方，眺望渺茫遥远的故乡，渴求回家的心思难以收拢。叹息这些年来的行踪，为什么苦苦地长期停留在异乡？想起心上人，正在华丽的楼上抬头凝望，多少次错把远处驶来的船当作心上人回家的船。怎么知道我，倚着栏杆的时候，愁思深重。

这首词是柳永写羁旅行役生活的代表作之一。作者在词中表现了萍踪不定的坎坷人生以及有家难归、功业无成的内心苦闷。全词以“登高临远”四字作为贯通上、下片的过渡。上片写登高所见之景，通过对暮雨后凄清萧条的秋景的描写，在渲染气氛的同时，表露作者对生命短暂、青春已逝、事业落空的悲哀，同时浸染了浓重的离愁。下片直抒胸臆，写思乡怀人之情，是本片的主旨所在。接着，作者又角度一转，从想象虚拟的手法着手写佳人颙望、误识归舟的场景，更反衬出作者思乡心切，悲情浓重，凝愁难解。

在艺术表现上，整首词善用领字，增强了层次感和音乐感。状物传情时白描手法的运用，也为这首词增添了质朴纯净之感。“潇潇”“凄紧”“冷落”“残”“衰”等词汇的运用，又恰当地表现了景物特征，传达了作者的主观感情，达到了情景交融、词意贴切的效果，增强了词的表现力。

【思考与练习】

1. 李白的《忆秦娥》中有和“渐霜风凄紧，关河冷落，残照当楼”类似意境的诗句“西风残照，汉家陵阙”，苏轼曾经把二者进行比较，认为柳词这句不减唐人高处。你认为柳永的词好在哪里？

2. 结合词句分析作者是如何抒写思乡情怀的。

(七) 永遇乐

李清照

【题解】

李清照(1084 年—1155 年)，号易安居士，齐州章丘(今山东章丘)人，宋代女词人，婉约词派代表，有“千古第一才女”之称。李清照所作词，前期多写其悠闲生活，后期多悲叹身世，情调感伤。其词作形式上善用白描手法，自辟途径，语言清丽。有《易安居士文集》《易安词》，已散佚，后人辑有《漱玉词》。

《永遇乐》这首词是李清照晚年避难江南时的作品，写她在一次元宵节时的感受。

落日熔金，暮云合璧，人在何处。染柳烟浓，吹梅笛怨[1]，春意知几许。元宵佳节，融和天气，次第[2]岂无风雨。来相召、香车宝马[3]，谢他酒朋诗侣。

中州[4]盛日，闺门多暇，记得偏重三五[5]。铺翠冠儿，捻金雪柳[6]，簇带争济楚[7]。如今憔悴，风鬟霜鬓，怕见夜间出去。不如向、帘儿底下，听人笑语。

[1] 吹梅笛怨：梅，指乐曲《梅花落》，用笛子吹奏此曲，其声哀怨。

[2] 次第：这里是转眼的意思。

[3] 香车宝马：这里指贵族妇女乘坐的雕镂工致、装饰华美的车驾。

[4] 中州：即中土、中原。这里指北宋的都城汴京，今河南开封。

[5] 三五：旧历正月十五。此处指元宵节。

[6] 铺翠冠儿：以翠羽装饰的帽子；雪柳：以素绢和银纸做成的头饰。此二句所列举均为北宋元宵节妇女时髦的装饰品。

[7] 簇：聚集之意；带：即戴，加在头上谓之戴；济楚：整齐、漂亮。

【简析】

落日金光灿灿，像熔化的金水一般，暮云色彩波蓝，仿佛碧玉一样晶莹鲜艳。景致如此美好，可我如今又置身于何地哪边？新生的柳叶如绿烟点染，《梅花落》的笛曲中传出声声幽怨。春天的气息已露端倪。但在这元宵佳节日暖风和的天气，又怎能知道不会有风雨出现？那些酒朋诗友驾着华丽的车马前来相召，我只能报以婉言相拒，因为我心中愁闷焦烦。

记得汴京繁盛的岁月，闺中有许多闲暇，特别看重这正月十五。帽子镶嵌着翡翠宝珠，身上带着金捻成的雪柳，个个打扮得俊丽翘楚。如今容颜憔悴，头发蓬松也无心梳理，更怕在夜间出去。不如从帘儿的底下，听一听别人的欢声笑语。

词的上片写元宵佳节寓居异乡的悲凉心情，着重对比客观现实的欢快和她主观心情的凄凉。起始二句“落日熔金，暮云合璧”，写晚晴，正是度节日的好天气，意境开阔，色彩绚丽。紧接“人在何处”四字，点出自己的处境：漂泊异乡，无家可归，同吉日良辰形成鲜明对照。(这里的“人”，有的评论者认为指李清照所怀念的亲人，从文意上看，似不如指作者自己为好。)前三句写当时的天气，次三句写当时的季节，“染柳烟浓，吹梅笛怨”，点出时令是初春。上句从视觉着眼，写早春时节初生细柳被淡烟笼罩。下句从听觉落笔，通过笛声传来的哀怨曲调，联想到“砌下落梅如雪乱”的初春景色。四处充满春意，景色宜人，但在词人看来，毕竟“春意知几许”，还远不是很浓郁的。虽是“元宵佳节”，“融和天气”，可是这些年来国事的变化，身世的坎坷，使得女词人产生了“物是人非”“好景不长”之感。所以在“融和天气”之后，立即指出“次第岂无风雨”的可能，在淡淡的春意中又掺进了浓浓的隐忧。以上三小节结构相类，都是两个四字句，是实写，写客观景色的宜人，紧接着一个问句，反衬出主观的不同感受。归结到本篇的主题：身逢佳节，天气虽好，却无心赏玩。因此，虽然有“酒朋诗侣”用“香车宝马”来邀请她去观灯赏月，也只好婉言辞谢了。表面上的理由是怕碰上“风雨”，实际是国难当前，早已失去了赏灯玩月的心情。如果是在太平盛世的当年，情况就大不相同了。这样，诗人很自然地转到当年汴京欢度节日的回忆上来。

词的下片着重用作者南渡前在汴京过元宵佳节的欢乐心情，来同当前的凄凉景象作对比。“中州”指北宋都城汴京，即今河南省开封市；“三五”，指正月十五日，即元宵节。当时宋王朝为了点缀太平，在元宵节极尽铺张之能事。据《大宋宣和遗事》记载，“从腊月初一直点灯到正月十六日”，真是“家家灯火，处处管弦”。其中提到宣和六年正月十四日夜的景象：“京师民有似云浪，尽头上带着玉梅、雪柳、闹蛾儿，直到鳌山看灯。”孟元老《东京梦华录》“正月十六日”条也有类似的记载。这首词里的“铺翠冠儿，捻金雪柳，簇带争济楚”，写的正是作者当年同“闺门”女伴，心情愉快，盛装出游的情景。全是写实，并非虚构。可是，好景不长，金兵入侵，自己只落得漂流异地。如今人老了，憔悴了，白发蓬乱，虽又值佳节，又哪还有心思出外游赏呢？“不如向，帘儿底下，听人笑语”，更反衬出词人伤感孤凄的心境。

这首词不仅情感真切动人，语言也很质朴自然。作者在这首词的下片中，无论是用当年在汴京赏灯过节来作今昔对比也好，还是用今天的游人的欢乐来反衬自己的处境也好，都能更好地刻画出诗人当前的凄凉心情。真是语似平淡而实沉痛已极。

【思考与练习】

1. 简析这首词的思想感情。

2. 试论在不同时期李清照作品的内容和艺术风格有何不同。

李清照　《永遇乐》

(八) 鹊 桥 仙

秦　观

【题解】

秦观(1049 年—1100 年)，字少游、太虚，号淮海居士，扬州高邮(今属江苏高邮)人，北宋词人，婉约词派代表。秦观 36 岁中进士，曾任蔡州教授、太学博士、国史院编修官等职位。在新旧党争中，因和苏轼关系密切而屡受新党打击，先后被贬到处州、郴州、横州、雷州等边远地区，最后死于滕州。秦观是“苏门四学士”之一，以词闻名，文辞为苏轼所赏识。其词风格婉约纤细、柔媚清丽，情调低沉感伤，愁思哀怨。

借牛郎织女的故事，以超人间的方式表现人间的悲欢离合，古已有之，如《古诗十九首·迢迢牵牛星》，曹丕的《燕歌行》，李商隐的《辛未七夕》等。宋代的欧阳修、张先、柳永、苏轼等人也曾吟咏这一题材，虽然遣词造句各异，却都因袭了“欢娱苦短”的传统主题，格调哀婉、凄楚。相形之下，秦观此词堪称独出机杼，立意高远。

纤云弄巧[1]，飞星[2]传恨，银汉迢迢暗度[3]。金风玉露[4]一相逢，便胜却人间无数。

柔情似水，佳期如梦，忍顾[5]鹊桥归路。两情若是久长时，又岂在朝朝暮暮[6]。

[1] 纤云：轻盈的云彩；弄巧：指云彩在空中幻化成各种巧妙的花样。

[2] 飞星：流星。一说指牵牛、织女二星。

[3] 银汉：银河；迢迢：遥远的样子；暗度：悄悄渡过。

[4] 金风玉露：指秋风白露。

[5] 忍顾：怎忍回视。

[6] 朝朝暮暮：指朝夕相聚。语出宋玉《高唐赋》。

【简析】

纤薄的云彩在天空中变幻多端，天上的流星传递着相思的愁怨，遥远无垠的银河今夜我悄悄渡过。在秋风白露的七夕相会，就胜过尘世间那些长相厮守却貌合神离的夫妻。

共诉相思，柔情似水，短暂的相会如梦如幻，分别之时不忍去看那鹊桥路。只要两情至死不渝，又何必贪求卿卿我我的朝欢暮乐呢？

这是一首咏七夕的节序词，起句展示七夕独有的抒情氛围，“巧”与“恨”，则将七夕人间“乞巧”的主题及“牛郎、织女”故事的悲剧性特征点明，练达而凄美。借牛郎织女悲欢离合的故事，歌颂坚贞诚挚的爱情。结句“两情若是久长时，又岂在朝朝暮暮”最有境界，这两句既指牛郎、织女的爱情模式的特点，又表述了作者的爱情观，是高度凝练的名言佳句。这首词因而也就具有了跨时代、跨国度的审美价值和艺术品位。此词融写景、抒情与议论于一体，叙写牛郎、织女相爱的神话故事，赋予这对仙侣浓郁的人情味，讴歌了真挚、细腻、纯洁、坚贞的爱情。词中明写天上双星，暗写人间情侣；其抒情，以乐景写哀，以哀景写乐，倍增其哀乐，读起来荡气回肠，感人肺腑。

词一开始即写“纤云弄巧”，轻柔多姿的云彩，变化出许多优美巧妙的图案，显示出织女的手艺何其精巧绝伦。可是，这样美好的人，却不能与自己的心上人共同过美好的生活。“飞星传恨”，那些闪亮的星星仿佛都传递着他们的离愁别恨，正飞驰长空。

关于银河，《古诗十九首》云：“河汉清且浅，相去复几许？盈盈一水间，脉脉不得语。”“盈盈一水间”，近在咫尺，似乎连对方的神情语态都宛然在目。这里，秦观却写道：“银汉迢迢暗度”，以“迢迢”二字形容银河的辽阔，牛女相距之遥远。这样一改，感情深沉了，突出了相思之苦。迢迢银河水，把两个相爱的人隔开，相见多么不容易！“暗渡”二字既点“七夕”题意，同时紧扣一个“恨”字，他们夜间出行，千里迢迢来相会。

接下来词人宕开笔墨，以富有感情色彩的议论赞叹道：“金风玉露一相逢，便胜却人间无数！”一对久别的情侣金风玉露之夜，碧落银河之畔相会了，这美好的一刻，就抵得上人间千遍万遍的相会。词人热情歌颂了一种理想的圣洁而永恒的爱情。“金风玉露”用李商隐《辛未七夕》诗：“恐是仙家好别离，故教迢递作佳期。由来碧落银河畔，可要金风玉露时。”用以描写七夕相会的时节风光，同时还另有深意，词人把这次珍贵的相会，映衬于金风玉露、冰清玉洁的背景之下，显示出这种爱情的高尚纯洁和超凡脱俗。

“柔情似水”，那两情相会的情意啊，就像悠悠无声的流水，是那样的温柔缠绵。“柔情似水”，“似水”照应“银汉迢迢”，即景设喻，十分自然。一夕佳期竟然像梦幻一般倏然而逝，才相见又分离，怎不令人心碎！“佳期如梦”，除言相会时间之短，还写出爱侣相会时的复杂心情。“忍顾鹊桥归路”，转写分离，刚刚借以相会的鹊桥，转瞬间又成了和爱人分别的归路。不说不忍离去，却说怎忍看鹊桥归路，婉转语意中，含有无限惜别之情，含有无限辛酸眼泪。回顾佳期幽会，疑真疑假，似梦似幻，及至鹊桥言别，恋恋之情，已至于极。词笔至此忽又空际转身，爆发出高亢的音响：“两情若是久长时，又岂在朝朝暮暮！”秦观这两句词揭示了爱情的真谛：爱情要经得起长久分离的考验，只要能彼此真诚相爱，即使终年天各一方，也比朝夕相伴的庸俗情趣可贵得多。这两句感情色彩很浓的议论，成为爱情颂歌当中的千古绝唱。它们与上片的议论遥相呼应，这样上、下片同样结构，叙事和议论相间，从而形成全篇连绵起伏的情致。这种正确的恋爱观，这种高尚的精神境界，远远超过了古代同类作品，是十分难能可贵的。

这首词的议论，自由流畅，通俗易懂，却又显得婉约蕴藉，余味无穷。作者将画龙点睛的议论和散文句法与优美的形象、深沉的情感结合起来，跌宕起伏地讴歌了人间美好的爱情，取得了极好的艺术效果。

【思考与练习】

1. 这首词表达了词人怎样的爱情观？
2. 从你知道的诗词中，试列举一些表达爱情观的诗句。

(九) 卜算子

苏　轼

【题解】

苏轼(1037 年－1101 年)，字子瞻，号东坡居士，世称苏东坡，汉族，四川人，北宋文学家、书画家、美食家。苏轼一生仕途坎坷，学识渊博，天资极高，诗文书画皆精。其文汪洋恣肆，明白畅达，与欧阳修并称欧苏，为“唐宋八大家”之一；其诗清新豪迈，善用夸张、比喻，艺术表现独具风格，与黄庭坚并称苏黄；其词开豪放一派，对后世有巨大影响，与辛弃疾并称苏辛；其书法擅长行书、楷书，能自创新意，用笔丰腴跌宕，有天真烂漫之趣，与黄庭坚、米芾、蔡襄并称宋四家；其画擅长文人画，论画主张神似。作品有《苏东坡全集》《东坡乐府》《枯木怪石图》等。

《卜算子》是苏轼的一首名词，现在通行的各个版本的词选中都有一个小序：“黄州定慧院寓居作。”据史料记载，此词为公元 1083 年(宋神宗元丰六年)初作于黄州，定慧院在今天的湖北黄冈市东南，苏轼另有《游定惠院记》一文。由上可知这首词是苏轼初贬黄州寓居定慧院时所作。被贬黄州后，虽然自己的生活都有问题，但苏轼是乐观旷达的，能率领全家通过自身的努力来渡过生活难关。但内心深处的幽独与寂寞是他人无法理解的。在这首词中，作者借月夜孤鸿这一形象托物寓怀，表达了孤高自许、蔑视流俗的心境。

缺月挂疏桐，漏断[1]人初静。谁见幽人独往来[2]，缥缈[3]孤鸿影。

惊起却回头，有恨无人省[4]。拣尽寒枝不肯栖，寂寞沙洲冷。

[1] 漏断：漏壶里水滴尽了，指深夜。漏，指古人计时用的漏壶。

[2] 幽：幽居的人，形容孤鸿。

[3] 缥缈：隐隐约约，若有若无。

[4] 省：理解。“无人省”，又作“无人识”。

【简析】

本词上阕写的是深夜院中所见的景色。“缺月挂疏桐，漏断人初静。”营造了一个夜深人静、月挂疏桐的孤寂氛围，为“幽人”“孤鸿”的出场作铺垫。在漏壶水尽，更深人静的时候，苏轼步出庭院，抬头望月，又是一个多么孤寂的夜晚呀！月儿似乎也知趣，从稀疏的桐树间透出清晖，像是挂在枝丫间。这两句出笔不凡，渲染出一种孤高出生的境界。接下来的两句，“谁见幽人独往来，缥缈孤鸿影。”周围是那么宁静幽寂，在万物入梦的此刻，又有谁像自己这样在月光下孤寂地徘徊，就像是一只孤单飞过天穹的凄清大雁。先是点出一位独来独往、心事浩茫的“幽人”形象，随即轻灵飞动地由“幽人”转到“孤鸿”，使这两个意象产生对应和契合，让人联想到：“幽人”孤高的心境，正如缥缈若仙的孤鸿之影。这两句，既是实写，又通过人、鸟形象的对应、嫁接，极富象征意味地强化了“幽人”的超凡脱俗，使孤独的形象更具体感人。

词下阕，更是把鸿与人同写，“惊起却回头，有恨无人省。”这是直写自己孤寂的心境。人孤独的时候，总会四顾寻觅，找到的是更多的孤独。“有恨无人省”，有谁能理解自己孤独的心呢？世无知音，孤苦难耐，情何以堪？“拣尽寒枝不肯栖，寂寞沙洲冷。”写孤鸿遭遇不幸，心怀幽恨，惊恐不已，在寒枝间飞来飞去，挑遍了寒枝也不肯栖息，只好落宿于寂寞荒冷的沙洲，度过这样寒冷的夜晚。这里，词人以象征手法，匠心独运地通过鸿的孤独缥缈，惊起回头、怀抱幽恨和选求宿处，表达了作者贬谪黄州时期的孤寂处境和高洁自许、不愿随波逐流的心境。作者与孤鸿惺惺相惜，以拟人化的手法表现孤鸿的心理活动，把自己的主观感情加以对象化，显示了高超的艺术技巧。

这首词的境界，如黄庭坚所说：“语意高妙，似非吃烟火食人语，非胸中有万卷书，笔下无一点尘俗气，孰能至此！”这种高旷洒脱、绝去尘俗的境界，得益于高妙的艺术技巧。作者“以性灵咏物语”，意中设境，托物寓人。对孤鸿和月夜环境背景的描写中，选景叙事均简约凝练，空灵飞动，含蓄蕴藉，生动传神，具有高度的典型性。

【思考与练习】

1. 欣赏苏轼词中表现的情感。

2. 前人认为“恨”字是全词关键。词中“恨”的内容是什么？你是否同意“关键”之说？为什么？

苏轼　《卜算子》

(十) 春江花月夜

张若虚

【题解】

张若虚(约670年—约730年)，唐代诗人，扬州(今江苏扬州)人。张若虚的诗仅存两首于《全唐诗》中，一首是五言排律《代答闺梦还》，写少妇春思之情；另一首是七言排律《春江花月夜》，被认为是“孤篇盖全唐”的佳作。

《春江花月夜》沿用陈隋乐府旧题，描绘了春天夜晚江畔的景色，抒写了真挚动人的离情别绪及富有哲理意味的人生感慨。全诗紧扣春、江、花、月、夜的背景，以月为主体，尽情赞叹了大自然的奇丽景色。“月”是诗中情景兼容之物，在全诗中犹如一条生命纽带，通贯上下，触处生神，诗情随着月轮的生落而起伏曲折。全诗语言清新优美，韵律宛转悠扬，洗去了宫体诗的浓脂艳粉，给人以澄澈空明、清丽自然的感觉，是一曲千载传诵的抒情杰作。闻一多称之为“诗中的诗，顶峰上的顶峰”。

春江潮水连海平，海上明月共潮生。
滟滟[1]随波千万里，何处春江无月明！
江流宛转绕芳甸[2]，月照花林皆似霰[3]。
空里流霜[4]不觉飞，汀[5]上白沙看不见。
江天一色无纤尘[6]，皎皎空中孤月轮[7]。

江畔何人初见月？江月何年初照人？
人生代代无穷已[8]，江月年年望相似[9]。
不知江月待何人，但见[10]长江送流水。
白云一片去悠悠[11]，青枫浦[12]上[13]不胜愁。
谁家今夜扁舟子[14]？何处相思明月楼[15]？
可怜楼上月徘徊[16]，应照离人[17]妆镜台[18]。
玉户[19]帘中卷不去，捣衣砧[20]上拂还来。
此时相望不相闻[21]，愿逐[22]月华[23]流照君。
鸿雁长飞光不度，鱼龙潜跃水成文[24]。
昨夜闲潭[25]梦落花，可怜春半不还家。
江水流春去欲尽，江潭落月复西斜[26]。
斜月沉沉藏海雾，碣石潇湘[27]无限路[28]。
不知乘月[29]几人归，落月摇情[30]满江树。

[1] 滟(yàn)滟：波光闪烁的样子。

[2] 芳甸(diàn)：芳草丰茂的原野。甸，郊外之地。

[3] 霰(xiàn)：天空中降落的白色不透明的小冰粒。形容月光下春花晶莹洁白。

[4] 流霜：飞霜，古人认为霜和雪一样，是从空中落下来的，所以叫流霜。在这里比喻月光皎洁，月色朦胧、流荡。

[5] 汀(tīng)：沙滩。

[6] 纤尘：微细的灰尘。

[7] 月轮：指月亮，因为月圆时像车轮，所以称为月轮。

[8] 无穷已：没有止尽。

[9] 江月年年望相似：另有版本为“江月年年只相似”，意思是江上的月亮一年年地总是相像。

[10] 但见：只见、仅见。

[11] 悠悠：渺茫、深远。

[12] 青枫浦：地名，今湖南浏阳市有青枫浦。这里泛指游子所在的地方。

[13] 上：水边。

[14] 扁舟子：飘荡江湖的游子。扁舟，小舟。

[15] 明月楼：月夜下的闺楼。这里指闺中思妇。

[16] 月徘徊：指月光偏照闺楼，徘徊不去，令人不胜相思之苦。

[17] 离人：此处指思妇。

[18] 妆镜台：梳妆台。

[19] 玉户：形容楼阁华丽，以玉石镶嵌。

[20] 捣衣砧(zhēn)：捣衣石、捶布石。

[21] 相闻：互通音信。

[22] 逐：追随。

[23] 月华：月光。

[24] 文：同“纹”，波纹。

[25] 闲潭：幽静的水潭。

[26] 复西斜：指月亮又要西落，“斜”应为押韵读作“xiá”。

[27] 碣(jié)石潇湘：借指一南一北，暗指游子、思妇分别处于天南地北，路途遥远，相聚无望。

[28] 无限路：形容离人相距之远。

[29] 乘月：趁着月光。

[30] 摇情：激荡情思，牵连离情。

【简析】

春江花月夜：

春天的江潮水势浩荡，与大海连成一片，一轮明月从海上升起，好像与潮水一起涌出来。

月光照耀着春江，随着波浪闪耀千万里，所有地方的春江都有明亮的月光。

江水曲曲折折地绕着花草丛生的原野流淌，月光照射着开遍鲜花的树林好像细密的雪珠在闪烁。

月色如霜，所以霜飞无从觉察；洲上的白沙和月色融合在一起，看不清晰。

江水、天空成一色，没有一点微小灰尘，明亮的天空中只有一轮孤月高悬。

江边上什么人最初看见月亮，江上的月亮哪一年最初照耀着人？

人生一代代地无穷无尽，只有江上的月亮一年年地总是相像。

不知江上的月亮等待着什么人，只见长江不断地输送着流水。

游子像一片白云缓缓地离去，只剩下思妇站在离别的青枫浦不胜忧愁。

哪家的游子今晚坐着小船在漂流？什么地方有人在明月照耀的楼上相思？

可怜楼上不停移动的月光，应该照耀着离人的梳妆台。

月光照进思妇的门帘，卷不走，照在她的捣衣砧上，拂不掉。

这时互相望着月亮可是互相听不到声音，我希望随着月光流去照耀着您。

鸿雁不停地飞翔，而不能飞出无边的月光；月照江面，鱼龙在水中跳跃，激起阵阵波纹。

昨天晚上梦见花朵落在幽静的水潭上，可怜春天过了一半还不能回家。

江水带着春光将要流尽，水潭上的月亮又要西落。

斜月慢慢下沉，藏在海雾里，碣石与潇湘的离人距离无限遥远。

不知有几人能趁着月光回家，只有那西落的月亮摇荡着离情，洒满了江边的树林。

这首诗以写月作起，以写月落结，把从天上到地下这样寥廓的空间，从明月、江流、青枫、白云到水纹、落花、海雾等众多景物，以及客子、思妇种种细腻的感情，通过环环紧扣、连绵不断的结构方式组织起来。由春江引出海，由海引出明月，又由江流明月引出花林，引出人物，转情换意，前后呼应，若断若续，使诗歌既完美严密，又有反复咏叹的艺术效果。

前半部重在写景，如“何处春江无月明”“空里流霜不觉飞”等句子，在写实的同时也体现了人物的想象和感觉。后半部重在抒情，这情是在景的基础上产生的，如长江流水、青枫白云、帘卷不去、拂砧还来等句，景中亦有情，结尾一句，更是情景交融的名句。全篇有情有景，亦情亦景，情景交织成有机整体。

诗歌写了许多色彩鲜明的形象，如皎月、白沙、白云、青枫等，这些景物共同造成了柔和静谧的诗境，这种意境与作者所抒发的深挚情感，十分和谐统一。

诗歌每四句一换韵，平仄相间，韵律婉转悠扬，如“滟滟随波千万里，何处春江无月明？江流婉转绕芳甸，月照花林皆似霰”，平仄变换与律诗相同，使诗歌语言既抑扬顿挫，又清新流畅。诗歌语言采用了一些顶真连环句式，如“春江潮水连海平，海上明月共潮生”“江月何年初照人？人生代代无穷已”“何处相思明月楼？可怜楼上月徘徊”“江潭落月复西斜，斜月沉沉藏海雾”，一唱三叹，情味无穷；也有对偶句的使用，如“谁家今夜扁舟子？何处相思明月楼？”“鸿雁长飞光不度，鱼龙潜跃水成文”，等等。

总而言之，诗人凭借对春江花月夜的描绘，尽情赞叹了大自然的绮丽景色，讴歌了人间纯洁爱情，把游子对思妇的同情扩大开来，与对人生哲理的追求、对宇宙奥秘的探索结合起来，从而汇成一种情、景、理水乳交融的优美意境。

【思考与练习】

1. 分析《春江花月夜》的艺术特色。
2. 《春江花月夜》是如何将画意、诗情、哲理交融在一起的？
3. 《春江花月夜》赋予乐府旧题以新的内涵，具体表现在什么地方？

张若虚　《春江花月夜》

(十一) 偶　然

徐志摩

【题解】

徐志摩(1897 年—1931 年)，浙江海宁人，现代诗人、散文家。1916 年入北京大学法科，1918 年按照其父愿望赴美国学习银行学，1921 年春入以特别生资格伦敦剑桥大学学习。在英国 19 世纪浪漫主义诗歌及其他西洋文学的熏陶下，他从 1921 年开始创作新诗，1922 年 10 月回国后大量发表诗文，创办了“新月社”。1924 年又与胡适、陈西滢等创办《现代评论》周刊，并任北京大学教授。1925 年出版第一本诗集《志摩的诗》，创作了诗集《翡冷翠的一夜》和散文集《巴黎的鳞爪》《自剖》《落叶》中的大部分作品，这是他创作最多的一年。1926 年与闻一多、朱湘等人开展新诗格律化运动，对新诗的艺术发展产生了很大影响。1931 年 1 月，与陈梦家、方玮德创办《诗刊》季刊；8 月，第三本诗集《猛虎集》出版。1931 年 11 月 19 日，徐志摩因飞机失事遇难。第四本诗集《云游》后由陈梦家编辑出版。

《偶然》这首诗作于 1926 年 5 月，初载同年 5 月 27 日《晨报副刊·诗镌》第 9 期。

我是天空里的一片云，
偶尔投影在你的波心——
你不必讶异，
更无须欢喜——

在转瞬间消灭了踪影。

你我相逢在黑夜的海上，
你有你的，我有我的，方向；
你记得也好，
最好你忘掉，
在这交会时互放的光亮！

【简析】

《偶然》这首诗中，诗人运用多种意象将自己的人生历程融入其中。诗人人生中经历了太多的偶然，将偶然形象化，不仅充满情趣意味，还给读者留下了足够的想象空间。无数次偶然，无数次坎坷，无数次邂逅，似乎都显得如此平常，“你不必讶异，更无须欢喜”“你记得也好，最好你忘掉”构成了诗人的态度。

诗歌第一节运用了“天空”“云”“水波”等形象的实物比喻使诗歌更加生动，形象，天空的一片云投影在波心也反映出诗人的内心活动以及心理特征，表明其爱与美的追求。还运用了“投影”“消灭”两个动词更显示出其偶然的因果关系，投影是虚幻的就必将导致彻底消灭，最终从偶然相遇转化到消灭了的踪影，踪影又与投影形成对应关系。另外诗人将诗歌中的主人公“你”和“我”也清楚地表现出来了，说明“你”和“我”的两个主体之间存在必然的联系，虽然在这个联系中存在感情的依托，但你不必讶异，更无须欢喜，这里起到一个波浪转折的作用，意在表明虽然是偶然与你相遇似乎还是比较融入但却因为最终踪影的消灭，所以不必讶异，更无须欢喜，最后说明其原因。而在“你不必讶异，更无须欢喜”中存在着更进一步的关系，讶异没有必要，欢喜更没有必要，中间用一个“更”字联结恰到好处，说明诗人一再压抑自己的兴奋而还在奉劝对方不要讶异和欢喜过早了，表明诗人明白自己的人生处境而不想伤害对方，因为“我是天空里的一片云”。同时可以看出人生不是自己可以主宰的，任何美好的事物都要受到各种外界因素的制约和影响，既然是偶然的事物就一定是转瞬间的事物，我们一定要加倍珍惜这个事物。

诗歌第二节以“你我相逢在黑夜的海上”，将你我两个主体同时拉在一起，在黑夜的背景下，在海的渲染下，“你”的突然出现，似乎让我在黑夜的海上不再孤单不再寂寞，“你”的出现更使我获得了感情的寄托。但即使是这样，我们却只是人生旅途中的匆匆过客，因为“你有你的，我有我的，方向”。在这种偶然的必然情况下发生的相遇，就像一次上帝的眷顾，情剧中的故意情节，在同样甘受寂寞孤独的相遇最终还是会因为我们彼此的方向不同而彼此错过，说明在人生方向上的选择往往是充满着戏剧化的，是不会永恒的。在此处戏剧化的安排一个与我相对应的主体的你，说明诗人对爱情等的追求和向往，但因为选择的方向不同我们彼此擦肩而过，或许彼此留下了一个会心的微笑甚至彼此留恋着对方，但终究在黑夜的海上的背景下因为方向的选择而错失美好的事物而无可奈何，顿时诗人一种失落的情感流露在心间，最后奉劝自己：“你记得也好，最好你忘掉”，这里起到一种安慰自己的作用，告诫一种人生哲理：很多时候何曾不是退一步想呢？同时承接下文“在这交会时互放的光亮！”

诗歌全文描述出的两个情景，语言生动，形式完美，情节波澜起伏，给人无穷的想象空间。诗歌前后两节相互对应，读起来朗朗上口，耐人寻味。本诗从表面上看是一首爱情诗歌，仔细品读，却更加有味，蕴涵了深层的人生哲理和人生感悟。

【思考与练习】

1. 徐志摩的诗歌创作主张是什么？结合《偶然》分析他诗歌的艺术特色。
2. 分析《偶然》这首诗歌所体现的“张力”结构。

(十二) 四 姐 妹

海　子

【题解】

海子(1964 年－1989 年)，原名查海生，出生于安徽省怀宁县，当代青年诗人。海子在农村长大，1979 年 15 岁的海了考入北京大学法律系，在人学期间开始诗歌创作，1983 年从北大毕业后分配至中国政法大学哲学教研室工作。海子 1984 年创作成名作《亚洲铜》和《阿尔的太阳》，这是他第一次使用“海子”作为笔名。1982 年至 1989 年不到 7 年的时间里，海子创作了近 200 万字的作品，出版了《土地》《海子、骆一禾作品集》《海子的诗》和《海子诗全编》等。从 1984 年的《亚洲铜》到 1989 年 3 月 14 日的最后一首诗《春天，十个海子》，海子创作了近 200 万字的诗歌、诗剧、小说、论文和札记。比较著名的有《亚洲铜》《麦地》《以梦为马》《黑夜的献诗——献给黑夜的女儿》等。

《四姐妹》写于 1989 年 2 月 23 日，这首诗是海子爱情诗的代表之作。

荒凉的山冈上站着四姐妹
所有的风只向她们吹
所有的日子都为她们破碎

空气中的一棵麦子
高举到我的头顶
我身在这荒芜的山冈
怀念我空空的房间，落满灰尘

我爱过的这糊涂的四姐妹啊
光芒四射的四姐妹
夜里我头枕卷册和神州
想起蓝色远方的四姐妹
我爱过的这糊涂的四姐妹啊
像爱着我亲手写下的四首诗
我的美丽的结伴而行的四姐妹

比命运女神还要多出一个
赶着美丽苍白的奶牛走向月亮形的山峰

到了二月，你是从哪里来的
天上滚过春天的雷，你是从哪里来的
不和陌生人一起来
不和运货马车一起来
不和鸟群一起来

四姐妹抱着这一棵
一棵空气中的麦子
抱着昨天的大雪，今天的雨水
明天的粮食与灰烬
这是绝望的麦子

请告诉四姐妹：这是绝望的麦子
永远是这样
风后面是风
天空上面是天空
道路前面还是道路

【简析】

海子曾说自己不想成为一个抒情诗人，但是事实上，海子留下的诗篇中绝大部分都是抒情诗，而且海子最为人熟悉与欣赏的诗歌也是他的抒情诗。而在抒情诗里爱情诗又占了很大的比例。

《四姐妹》是一首完美而纯粹、饱含着绝望呼喊的抒情诗。诗的标题“四姐妹”实有所指，指海子自己所深爱而最终都离海子而去的四个姑娘。诗人西川说过，海子一生爱过四个女孩子，但每一次的结果都是一场灾难，特别是他初恋的女孩子，更与他全部生命有关。由于海子敏感、内向的性格和对自身生存处境的自卑，爱的情感只有在诗中才得到充分表达。

诗的第一节就奠定了整首诗绝望而悲壮的感情基调，诗人在首句就以“荒凉的山冈上站着四姐妹”营造了一个开阔而独特的诗歌意境。爱情在诗人的眼中是受难，所以“所有的风只向她们吹，所有的日子都为她们破碎”。在爱情中，诗人的日子破碎了，每一次爱情都给他带来了深深的伤痛。

诗歌第二节转到诗人常用的意象——麦子，此时诗人眼中的麦子不再是象征希望与生机，而是孤独和绝望，它孤立无援地处于空气中。接着诗歌又转到荒芜的山冈，写到诗人自己，以及自己的房间，房间除了灰尘都是空空的，这灰尘是从荒凉的山冈上吹来的，是诗人常用意象“土地”的归属，诗人已经意识到自己一直所追寻的“土地”最终将归于毫无生命的尘土。

诗歌第三节转向爱情的叙述。“我爱过的这糊涂的四姐妹啊”,“糊涂”二字不是形容爱人的个性特征，而是以诗人自己的立场与视角来定位的，诗人看来，她们离开自己，而自己又是那么深爱着她们，给自己带来了无尽的伤痛与不舍，她们是多么糊涂啊！即使如此，在诗人眼中，她们依旧是那样的“光芒四射”，永远吸引着自己，永远是自己魂牵梦绕的一束光亮。“夜里我头枕卷册和神州，想起蓝色远方的四姐妹”，日夜思念的四姐妹啊，你们却在蓝色的远方。四姐妹的爱情既给他带来了幸福，也给他带来了更深度的痛苦与绝望。“我爱过的糊涂的四姐妹啊，像爱着我亲手写下的四首诗”，诗歌是诗人的幸福，是他深深爱着的事物，把四姐妹比作“亲手写下的四首诗”，对自己创造的事物，每个人都有最纯最深的喜爱，即使有什么缺点，也是不在意的，可见诗人对四姐妹的爱是那么真挚而深厚。四姐妹永远是美丽的，她们就是诗人自己的命运女神，“赶着美丽苍白的奶牛，走向月亮形的山峰。”

诗歌第四节出现了一个叙述对象“你”，其中二月是诗人写这首诗的时间，此时处在冬春之交，生命即将复苏的节点。诗人询问“你”从哪里来，然而又通过一系列的否定来回答。表明在这个春天回归，记忆再生的二月，尘封的爱情无迹可寻。

第五节，麦子再次出现在诗歌中，这里四姐妹跟麦子有了联系，“四姐妹抱着这一颗，一颗空气中的麦子，”麦子经历了“昨天的大雪”“今天的雨水”，会成为“明天的粮食”，但是它最终逃不过成为“灰烬”的命运，生存是无希望的，一切都归于毁灭，不论是美丽浪漫的爱情还是无限生机的麦子。“这是绝望的麦子”，表现了诗人内心世界绝望、悲观的情绪。

最后一节，诗人要将自己的绝望告知四姐妹，告诉那些自己爱过的女人，即使她们抛弃了自己，他还是不能忘记她们，仍旧把她们当成自己生命中极其重要的一部分。“绝望”“永远是这样”，已经没有任何希望了，诗人已经不再相信任何支撑自己活下去的事情存在了，深度的悲观与绝望通过后面三个排比句来阐释：“风后面是风，天空上面是天空，道路前面还是道路。”

【思考与练习】

1. 海子在《四姐妹》这首诗中表达出了怎样的情感？结合海子的生平谈一谈你的感受。

2. 在了解了海子的生平和创作风格之后，赏析作品《面朝大海，春暖花开》，谈谈你对幸福的认识。

(十三) 等你，在雨中

余光中

【题解】

余光中(1928年—2017年)，当代著名作家、诗人、学者、翻译家，出生于南京，祖籍福建永春。余光中1952年毕业于台湾大学外文系，1959年获美国爱荷华大学艺术硕士。先后任教于台湾东吴大学、台湾师范大学、台湾大学、台湾政治大学，其间两度应邀赴美国多家大学任客座教授。1972年任台湾政治大学西语系教授兼主任，1974年至1985年任香港中文大学中文系教授，1985年任台湾中山大学教授及讲座教授。2017年余光中于中国台湾逝世，其代表作有诗歌《乡愁》《乡愁四韵》，散文《听听那冷雨》《我的四个假想敌》等。

1962年夏，诗人突击写出《莲的联想》系列诗三十首，倡言“新古典主义”。《等你，在雨中》为系列诗之四，作于1962年5月27日。本诗是余光中爱情诗的代表作。

等你，在雨中，在造虹的雨中
蝉声沉落，蛙声升起
一池的红莲如红焰，在雨中

你来不来都一样，竟感觉
每朵莲都像你
尤其隔著黄昏，隔著这样的细雨

永恒，刹那，刹那，永恒
等你，在时间之外
在时间之内，等你，在刹那，在永恒

如果你的手在我的手里，此刻
如果你的清芬
在我的鼻孔，我会说，小情人

诺，这只手应该采莲，在吴宫
这只手应该
摇一柄桂浆，在木兰舟中

一颗星悬在科学馆的飞檐
耳坠子一般的悬著
瑞士表说都七点了，忽然你走来

步雨后的红莲，翩翩，你走来
像一首小令
从一则爱情的典故里，你走来

从姜白石的词里，有韵地，你走来

【简析】

这是一首优美空灵的爱情诗，描述了一次约会前的等待心理。诗中将写景与抒情、用典与象喻精巧地熔铸为一个整体。

诗的第一节以写景为主，背景是在莲池旁边。夏日黄昏，细雨蒙蒙，日光折射，形成虹霓，蛙声骤起，红莲吐焰，画面上有声、有色、有光，极富立体感。黄昏细雨的莲池，之所以出现生意盎然、热烈欢快的景象和气氛，原因是一位少年在这里等一位“小情人”。人乐，则景物无不欣欣然而乐。

诗的第二节则以言情为主，表现少年对姑娘的一往情深。诗人很巧妙地使用移情的手法，从人取景，因情写景，点景写情，从而避免了言情的空泛和点景的雷同。在少年的心目中，感觉“每朵莲都像你”，这样他的痴情就有了依托，显得形象而真实。

诗的第三节是少年的内心独白：“永恒，刹那，刹那，永恒/等你，在时间之外/在时间之内，等你，在刹那，在永恒”。这几句，按照王国维的说法，是“述事则如其口出”，十分符合人物的个性和心态。所谓“时间之外”和“时间之内”，据余光中本人解释，“这是写少年等待小情人对时间的感觉。即是说，小伙子因等‘小情人’心切，所以感到时间过得很慢，这就是所谓‘时间之内’；‘小情人’误了约会时间，小伙子等了许久还不见她来，这就是所谓‘时间之外’。”诗中其他各节在写景、言情、述事之中，也都达到了情景交融，再加上语言的蕴藉委婉、缠绵含蓄，从而使作品形成一种典雅的柔美意境。

这首诗既有古典风味，又具现代风味。在诗的第四、五节中，少年想象他此刻拉着小情人的手说道：“诺，这只手应该采莲，在吴宫/这只手应该/摇一柄桂桨，在木兰舟中”。这个画面使我们想起了南朝民歌中具有艳丽柔弱特色，多表现羞涩缠绵情态的吴歌；想起《西洲曲》中“采莲南塘秋，莲花过人头。低头弄莲子，莲子青如水”的纯洁爱情。余光中从古代民歌、诗词中汲取营养，又赋予莲花新的寓意，使她具有清圆、雅致、馨香、超脱这些美的特质。但是，余光中的这首诗又是具有现代风味的。

诗的第六节中的“科学馆”是现代文明的一个标志，“瑞士表”也同样是现代科技的产物。它们被巧妙而又自然地嵌入诗中，向读者暗示少年和小情人相会的时间背景。诗人运用娴熟的艺术技巧将此诗的古典背景和现代背景完美叠合，超时空的联想，使读者抚古今于一瞬，也使作品的意象产生新鲜之感。

最后美人翩翩而至，有如姜夔抒写的爱情典故的小令，那样精致美好，韵味悠长。诗至此戛然而止，给读者留下了无限想象的空间。

此诗具有东方古典美的空灵境界，同时，从诗句的排列上，也充分体现出诗人对现代格律诗建筑美的刻意追求。作者在回归传统时并不抛弃“现代”，他寻求的是一种有深厚传统背景的“现代”，是一种受过“现代”洗礼的“古典”。诗歌运用独白和通感等现代手法，把现代人的感情与古典美糅合到一起，把现代诗和古代词熔为一炉，使诗歌达到了一种清纯精致的境界。

【思考与练习】

1. 《等你，在雨中》这首诗中，余光中用了哪些写作手法，表达了什么感情和哲理？

2. 找出并体会诗中描写的幻觉场景。

余光中和《等你，在雨中》

(十四) 采莲曲

朱　湘

【题解】

朱湘(1904 年—1933 年)，字子沅，原籍安徽太湖，生于湖南沅陵，父母早逝。1921 年在清华学习期间开始新诗创作，1925 年出版第一本诗集《夏天》。1926 年自办刊物《新文》，只刊载自己创作的诗文及翻译的诗歌，自己发行，因经济拮据，只发行了两期。1927 年出版了第二本诗集《草莽》，该诗集形式工整，音调柔婉，风格清丽。1927 年 9 月至 1929 年 9 月，朱湘留学美国，回国后，他生活动荡，为谋职业到处奔走，其间曾任教于国立安徽大学(现安徽师范大学)外文系。朱湘出国前后的创作受到外国诗歌的影响较多，对西方多种诗体进行了尝试。后期，他多用西洋的诗体和格律来倾吐人生的感叹，其中《石门集》(1934)所收的 70 余首十四行体诗，被称为他诗集中“最有价值的一部分”。1933 年 12 月 5 日，朱湘在从上海到南京的客轮上，跳水自杀身亡。

朱湘的诗重格律形式，诗句精炼有力，庄肃严峻，富有人生哲学的观念，字少意远。旧诗词的文词、格调、意思他都能随意取用而且安排得非常之好。《采莲曲》创作于 1925 年 10 月 24 日。诗人在诗歌创作方面，主动接受和吸纳中国传统诗学的艺术表达方式，努力追寻传统诗歌清丽柔美的境界。《采莲曲》创作于 1925 年，收录在《草莽》中，诗人通过这首诗歌来寄托其人生理想。

小船啊轻飘，
杨柳呀风里颠摇；
荷叶呀翠盖，
荷花呀人样娇娆。
日落，
微波，
金线闪动过小河，
左行，
右撑，
莲舟上扬起歌声。

菡萏呀半开，
蜂蝶呀不许轻来；
绿水呀相伴，
清净呀不染尘埃。
溪间，
采莲，

水珠滑走过荷钱。
拍紧，
拍轻，
桨声应答着歌声。

藕心呀丝长，
羞涩呀水底深藏；
不见呀蚕茧，
丝多呀蛹裹中央？
溪头，
采藕，
女郎要采又夷犹。
波沉，
波升，
波上抑扬着歌声。

莲蓬呀子多，
两岸呀榴树婆娑；
喜鹊呀喧噪，
榴花呀落上新罗。
溪中，
采莲，
耳鬓边晕着微红。
风定，
风生，
风飔荡漾着歌声。

升了呀月钩，
明了呀织女牵牛；
薄雾呀拂水，
凉风呀飘去莲舟。
花芳，
衣香，
消融入一片苍茫；
时静，
时闻，
虚空里袅着歌音。

【简析】

诗里“左行，右撑”“拍紧，拍轻”等处，以先重后轻的自然天韵，表现出采莲小舟划过小河时上下浮动的感觉。这首诗写得美丽轻盈，表现出了一种宁静迷人的境界，具有强烈的音乐感，婉转幽静，飘逸轻扬，有说不出的甜美与和谐，表现了诗人对理想生活的向往。

全诗共五节。第一节写摇舟入池。“轻飘”既写采莲舟之轻巧，又写其行进之快；“杨柳”“颠摇”则彰显了采莲女的婀娜身姿。荷叶大而绿、荷花娇而艳、夕阳中闪闪的微波，所有这一切均感染了采莲女，使其不禁放声歌唱。第二节写溪间采莲。河水清澈见底，在荷叶下潺潺流过。采莲女动手采莲了，手碰到了荷叶，晶莹的水珠在荷叶上滑动着，木桨拍打着水面，发出的声响连同采莲女的歌声一起融入了大自然之中。第三节写开始采藕。她纤细的手碰到藕又犹豫了。她的歌声没有被水吞没，而是随着水波一上一下。此时歌声的升降与水波的起伏巧妙地结合到一起，留给读者无限的想象空间。第四节写溪中采蓬。莲蓬子很多，就像两岸婆娑的榴树、喧躁的喜鹊、新的榴花。而采莲女不知什么原因，耳鬓泛着微红。风起风又停，采莲女的歌声在风里荡漾。第五节写摇舟离去。夜幕降临了，月牙爬上了天幕，牛郎织女星出来了。雾起了，风起了，采莲女摇着舟飘去了。采莲女走了，花芳、衣香因为无人感知也消融了。唯有采莲女的歌声，若隐若现，萦绕在空寂的天地间。

本诗较好地体现了闻一多先生提出的“三美”主张：语气词、短语、短句的巧妙使用，描绘出东方少女独有的卓越风姿，是为绘画美；“呀”字的反复使用，两字短语的并列，各节不同的韵脚，读来朗朗上口，是为音乐美；诗的各节整齐划一，节与节之间各部对衬，是为建筑美。

【思考与练习】

1. 朱湘的《采莲曲》营造了一种什么样的意境？作者是通过哪些手法营造意境的？

2. 这首诗歌把纯美的采莲少女与优美的景色交织在一起，构成了奇丽的景象，这种景象仿佛只在天上才有，那么作者在诗歌中描绘这样的景象的目的是什么呢？

第二章　散文的阅读与鉴赏

一、散文概述

散文是一种抒发作者真情实感、写作方式灵活的记叙类文学体裁。《辞海》认为：中国六朝以来，为区别韵文与骈文，把凡不押韵、不重排偶的散体文章(包括经传史书)，统称“散文”。后又泛指诗歌以外的所有文学体裁。

随着时间的推移，散文的概念发生了变化并受到西方文化的影响。

我们所说的现代散文，是指与小说、诗歌、戏剧并列的一种文学体裁，对它又有广义和狭义两种理解。

广义的散文，是指诗歌、小说、戏剧以外的所有具有文学性的散行文章。除了以议论抒情为主的散文，还包括通讯、报告文学、随笔杂文、回忆录、传记等文体。

狭义的散文是指文艺性散文，它是一种以记叙或抒情为主，取材广泛、笔法灵活、篇幅短小、情文并茂的文学样式。

(一) 散文的发展及特征

先秦历史散文为中国历史文学奠定了基础，包括诸子散文和历史散文。这一时期的散文在我国散文史上独树一帜，是源头，又是高峰，而且包含许多特色，对后代有很大的影响。

概括地说，先秦散文共可分为两类，一类是以记述历史事件和历史人物为主的历史散文；一类是以议论、说理为主的散文，通称诸子散文，又称哲理散文。它们有共同点，也有不同的地方，这些特色广泛地表现在内容、体裁、风格、结构、语言艺术等方面。

文体上，先秦散文众体兼备，百花齐放。就历史散文而言，《国语》《战国策》为国别体；《春秋》《左传》《竹书纪年》为编年体。《尚书》《国语》和《战国策》以记言体为主；《春秋》《左传》《竹书纪年》以叙事为主。就诸子散文而言，《论语》是语录体，《老子》《孙子兵法》是散韵结合的格言体。

内容上，先秦散文，在文、史、哲上并不细分，学术性与艺术性相结合。不少作品既是历史学、哲学，还兼具文学色彩。由于作者的思想、气质、政治流派不同，他们的文章便明显地表现出不同的风格个性。如：《论语》的风格是雍容和顺；《孟子》则灵活善譬，多辞好辩；《庄子》想象丰富；《荀子》结构谨严，论断缜密；《韩非子》辞锋峻削，说理透彻，等等。

性质上，先秦散文都是密切为现实服务的产物，不存在为艺术写作的文章。许多著作的目的性非常明确，作家首先想到的是实用价值，而不是美学欣赏。如：历史散文的写作，主要是为了记载和总结历史上统治阶级的经验教训，以资借镜，并指导当时的政治斗争。

先秦散文的这些特点，对后世的影响非常深远。两千多年来，先秦散文著作中博大的思想内容，一直影响着中国社会的各个阶层，在政治、经济、哲学、历史、教育、伦理等方面起到了积极或消极的影响，其中有些思想成为中国历代政治统治的思想，民族的精神。

到了西汉时期，司马迁的《史记》把传记散文推到了前所未有的高峰。东汉以后，开始出现了书、记、碑、铭、论、序等个体单篇散文形式。司马相如、扬雄、班固、张衡四人被后世誉为汉赋四大家。

此外，汉代散文虽然大多为应用文，少有现代观念中的纯文学的散文，但在优秀作家手中“述理于心，著言于翰”，往往“杂用文绮”，锻炼成为语言运用的艺术，将直接的实用性与艺术的审美价值有机地统一在一起，从而成为文学史上成就斐然、影响巨大的文学现象。这些作品主要用于针对社会与国家大事，表达政治、哲学、伦理道德的思想观念、意见主张，以及在人与人之间诸如赞誉、思念、哀悼等情感的交流，有很强的工具性意义。而为了取得最佳效果，这些散文十分讲究如布局谋篇、句式结构、修辞藻饰等形式上的完美，又善运用比兴、取象的手法，在叙事、说理或感情抒发中，都追求感性的直观性。而且无论所涉及的是何种题材，即便是对宇宙人生的哲学思考，也总是注入强烈的投入参与的意识，寄托自己的理想愿望、爱憎褒贬，从始至终流淌着主观激情，使得文章自然洋溢着形式美、形象美与情感美，有很高的审美价值。正因如此，使得汉代散文不仅品类繁多，诸体大备，而且文质相生，异彩纷呈。

唐朝虽然是诗歌的天下，但在古文运动的推动下，散文的写法日益繁复，出现了文学散文，产生了不少优秀的山水游记、寓言、传记、杂文等作品，著名的“唐宋八大家”也在此时涌现。唐代古文运动是发生在唐德宗贞元到唐宪宗元和这二三十年间的一次文体革命。它的指导思想是：“文以载道”，也就是要用散文阐明儒道的基本宗旨，摆脱骈偶体裁的束缚，使形式为内容服务。这次运动最主要的领导者是韩愈和柳宗元，而且其他参加者很多，再加上目标明确，既有理论指导，又有创作实践，在当时形成了较大规模的文学浪潮，使古文对骈文取得了压倒的胜利，而且对后代散文的影响产生了深远的影响。

元代的散文仍沿袭着唐宋古文的发展，虽没有宋代那样辉煌的成就，但散文作家仍是不少。元代中叶的散文，以吴澄的弟子虞集、许衡的弟子姚燧以及马祖常等最为知名，其为文仍承袭元初路线。这时期出现了文学四杰：虞集、杨载、范谆、揭徯斯。

元代中叶以后，则以柳贯、黄溍、吴莱三人最为重要。他们三人，一方面承授了元初前辈的文学余润，另一方面又开启了其后的文路，也为王伟、戴良、宋濂作了良好文学典范。其中，以吴莱的成就最高。

明代散文先有“七子”以拟古为主，后有唐宋派主张作品“皆自胸中流出”，较为有名的是归有光。明初较佳的散文，多以前人为模式，时或别出新意，但仍旧不脱昔人窠臼；较下等的散文则多剽窃抄袭，或务艰涩，或饰外华，较不具文学价值。明初的散文承继元末的文学，而后出现的台阁体，其弊流为散冗，遂引起了七子的文学复古运动；但后来却又走回句模字拟的方式，食古不化，遂发生了王唐之主唐、宋，规矩谨严，结果这两派一起一伏，直到明末，影响到清代的文学发展。但是，不管如何，明代散文无论是在思想内容的表现上，或是艺术形式的创造上，都有其不容忽视的地位。

清代是女真人入主中原所建立的朝代，而清初的文学发展乃承袭着明末的文学风格，充满复国中兴的思想。不过，在开国皇帝的良好奠基之下，清朝的发展逐渐走上轨道，而散文的发展也产生了另一番局面。大体而言，清代是一个学术昌盛的时代，各种思想与学派在清代都能找到它的继承者。清人一般以治学为第一要务，清代文人要立足于士林，首先便要在学术上有所建树。而清代的散文在桐城派的领导之下，自成一格。这是很值得我们去探究的散文发展史之一。清代的散文，可说是桐城派的天下。除了清初时候的几位名士，均以唐宋八大家为宗。清中叶以后，受到桐城派影响的先后有阳湖派与湘乡派。而桐城派文人以他们鲜明的文学主张与创作风格形成一个文学流派，他们所表现出来的学术思想，便是恪守程、朱理学的立场。桐城派历时两百多年，几乎与清朝的统治相始终。

到了近现代，散文指与诗歌、小说、戏剧等并称的文学样式。这一时期的散文丰富多样、起伏变迁的发展，反映了现代中国社会的整体生活面貌，而且从各种典型的散文作品中，都可以发现作家的心灵轨迹、个性特色。郁达夫说过，现代散文的最大特征，是每一个作家的每一篇散文里所表现出的个性，比以前的任何散文都来得强。现代散文的发展变迁深受时代的推动和制约。现代中国社会在各方面所进行的反帝反封建，民族民主革命是时代发展的主流，现代散文作家队伍在时代的变迁发展过程中经历了一次次的分化与组合，各人的选择不一，在历史上起的作用也就因人而异，对现代的中国文学、现代的中国散文史作出的贡献也不同，这一时期作家有：林语堂、鲁迅、郁达夫等，可以说，鲁迅是中国现代散文最主要的奠基人，鲁迅的散文，以其博大精深的思想内容和无与伦比的艺术成就，被公认为是世界文学的奇葩。

（二）散文的鉴赏方法

熟读成诵把握作品的情感。古诗有云："书读百遍，其义自见。"可见，诵读对理解文言文的重要作用。在古代写景抒情散文中有很多经典名句，比如范仲淹的《岳阳楼记》当中"不以物喜，不以己悲""先天下之忧而忧，后天下之乐而乐"，六一居士的《醉翁亭记》中的"醉翁之意不在酒，在乎山水之间也。山水之乐，得之心而寓之酒也。"等，读来朗朗上口，而这些语句也往往是文章主题思想的集中体现，所以，要想准确地把握作者情感，熟练的诵读是不可或缺的。

联系作者的生活和思想具体分析。历史唯物论要求认识客观事物，一切以时间、地点、条件为转移。用之于认识一篇古代作品，那就应当是知人论文，具体分析。古代抒情散文既然是古代作家的作品，当然是依据他自己的思想和生活而创作出来的。因此，分析一篇古代抒情散文，必须了解作家和他所处时代的社会生活。即便是同一时代的作家，他们有不同的遭遇、思想历程和艺术道路，他们的作品也会各有自己的思想、艺术特点。再进一步说，一个作家一生的创作是随着他的思想、艺术的发展而变化着的，不可能一成不变，因而同一作家不同时期的作品也必然具有思想、艺术上的差异。因此，分析一篇古代抒情散文，应当而且必须具体了解这一作品是作家在什么时期创作的，具体了解这一时代的社会生活情况，了解作家的一般作品的思想、艺术特点，了解这一作家在这一时期的生活遭遇、思想状况及艺术进展，等等。

分享作家的喜怒哀乐。文以载道，文可示情，文章不著一"情"字而情已"自见"方为佳作。在阅读古代散文时唯有意会一“情”字，文章才没白学，作者才如在眼前。我们应在理解了文章写作背景后沉浸到文章中去，熟读成诵，再结合自身的生活经历、日常的所见所闻来细细地揣摩古代作家在文中着力向世人所表达的喜怒哀乐。

比如韩愈的《祭十二郎文》，句句是血，字字是泪。其叔侄之亲情、友情天地可鉴，日月可表。作者与十二郎名为叔侄，实则情同手足。两世一身，形单影只，这在家族观念浓厚的古代引起韩愈的切肤之痛是理所当然的。今十二郎先死，作者有心追随而去，怎奈子女幼小，其悲痛之情是无法言表的。故作者只能借对日常生活中普通小事的追忆来绵寄自己的哀思，给后人留下祭文中的千年绝唱。

把握作品的情节结构。古代抒情散文结构一般都有三个层次：一是文体结构，二是思想内容结构，三是艺术形式结构。所谓文体结构，就是看它属于哪种文体，自从魏文帝曹丕《典论·论文》把文章分为奏议、书论、铭诔、诗赋的四科八体之后，文体分类日益繁细。中唐以后，骈散分道，宋代应用文体已多达几十种。而到了明代徐师曾《文体明辨》则仅正统的文体就近八十种，可见文体在古代很受重视。古代抒情散文大多遵循传统文体，所以我们分析作品便应看清题目，辨明文体。文体既有格式要求和框架作用，就会在作品的结构形式上体现出来，因此分析古代抒情散文结构应看清题目，辨明文体，了解它的文体结构。

二、经典文本赏析

(一) 孝 经 (节选)

《十三经注疏》

【题解】

《孝经》是中国古代儒家讨论孝道的一部专著，该书以孝为中心，比较集中地阐发了儒家的伦理思想。关于成书有几种说法，普遍被认可的是曾子记录孔老夫子教诲，并经过自身生活实践和体悟综述了孝道思想。

《孝经》篇幅短小，不到两千字，但它是我国先秦儒家孝道思想的理论化、系统化的经典。全书共有十八章，第一章《开宗明义章第一》将践行孝道以涵养生命分为三个层次：事亲、事君、立身。这三个层次各自体现出不同的生命精神："事亲"层次的生命精神要求人们从孝敬亲人入手进而敬畏生命、珍惜生命与善待生命，对生命应怀有一种神圣之感，这正是教育人们要敬畏生命的源头；"事君"层次的生命精神要求人们从人的社会角色着眼，从辨明身份功能来立足社会，勇于承担社会责任从而实现生命之社会价值；"立身"层次的生命精神则从生命超越、精神不朽着眼，个人生命与人类生命相汇集，旨在实现精神的承传不息与德行的弘扬光大，也为生命的最终归宿指出一条升华之道。我们应该借鉴和学习《孝经》中的生命精神，从中感悟人之生命的神圣性、社会性与精神性，从而树立正确的生命观，获得和谐幸福的人生。

仲尼居，曾子侍。子曰："先王[1]有至德要道，以顺天下[2]，民用[3]和睦，上下无怨。汝知之乎？"曾子避席[4]曰："参不敏，何足以知之？"子曰："夫孝，德之本也，教之所由生也[5]。复坐，吾语汝。身体发肤，受之父母，不敢毁伤[6]，孝之始也。立身行道，扬名于后世，以显父母，孝之终也。夫孝始于事亲，中于事君，终于立身[7]。《大雅》云：'无念尔祖，聿修厥德。'"[8]

[1] 先王：古代的圣贤帝王，旧注指尧、舜、禹、文王、武王等。

[2] 以顺天下：使天下人心顺从。顺，顺从。

[3] 用：因而。

[4] 避席：古代的一种礼节。席，铺在地上的草席，这里指自己的座位。

[5] 教之所由生也：古有"五教"之说，即教父以义、教母以慈、教兄以友、教弟以恭、教子以孝。儒家学者认为，孝是一切道德的根本，是一切教育的出发点。

[6] 毁伤：毁坏，残伤。

[7] 始于事亲：以侍奉双亲为孝行之始。一说指幼年时期以侍奉双亲为孝；中于事君：以为君王效忠、服务为孝行的中级阶段；终于立身：以建功扬名、光宗耀祖为孝行之终。

[8] 《大雅》：《诗经》的一个组成部分，主要是西周官方的音乐诗歌作品。"无念尔祖，聿修厥德"，语出《诗经·大雅·文王》。祖，在《诗经》里指文王，引申为祖先。尔，你。聿，发语词。厥，其，指文王。修，修养。

【简析】

孔子在家里闲坐，他的学生曾子侍坐在旁边。孔子说："先代的帝王有其至高无上的品行和最重要的道德，以其使天下人心归顺，人民和睦相处。人们无论是尊贵还是卑贱，上上下下都没有怨恨不满。你知道那是为什么吗？"

曾子站起身来，离开自己的座位回答说："学生我不够聪敏，哪里会知道呢？"

孔子说："这就是孝。它是一切德行的根本，也是教化产生的根源。你回原来位置坐下，我告诉你。人的身体四肢、毛发皮肤，都是父母赋予的，不敢予以损毁伤残，这是孝的开始。人在世上遵循仁义道德，有所建树，显扬名声于后世，从而使父母显赫荣耀，这是孝的终极目标。所谓孝，最初是从侍奉父母开始的，然后效力于国君，最终建功立业，功成名就。《诗经·大雅》篇中说过：'怎么能不思念你的先祖呢？(如果要追念)你就得先修持自己的德行，来继承先祖的美德啊！'"

【思考与练习】

1. 试用简练的语言概括儒家对生命的观点。
2. 试从自身角度出发谈谈对个体生命的看法。

《孝经》节选

(二) 儒家经典选读

《论语》《孟子》《中庸》

【题解】

《论语》是一部记载孔子及其弟子言行的书，由孔子的弟子及其再传弟子编撰而成。它以语录体和对话文体为主，记录了孔子及其弟子的言行，集中体现了孔子的政治主张、伦理思想、道德观念及教育原则等，是儒家经典，影响巨大。

《孟子》，儒家经典，属语录体散文集，主要记载了战国时期思想家孟子的治国思想和政治策略，由孟子及其弟子共同编写完成。全书风格统一，行文自然流畅，反复论辩，引譬设喻，说理极其透彻，对中国散文发展有较大影响。

《中庸》，儒家经典，原本是《礼记》的篇目之一，相传为战国时孔伋(字子思，孔子之孙)所作。宋代朱熹将其与《大学》《论语》《孟子》并称"四书"。"中庸"主张处理事情不偏不倚，认为过犹不及，是儒家核心观念之一。全书集中讲述性情与封建道德修养，肯定"中庸"是道德行为的最高准则，"至诚无息"，将"诚"看作是世界的本体，教育人们自觉地进行自我修养、自我监督、自我教育、自我完善，把自己培养成为具有理想人格，达到至善、至仁、至诚、至道、至德、至圣、合内外之道的理想人物。

子曰："弟子[1]入则孝，出则弟，谨而信[2]，泛[3]爱众，而亲仁。行有余力，则以[4]学文。"(《论语·学而》)

子曰："富与贵，是人之所欲也，不以其道得之，不处也；贫与贱，是人之所恶也，不以其道得之，不去也。君子去仁，恶乎成名？君子无终食之间违仁，造次[5]必于是，颠沛必于是。"(《论语·里仁》)

樊迟问仁。子曰："居处恭居，执事敬，与人忠。虽之夷狄，不可弃也。"(《论语·子路》)

子曰："知者不惑，仁者不忧，勇者不惧。"（《论语·子罕》）

子曰："人而无信，不知其可也。大车无輗，小车无軏，其何以行之哉？"（《论语·为政》）

子曰："君子和[6]而不同[7]，小人同而不和。"（《论语·子路》）

子曰："君子泰而不骄，小人骄而不泰。"（《论语·子路》）

子曰："君子周而不比，小人比而不周。"（《论语·为政》）

子曰："君子坦荡荡[8]，小人长戚戚。"（《论语·述而》）

子曰："君子成[9]人之美，不成人之恶。小人反是。"（《论语·颜渊》）

子曰："君子有九思：视思明，听思聪，色思温，貌思恭，言思忠，事思敬，疑思问，忿思难，见得思义。"（《论语·季氏》）

公孙丑："敢问夫子恶乎长？"

孟子曰："我知言，我善养吾浩然之气。"

"敢问何谓浩然之气？"

孟子曰："难言也。其为气也，至大至刚，以直养而无害，则塞于天地之间。其为气也，配义与道，无是，馁也。是集义所生者，非义袭而取之也。行有不慊于心，则馁矣。"（《孟子·公孙丑上》）

景春曰："公孙衍、张仪岂不诚大丈夫哉？一怒而诸侯惧，安居而天下熄。"

孟子曰："是焉得为大丈夫乎？子未学礼乎？丈夫之冠也，父命之；女子之嫁也，母命之，往送之门，戒之曰：'往之女家，必敬必戒，无违夫子！'以顺为正者，妾妇之道也。居天下之广居，立天下之正位，行天下之大道；得志，与民由之；不得志，独行其道。富贵不能淫，贫贱不能移，威武不能屈，此之谓大丈夫。"（《孟子·滕文公下》）

孟子曰："舜发于畎亩之中，傅说举于版筑之间，胶鬲举于鱼盐之中，管夷吾举于士，孙叔敖举于海，百里奚举于市。故天将降大任于斯人也，必先苦其心志，劳其筋骨，饿其体肤，空乏其身，行拂乱其所为，所以动心忍性，曾益其所不能。人恒过，然后能改；困于心，衡于虑，而后作；征于色，发于声，而后喻。入则无法家拂士，出则无敌国外患者，国恒亡。然后知生于忧患，而死于安乐也。"（《孟子·告子下》）

天下之达道五，所以行之者三。曰：君臣也，父子也，夫妇也，昆弟也，朋友之交也；五者，天下之达道也。知、仁、勇三者，天下之达德也，所以行之者一也。或生而知之[10]，或学而知之[11]，或困而知之[12]，及其知之一也[13]。或安而行之[14]，或利而行之[15]，或勉强而行之[16]，及其成功一也。子曰："好学近乎知，力行近乎仁，知耻近乎勇。知斯三者，则知所以修身；知所以修身，则知所以治人；知所以治人，则知所以治天下国家矣。"（《中庸·第二十章》）

诚者，天之道也；诚之者，人之道也。诚者，不勉而中，不思而得，从容中道，圣人也。诚之者，择善而固执之者也。博学之，审问之，慎思之，明辨之，笃行之。有弗学，学之弗能，弗措也；有弗问，问之弗知，弗措也；有弗思，思之弗得，弗措也；有弗辨，辨之弗明，弗措也；有弗行，行之弗笃，弗措也。人一能之，己百之；人十能之，己千之。果能此道矣[17]，虽愚必明[18]，虽柔必强[19]。（《中庸·第二十章》）

[1] 弟子：为人弟和为人子的人。

[2] 谨而信：言行谨慎讲究信用。

[3] 泛：广泛。

[4] 以：用。

[5] 造次：迫促不暇的意思。

[6] 和：指观点与意见的多样性统一。

[7] 同：指同质事物的绝对同一。

[8] 坦：平坦；荡荡：宽广的样子。

[9] 成：成全、帮助。

[10] 或生而知之：有的人天资聪颖，生来就有知识。

[11] 学而知之：通过学习获取知识。

[12] 困而知之：通过解决疑难问题获得知识。

[13] 及其知之一也：尽管(上述三者的)途经不一样，但获取知识的效果是相同的。

[14] 或安而行之：有的人心安理得，能出于本能自然地行道。

[15] 利而行之：出于对自己有利而行道。

[16] 勉强而行之：条件或力量不够，仍努力用功而行道。

[17] 果能此道矣：真的能具有这种精神。果，真。

[18] 虽愚必明：即使再愚昧的人也必定能达到聪明的境地。虽，即使。

[19] 虽柔必强：即使再软弱的人也必定能进至勇敢的境地。

【简析】

孔子说："孩子们在家要孝顺父母，出门要尊敬兄长，做人言行要谨慎，说话要讲究信用，广泛地与众人友爱，亲近有仁德的人，这样做了还有余力，就用来学习各种文化知识。"

孔子说："富裕和显贵是人人都想要得到的，但不用正当的方法得到它，就不会去享受的；贫穷与低贱是人人都厌恶的，但不用正当的方法去摆脱它，就不会摆脱的。君子如果离开了仁德，又怎么能叫君子呢？君子是没有一顿饭的时间背离仁德的，就是在最紧迫的时刻也必须按照仁德办事，就是在颠沛流离的时候，也一定会按仁德去办事的。"

樊迟问怎样才是仁。孔子说："平常在家规规矩矩，办事严肃认真，待人忠心诚意。即使到了夷狄之地，也不可背弃。"

孔子说："聪明人不会迷惑，有仁德的人不会忧愁，勇敢的人不会畏惧。"

孔子说："人不讲信用，就什么都办不成。也好比大车上没有輗，小车上没有軏，那车怎么能行走呢？"

孔子说："君子讲求和谐而不同流合污，小人只求完全一致，而不讲求协调。"

孔子说："君子平和大方而不骄恣，小人骄恣而不平和大方。"

孔子说："君子团结但是不搞帮派，小人搞帮派但是不团结。"

孔子说："君子心胸宽广，能够包容别人；小人爱斤斤计较，心胸狭窄。"

孔子说："君子成全人家的好事，不帮助别人做坏事，小人相反。"

孔子说："君子在九个方面多用心考虑：看，考虑是否看得清楚；听，考虑是否听得明白；脸色，考虑是否温和；态度，考虑是否庄重恭敬；说话，考虑是否忠诚老实；做事，考虑是否认真谨慎；有疑难，考虑应该询问请教别人；发火发怒，考虑是否会产生后患；见到财利，考虑是否合于仁义。"

公孙丑问说："请问先生在哪方面擅长？"

孟子说："我能理解别人言辞中表现出来的情志趋向，我善于培养我所拥有的浩然之气。"

公孙丑说："请问什么叫浩然之气呢？"

孟子说："这难以说得明白。那浩然之气，最宏大最刚强，用正义去培养它而不用邪恶去伤害它，就可以使它充满天地之间无所不在。它作为一种气，在性能上必须跟正气和道理紧密结合，不这样做，那么浩然之气就会像人得不到食物一样疲软衰竭。"浩然正气是汇集一贯的正义行为而形成的，不是通过偶然的正义行为来获取它的。自己的所作所为有不能心安理得的地方，则浩然之气就会衰竭。

景春说："公孙衍张仪难道不是大丈夫吗？一发怒，诸侯就害怕；安居无事，天下就没有冲突。"

孟子说："这怎能算是大丈夫呢？你没有学礼吗？男子行冠礼时，父亲训导他；女子出嫁时，母亲训导她，亲自送到门口，告诫她说：'到了你丈夫家里，一定要恭敬，一定要谨慎，不要违背你的丈夫！'从顺从为原则的，是妾妇之道。至于大丈夫，则应居住在天下最广大的居所里，站立在天下最正大的位置上，行走在天下最广阔的大道上，能实现志向就与民众一起去实现，不能实现志向就独自固守自己的原则，不受富贵诱惑，不为贫贱动摇，不为武力屈服，这才叫大丈夫。"

孟子说："舜从田间劳动中成长起来，傅说从筑墙的工作中被选拔出来，胶鬲被选拔于鱼盐的买卖之中，管仲被提拔于囚犯的位置上，孙叔敖从隐居的海滨里被发现，百里奚从奴隶市场上被选拔。所以，上天将要把重大使命降落到某人身上，一定要先使他的意志受到磨炼，使他的筋骨受到劳累，使他的身体忍饥挨饿，使他备受穷困之苦，做事总是不能顺利。这样来震动他的心志，坚韧他的性情，增长他的才能去做他所不能做到的。人常犯错误，然后才能改正错误。心气郁结，殚思极虑，然后才能奋发而起；显露在脸色上，表达在声音中，然后才能被人了解。一个国家，内没有守法的大臣和辅佐的贤士，外没有敌对国家的忧患，往往容易亡国。由此可以知道，忧患使人生存，而安逸享乐却足以使人败亡。"

天下公认的关系有五种，作为行为的准则有三种。君臣、父子、夫妇、兄弟、朋友，这五种关系是普天之下难于避免的。智慧、仁爱、勇敢这三种是普天之下都应具有的品德。用这三种品德来协调这五种关系，完全是同样必要的。对此，有的人生下来就懂得，有的人学习了便懂得，有的人在遇到困难时才想方设法懂得。到了懂得时，那效果是同样的。有的人安心去这样干，不这样干就于心不安；有的人认为这样对他有长远利益便这样干，有的人迫于环境才勉强这样干。干成功了，那结果也是同样的。 孔子说："喜好学问接近智慧，努力行善接近仁德，知道耻辱接近勇敢。懂得这三种，便知道怎样修养自身了；知道怎样修养自身，便知道怎样管理别人了；知道怎样管理别人，就知道怎样治理天下和国家了。"

诚实是天道的法则，做到诚实是人道的法则。天生诚实的人，不必勉强为人处世合理，不必思索言语得当。从容不迫地达到中庸之道，这种人就是圣人。做到诚实的人，就必须选择至善的道德，并且要坚守不渝地实行它才行。要广博地学习，要详细地询问，要慎重地思考，要清晰地辨别，要忠实地贯彻。要么就不学，学了没有学会就不中止。要么就不问，问了还不明白就不中止。要么就不思考，思考了没有收获就不中止。要么就不辨别，辨别了不清楚就不中止。要么就不实行，实行了不到忠实程度就不中止。别人一次能做到的，我用百倍的工夫，别人十次能做到的，我用千倍的工夫。如果真能这样做，即使愚笨也会变得聪明，即使柔弱也会变得刚强。

【思考与练习】

1. 使用简练的语言，概括孔孟在加强人格修养方面所提出的重要观点。你如何理解孟子所说的“浩然之气”？

2. 《论语》中“仁”的思想对今天的我们是否还有学习、择取的价值？结合自己的理解谈谈体会。

3. 你对“生而知之”的内涵是如何理解的？为什么说“知耻近乎勇”？请结合生活中的例子加以说明。

4. 所选《中庸》的两则主要论述了如何获取知识、实行儒道以到达“诚”的道德境界，并把个人的进学求知、修身养性看成是经世治国的基础和前提，对孔子、孟子的有关思想做了重要的阐发和补充。其中关于博学慎思、明辨笃行的论述，至今还可作为我们治学为人的座右铭。请谈谈你的理解。

5. 试从精神文明和物质文明建设的相互关系方面，谈谈借鉴优秀文化遗产、强化人格修养的现实意义。

《儒家经典选读》　儒家思想

(三) 大 同 (节选)

《礼记·礼运》

【题解】

《礼记》是中国古代一部重要的典章制度书籍，是战国至秦汉年间儒家学者解释说明经书《仪礼》的文章选集，是研究中国古代社会情况、典章制度和儒家思想的重要著作。它阐述的思想，包括社会、政治、伦理、哲学、宗教等各个方面。《礼记》的作者不止一人，写作时间也有先后，除了兼收先秦的其他典籍外，多数篇章可能是孔子的弟子及学生们的作品。

本文记述孔子参加蜡祭之后登上楼观，看着悬挂的典章法令，有感于鲁国的衰落，在与学生的对话中表现出对周衰礼坏的感慨和对大同社会的向往。孔子所说的大同社会，是指尧舜以前的时代。那时民风淳朴，统治者以德治国，不需要任何法律制度，人与人之间互助和睦，没有钩心斗角，没有盗窃乱贼。大同社会在当时和之后很长一段时间里属于空想社会，在私有制经济下也是不可能实现的。但是这种思想集中和总结了古代人民追求理想社会的美好愿望，是儒家思想中的精华，表现了儒家对人性的尊重。“大同”的理想虽然从来没有实现过，但其充分表现了中华民族对天下太平、世界和平的向往和追求，是推动中华民族文化进步的原动力，也是中华民族精神之所在。

昔者仲尼与于蜡宾[1]，事毕，出游于观[2]之上，喟然而叹。仲尼之叹，盖叹鲁也。言偃[3]在侧曰："君子何叹？"孔子曰："大道之行也[4]，与三代之英[5]，丘未之逮[6]也，而有志焉。"

大道之行也，天下为公[7]。选贤与能[8]，讲信修睦[9]，故人不独亲其亲[10]，不独子其子[11]，使老有所终[12]，壮有所用[13]，幼有所长[14]，矜寡孤独废疾者[15]，皆有所养。男有分，女有归[16]。货恶其弃于地也，不必藏于己[17]；力[18]恶其不出于身也，不必为己。是故谋闭而不兴[19]，盗窃乱贼而不作，故外户[20]而不闭，是谓大同。

今大道既隐，天下为家[21]，各亲其亲，各子其子，货力为己，大人世及以为礼。城郭沟池以为固[22]，礼义以为纪；以正君臣，以笃父子，以睦兄弟，以和夫妇，以设制度，以立田里，以贤勇知，以功为己。故谋用是[23]作，而兵由此起。禹、汤、文、武、成王、周公，由此其选也。此六君子者，未有不谨于礼者也。以着其义，以考其信，着有过，刑仁讲让，示民有常。如有不由此者，在势者去，众以为殃[24]，是谓小康[25]。

[1] 与于蜡宾：参加蜡祭，作为宾客。与，参加。

[2] 观：建筑物，这里指门楼。

[3] 言偃：孔子的弟子。

[4] 大道：指道之广大而不偏私；行：指通达于天下。

[5] 三代之英：指夏、商、周三代英杰。

[6] 逮：赶上。

[7] 天下为公：天下是天下人的天下，天下是公有的。

[8] 选贤与能：选用贤良与有才能的人。

[9] 讲信：谈说忠信之行；修睦：修习亲爱和睦之事。

[10] 亲其亲：亲近自己亲爱的人。

[11] 子其子：抚养、爱护自己的子女。

[12] 使老有所终：使老人皆得以赡养终其余年。

[13] 壮有所用：每一个青年人都能有为社会奉献其能力才力的机会。

[14] 有所长：指幼小者皆能长大成人，得到良好教育。

[15] 矜：通"鳏"，老而无妻或丧妻的人；寡：指女子丧偶；孤：幼年丧父或父母双亡的人；独：老而无子的人；废：残疾的人；疾：患病丧失劳动能力的人。

[16] 男有分：男子各尽其责做适当的事，各安其业；女有归：女人适时嫁人，找到合适人家。

[17] 货：财物；恶：讨厌；藏于己：为了个人而藏。

[18] 力：脑力和体力。

[19] 谋：奸邪欺诈的阴谋。闭：闭塞住，不出现。兴：出现、发生。

[20] 外户：大门朝外打开。

[21] 隐：隐没，消失；家：私、私有的。

[22] 城郭沟池以为固：高筑城墙深挖沟池作为坚固的防御手段。

[23] 用：因；是：这。

[24] 殃：祸首。

[25] 是谓小康：这就叫小康社会。

【简析】

昔日孔子作为陪祭者参加蜡祭，仪式结束后，出游到宗庙前的门楼上，感慨长叹。孔子的感叹，其实是感叹鲁国啊！言偃在旁边问："您为什么感叹呢？"孔子说："古代社会至善至美的大道实行的时代，跟夏商周三代杰出人物，我没有赶上，但有志在此。"

"至善至美的大道实行的时代，天下是属于公众的，选拔道德高尚的人，推举有才能的人，讲求信用，实现亲睦。因此人们不只是孝敬自己的父母，不只是疼爱自己的子女，还能使老年人得到善终，使青壮年充分施展才能，使少年儿童很好地成长。老而无妻者、老而无夫者、少而无父者、老而无子者，都有供养他们的措施。男人有职分，女人有夫家。财物，人们厌恶它被随便抛弃，但不一定都藏在自己家里。力量，人们恼恨它不从自己身上使出来，但不一定是为了自己。因此奸诈之心都闭塞而不产生，盗窃、作乱和害人的事情不会出现。因此不必从外面把门关上，这就叫作大同世界。"

"如今至善至美的大道已经消失不见，天下成为私家的，人们只孝敬自己的父母，只疼爱自己的子女，处置财物和献出力量都是为了自己，天子诸侯把血缘世袭制度作为礼的规范，用内外城墙和护城河作为巩固统治的设施，用礼义作为道德行为的准则。以这样的基础来摆正君臣的关系，使父子关系淳厚，使兄弟关系和睦，使夫妻关系和谐，建立制度，建立乡规，把有勇有智的人当做贤者，为自己建立功勋。因此奸诈之心由此产生，战乱也由此兴起。夏禹、商汤、周文王、周武王、周成王、周公因此成为三代诸王中的杰出人物，按照当时的道德规范被选拔出来。这六位杰出人物，对待礼制上没有不认真的，以礼显现道义，以礼考察信用，揭露过失，视仁爱为典范，提倡礼让，指示人民遵守固定的规则。如果有不遵循礼制的人，在位的就会被废黜，老百姓把他当作祸害，这就叫作小康社会。"

【思考与练习】

1. 本文的中心思想是什么？
2. 归纳课文中孔子所论述的大同社会和小康社会的特征。
3. 朗诵课文，背诵名句。

(四) 祭十二郎文

韩　愈

【题解】

韩愈(768 年—824 年)，字退之，谥号"文"，河阳(今河南省焦作孟州市)人。唐代文学家、哲学家、政治家。祖籍河北昌黎，世称韩昌黎，著有《昌黎先生集》。韩愈是唐代古文运动的倡导者，主张学习先秦两汉的散文语言，破骈为散，扩大文言文的表达功能。后人尊其为唐宋八大家之首，与柳宗元并称"韩柳"。

《祭十二郎文》写于唐贞元十九年，文中的十二郎是指韩愈的侄子韩老成，"八仙"中著名的韩湘子即是老成之十七子。十二郎与韩愈两人自幼相守，均由长嫂郑氏抚养成人，共历患难，因此感情特别深厚。但是长大之后，韩愈本人在外漂泊，与十二郎很少见面。

当突然传来十二郎去世的消息，韩愈悲痛之余写下了这篇祭文。

年、月、日[1]，季父愈闻汝丧之七日，乃能衔哀致诚[2]，使建中远具时羞之奠[3]，告汝十二郎之灵[4]：

呜呼！吾少孤[5]，及长，不省所怙[6]，惟兄嫂[7]是依。中年，兄殁南方[8]，吾与汝俱幼，从嫂归葬河阳[9]。既又与汝就食江南[10]。零丁孤苦，未尝一日相离也。吾上有三兄，皆不幸早世[11]。承先人后者[12]，在孙惟汝，在子惟吾[13]。两世一身[14]，形单影只。嫂尝抚汝指吾而言曰："韩氏两世[15]，惟此而已！"汝时尤小，当不复记忆。吾时虽能记忆，亦未知其言之悲也。

吾年十九，始来京城[16]。其后四年，而归视汝。又四年，吾往河阳省坟墓[17]，遇汝从嫂丧来葬[18]。又二年，吾佐董丞相于汴州[19]，汝来省吾。止一岁，请归取其孥[20]。明年，丞相薨[21]。吾去汴州，汝不果来[22]。是年，吾佐戎徐州[23]，使取汝者始行，吾又罢去[24]，汝又不果来。吾念汝从于东，东亦客也[25]，不可以久；图久远者，莫如西归[26]的，将成家而致汝[27]。呜呼！孰谓汝遽去吾而殁乎[28]！吾与汝俱少年，以为虽暂相别，终当久相与处。故舍汝而旅食京师，以求斗斛之禄[29]。诚知其如此，虽万乘之公相[30]，吾不以一日辍[31]汝而就也。

去年，孟东野往[32]。吾书与汝曰："吾年未四十，而视茫茫[33]，而发苍苍[34]，而齿牙动摇。念诸父与诸兄[35]，皆康强[36]而早世。如吾之衰者，其[37]能久存乎？吾不可去，汝不肯来，恐旦暮死，而汝抱无涯之戚[38]也！"孰谓少者殁而长者存，强者夭而病者全乎！

呜呼！其信然邪[39]？其梦邪？其传之非其真邪？信也，吾兄之盛德而夭其嗣[40]乎？汝之纯明而不克蒙其泽乎[41]？少者、强者而夭殁，长者、衰者而存全乎？未可以为信也。梦也，传之非其真也，东野之书，耿兰之报[42]，何为而在吾侧也？呜呼！其信然矣！吾兄之盛德而夭其嗣矣！汝之纯明宜业其家[43]者，不克蒙其泽矣！所谓天者诚难测，而神者诚难明矣！所谓理者不可推，而寿者不可知矣！

虽然，吾自今年来，苍苍者或化而为白矣，动摇者或脱而落矣。毛血日益衰，志气日益微，几何不从汝而死也。死而有知，其几何离[44]；其无知，悲不几时，而不悲者无穷期矣[45]。

汝之子始十岁，吾之子始五岁[46]。少而强者不可保，如此孩提者，又可冀其成立[47]邪？呜呼哀哉！呜呼哀哉！

汝去年书云："比得软脚病[48]，往往而剧。"吾曰："是疾也，江南之人，常常有之。"未始以为忧也。呜呼！其竟以此而殒[49]其生乎？抑别有疾而至斯极[50]乎？

汝之书，六月十七日也。东野云，汝殁以六月二日；耿兰之报无月日。盖东野之使者，不知问家人以月日；如[51]耿兰之报，不知当言月日。东野与吾书，乃问使者，使者妄称以应[52]之耳。其然乎？其不然乎？

今吾使建中祭汝，吊[53]汝之孤与汝之乳母。彼有食，可守以待终丧[54]，则待终丧而取以来；如不能守以终丧，则遂取以来。其余奴婢，并令守汝丧。吾力能改葬，终葬汝于先人之兆[55]，然后惟其所愿。

呜呼！汝病吾不知时，汝殁吾不知日，生不能相养以共居，殁不得抚汝以尽哀，敛不凭[56]其棺，窆不临其穴[57]。吾行负神明，而使汝夭；不孝不慈，而不能与汝相养以生，相守以死。一在天之涯，一在地之角，生而影不与吾形相依，死而魂不与吾梦相接。吾实为之，其又何尤[58]！彼苍者天，曷其有极[59]！自今已往，吾其无意于人世矣！当求数顷之田于伊、颍[60]之上，以待余年，教吾子与汝子，幸[61]其成；长[62]吾女与汝女，待其嫁，如此而已。

呜呼，言有穷而情不可终，汝其知也邪？其不知也邪？呜呼哀哉！尚飨[63]！

[1] 年、月、日：一般指写本文的时间。

[2] 衔哀致诚：怀着悲哀的心情向死者表达诚意。衔，含。

[3] 建中：人名，可能是韩家的仆人；具：准备；时馐：时鲜的食品；奠：以酒食祭奠死者，这里指祭品。

[4] 灵：亡灵。

[5] 吾少孤：韩愈三岁丧父。古人幼年丧父，称“孤”。

[6] 不省所怙：不知道本应靠其成长的父亲。省，知道。怙，恃、依仗、依靠。

[7] 兄嫂：指韩会及其妻郑氏。

[8] 中年，兄殁南方：韩会卒于韶州(今广东韶关)刺史任上，时年四十二。

[9] 河阳：在今河南孟县，韩家祖坟所在地。

[10] 就食江南：建中二年(781年)，中原战乱不息，韩家避居宣州(今安徽宣城)。就食，维持生计。

[11] 早世：早逝。世，去世。

[12] 承先人后者：继承祖先香火的人。先人，指韩愈父亲。

[13] 在孙惟汝，在子惟吾：在孙子辈只有你，在儿子辈只有我。

[14] 两世一身：儿孙两代，都只剩一个男丁。

[15] 韩氏两世：专指韩云卿的子孙两代。

[16] 京城：指唐都长安。

[17] 省坟墓：凭吊祖先坟墓。

[18] 遇汝从嫂丧来葬：韩愈往河阳省祖坟，正值老成护送其母郑氏的灵柩前来安葬，叔侄相遇。

[19] 董丞相：董晋，贞元十二年(796年)以检校尚书左仆射、同中书门下平章事任宣武军节度使，辟韩愈为节度推官；汴州：今河南开封。

[20] 请归取其孥：请求回宣州接妻子、子来汴州同住。孥，妻、子的统称

[21] 明年：第二年，翌年；薨：死亡。

[22] 不果来：没来成。果，实现。

[23] 佐戎徐州：贞元十五年(799年)，韩愈护送董晋灵柩离开汴州，不到四天，汴州即发生兵乱，不能再回去。秋天，宁武军节度使张建封辟韩愈为节度推官，韩愈便前往节度使府所在地徐州(今属江苏)任职。

[24] 使取汝者始行，吾又罢去：派去接你的人刚走，我又罢职离开徐州。

[25] 东亦客也：东来徐州也是客居他乡。

[26] 西归：回河南老家。

[27] 成家：把家安置好；致汝：把你接来。

[28] 孰谓：谁料到；遽去：骤然离开；殁：去世。

[29] 旅食京师：到长安谋生；斗斛之禄：微薄的俸禄。斛，十斗。

[30] 虽万乘之公相：即使再高的官职。虽，即使。万乘，形容官位高，车马多。

[31] 辍：中止，此处指离开。

[32] 去年：贞元十八年(802 年)；孟东野：孟郊，中唐著名诗人，字东野，韩愈好友，时由长安选官，出任溧阳(今属江苏)尉。溧阳距宜州不远，韩愈托其带信。

[33] 视茫茫：视力衰退，看不清东西。茫茫，模糊。

[34] 苍苍：斑白。

[35] 诸父：指伯叔辈；诸兄：指叔伯兄弟。

[36] 康强：健康。

[37] 其：岂。

[38] 无涯之戚：无穷的忧伤。

[39] 其信然邪：难道是真的吗？

[40] 嗣：子嗣。

[41] 汝之纯明而不克蒙其泽乎：以你的纯正贤明，竟然也不能蒙受你父亲的福泽。克，能够。

[42] 东野之书，耿兰之报：老成去世，孟郊从溧阳派人送信告知韩愈，耿兰也来信报丧。耿兰，应是老成家的仆人。

[43] 宜业其家：应当继承先人的事业。

[44] 死而有知，其几何离：如果人死后仍有知觉，那么分离的时间不会太久。意思是自己身体越来越差，已不久人世，将与老成相会于黄泉。其几何离，倒装句，即“其离几何”。

[45] 其无知，悲不几时，而不悲者无穷期矣：人若死而无知，那么悲伤的日子短而不悲伤的日子很长。不几时，没多少日子。

[46] 汝之子始十岁，吾之子始五岁：你的儿子才十岁，我的儿子也才五岁。

[47] 冀：希望；成立：长大成人。

[48] 比：近，近来；软脚病：双脚萎弱，不能行走。

[49] 以此：因为这种病；殒：死、亡。

[50] 抑：抑或、还是；斯极：这种地步，指死亡。

[51] 如：而。

[52] 妄称：胡诌；应：应付。

[53] 吊：安慰。

[54] 待终丧：守丧到丧期结束。终丧，古礼，人死三年后，守丧之人除丧服。

[55] 兆：坟地。

[56] 殓：为死者更衣称小殓，置尸体入棺称大殓。此指大殓；凭：靠。

[57] 窆：下葬；穴：墓穴。

[58] 其又何尤：这又能怪罪谁呢。这是作者引咎自责。尤，怨、归咎。

[59] 彼苍者天，曷其有极：语出《诗经·唐风·鸨羽》：“悠悠苍天，曷其有极。”人在极度悲痛而又无可奈何时，往往呼天告地。

[60] 伊、颍：伊水与颍水，均源于河南，韩愈因以指代家乡。

[61] 幸：希望。

[62] 长：使其长大成人，养育。

[63] 尚飨：请死者的灵魂来享用祭品。这是古代祭文结尾时常用的格式。

【简析】

某年、某月、某日，叔父韩愈在听说你去世后的第七天，才得以含着哀痛向你表达诚意，并派建中在远方备办了应时的鲜美食品作为祭品，告慰你十二郎的灵位：

唉，我自幼丧父，等到大了，不知道父亲是什么模样，只有依靠兄嫂抚养。哥哥正当中年时就因与犯罪的宰相关系密切而受牵连被贬为韶州刺史，次年死于贬所。我和你都还小，跟随嫂嫂把灵柩送回河阳老家安葬。随后又和你到江南谋生，孤苦伶仃，也未曾一天分开过。我上面本来有三个哥哥，都不幸早死。继承先父的后代，在孙子辈里只有你，在儿子辈里只有我。韩家子孙两代各剩一人，孤孤单单。嫂子曾经抚摸着你的头对我说："韩氏两代，就只有你们两个了！"那时你比我更小，当然不记得了，我当时虽然能够记事，但也还不能体会她话中的悲凉啊！

我十九岁时，初次来到京城参加考试。四年以后，才回去看你。又过了四年，我去河阳凭吊祖先的坟墓，碰上你护送嫂嫂的灵柩来安葬。又过了两年，我在汴州辅佐董丞相，你来探望我，留下住了一年，你请求回去接妻子儿女。第二年，董丞相去世，我离开汴州，你没能来成。这一年，我在徐州辅佐军务，派去接你的人刚动身，我就被免职，你又没来成。我想，你跟我在东边的汴州、徐州，也是客居，不可能久住；从长远考虑，还不如我回到西边去，等在那里安下家再接你来。唉！谁能料到你竟突然离我而去呢？当初，我和你都年轻，总以为虽然暂时分别，终究会长久在一起的。因此我离开你而旅居长安，以寻求微薄的俸禄。假如真的知道会这样，即使让我做高官厚禄的公卿宰相，我也不愿因此离开你一天而去赴任啊！

去年，孟东野到你那里去时，我写给你的信中说："我年纪还不到四十岁，但视力模糊，头发花白，牙齿松动。想起各位父兄，都在健康强壮的盛年早早去世，像我这样衰弱的人，难道还能长活在世上吗？我不能离开(职守)，你又不肯来，恐怕我早晚一死，你就会有无穷无尽的忧伤。"谁能料到强壮的早早死去，而衰弱的反而还活在人间呢？

唉！是真的这样呢？还是在做梦呢？还是这传来的消息不可靠呢？如果是真的，我哥哥有那么美好的品德反而早早地绝后了呢？你那么纯正聪明反而不能承受他的恩泽呢？难道年轻强壮的反而要早早死去，年老衰弱的却应活在世上吗？实在不敢把它当做真的啊！如果是梦，传来的噩耗不是真的，可是东野的来信，耿兰的报丧，却又为什么在我身边呢？啊！大概是真的了！我哥哥有美好的品德竟然早早地失去后代，你纯正聪明，本来是应该继承家业的，现在却不能承受你父亲的恩泽了。这正是所谓苍天确实难以揣测，而神意实在难以知道了！也就是所谓天理不可推求，而寿命的长短无法预知啊！

虽然这样，我从今年以来，花白的头发，全要变白了，松动的牙齿，也像要脱落了，身体越来越衰弱，精神也越来越差了，过不了多久就要随你死去了。如果死后有知，那么我们又能分离多久呢？如果我死后无知，那么我也不能悲痛多少时间了，而死后不悲痛的时间却是无穷无尽的。

你的儿子才十岁，我的儿子才五岁，年轻强壮的尚不能保全，像这么大的孩子，又怎么能希望他们成人立业呢？啊，悲痛啊，真是悲痛！

你去年来信说："近来得了软脚病，时常发作，疼得厉害。"我说："这种病，江南人常常得。"没有当作值得忧虑的事。唉，谁知道竟然会因此而丧了命呢？还是由于别的病而导致这样的不幸呢？

你的信是六月十七日写的。东野说你是六月二日死的，耿兰报丧时没有说日期。大概是东野的使者不知道向你的家人问明日期，而耿兰报丧竟不知道应该告诉日期，还是东野给我写信时，才去问使者，使者胡乱说个日期应付呢？是这样呢？还是不是这样呢？

现在我派建中来祭奠你，安慰你的孩子和你的乳母。他们有粮食能够守丧到丧期终了，就等到丧期结束后再把他们接来；如果不能守到丧期终了，我就马上接来。剩下的奴婢，叫他们一起守丧。如果我有能力迁葬，最后一定把你安葬在祖坟旁，这样以后，才算了却我的心愿。

唉，你患病我不知道时间，你去世我不知道日子，活着的时候不能住在一起互相照顾，死的时候没有抚尸痛哭，入殓时没在棺前守灵，下棺入葬时又没有亲临你的墓穴。我的行为辜负了神明，才使你这么早死去，我对上不孝，对下不慈，既不能与你相互照顾着生活，又不能和你一块死去。一个在天涯，一个在地角。你活着的时候不能和我形影相依，死后灵魂也不在我的梦中显现，这都是我造成的灾难，又能抱怨谁呢？天哪，我的悲痛哪里有尽头呢？从今以后，我已经没有心思奔忙在世上了！还是回到老家去置办几顷地，度过我的余年。教养我的儿子和你的儿子，希望他们成才；抚养我的女儿和你的女儿，等到她们出嫁，我的心愿如此而已。

唉！话有说完的时候，而哀痛之情却不能终止，你知道呢？还是不知道呢？悲哀啊！希望享用祭品吧！

【思考与练习】

1. 韩愈对十二郎死讯的将信将疑，缘于他对侄儿的一往情深，请具体说明。
2. 古人说"情真自然成至文"，以本文为例，谈谈你的体会。

(五) 诫 子 书

诸葛亮

【题解】

诸葛亮(181 年—234 年)，字孔明，号卧龙，琅琊阳都(今山东临沂市沂南县)人，三国时期蜀汉丞相，杰出的政治家、军事家、文学家。其文学代表作者《出师表》《诫子书》等。诸葛亮一生"鞠躬尽瘁，死而后已"，是中国传统文化中忠臣与智者的代表人物。

古代家训，大都浓缩了作者毕生的生活经历、人生体验和学术思想等方面内容，不仅他的子孙从中获益颇多，就是今人读来也大有可借鉴之处。三国时蜀汉丞相诸葛亮被后人誉为"智慧之化身"，他在 54 岁临终前写给 8 岁儿子诸葛瞻的《诫[1]子书》是一篇充满智慧之语的家训，是古代家训中的名篇。全文阐述了敬业奉献、修身养性、治学做人的深刻道理，读来发人深省，成为后世历代学子修身立志的名篇。

夫君子之行[2]，静以修身[3]，俭以养德[4]。非澹泊无以明志[5]，非宁静无以致远[6]。夫学须静也，才[7]须学也，非学无以广才[8]，非志无以成[9]学。淫慢则不能励精[10]，险躁则不能治性[11]。年与时驰，意与日去，遂成枯落，多不接世，悲守穷庐，将复何及[12]！

[1] 诫：警告，劝人警惕。

[2] 夫(fú)：段首或句首发语词，引出下文的议论，无实在的意义；君子：品德高尚的人；行：指操守、品德、品行。

[3] 修身：个人的品德修养。

[4] 养德：培养品德。

[5] 澹(dàn)泊：也写作“淡泊”，清静而不贪图功名利禄；明志：表明自己崇高的志向。

[6] 宁静：这里指安静，集中精神，不分散精力；致远：实现远大目标。

[7] 才：才干。

[8] 广才：增长才干。

[9] 成：达成，成就。

[10] 淫慢：漫不经心。慢，懈怠，懒惰；励精：尽心，专心，奋勉，振奋。

[11] 险躁：冒险急躁，狭隘浮躁，与上文“宁静”相对而言；治性：“治”通“冶”，陶冶性情。

[12] 将复何及：又怎么来得及。

【简析】

有道德修养的人，是这样进行修养锻炼的，他们以静思反省来使自己尽善尽美，以俭朴节约财物来培养自己高尚的品德。不清心寡欲就不能使自己的志向明确坚定，不安定清静就不能为实现远大理想而长期刻苦学习。要学得真知必须使身心在宁静中研究探讨，人们的才能是从不断地学习中积累起来的。如果不下苦功学习就不能增长与发扬自己的才干；如果没有坚定不移的意志就不能使学业成功。纵欲放荡、消极怠慢就不能勉励心志使精神振作；冒险草率、急躁不安就不能陶冶性情使节操高尚。如果年华与岁月虚度，志愿随时日消磨，最终就会像枯枝落叶般一天天衰老下去。这样的人不会为社会所用且有益于社会，只能悲伤地困守在自己的穷家破舍里，到那时再后悔也来不及了！

【思考与练习】

1. 反复阅读课文，理解诸葛亮写这封信的用意。

2. 文中有两句话常被人们用作“志当存高远”的座右铭，请找出并牢记在心。

《诫子书》

(六) 少年中国说(节选)

梁启超

【题解】

梁启超(1873 年—1929 年)，字卓如，号任公、饮冰子，广东新会人，中国近代维新派代表人物，学者，中国近代的著名的政治活动家、启蒙思想家、文学家。著有《饮冰室合集》。

《少年中国说》是梁启超先生写于 1900 年的一篇散文，全文共 10 段，3000 多字，在《清议报》上发表。作者知耻于当时中国之“老大”，想从根本上拯救糜烂的清朝，克服氏族传承 5000 年的谎言，截断崇洋媚外的根源，了结卖国偷生的情愫，热情呼唤一个充满生机的“少年中国”尽快到来，于是就写了《少年中国说》。此文被公认为梁启超著作中思想意义最积极，情感色彩最激越的篇章，作者本人也把它视为自己“开文章之新体，激民气之暗潮”的代表作。

日本人之称我中国也，一则曰老大帝国，再则曰老大帝国。是语也，盖袭译欧西人之言也。呜呼！我中国其果老大矣乎？梁启超曰：恶！是何言！是何言！吾心目中有一少年中国在。

欲言国之老少，请先言人之老少。老年人常思既往，少年人常思将来。惟思既往也，故生留恋心；惟思将来也，故生希望心。惟留恋也，故保守；惟希望也，故进取。惟保守也，故永旧；惟进取也，故日新。惟思既往也，事事皆其所已经者，故惟知照例；惟思将来也，事事皆其所未经者，故常敢破格。老年人常多忧虑，少年人常好行乐。惟多忧也，故灰心；惟行乐也，故盛气。惟灰心也，故怯懦；惟盛气也，故豪壮。惟怯懦也，故苟且；惟豪壮也，故冒险。惟苟且也，故能灭世界；惟冒险也，故能造世界。老年人常厌事，少年人常喜事。惟厌事也，故常觉一切事无可为者；惟好事也，故常觉一切事无不可为者。老年人如夕照，少年人如朝阳；老年人如瘠牛，少年人如乳虎；老年人如僧，少年人如侠；老年人如字典，少年人如戏文；老年人如鸦片烟，少年人如泼兰地酒；老年人如别行星之陨石，少年人如大洋海之珊瑚岛；老年人如埃及沙漠之金字塔，少年人如西伯利亚之铁路；老年人如秋后之柳，少年人如春前之草；老年人如死海之潴为泽，少年人如长江之初发源。此老年与少年性格不同之大略也。任公曰：人固有之，国亦宜然。

梁启超曰：伤哉，老大也！浔阳江头琵琶妇，当明月绕船，枫叶瑟瑟，衾寒于铁，似梦非梦之时，追想洛阳尘中春花秋月之佳趣。西宫南内，白发宫娥，一灯如穗，三五对坐，谈开元、天宝间遗事，谱《霓裳羽衣曲》。青门种瓜人，左对孺人，顾弄孺子，忆侯门似海，珠履杂遝之盛事。拿破仑之流于厄蔑，阿剌飞之幽于锡兰，与三两监守吏，或过访之好事者，道当年短刀匹马驰骋中原，席卷欧洲，血战海楼，一声叱咤，万国震恐之丰功伟烈，初而拍案，继而抚髀，终而揽镜，呜呼，面皴齿尽，白头盈把，颓然老矣！若是者，舍幽郁之外无心事，舍悲惨之外无天地，舍颓唐之外无日月，舍叹息之外无音声，舍待死之外无事业。美人豪杰且然，而况寻常碌碌者耶！生平亲友，皆在墟墓；起居饮食，待命于人。今日且过，遑知他日？今年且过，遑恤明年？普天下灰心短气之事，未有甚于老大者。于此人也，而欲望以拏云之手段，回天之事功，挟山超海之意气，能乎不能？

呜呼！我中国其果老大矣乎？立乎今日以指畴昔，唐虞三代，若何之郅治；秦皇汉武，若何之雄杰；汉唐来之文学，若何之隆盛；康乾间之武功，若何之烜赫。历史家所铺叙，词章家所讴歌，何一非我国民少年时代良辰美景、赏心乐事之陈迹哉！而今颓然老矣！昨日割五城，明日割十城；处处雀鼠尽，夜夜鸡犬惊。十八省之土地财产，已为人怀中之肉；四百兆之父兄子弟，已为人注籍之奴，岂所谓“老大嫁作商人妇”者耶？呜呼！“凭君莫话当年事，憔悴韶光不忍看！”楚囚相对，岌岌顾影，人命危浅，朝不虑夕。国为待死之国，一国之民为待死之民，万事付之奈何，一切凭人作弄，亦何足怪。

任公曰：我中国其果老大矣乎？是今日全地球之一大问题也。如其老大也，则是中国为过去之国，即地球上昔本有此国，而今渐澌灭，他日之命运殆将尽也。如其非老大也，则是中国为未来之国，即地球上昔未现此国，而今渐发达，他日之前程且方长也。欲断今日之中国为老大耶，为少年耶？则不可不先明“国”字之意义。夫国也者，何物也？有土地，有人民，以居于其土地之人民，而治其所居之土地之事，自制法律而自守之；有主权，有服从，人人皆主权者，人人皆服从者，夫如是，斯谓之完全成立之国。地球上之有完全成立之国也，自百年以来也。完全成立者，壮年之事也。未能完全成立而渐进于完全成立者，少年之事也。故吾得一言以断之曰：欧洲列邦在今日为壮年国，而我中国在今日为少年国。

夫古昔之中国者，虽有国之名，而未成国之形也。或为家族之国，或为酋长之国，或为诸侯封建之国，或为一王专制之国。虽种类不一，要之，其于国家之体质也，有其一部而缺其一部。正如婴儿自胚胎以迄成童，其身体之一二官支，先行长成，此外则全体虽粗具，然未能得其用也。故唐虞以前为胚胎时代，殷周之际为乳哺时代，由孔子而来至于今为童子时代。逐渐发达，而今乃始将入成童以上少年之界焉。其长成所以若是之迟者，则历代之民贼有窒其生机者也。譬犹童年多病，转类老态，或且疑其死期之将至焉，而不知皆由未完成未成立也。非过去之谓，而未来之谓也。

且我中国畴昔，岂尝有国家哉？不过有朝廷耳！我黄帝子孙，聚族而居，立于此地球之上者既数千年，而问其国之为何名，则无有也。夫所谓唐、虞、夏、商、周、秦、汉、魏、晋、宋、齐、梁、陈、隋、唐、宋、元、明、清者，则皆朝名耳。朝也者，一家之私产也。国也者，人民之公产也。朝有朝之老少，国有国之老少。朝与国既异物，则不能以朝之老少而指为国之老少明矣。文、武、成、康，周朝之少年时代也。幽、厉、桓、赧，则其老年时代也。高、文、景、武，汉朝之少年时代也。元、平、桓、灵，则其老年时代也。自余历朝，莫不有之。凡此者谓为一朝廷之老也则可，谓为一国之老也则不可。一朝廷之老且死，犹一人之老且死也，于吾所谓中国者何与焉。然则，吾中国者，前此尚未出现于世界，而今乃始萌芽云尔。天地大矣，前途辽矣。美哉我少年中国乎！

玛志尼者，意大利三杰之魁也。以国事被罪，逃窜异邦。乃创立一会，名曰“少年意大利”。举国志士，云涌雾集以应之。卒乃光复旧物，使意大利为欧洲之一雄邦。夫意大利者，欧洲之第一老大国也。自罗马亡后，土地隶于教皇，政权归于奥国，殆所谓老而濒于死者矣。而得一玛志尼，且能举全国而少年之，况我中国之实为少年时代者耶！堂堂四百余州之国土，凛凛四百余兆之国民，岂遂无一玛志尼其人者！

龚自珍氏之集有诗一章，题曰：《能令公少年行》。吾尝爱读之，而有味乎其用意之所存。我国民而自谓其国之老大也，斯果老大矣；我国民而自知其国之少年也，斯乃少年矣。西谚有之曰：“有三岁之翁，有百岁之童。”然则，国之老少，又无定形，而实随国民之心力以为消长者也。吾见乎玛志尼之能令国少年也，吾又见乎我国之官吏士民能令国老大也。吾为此惧！夫以如此壮丽浓郁翩翩绝世之少年中国，而使欧西日本人谓我为老大者，何也？则以握国权者皆老朽之人也。非哦几十年八股，非写几十年白折，非当几十年差，非捱几十年俸，非递几十年手本，非唱几十年喏，非磕几十年头，非请几十年安，则必不能得一官、进一职。其内任卿贰以上，外任监司以上者，百人之中，其五官不备者，殆九十六七人也。非眼盲则耳聋，非手颤则足跛，否则半身不遂也。彼其一身，饮食步履视听言语，尚且不能自了，须三四人在左右扶之捉之，乃能度日，于此而乃欲责之以国事，是何异立无数木偶而使治天下也！且彼辈者，自其少壮之时，既已不知亚细亚、欧罗巴为何处地方，汉祖唐宗是那朝皇帝，犹嫌其顽钝腐败之未臻其极，又必搓磨之，陶冶之，待其脑髓已涸，血管已塞，气息奄奄，与鬼为邻之时，然后将我二万里山河，四万万人命，一举而界于其手。呜呼！老大帝国，诚哉其老大也！而彼辈者，积其数十年之八股、白折、当差、捱俸、手本、唱喏、磕头、请安，千辛万苦，千苦万辛，乃始得此红顶花翎之服色，中堂大人之名号，乃出其全副精神，竭其毕生力量，以保持之。如彼乞儿拾金一锭，虽轰雷盘旋其顶上，而两手犹紧抱其荷包，他事非所顾也，非所知也，非所闻也。于此而告之以亡国也，瓜分也，彼乌从而听之，乌从而信之。即使果亡矣，果分矣，而吾今年既七十矣，八十矣，但求其一两年内，洋人不来，强盗不起，我已快活过了一世矣。若不得已，则割三头两省之土地奉申贺敬，以换我几个衙门，卖三几百万之人民作仆为奴，以赎我一条老命，有何不可？有何难办？呜呼！今之所谓老后、老臣、老将、老吏者，其修身齐家治国平天下之手段，皆具于是矣。西风一夜催人老，凋尽朱颜白尽头。使走无常当医生，携催命符以祝寿，嗟乎痛哉！以此为国，是安得不老且死，且吾恐其未及岁而殇也。

任公曰：造成今日之老大中国者，则中国老朽之冤业也，制出将来之少年中国者，则中国少年之责任也。彼老朽者何足道，彼与此世界作别之日不远矣，而我少年乃新来而与世界为缘。如僦屋者然，彼明日将迁居他方，而我今日始入此室处。将迁居者，不爱护其窗栊，不洁治其庭庑，俗人恒情，亦何足怪。若我少年者，前程浩浩，后顾茫茫。中国而为牛为马为奴为隶，则烹脔鞭棰之惨酷，惟我少年当之；中国如称霸宇内，主盟地球，则指挥顾盼之尊荣，惟我少年享之；于彼气息奄奄、与鬼为邻者何与焉？彼而漠然置之，犹可言也；我而漠然置之，不可言也。使举国之少年而果为少年也，则吾中国为未来之国，其进步未可量也。使举国之少年而亦为老大也，则吾中国为过去之国，其澌亡可翘足而待也。故今日之责任，不在他人，而全在我少年。少年智则国智，少年富则国富，少年强则国强，少年独立则国独立，少年自由则国自由，少年进步则国进步，少年胜于欧洲则国胜于欧洲，少年雄于地球则国雄于地球。红日初升，其道大光。河出伏流，一泻汪洋。潜龙腾渊，鳞爪飞扬。乳虎啸谷，百兽震惶。鹰隼试翼，风尘吸张。奇花初胎，矞矞皇皇。干将发硎，有作其芒。天戴其苍，地履其黄。纵有千古，横有八荒。前途似海，来日方长。美哉我少年中国，与天不老！壮哉我中国少年，与国无疆！

【简析】

梁启超先生不仅致力于中国革命，同时也积极将自己的思想倾入文字，影响了胡适、李大钊、鲁迅等一大批先进青年为了中华的复兴崛起而奋斗终身。正是出于对中华民族的热爱，梁启超先生也一直致力于对中国青年的教育，一篇《少年中国说》让我们读到了青年之于中国的重大意义，一句“少年富则中国富，少年强则中国强”，更让我们读到了作者对于中国青年的殷切期盼。

【思考与练习】

1. 本文提出的论点是什么？

2. 西方帝国对中国的看法怎样？

3. 梁启超在《清代学术概论》中，谈到他自己的那些“国人竟喜读之”的文章时说：

"务为平易畅达，时杂以俚语韵语及外国语法，纵笔所至不检束，学者竞效之，号新文体。老辈则痛恨，诋为野狐。然其文条理明晰，笔锋常带感情，对于读者，别有一种魔力焉。"根据你自己的阅读体会，你认为这篇文章有什么"魔力"？

(七) 秋　夜

鲁　迅

【题解】

鲁迅(1881 年—1936 年)，中国现代文学的奠基者。原名周树人，字豫山、豫亭，后改字为豫才，浙江绍兴人。1918 年 5 月，首次以"鲁迅"作笔名，发表了中国文学史上第一篇白话小说《狂人日记》。他的著作以小说、杂文为主，代表作有小说集《呐喊》《彷徨》《故事新编》；散文集《朝花夕拾》；文学论著《中国小说史略》；散文诗集《野草》；杂文集《坟》《热风集》《华盖集》等。毛泽东主席评价他是伟大的无产阶级的文学家、思想家、革命家，是中国文化革命的主将，也被称为"民族魂"。

《秋夜》是鲁迅于 1924 年创作的一首叙事兼抒情的散文，文章语言精致，意象空灵，结构严谨。作者采用象征手法，赋予秋夜后园中不同景物以人的性格，代表不同类型的社会人物。"奇怪而高"的天空象征着压迫和摧残进步力量的势力；在冷的夜气中瑟缩做着"春的到来"的梦的小红花象征着善良的弱者；耸立在后园的两株枣树，象征着与黑恶势力抗争的进步力量。通过对这些景物的含蓄描绘，表达了鲁迅对恶势力的抗争和愤怒，对英勇抗击恶势力的革命者的崇敬和赞美。

在我的后园，可以看见墙外有两株树，一株是枣树，还有一株也是枣树。

这上面的夜的天空，奇怪而高，我生平没有见过这样奇怪而高的天空。他仿佛要离开人间而去，使人们仰面不再看见。然而现在却非常之蓝，闪闪地䀹着几十个星星的眼，冷眼。他的口角上现出微笑，似乎自以为大有深意，而将繁霜洒在我的园里的野花草上。

我不知道那些花草真叫什么名字，人们叫他们什么名字。我记得有一种开过极细小的粉红花，现在还开着，但是更极细小了，她在冷的夜气中，瑟缩地做梦，梦见春的到来，梦见秋的到来，梦见瘦的诗人将眼泪擦在她最末的花瓣上，告诉她秋虽然来，冬虽然来，而此后接着还是春，蝴蝶乱飞，蜜蜂都唱起春词来了。她于是一笑，虽然颜色冻得红惨惨地，仍然瑟缩着。

枣树，他们简直落尽了叶子。先前，还有一两个孩子来打他们，别人打剩的枣子，现在是一个也不剩了，连叶子也落尽了。他知道小粉红花的梦，秋后要有春；他也知道落叶的梦，春后还是秋。他简直落尽叶子，单剩干子，然而脱了当初满树是果实和叶子时候的弧形，欠伸得很舒服。但是，有几枝还低亚着，护定他从打枣的竿梢所得的皮伤，而最直最长的几枝，却已默默地铁似的直刺着奇怪而高的天空，使天空闪闪地鬼䀹眼；直刺着天空中圆满的月亮，使月亮窘得发白。

鬼䀹眼的天空越加非常之蓝，不安了，仿佛想离去人间，避开枣树，只将月亮剩下。然而月亮也暗暗地躲到东边去了。而一无所有的干子，却仍然默默地铁似的直刺着奇怪而高的天空，一意要制他的死命，不管他各式各样地映着许多蛊惑的眼睛。

哇的一声，夜游的恶鸟飞过了。

我忽而听到夜半的笑声，吃吃地，似乎不愿意惊动睡着的人，然而四围的空气都应和着笑。夜半，没有别的人，我即刻听出这声音就在我嘴里，我也即刻被这笑声所驱逐，回进自己的房。灯火的带子也即刻被我旋高了。

后窗的玻璃上丁丁地响，还有许多小飞虫乱撞。不多久，几个进来了，许是从窗纸的破孔进来的。他们一进来，又在玻璃的灯罩上撞得丁丁地响。一个从上面撞进去了，他于是遇到火，而且我以为这火是真的。两三个却休息在灯的纸罩上喘气。那罩是昨晚新换的罩，雪白的纸，折出波浪纹的叠痕，一角还画出一枝猩红色的栀子。

猩红的栀子开花时，枣树又要做小粉红花的梦，青葱地弯成弧形了……我又听到夜半的笑声；我赶紧砍断我的心绪，看那老在白纸罩上的小青虫，头大尾小，向日葵子似的，只有半粒小麦那么大，遍身的颜色苍翠得可爱，可怜。

我打一个呵欠，点起一支纸烟，喷出烟来，对着灯默默地敬奠这些苍翠精致的英雄们。

一九二四年九月十五日

【简析】

《秋夜》是鲁迅散文集《野草》的第一篇，发表于 1924 年 12 月。当时北京的政治环境正如鲁迅所说：“实在黑暗的可以！”鲁迅在北京与北洋军阀的黑暗统治及封建势力进行着韧性的战斗。他的内心是矛盾、痛苦又压抑的，但是他具有顽强不息的战斗精神，决不向黑暗势力低头。《秋夜》正是作者与旧社会抗争到底的誓言。但受制于当时恶劣的环境，鲁迅只能采用一种隐晦的象征主义表现方法，把自己强烈的思想感情藏匿在景物描写之中。

此文通篇采用象征手法，以枣树和天空的尖锐对立和斗争为轴心，精心构筑了一个完整的具有强烈时代特点的意象世界。作品中“夜的天空，奇怪而高……而将繁霜洒在我的园里的野花草上。”这一段既是秋夜天空自然景色的真实写照，又巧妙地通过拟人的手法勾勒出夜空的丑恶神情，暗喻出北洋军阀统治的黑暗、残忍、冷酷。作者着意刻画的小粉红花是一个弱小者的形象。小粉红花受着繁霜的打击折磨已经濒于绝境，然而却还在冷的夜气中“瑟缩地做梦”，梦想着温暖的春天会到来，梦想着“瘦的诗人”会为它洒下同情的热泪，并且告诉它“秋虽然来，冬虽然来，而此后接着还是春”，它从这一梦想中得到了安慰。在极其险恶的环境里，小粉红花就是靠着对未来的梦想支持着自己的生存。作者对于小粉红花的描绘，很符合当时许多青年知识分子的状况。他们面对强大的黑暗现实，既想反抗又缺乏勇气，既向往未来又感到前途渺茫，受着难忍的苦痛却又经常表现出软弱和动摇。作者对于小粉红花一样的广大青年是有所批判的，但更多的是同情，是肯定，是支持。作品中小青虫的形象，是为追求光明而英勇献身的正面形象。尽管作者对它的幼稚、天真、鲁莽以及带来的所谓牺牲，是很不赞成的，但从文章的意境和作品的发展脉络来看，作者对小青虫总的来说还是赞赏的，因为现实需要的是“不问成败而要战斗着的人们”。

作品对枣树的赞美，是全篇的核心。枣树饱经沧桑，它虽然也受着夜空的摧残，但他毫不动摇，他不是靠幻想来支撑自己，而是执着于现实的战斗，“他知道小粉红花的梦，秋后要有春；他也知道落叶的梦，春后还是秋”，但它不管环境如何变化，只是“默默地铁似的直刺着奇怪而高的天空，使天空闪闪地鬼𥆧眼；直刺着天空中圆满的月亮，使月亮窘得发白”，而且“一意要制他的死命，不管他各式各样地𥆧着许多蛊惑的眼睛。”这是一个清醒的战斗者的形象！作者在赞美枣树精神的同时，在字里行间也流露了某些苦闷的心境，枣树是孤独的，而且带着“皮伤”，虽然不顾一切地在与夜空搏斗，但对于前途也看得不甚明白，这正符合 1924 年前后作者的思想状况。枣树的形象，既是作者对顽强抗击黑暗的韧性战斗者的热情颂歌，也是鲁迅自己的人格、精神和战斗豪情的诗意写照。

【思考与练习】

1.《秋夜》中作者表达了哪些思想感情？他是通过哪些手法表达这些思想情感的？

2. 文中作者写了哪些景物？哪些是作者所热爱的？哪些是憎恶的？为什么？

拓展阅读

(八) 赠与今年的大学毕业生

胡　适

【题解】

胡适(1891 年—1962 年)，字适之，安徽绩溪人，中国现代思想家、文学家、哲学家。胡适 1910 年留学美国，1917 年回国，是新文化运动中的风云人物，1946 年任北京大学校长。胡适是个学识渊博的学者，在文学、哲学、史学、考据学、教育学、伦理学等领域均有不小的建树。其著作有《胡适文集》《胡适全集》等。

《赠与今年的大学毕业生》是胡适于 1932 年 6 月写给即将走上社会的大学毕业生的。不是一般的赠言，不是含混的祝福，不是空泛的嘱咐——“虽未必是救命毫毛，也许作个防身的锦囊罢！”胡适与大学生之间有说不完的话题，从 20 世纪 20 年代直到 60 年代去世，胡适多次向他关心的莘莘学子推荐三个“防身的锦囊”，也称“三种防身的药方”“防身药方的三味药”。其中自有奥妙，那我们就去认真地领会吧。

这一两个星期里，各地的大学都有毕业的班次，都有很多的毕业生离开学校去开始他们的成人事业。学生的生活是一种享有特殊优待的生活，不妨幼稚一点，不妨吵吵闹闹，社会都能纵容他们，不肯严格的要他们负行为的责任。现在他们要撑起自己的肩膀来挑他们自己的担子了。在这个国难最紧急的年头，他们的担子真不轻！我们祝他们的成功，同时也不忍不依据我们自己的经验，赠与他们几句送行的赠言——虽未必是救命毫毛，也许作个防身的锦囊罢！

你们毕业之后，可走的路不出这几条：绝少数的人还可以在国内或国外的研究院继续作学术研究；少数的人可以寻着相当的职业；此外还有做官，办党，革命三条路；此外就是在家享福或者失业闲居了。第一条继续求学之路，我们可以不讨论。走其余几条路的人，都不能没有堕落的危险。人生的道路上满是陷阱堕落的方式很多，总括起来，约有这两大类：

第一是容易抛弃学生时代的求知识的欲望。你们到了实际社会里，往往所用非所学，往往所学全无用处，往往可以完全用不着学问，而一样可以胡乱混饭吃，混官做。在这种环境里，即使向来抱有求知识学问的决心的人，也不免心灰意懒，把求知的欲望渐渐冷淡下去。况且学问是要有相当的设备的：书籍，试验室，师友的切磋指导，闲暇的工夫，都不是一个平常要糊口养家的人所能容易办到的。没有做学问的环境，谁又能怪我们抛弃学问呢？

第二是容易抛弃学生时代的理想的人生的追求。少年人初次与冷酷的社会接触，容易感觉理想与事实相去太远，容易发生悲观和失望。多年怀抱的人生理想，改造的热诚，奋斗的勇气，到此时候，好像全不是那么一回事。渺小的个人在那强烈的社会炉火里，往往经不起长时期的烤炼就熔化了，一点高尚的理想不久就幻灭了。抱着改造社会的梦想而来，往往是弃甲曳兵而走，或者做了恶势力的俘虏。你在那俘虏牢狱里，回想那少年气壮时代的种种理想主义，好像都成了自误误人的迷梦！从此以后，你就甘心放弃理想人生的追求，甘心做现成社会的顺民了。

要防御这两方面的堕落，一面要保持我们求知识的欲望，一面要保持我们对于理想人生的追求。有什么好法子呢？依我个人的观察和经验，有三种防身的药方是值得一试的。

第一个方子只有一句话："总得时时寻一两个值得研究的问题！"问题是知识学问的老祖宗；古今来一切知识的产生与积聚，都是因为要解答问题——要解答实用上的困难或理论上的疑难。所以梁漱溟先生自认是"问题中人"而非"学术中人"所谓"为知识而求知识"，其实也只是一种好奇心追求某种问题的解答，不过因为那种问题的性质不必是直接应用的，人们就觉得这是"无所为"的求知识了。我们出学校之后，离开了做学问的环境，如果没有一个两个值得解答的疑难问题在脑子里盘旋，就很难继续保持追求学问的热心。可惜当时青年人最大的问题是养家糊口，生存都是难题，遑论其他？可是，如果你有了一个真有趣的问题天天逗你去想他，天天引诱你去解决他，天天对你挑衅笑你无可奈何他——这时候，你就会同恋爱一个女子发了疯一样，坐也坐不下，睡也睡不安，没工夫也得偷出工夫去陪她；没钱也得撙衣节食去巴结她。没有书，你自会变卖家私去买书；没有仪器，你自会典押衣服去置办仪器；没有师友，你自会不远千里去寻师访友。你只要能时时有疑难问题来逼你用脑子，你自然会保持发展你对学问的兴趣，即使在最贫乏的智识环境中，你也会慢慢地聚起一个小图书馆来，或者设置起一所小试验室来。所以我说：第一要寻问题。脑子里没有问题之日，就是你的智识生活寿终正寝之时！古人说，"待文王而兴者，凡民也。若夫豪杰之士，虽无文王犹兴。"试想伽理略(Galileo)和牛顿(Newton)有多少藏书？有多少仪器？他们不过是有问题而已。有了问题而后，他们自会造出仪器来解答他们的问题。没有问题的人们，关在图书馆里也不会用书，锁在试验室里也不会有什么发现。

第二个方子也只有一句话："总得多发展一点非职业的兴趣。"所从事的职业往往并不能满足个人的志向，如果这份职业既轻松又赚钱，那么胡适的建议倒也不错。但当时的情况是"毕业即失业"，职业尚无，哪里能有"非职业的兴趣"？离开学校之后，大家总得寻个吃饭的职业。可是你寻得的职业未必就是你所学的，或者未必是你所心喜的，或者是你所学而实在和你的性情不相近的。在这种状况之下，工作就往往成了苦工，就不感觉兴趣了。为糊口而作那种"非性之所近而力之所能勉"的工作，就很难保持求知的兴趣和生活的思想主义。最好的救济方法只有多多发展职业以外的正当兴趣与活动。一个人应该有他的职业，又应该有他的非职业的玩意儿，可以叫作业余活动。凡一个人用他的闲暇来做的事业，都是他的业余活动。往往他的业余活动比他的职业还更重要，因为一个人的前程往往全靠他怎样用他的闲暇时间。他用他的闲暇来打麻将，他就成个赌徒；你用你的闲暇来做社会服务，你也许成个社会改革者；或者你用你的闲暇去研究历史，你也许成个史学家。你的闲暇往往定你的终身。英国十九世纪的两个哲人，弥儿(J.S.Mill)终身做东印度公司的秘书，然而他的业余工作使他在哲学上、经济学上、政治思想史上都占一个很高的位置；斯宾塞(Spencer)是一个测量工程师，然而他的业余工作使他成为前世纪晚期世界思想界的一个重镇。古来成大学问的人，几乎没有一个不是善用他的闲暇时间的。特别在这个组织不健全的中国社会，职业不容易适合我们性情，我们要想生活不苦痛或不堕落，只有多方发展业余的兴趣，使我们的精神有所寄托，使我们的剩余精力有所施展。有了这种心爱的玩意儿，你就做六个钟头的抹桌子工夫也不会感觉烦闷了，因为你知道，抹了六点钟的桌子之后，你可以回家去做你的化学研究，或画完你的大幅山水，或写你的小说戏曲，或继续你的历史考据，或做你的社会改革事业。你有了这种称心如意的活动，生活就不枯寂了，精神也就不会烦闷了。

第三个方子也只有一句话："你总得有一点信心。"我们生当这个不幸的时代，眼中所见，耳中所闻，无非是叫我们悲观失望的。特别是在这个年头毕业的你们，眼见自己的国家民族沉沦到这步田地，眼看世界只是强权的世界，望极天边好像看不见一线的光明——在这个年头不发狂自杀，已算是万幸了，怎么还能够希望保持一点内心的镇定和理想的信任呢？我要对你们说：这时候正是我们要培养我们的信心的时候！只要我们有信心，我们还有救。古人说："信心(Faith)可以移山。"又说："只要功夫深，生铁磨成绣花针。"你不信吗？当拿破仑的军队征服普鲁士占据柏林的时候，有一位穷教授叫作菲希特(Fichte)的，天天在讲堂上劝他的国人要有信心，要信仰他们的民族是有世界的特殊使命的，是必定要复兴的。菲希特死的时候(1814)，谁也不能预料德意志统一帝国何时可以实现。然而不满五十年，新的统一的德意志帝国居然实现了。

一个国家的强弱盛衰，都不是偶然的，都不能逃出因果的铁律的。我们今日所受的苦痛和耻辱，都只是过去种种恶因种下的恶果。我们要收将来的善果，必须努力种现在的新因。一粒一粒的种，必有满仓满屋的收，这是我们今日应该有的信心。

我们要深信：今日的失败，都由于过去的不努力。

我们要深信：今日的努力，必定有将来的大收成。

佛典里有一句话："福不唐捐。"唐捐就是白白地丢了。我们也应该说："功不唐捐！"没有一点努力是会白白地丢了的。在我们看不见想不到的时候，在我们看不见想不到的方向，你瞧！你下的种子早已生根发叶开花结果了！你不信吗？

法国被普鲁士打败之后，割了两省地，赔了五十万万法郎的赔款。这时候有一位刻苦的科学家巴斯德(Pasteur)终日埋头在他的试验室里做他的化学试验和微菌学研究。他是一个最爱国的人，然而他深信只有科学可以救国。他用一生的精力证明了三个科学问题：(1)每一种发酵作用都是由于一种微菌的发展；(2) 每一种传染病都是由于一种微菌在生物体中的发展；(3) 传染病的微菌，在特殊的培养之下，可以减轻毒力，使它从病菌变成防病的药苗。这三个问题，在表面上似乎都和救国大事业没有多大的关系。然而从第一个问题的证明，巴斯德定出做醋酿酒的新法，使全国的酒醋业每年减除极大的损失。从第二个问题的证明，巴斯德教全国的蚕丝业怎样选种防病，教全国的畜牧农家怎样防止牛羊瘟疫，又教全世界的医学界怎样注重消毒以减除外科手术的死亡率。从第三个问题的证明，巴斯德发明了牲畜的脾热瘟的疗治药苗，每年替法国农家减除了二千万法郎的大损失；又发明了疯狗咬毒的治疗法，救济了无数的生命。所以英国的科学家赫胥黎(Huxley)在皇家学会里称颂巴斯德的功绩道："法国给了德国五十万万法郎的赔款，巴斯德先生一个人研究科学的成绩足够还清这一笔赔款了。"

巴斯德对于科学有绝大的信心，所以他在国家蒙奇辱大难的时候，终不肯抛弃他的显微镜与试验室。他绝不想他的显微镜底下能偿还五十万万法郎的赔款，然而在他看不见想不到的时候，他已收获了科学救国的奇迹了。

朋友们，在你最悲观最失望的时候，那正是你必须鼓起坚强的信心的时候。你要深信：天下没有白费的努力。成功不必在我，而功力必不唐捐。

【简析】

本文是为大学毕业生所作的临别赠言，文中主要针对大学毕业生走上社会将会面临的问题进行分析论述，并就如何解决这些问题语重心长地提出忠告。全文可分为三大部分：第一部分(第 1 自然段)表达赠言之意，并说明写作缘由。第二部分(第 2 至 4 自然段)提醒青年学生走出大学后，在社会上要时刻防备可能会出现丧失求知欲望、丧失理想的人生追求这两方面的堕落。第三部分(第 5 至 15 自然段)介绍了三种"防身的药方"：一是寻求值得研究的问题；二是发展非职业的兴趣；三是培养坚定的信心。

本文语言浅近自然、形象生动、通俗易懂，如同朋友间娓娓谈心一样亲切自然，充分体现出演讲文体的特点。在阐述具体观点时善于运用具体实例来论证，使用了丰富多样的论据材料，有的援引古人谚语，有的借用佛典名言，有的巧设比喻，有的列举事例，大大增强了文章的说服力。

【思考与练习】

1. 结合今天的实际，胡适的这三种方法对你有什么启示？你认为还有坚持它们的必要与可能吗？

2. 反躬自问，我们在大学求学时代，"求知识的欲望"和"理想的人生的追求"是否足够强烈？

3. 在当前的社会背景下，大学毕业之后你将何去何从？你的人生规划是怎样的？

4. 大学毕业后，你的危机在哪里？

(九) 我所知道的康桥

徐志摩

【题解】

《我所知道的康桥》是一篇随笔式散文。徐志摩不仅钟情于康桥美丽的自然景色，还深深沉浸在浓郁的康桥文化氛围之中，并传神地描绘它，尽情地赞美它。

一

我这一生的周折，大都寻得出感情的线索。不论别的，单说求学。我到英国是为要从卢梭。卢梭来中国时，我已经在美国。他那不确的死耗传到的时候，我真的出眼泪不够，还做悼诗来了。他没有死，我自然高兴。我摆脱了哥伦比亚大博士衔的引诱，买船票过大西洋，想跟这位二十世纪的福禄泰尔认真念一点书去。谁知一到英国才知道事情变样了：一为他在战时主张和平，二为他离婚，卢梭叫康桥给除名了，他原来是 Trinity College 的 fellow，这一来他的 fellowship 也给取消了。他回英国后就在伦敦住下，夫妻两人卖文章过日子。因此我也不曾遂我从学的始愿。我在伦敦政治经济学院里混了半年，正感着闷想换路走的时候，我认识了狄更生先生。狄更生——Goldsworthy Lowes Dickinson——是一个有名的作者，他的《一个中国人通信》(Letters form John chinaman)与《一个现代聚餐谈话》(A Modern Symposium)两本小册子早得了我的景仰。我第一次会着他是在伦敦国际联盟协会席上，那天林宗孟先生演说，他做主席；第二次是宗孟寓里吃茶，有他。以后我常到他家里去。他看出我的烦闷，劝我到康桥去，他自己是皇家学院(King’s College)的 fellow。我就写信去问两个学院，回信都说学额早满了，随后还是狄更生先生替我去在他的学院里说好了，给我一个特别生的资格，随意选科听讲。从此黑方巾、黑披袍的风光也被我占着了。初起我在离康桥六英里的乡下叫沙士顿的地方租了几间小屋住下，同居的有我从前的夫人张幼仪女士与郭虞裳君。每天一早我坐街车(有时自行车)上学到晚回家。这样的生活过了一个春，但我在康桥还只是个陌生人谁都不认识，康桥的生活，可以说完全不曾尝着，我知道的只是一个图书馆，几个课室，和三两个吃便宜饭的茶食铺子。狄更生常在伦敦或是大陆上，所以也不常见他。那年的秋季我一个人回到康桥，整整有一学年，那时我才有机会接近真正的康桥生活，同时，我也慢慢的“发现”了康桥。我不曾知道过更大的愉快。

二

“单独”是一个耐寻味的现象。我有时想它是任何发现的第一个条件。你要发现你的朋友的“真”，你得有与他单独的机会。你要发现你自己的真，你得给你自己一个单独的机会。你要发现一个地方(地方一样有灵性)，你也得有单独玩的机会。我们这一辈子，认真说，能认识几个人？能认识几个地方？我们都是太匆忙，太没有单独的机会。说实话，我连我的本乡都没有什么了解。康桥我要算是有相当交情的，再次许只有新认识的翡冷翠了。啊，那些清晨，那些黄昏，我一个人发疑似的在康桥！绝对的单独。

但一个人要写他最心爱的对象，不论是人是地，是多么使他为难的一个工作？你怕，你怕描坏了它，你怕说过分了恼了它，你怕说太谨慎了辜负了它。我现在想写康桥，也正是这样的心理，我不会写，我就知道这回是写不好的——况且又是临时逼出来的事情。但我却不能不写，上期预告已经出去了。我想勉强分两节写：一是我所知道的康桥的天然景色；一是我所知道的康桥的学生生活。我今晚只能极简的写些，等以后有兴会时再补。

三

康桥的灵性全在一条河上；康河，我敢说是全世界最秀丽的一条水。河的名字是葛兰大(Granta)，也有叫康河(Kiver Cam)的，许有上下流的区别，我不甚清楚。河身多的是曲折，上游是有名的拜伦潭——“Byron’s Pool”——当年拜伦常在那里玩的；有一个老村子叫格兰骞斯德，有一个果子园，你可以躺在累累的桃李树荫下吃茶，花果会掉入你的茶杯，小雀子会到你桌上来啄食，那真是别有一番天地。这是上游；下游是从骞斯德顿下去，河面展开，那是春夏间竞舟的场所。上下河分界处有一个坝筑，水流急得很，在星光下听水声，听近村晚钟声，听河畔倦牛刍草声，是我康桥经验中最神秘的一种：大自然的优美、宁静，调谐在这星光与波光的默契中不期然的淹入了你的性灵。

但康河的精华是在它的中权，著名的“Backs”这两岸是几个最蜚声的学院的建筑。从上面下来是 Pembroke，St. Katharine’s，King’s，Clare，Trinity，St. John’s。最令人留连的一节是克莱亚与皇家学院的毗连处，克莱亚的秀丽紧邻着皇家教堂(King’s Chapel)的宏伟。别的地方尽有更美更庄严的建筑，例如巴黎赛因河的罗浮宫一带，威尼斯的利阿尔多大桥的两岸，翡冷翠维基乌大桥的周遭；但康桥的“Backs”自有它的特长，这不容易用一两个状词来概括，它那脱尽尘埃气的一种清澈秀逸的意境可说是超出了画图而化生了音乐的神味。再没有比这一群建筑更调谐更匀称的了！论画，可比的许只有柯罗(Corot)的田野；论音乐，可比的许只有肖班(Chopin)的夜曲。就这，也不能给你依稀的印象，它给你的美感简直是神灵性的一种。

假如你站在皇家学院桥边的那棵大椈树荫下眺望，右侧面，隔着一大方浅草坪，是我们的校友居(fellows building)，那年代并不早，但它的妩媚也是不可掩的，它那苍白的石壁上春夏间满缀着艳色的蔷薇在和风中摇头，更移左是那教堂，森林似的尖阁不可浼的永远直指着天空；更左是克莱亚，啊！那不可信的玲珑的方庭，谁说这不是圣克莱亚(St. Clare)的化身，哪一块石上不闪耀着她当年圣洁的精神？在克莱亚后背隐约可辨的是康桥最潢贵最骄纵的三清学院(Trinity)，它那临河的图书楼上坐镇着拜伦神采惊人的雕像。

但这时你的注意早已叫克莱亚的三环洞桥魔术似的摄住。你见过西湖白堤上的西泠断桥不是？(可怜它们早已叫代表近代丑恶精神的汽车公司给铲平了，现在它们跟着苍凉的雷峰永远辞别了人间。)你忘不了那桥上斑驳的苍苔，木栅的古色，与那桥拱下泄露的湖光与山色不是？克莱亚并没有那样体面的衬托，它也不比庐山栖贤寺旁的观音桥，上瞰五老的奇峰，下临深潭与飞瀑；它只是怯怜怜的一座三环洞的心桥，它那桥洞间也只掩映着细纹的波粼与婆娑的树影，它那桥上栉比的小穿兰与兰节顶上双双的白石球，也只是村姑子头上不夸张的香草与野花一类的装饰；但你凝神的看着，更凝神的看着，你再反省你的心境，看还有一丝屑的俗念沾滞不？只要你审美的本能不曾汩灭时，这是你的机会实现纯粹美感的神奇！

但你还得选你赏鉴的时辰。英国的天时与气候是走极端的。冬天是荒谬的坏，逢着连绵的雾盲天你一定不迟疑的甘愿进地狱本身去试试；春天(英国是几乎没有夏天的)是更荒谬的可爱，尤其是它那四五月间最渐缓最艳丽的黄昏，那才真是寸寸黄金。在康河边上过一个黄昏是一服灵魂的补剂。啊！我那时蜜甜的单独，那时蜜甜的闲暇。一晚又一晚的，只见我出神似的倚在桥阑上向西天凝望：

看一回凝静的桥影，

数一数螺钿的波纹。

我倚暖了石阑的青苔，青苔凉透了我的心坎……

还有几句更笨重的怎能仿佛那游丝似轻妙的情景。

难忘七月的黄昏，远树凝寂，
像墨泼的山形，衬出轻柔暝色。
密稠稠，七分鹅黄，三分橘绿，
那妙意只可去秋梦边缘捕捉……

四

这河身的两岸都是四季常青最葱翠的草坪。从校友居的楼上望去，对岸草场上，不论早晚，永远有十数匹黄牛与白马，胫蹄没在恣蔓的草丛中，从容的在咬嚼，星星的黄花在风中动荡，应和着它们尾鬃的扫拂。桥的两端有斜倚的垂柳与椈荫护住。水是澈底的清澄，深不足四尺，匀匀的长着长条的水草。这岸边的草坪又是我的爱宠，在清朝，在傍晚，我常去这天然的织锦上坐地，有时读书，有时看水；有时仰卧着看天空的行云，有时反扑着搂抱大地的温软。

但河上的风流还不止两岸的秀丽。你得买船去玩。船不止一种：有普通的双桨划船，有轻快的薄皮舟(canoe)，有最别致的长形撑篙船(punt)。最末的一种是别处不常有的：约莫有二丈长，三尺宽，你站直在船艄上用长竿撑着走的。这撑是一种技术。我手脚太蠢，始终不曾学会。你初起手尝试时，容易把船身横住在河中，东颠西撞的狼狈。英国人是不轻易开口笑人的，但是小心他们不出声的皱眉！也不知有多少次河中本来悠闲的秩序叫我这莽撞的外行给捣乱了。我真的始终不曾学会；每回我不服输跑去租船再试的时候，有一个白胡子的船家往往带讥讽的对我说："先生，这撑船费劲，天热累人，还是拿个薄皮舟溜溜吧！"我哪里肯听话，长篙子一点就把船撑了开去，结果还是把河身一段段的腰斩了去。

你站在桥上去看人家撑，那多不费劲，多美！尤其在礼拜天有几个专家的女郎，穿一身缟素衣服，裙裾在风前悠悠的飘着，戴一顶宽边的薄纱帽，帽影在水草间颤动，你看她们出桥洞时的恣态，捻起一根竟像没有分量的长竿，只轻轻的，不经心的往波心里一点，身子微微的一蹲，这船身便波的转出了桥影，翠条鱼似的向前滑了去。她们那敏捷，那闲暇，那轻盈，真是值得歌咏的。

在初夏阳光渐暖时你去买一支小船，划去桥边荫下躺着念你的书或是做你的梦，槐花香在水面上漂浮，鱼群的唼喋声在你的耳边挑逗。或是在初秋的黄昏，近着新月的寒光，望上流僻静处远去。爱热闹的少年们携着他们的女友，在船沿上支着双双的东洋彩纸灯，带着话匣子，船心里用软垫铺着，也开向无人迹处去享他们的野福——谁不爱听那水底翻的音乐在静定的河上描写梦意与春光！

住惯城市的人不易知道季候的变迁。看见叶子掉知道是秋，看见叶子绿知道是春；天冷了装炉子，天热了拆炉子；脱下棉袍，换上夹袍，脱下夹袍，穿上单袍：不过如此罢了。天上星斗的消息，地下泥土里的消息，空中风吹的消息，都不关我们的事。忙着哪，这样那样事情多着，谁耐烦管星星的移转，花草的消长，风云的变幻？同时我们抱怨我们的生活、苦痛、烦闷、拘束、枯燥，谁肯承认做人是快乐？谁不多少间咒诅人生？

但不满意的生活大都是由于自取的。我是一个生命的信仰者，我信生活决不是我们大多数人仅仅从自身经验推得的那样暗惨。我们的病根是在"忘本"。人是自然的产儿，就比枝头的花与鸟是自然的产儿；但我们不幸是文明人，入世深似一天，离自然远似一天。

离开了泥土的花草，离开了水的鱼，能快活吗？能生存吗？从大自然，我们取得我们的生命；从大自然，我们应分取得我们继续的资养。哪一株婆娑的大木没有盘错的根柢深入在无尽藏的地里？我们是永远不能独立的。有幸福是永远不离母亲抚育的孩子，有健康是永远接近自然的人们。不必一定与鹿豕游，不必一定回“洞府”去；为医治我们当前生活的枯窘，只要“不完全遗忘自然”一张轻淡的药方我们的病象就有缓和的希望。在青草里打几个滚，到海水里洗几次浴，到高处去看几次朝霞与晚照——你肩背上的负担就会轻松了去的。

这是极肤浅的道理，当然。但我要没有过过康桥的日子，我就不会有这样的自信。我这一辈子就只那一春，说也真可怜，算是不曾虚度。就只那一春，我的生活是自然的，是真愉快的！(虽则碰巧那也是我最感受人生痛苦的时期)。我那时有的是闲暇，有的是自由，有的是绝对单独的机会。说也奇怪，竟像是第一次，我辨认了星月的光明，草的青，花的香，流水的殷勤。我能忘记那初春的睥睨吗？曾经有多少个清晨我独自冒着冷去薄霜铺地的林子里闲步——为听鸟语，为盼朝阳，为寻泥土里渐次苏醒的花草，为体会最微细最神妙的春信。啊，那是新来的画眉在那边凋不尽的青枝上试它的新声！啊，这是第一朵小雪球花挣出了半冻的地面！啊，这不是新来的潮润沾上了寂寞的柳条？

静极了，这朝来水溶溶的大道，只远处牛奶车的铃声，点缀这周遭的沉默。顺着这大道走去，走到尽头，再转入林子里的小径，往烟雾浓密处走去，头顶是交枝的榆荫，透露着漠愣愣的曙色；再往前走去，走尽这林子，当前是平坦的原野，望见了村舍，初青的麦田，更远三两个馒形的小山掩住了一条通道。天边是雾茫茫的，尖尖的黑影是近村的教寺。听，那晓钟和缓的清音。这一带是此邦中部的平原，地形像是海里的轻波，默沉沉的起伏；山岭是望不见的，有的是常青的草原与沃腴的田壤。登那土阜上望去，康桥只是一带茂林，拥戴着几处娉婷的尖阁。妩媚的康河也望不见踪迹，你只能循着那锦带似的林木想象那一流清浅。村舍与树林是这地盘上的棋子，有村舍处有佳荫，有佳荫处有村舍。这早起是看炊烟的时辰：朝雾渐渐的升起，揭开了这灰苍苍的天幕(最好是微霰后的光景)，远近的炊烟，成丝的、成缕的、成卷的、轻快的、迟重的、浓灰的、淡青的、惨白的，在静定的朝气里渐渐的上腾，渐渐的不见，仿佛是朝来人们的祈祷，参差的翳入了天听。朝阳是难得见的，这初春的天气。但它来时是起早人莫大的愉快。顷刻间这田野添深了颜色，一层轻纱似的金粉糁上了这草，这树，这通道，这庄舍。顷刻间这周遭弥漫了清晨富丽的温柔。顷刻间你的心怀也分润了白天诞生的光荣。“春！”这胜利的晴空仿佛在你的耳边私语。“春！”你那快活的灵魂也仿佛在那里回响。

伺候着河上的风光，这春来一天有一天的消息。关心石上的苔痕，关心败草里的花鲜，关心这水流的缓急，关心水草的滋长，关心天上的云霞，关心新来的鸟语。怯伶伶的小雪球是探春信的小使。铃兰与香草是欢喜的初声。窈窕的莲馨，玲珑的石水仙，爱热闹的克罗克斯，耐辛苦的蒲公英与雏菊——这时候春光已是烂漫在人间，更不须殷勤问讯。

瑰丽的春放。这是你野游的时期。可爱的路政，这里不比中国，哪一处不是坦荡荡的大道？徒步是一个愉快，但骑自行车是一个更大的愉快，在康桥骑车是普遍的技术；妇人、稚子、老翁，一致享受这双轮舞的快乐。(在康桥听说自行车是不怕人偷的，就为人人都自己有车，没人要偷)。任你选一个方向，任你上一条通道，顺着这带草味的和风，放轮远去，保管你这半天的逍遥是你性灵的补剂。这道上有的是清荫与美草，随地都可以供你休憩。

你如爱花，这里多的是锦绣似的草原。你如爱鸟，这里多的是巧啭的鸣禽。你如爱儿童，这乡间到处是可亲的稚子。你如爱人情，这里多的是不嫌远客的乡人，你到处可以“挂单”借宿，有酪浆与嫩薯供你饱餐，有夺目的果鲜恣你尝新。你如爱酒，这乡间每“望”都为你储有上好的新酿，黑啤如太浓，苹果酒、姜酒都是供你解渴润肺的。带一卷书，走十里路，选一块清静地，看天，听鸟，读书，倦了时，和身在草绵绵处寻梦去——你能想象更适情更适性的消遣吗?

陆放翁有一联诗句：“偶呼快马迎新月，却上轻舆御晚风”，这是做地方官的风流。

我在康桥时虽没马骑，没轿子坐，却也有我的风流：我常常在夕阳西晒时骑了车迎着天边扁大的日头直追。日头是追不到的，我没有夸父的荒诞，但晚景的温存却被我这样偷尝了不少。有三两幅画图似的经验至今还是栩栩的留着。只说看夕阳，我们平常只知道登山或是临海，但实际只须辽阔的天际，平地上的晚霞有时也是一样的神奇。有一次我赶到一个地方，手把着一家村庄的篱笆，隔着一大田的麦浪，看西天的变幻。有一次是正冲着一条宽广的大道，过来一大群羊，放草归来的，偌大的太阳在它们后背放射着万缕的金辉，天上却是乌青青的，只剩这不可逼视的威光中的一条大路，一群生物，我心头顿时感着神异性的压迫，我真的跪下了，对着这冉冉渐翳的金光。再有一次是更不可忘的奇景，那是临着一大片望不到头的草原，满开着艳红的罂粟，在青草里亭亭像是万盏的金灯，阳光从褐色云斜着过来，幻成一种异样紫色，透明似的不可逼视，刹那间在我迷眩了的视觉中，这草田变成了……不说也罢，说来你们也是不信的!

一别二年多了，康桥，谁知我这思乡的隐忧? 也不想别的，我只要那晚钟撼动的黄昏，没遮拦的田野，独自斜倚在软草里，看第一个大星在天边出现!

十五年一月十五日

【思考与练习】

1. 请结合本文内容，尝试着说一说徐志摩为什么说“康桥是我生命的泉源”“我的眼是康桥教我睁的”？

2. 作者因亲自经历过在康桥的闲适生活，因此对繁忙的都市生活产生排斥。他认为不满意、不快乐的生活是自找的，同时他也认为人离不开大自然。人一旦离开大自然，就好比离开泥土的花草、离开水的鱼。你认为这位生命信仰者的见解给予我们现代人哪些生活省思？

徐志摩的康桥情结

(十) 谈 生 命

冰　心

【题解】

冰心(1900 年—1999 年)，福建长乐人，原名谢婉莹，笔名冰心(取“一片冰心在玉壶”之意)，被称为“世纪老人”。现代著名诗人、作家、翻译家、儿童文学家。

本文是冰心先生于 1947 年写的一篇散文，发表于当时京沪铁路管理局主办的《京沪周刊》第1卷第27期。

我不敢说生命是什么，我只能说生命像什么。

生命像向东流的一江春水，他从最高处发源，冰雪是他的前身。他聚集起许多细流，合成一股有力的洪涛，向下奔注，他曲折地穿过了悬崖峭壁，冲倒了层沙积土，挟卷着滚滚的沙石，快乐勇敢地流走，一路上他享受着他所遭遇的一切：有时候他遇到巉岩前阻，他愤激地奔腾了起来，怒吼着，回旋着，前波后浪地起伏催逼，直到冲倒了这危崖，他才心平气和地一泻千里。有时候他经过了细细的平沙，斜阳芳草里，看见了夹岸红艳的桃花，他快乐而又羞怯，静静地流着，低低地吟唱着，轻轻地度过这一段浪漫的行程。有时候他遇到暴风雨，这激电，这迅雷，使他心魂惊骇，疾风吹卷起他，大雨击打着他，他暂时浑浊了，扰乱了，而雨过天晴，只加给他许多新生的力量。有时候他遇到了晚霞和新月，向他照耀，向他投影，清冷中带些幽幽的温暖：这时他只想憩息，只想睡眠，而那股前进的力量，仍催逼着他向前走……

终于有一天，他远远地望见了大海，呵！他已到了行程的终结，这大海，使他屏息，使他低头，她多么辽阔，多么伟大！多么光明，又多么黑暗！大海庄严的伸出臂儿来接引他，他一声不响地流入她的怀里。他消融了，归化了，说不上快乐，也不有悲哀！也许有一天，他再从海上蓬蓬的雨点中升起，飞向西来，再形成一道江流，再冲倒两旁的石壁，再来寻夹岸的桃花。

然而我不敢说来生，也不敢相信来生！

生命又像一棵小树，他从地底聚集起许多生力，在冰雪下欠伸，在早春润湿的泥土中，勇敢快乐地破壳出来。他也许长在平原上，岩石上，城墙上，只要他抬头看见了天，呵！看见了天！他便伸出嫩叶来吸收空气，承受日光，在雨中吟唱，在风中跳舞。他也许受着大树的荫遮，也许受着大树的覆压，而他青春生长的力量，终使他穿枝拂叶的挣脱了出来，在烈日下挺立抬头！他遇着骄奢的春天，他也许开出满树的繁花，蜂蝶围绕着他飘翔喧闹，小鸟在他枝头欣赏唱歌，他会听见黄莺清吟，杜鹃啼血，也许还听见枭鸟的怪鸣。

他长到最茂盛的中年，他伸展出他如盖的浓荫，来荫庇树下的幽花芳草，他结出累累的果实，来呈现大地无尽的甜美与芳馨。秋风起了，将他叶子，由浓绿吹到绯红，秋阳下他再有一番的庄严灿烂，不是开花的骄傲，也不是结果的快乐，而是成功后的宁静和怡悦！终于有一天，冬天的朔风把他的黄叶干枝，卷落吹抖，他无力的在空中旋舞，在根下呻吟，大地庄严的伸出臂儿来接引他，他一声不响的落在她的怀里。他消融了，归化了，他说不上快乐，也没有悲哀！也许有一天，他再从地下的果仁中，破裂了出来。又长成一棵小树，再穿过丛莽的严遮，再来听黄莺的歌唱。

然而我不敢说来生，也不敢信来生。

宇宙是个大生命，我们是宇宙大气中之一息。江流入海，叶落归根，我们是大生命中之一叶，大生命中之一滴。在宇宙的大生命中，我们是多么卑微，多么渺小，而一滴一叶的活动生长合成了整个宇宙的进化运行。要记住：不是每一道江流都能入海，不流动的便成了死湖；不是每一粒种子都能成树，不生长的便成了空壳！生命中不是永远快乐，也不是永远痛苦，快乐和痛苦是相生相成的。等于水道要经过不同的两岸，树木要经过常变的四时。在快乐中我们要感谢生命，在痛苦中我们也要感谢生命。快乐固然兴奋，苦痛又何尝不美丽？我曾读到一个警句，它说"愿你生命中有够多的云翳，来造成一个美丽的黄昏"。

世界、国家和个人的生命中的云翳没有比今天再多的了。

【简析】

古往今来，人们从没停止过对生命现象的思考，人们也常常对人生作各种各样的比喻。在这篇文质兼美的散文里，冰心把人生比喻成一江奔腾的春水，一棵不断壮大的小树。这是因为江水的东流与生命的流动相对应，小树的壮大与人生的发展相吻合，比喻贴切。生命像江水，峭岩让江水激荡，而危崖之后是平沙，夹岸有红花朵朵；挫折让生命苦涩，而风雨之后是彩虹，天际有灿烂云霞。生命又像小树，小树离不开雨露阳光，而生命也需培育成长；小树壮大后为大地洒下绿荫，而人生成长后也应为社会做出贡献。生命既像江水又像小树，江水终将归复大海，小树终将叶落归根，人生终将走到尽头，但入海的江水可化作甘露，老树的落叶可变作春泥，那么人一生的奉献，留给世界的，又何尝不是一种美丽呢？

【思考与练习】

1. 反复朗读课文，品味关键语句，说说作者对生命本体有着怎样的认识。

2. 文章用一江春水东流入海、一棵小树长大叶落归根来比喻一个人生命的全过程，并对人生的每一阶段进行了形象的解说。反复朗读、体味有关文段，按照原文的思路，试着用自己的话描述一下这个快乐而痛苦的人生过程。

3. 作者说：“生命中不是永远快乐，也不是永远痛苦，快乐和痛苦是相生相成的。”“快乐固然兴奋，苦痛又何尝不美丽？”联系自己的体验和对生命的认识，以“生命，是苦？是乐？”为话题展开讨论。

4. 阅读赵丽宏的《生命》，谈谈自己对生命有怎样的认识。

生　命

赵丽宏

假如生命是花。花开时是美好的，花落时也是美好的，我要把生命的花瓣，一瓣一瓣撒在人生的旅途上……

假如生命是草。决不因此自卑！要联合起所有的同类，毫不吝惜地向世界奉献出属于自己的一星浅绿。大地将因此而充满青春的活力。

假如生命是树。要一心一意把根扎向大地深处。哪怕脚下是一片坚硬的岩石，也要锲而不舍地将根须钻进石缝，汲取生活的源泉。在森林和沃野中做一棵参天大树当然很美妙；在戈壁沙漠和荒山秃岭中做一棵孤独的小树，给迷路的跋涉者以希望，那就更为光荣。

假如生命是船。不要停泊，也不要随波逐流！我将高高地升起风帆，向着未有人到达过的海域……

假如生命是水。要成为一股奔腾的活水呵！哪怕是一眼清泉，哪怕是一条小溪，也要日夜不停地、顽强地流，去冲开拦路的高山，去投奔江河……

假如生命是云。决不在天空里炫耀自己的姿色，也不只作放浪的飘游。要化成雨，无声地洒向大地。

假如生命是一段原木。做一座朴实无华的桥吧，让那些被流水和深壑阻隔的道路重新畅通！

假如生命只是一根枯枝。那就不必做绿色的美梦了，变成一支火炬吧，在黑夜中劈里啪啦从头燃到脚……

(十一) 傅雷家书(节选)

傅敏 编

【题解】

傅雷(1908年—1966年)，字怒安，号怒庵，上海南汇人，我国著名文学翻译家、文艺评论家。1927年赴法国巴黎大学学习，留学经历给予他艺术发展的极大动力，使他多艺兼通，在艺术、美术、音乐多个领域都有精辟独到的见解。1931年返国，受聘于上海美术专科学校讲授美术史和法文。1934年与叶常青合办《时事汇报》周刊，任总编辑。抗战期间，积极参加抗日救亡活动。抗战胜利后，参与筹备成立中国民主促进会，并当选为第一届理事。1966年9月3日傅雷和夫人朱梅馥双双自缢。傅雷毕生翻译巴尔扎克、罗曼·罗兰、伏尔泰等作家的文学名著，译作内容丰富，行文流畅，文笔传神，因其独特风格和神韵而被誉为“傅雷体华文语言”，成为中国译界备受推崇的范文。主要译作有《约翰·克利斯朵夫》《高老头》《欧也妮·葛朗台》《老实人》等。

《傅雷家书》是傅雷先生与他的夫人于1954年至1966年写给其孩子傅聪、傅敏的家信摘编，共一百八十多封。傅雷以语重心长的态度数十年如一日地关心、教育儿子，大到爱国、做人，小到生活中的细枝末节，他在信中都千般叮咛、万般嘱咐，他的纯真之情，益父、益师、益友的形象深深打动了千千万万读者的心，给天下父母子女以强烈的感染和启迪。此书出版后，受到广大读者的热烈欢迎，在社会上产生了重大影响，至今畅销不衰。

《傅雷家书》全书共16章，本书节选了1962年傅雷给傅敏的一封书信。

亲爱的孩子：

很高兴知道你有了一个女友，也高兴你现在就告诉我们，让我们有机会多指导你。对恋爱的经验和文学艺术的研究，朋友中数十年悲欢离合的事迹和平时的观察思考，使我们在儿女的终身大事上能比别的父母更有参加意见的条件。……首先态度和心情都要尽可能的冷静。否则观察不会准确。初期交往容易感情冲动，单凭印象，只看见对方的优点，看不出缺点，甚至夸大优点，美化缺点。便是与同性朋友相交也不免如此，对异性更是常有的事。许多青年男女婚前极好，而婚后逐渐相左，甚至反目，往往是这个原因。感情激动时期不仅会耳不聪，目不明，看不清对方；自己也会无意识的只表现好的方面；把缺点隐藏起来。保持冷静还有一个好处，就是不至于为了谈恋爱而荒废正业，或是影响功课或是浪费时间或是损害健康，或是遇到或大或小的波折时扰乱心情。

所谓冷静，不但是表面的行动，尤其内心和思想都要做到这点，是很难。人总是人，感情上来，不容易控制，年轻人没有恋爱经验更难保持身心的平衡，同时与各人的气质有关。我生平总不能临事沉着，极容易激动，这是我的大缺点。幸而事后还能客观分析，周密思考，才不致于使当场的意气继续发展，闹得不可收拾。我告诉你这一点，让你知道如临时不能克制，过后必须由理智来控制大局：该纠正的就纠正，该向人道歉的就道歉，该收篷时就收篷，总而言之，以上二点归纳起来只是：感情必须由理智控制。要做到，必须下一番苦功在实际生活中长期锻炼。

我一生从来不曾有过“恋爱至上”的看法。“真理至上”“道德至上”“正义至上”这种种都应当作为立身的原则。恋爱不论在如何狂热的高潮阶段也不能侵犯这些原则。朋友也好，妻子也好，爱人也好，一遇到重大关头，与真理、道德、正义等有关的问题，决不能让步。

其次，人是最复杂的动物，观察决不可简单化，而要耐心、细致、深入，经过相当的时间，各种不同的事故和场合。处处要把科学的客观精神和大慈大悲的同情心结合起来。对方的优点，要认清是不是真实可靠的，是不是你自己想像出来的，或者是夸大的。对方的缺点，要分出是否与本质有关。与本质有关的缺点，不能因为其他次要的优点而加以忽视。次要的缺点也得辨别是否能改，是否发展下去会影响品性或日常生活。人人都有缺点，谈恋爱的男女双方都是如此。问题不在于找一个全无缺点的对象，而是要找一个双方缺点都能各自认识，各自承认，愿意逐渐改，同时能彼此容忍的伴侣。(此点很重要。有些缺点双方都能容忍；有些则不能容忍，日子一久即造成裂痕。)最好双方尽量自然，不要做作，各人都拿出真面目来，优缺点一齐让对方看到。必须彼此看到了优点，也看到了缺点，觉得都可以相忍相让，不会影响大局的时候，才谈得上进一步的了解；否则只能做一个普通的朋友。可是要完全看出彼此的优缺点；需要相当时间，也需要各种大大小小的事故来考验；绝对急不来！更不能轻易下结论(不论是好的结论或坏的结论)！唯有极坦白，才能暴露自己；而暴露自己的缺点总是越早越好，越晚越糟！为了求恋爱成功而尽量隐藏自己的缺点的人其实是愚蠢的。当然，在恋爱中不知不觉表现出自己的光明面，不知不觉隐藏自己的缺点，不在此例。因为这是人的本能，而且也证明爱情能促使我们进步，往善与美的方向发展，正是爱情的伟大之处，也是古往今来的诗人歌颂爱情的主要原因。小说家常常提到，我们在生活中也一再经历：恋爱中的男女往往比平时聪明；读起书来也理解得快；心地也往往格外善良，为了自己幸福而也想使别人幸福，或者减少别人的苦难；同情心扩大就是爱情可贵的具体表现。

事情主观上固盼望必成，客观方面仍须有万一不成的思想准备，为了避免失恋等等的痛苦，这一点“明智”我觉得一开头就应当充分掌握。最好勿把对方作过于肯定的想法，一切听凭自然演变。

总之，一切不能急，越是事关重要，越要心平气和，态度安详，从长考虑，细细观察，力求客观！感情冲上高峰很容易，无奈任何事物的高峰(或高潮)都只能维持一个短时间，要久而弥笃的维持长久的友谊可很难了。……除了优缺点，两人性格脾气是否相投也是重要因素。刚柔、软硬、缓急的差别要能相互适应调剂。还有许多表现在举动、态度、言笑、声音……之间说不出也数不清的小习惯，在男女之间也有很大作用，要弄清这些就得冷眼旁观慢慢咂摸。所谓经得起考验乃是指有形无形的许许多多批评与自我批评(对人家一举一动所引起的反应即是无形的批评)，诗人常说爱情是盲目的，但不盲目的爱毕竟更健全更可靠。

人生观世界观问题你都知道，不用我谈了。人的雅俗和胸襟气量倒是要非常注意的。据我的经验：雅俗与胸襟往往带先天性的，后天改造很少能把低的往高的水平上提；故交往期间应该注意对方是否有胜于自己的地方，将来可帮助我进步，而不至于反过来使我往后退。你自幼看惯家里的作风，想必不会忍受量窄心浅的性格。

以上谈的全是笼笼统统的原则问题。……长相身材虽不是主要考虑点，但在一个爱美的人也不能过于忽视。

交友期间，尽量少送礼物，少花钱：一方面表明你的恋爱观念与物质关系极少牵连；另一方面也是考验对方。

一九六二年三月八日

【简析】

楼适夷先生在谈到傅雷家书时说：“这是一部最好的艺术学徒修养读物，这也是一部充满着父爱的苦心孤诣、呕心沥血的教子篇。”傅雷先生是以一颗慈爱之心不断地给儿子写信，谈生活、谈艺术、说做人、说从艺，循循善诱、谆谆教导，将满腔热忱流泻于笔端，深情寄寓于一篇篇信笺之中。

爱情观教育是傅雷家教中情感教育的一个重要内容。傅雷对儿子的爱情婚姻表示了极大的关心，以其人生经验与见识教育儿子应该具有正确的爱情观。傅雷经常告诉孩子，在爱情中，一定要坚持事业第一，爱情第二。傅雷要求儿子在处理爱情与事业的关系上，要做到这一点。在恋爱最激烈的时候也不能动摇自己的事业，无论男女，只有把兴趣集中到事业上、学问上、艺术上，尽量抛开渺小的自我，才有快活的可能，才会觉得活得有意义。反之，一个人只知道爱，别的什么也不知道，那是无法生活的。那样的爱情是不会长久的。其次，感情必须受理智控制。傅雷强调，一个真正的艺术家，一个名副其实的艺术家，多半是在回想和想象中过他的感情生活的。过去的罗曼史，让他成为一个美丽的回忆，作为一个终身怀念的梦。这是傅雷对中外很多真正艺术家的罗曼史的精辟总结。另外，在两个人相处的过程中，一定要细心观察，坦诚相待。傅雷教诫儿子，对于恋人，要长时间细心观察才能真正了解对方。唯有真正了解，爱情才有基础。恋人双方要坦诚相待，要自然，不要掩饰自己的缺点。恋人是最容易掩盖自己缺点的，也是最不容易看清对方缺点的。

《傅雷家书》可以说是傅雷晚年的一部重要著作。一般情况下，反反复复的道德教育，难免会成枯燥乏味的说教。但是，在一位学贯中西、具有很高艺术修养的学者笔下，傅雷谈道德却是旁征博引，娓娓道来，妙不可言。

“十七年”的文学创作以颂歌的基调为主，这在散文创作中尤其如此。《傅雷家书》远离了颂歌式的创作模式，不以诗意化的笔触美化生活，不以说教式的方式灌输思想教育，不以空泛的抒情讴歌现实，傅雷以其真诚的姿态、丰富的学识撰写家书，与儿子谈如何做人、谈爱情婚姻、谈艺术追求，真挚的情感、丰富的学识、深刻的哲理、流畅的文笔，使《傅雷家书》成为中国当代散文史上别具一格的真诚、精彩的篇章。

作为翻译家的傅雷，其译文准确流畅，被认为是“信达雅”的完美楷模。作为父亲的傅雷，其家书文笔典雅晓畅，在真挚感情的表达中体现其流畅文笔的感人魅力。傅雷以长辈与儿子促膝谈心的姿态，以朋友间讨论人生与艺术的心态，给儿子写家书，自然而真挚。读《傅雷家书》，读者会如同面对一位睿智的长者，语气亲切自然；会如同会晤一位渊博的学者，语言流畅智慧。从中既可以领略到一位慈父的良苦用心，也可以感受到一位学者的广阔胸襟。

【思考与练习】

1. 通过对文章的阅读，试分析傅雷、傅雷夫人、傅聪、傅敏的人物形象。

2. 《傅雷家书》中傅雷对爱情的观点有哪些？你是否赞同这些观点？谈谈你对爱情的认识。

(十二) 红星照耀中国(节选)

[美国] 埃德加·斯诺

【题解】

埃德加·斯诺(1905 年—1972 年)，美国著名记者。他于 1928 年来华，曾任欧美几家报社驻华记者、通讯员。1936 年 6 月他进入陕甘宁边区进行访问，写了大量通讯报道，成为第一个采访陕北苏区的西方记者。抗日战争爆发后，斯诺任《每日先驱报》和美国《星期六晚邮报》驻华记者，直到 1942 年他离开中国。1949 年以后，斯诺曾三次来华访问，并与毛泽东主席见面。1972 年 2 月 15 日他因病在瑞士日内瓦逝世，遵照其遗愿，其一部分骨灰葬在中国，地点在北京大学未名湖畔。

《红星照耀中国》是斯诺的名著，曾译名《西行漫记》。自 1936 年 6 月开始，斯诺利用四个月的时间，深入到红军将士和老百姓中，对苏区的军民生活、地方沿革、民风社俗等做了广泛深入的调查。中共中央对斯诺的采访非常重视，周恩来为斯诺提出了尽可能了解苏区全貌的采访计划，毛泽东抽出大量时间与他彻夜长谈。结束在陕北的采访回到北平后，斯诺迅速向西方公众公布了他搜集到的关于中国共产党的信息，国内外重要报刊纷纷予以刊登。当时的美国报刊发表了 100 多篇关于《红星照耀中国》的评论文章，称之为“令人眼花缭乱的新闻奇迹”“本年度的杰出之作”“光辉的新闻成就”。1937 年 10 月，斯诺的系列报道被结集为《红星照耀中国》一书出版。此后，《红星照耀中国》被译成近 20 种文字，在世界范围内广泛传播。

《红星照耀中国》全书共十二篇，本书节选部分为第四篇第六节前半部分的主要内容。

第四篇　一个共产党员的由来

六、红军的成长

毛泽东的叙述，已经开始脱离“个人历史”的范畴，有点不着痕迹地升华为一个伟大运动的事业了，虽然他在这个运动中处于支配地位，但是你看不清他作为个人的存在。所叙述的不再是“我”，而是“我们”了；不再是毛泽东，而是红军了；不再是个人经历的主观印象，而是一个关心人类集体命运的盛衰的旁观者的客观史料记载了。

他的叙述越接近结束，我越发需要询问他自己的事情。当时他在做什么？当时他担任什么职务？遇到这种或那种情况，他抱什么态度？我的提问，总的说来，使得他在这最后一章自述中有几处提到自己：

逐渐地，红军的群众工作改进了，纪律加强了，新的组织方法也摸索出来了。各地的农民开始自愿帮助革命了。早在井冈山时期，红军就给战士规定了三条简明的纪律：行动听指挥，不拿贫农一点东西；打土豪要归公。一九二八年会议以后，曾经作了很大努力争取农民的支持，在上述三条之外，又添了八项。这八项是：

一、上门板；

二、捆铺草；

三、对老百姓要和气，要随时帮助他们；

四、借东西要还；

五、损坏东西要赔；

六、和农民买卖要公平；

七、买东西要付钱；

八、要讲卫生，盖厕所离住家要远。

这八项执行得越来越成功，到今天还是红军战士的纪律，他们经常背诵。另外还向红军宣讲三项守则，作为主要任务：第一、对敌人要斗争到死；第二、要武装群众；第三、要筹款帮助斗争。

早在一九二九年，李文林、李韶九领导的几支游击队，经过改编加入了红军第三军。第三军由黄公略指挥，陈毅任政委。在同一时期，朱培德的民团有一部分哗变，加入了红军。他们是在一个国民党指挥员罗炳辉率领下投奔共产党营垒的。他对国民党感到幻灭而愿意参加红军。现在他是红二方面军第三十二军军长。从福建的游击队和红军正规部队骨干，又创立了红军第十二军，由伍中豪指挥，谭震林是政委。后来伍中豪作战牺牲，由罗炳辉继任。

红军一军团也是在这个时候建立的，总司令是朱德，我是政委。它由第三军、林彪指挥的第四军，和罗炳辉指挥的第十二军组成。党的领导是前敌委员会，我是前委主席。那时一军团已经有一万多人，编成十个师。在这支主力之外，还有许多地方的独立团、赤卫队和游击队。

除了这个运动的政治基础以外，红军的战术在很大程度上造成了军事上的胜利发展。我们在井冈山采取了四个口号，提纲挈领地说明了我们所采用的游击战术，而红军就是从这种游击战中成长起来的。这些口号是：

一、敌进我退！

二、敌驻我扰！

三、敌疲我打！

四、敌退我追！

这四个口号最初为许多有经验的军人所反对，他们不赞成我们所主张的这种战术。但是，后来许多的经验都证明这种战术是正确的。一般说来，凡是红军背离了这些口号，他们就不能打胜仗。我们的军力很小，敌人超过我们十倍到二十倍；我们的资源和作战物资有限，只有把运动战术和游击战术巧妙地结合起来，我们才能有希望在反对国民党的斗争中取得胜利，因为国民党是在雄厚得多的基础上作战的。

红军的最重要的一个战术，过去是，现在仍然是，在进攻时集中主力，在进攻后迅速分散。这意味着避免阵地战，力求在运动中歼灭敌人的有生力量。红军的机动性和神速而有力的。“短促突击战”，就是在上述战术的基础上发展起来的。

在扩大苏区时，红军一般地采取波浪式或潮水式的推进政策，而不是跳跃式的不平衡的推进，不去深入地巩固既得地区。这种政策同上面说过的战术一样，是切合实际的，是从许多年集体的军事经验和政治经验产生出来的。这些战术，遭到李立三的激烈批评，他主张把一切武器集中到红军中去，把一切游击队合并到红军中。他只要进攻，不要巩固；只要前进，不要后方；只要耸动视听的攻打大城市，伴之以暴动和极端的行动。那时候李立三路线在苏区以外的党组织中占统治地位，其声势足以强迫红军在某种程度上违反战地指挥部的判断而接受它的做法。它的一个结果，是进攻长沙；另一个结果是向南昌进军。但是在这两次冒险中，红军并没有停止游击队的活动或把后方暴露给敌人。

一九二九年秋天，红军挺进江西北部，攻占了许多城市，多次打败了国民党军队。一军团在前进到离南昌很近的时候，突然转向西方，向长沙进发。在进军中，一军团同彭德怀会师了，彭德怀曾一度占领长沙，但为避免遭占极大优势的敌军所包围而被迫撤出。彭德怀在一九二九年四月曾不得不离开井冈山到赣南活动，结果部队大大地增加了。一九三〇年四月，他在瑞金同朱德和红军主力重新会合，接着召开了会议，决定彭德怀的三军团在湘赣边界活动，朱德和我则转入福建。一九三〇年六月，三军团和一军团再次会师，开始第二次攻打长沙。一、三军团合并为一方面军，由朱德任总司令，我任政委。在这种领导下，我们到达长沙城外。

大致在这个时候，中国工农革命委员会成立了，我当选为主席。红军在湖南有广泛的影响，几乎和在江西一样。湖南农民都知道我的名字。因为悬了很大的赏格不论死活要缉拿我、朱德和其他红军领导人。我在湘潭的地被国民党没收了。我的妻子和我的妹妹，还有我的兄弟毛泽民、毛泽覃两个人的妻子和我自己的儿子，都被何键逮捕。我的妻子和妹妹被杀害了。其余的后来得到释放。红军的威名甚至于扩展到湘潭我自己的村里，因为我听到一个故事，说当地的农民相信我不久就会回到家乡去。有一天，一架飞机从上空飞过，他们就断定飞机上坐的是我。他们警告那时种我的地的人，说我回来看我的地了，看看地里有没有树木被砍掉。他们说，如果有砍掉的，我一定会向蒋介石要求赔偿。

但是第二次打长沙失败了。国民党派来大批援军，城内有重兵防守；九月间，又有新的军队纷纷开到湖南来攻打红军。在围城期间，只发生一次重大的战斗，红军在这次战斗中消灭了敌军两个旅。但是，它没有能占领长沙城，几星期以后就撤到江西去了。

这次失败有助于摧毁李立三路线，并使红军不必按照李立三所要求的那样对武汉作可能招致惨败的进攻。红军当时的主要任务是补充新的兵员，在新的农村地区实行苏维埃化，尤其重要的是在苏维埃政权的坚强领导下巩固红军攻克的地区。为了这些目的，没有必要打长沙，这件事本身含有冒险的成分。然而如果第一次的占领只是一种暂时的行动，不想固守这个城市，并在那里建立政权的话，那么，它的效果也可以认为是有益处的，因为这对全国革命运动所产生的反响是非常大的。企图把长沙当作一种根据地，而不在后面巩固苏维埃政权，这在战略上和在战术上都是错误的。

【简析】

《红星照耀中国》一书的诞生，可以说是中国共产党对外宣传的一个典范。它第一次向外界报道了中国共产党领导的工农红军及其将领的真实情况，从而在世界各国得到广泛传播。

在斯诺的报道中，中国共产党人并不像国民党所描绘的那样，是一群“赤匪”，而是一股团结一致的、拥有忠实的农民追随者的力量。美国学者休梅克指出：作为美国人对中国人产生印象的一个重要来源，《红星照耀中国》使西方人第一次真实地看到了中国共产党人的生活，为美国人塑造了中国共产党人的形象，得到了美国公众的认同。《红星照耀中国》首先在美国引起巨大反响，因为它适应了美国公众了解中国共产党的需要。斯诺在到陕北前曾拟定了 78 个问题，多是美国公众期待了解的问题。美国公众欢迎国共两党建立统一战线去共同应对日本，至少增强牵制日本的力量。斯诺的书拨动了最敏感的心弦，特别是在西方知识分子中，面对着在欧洲、非洲和亚洲那些肆无忌惮的侵略，以及由此所造成的满目凄凉的景象，他们正企盼着果敢刚毅的英雄人物。

斯诺集记者、作家、史家于一身，因此他的著作文字优美，洞察敏锐，析理透辟，尤其具有中国同类著作所缺少的幽默感。但《红星照耀中国》经久不衰的永存价值，主要来自高度的历史真实性。毛泽东向干部推荐这部书时说过，这是“一本真实介绍我们情况的书”。

《红星照耀中国》的高度历史真实性在于：它真实表现了产生中国社会革命运动的基本原因及其前景，真实写出了中共领袖们的神奇远见和准确判断，真实报道了感天动地的长征和构成中国现代历史重要转折点的西安事变，真实塑造了中国共产党人的英雄形象。不仅在当时激励了千百万有志青年奔向光明，而且至今仍有助于我们总结历史经验，继承和发扬革命传统。

《红星照耀中国》之所以能达到真实的追求目标，首先要归功于斯诺进步的新闻观念。为了揭示历史的真相，他不仅注意收集和分析有关文字资料，更重视亲自采访第一手资料。他与共产党人朝夕相处的过程中，以敏锐的洞察力感知、综合了陕北苏区发生的一切及其背后的原因，既写出了共产党人的丰功伟绩，也写出了共产党人的成长过程，读者感到十分真实、亲切。《红星照耀中国》史料丰富翔实的另一个原因在于中国的红色区域为斯诺提供了自由采访的一切条件。他自由地拍摄所选择的任何镜头，在收集材料、安排采访等方面得到了一切可能的合作。最为难能可贵的是，我党、我军的高层领导人能够向这位热爱中国的异邦人敞开心扉，他们不仅热情地向斯诺介绍了中国革命的艰难历程，而且推心置腹地提供了他们鲜为人知的个人经历。斯诺跟中共领导人这种真诚相待的态度，为处理党政领导部门跟新闻界的关系树立了楷模，也为当前如何增强新闻透明度、提高报道真实性提供了历史经验。

【思考与练习】

1. 《红星照耀中国》中真实地记述了毛泽东思想对红军成长的重要意义，谈谈你对此的阅读体会。

2. 除了《红星照耀中国》，还有两部作品《续西行漫记》《北行漫记》均记录了中国历史，课下阅读并写出读后感。

《红星照耀中国》

第三章 小说的阅读与鉴赏

一、小说概述

小说，是以刻画人物形象为中心，通过完整的故事情节和环境描写来反映社会生活的文学体裁。

小说按照篇幅及容量可分为长篇、中篇、短篇和微型小说；按照体制可分为章回体小说、日记体小说、书信体小说、自传体小说；按照语言形式可分为文言小说和白话小说。

总之，小说是叙事类文学的主要文体，是通过散文体的语言来描绘生活事件，塑造人物形象，展开作品主题，表达作者思想感情，从而艺术地反映和表现社会生活的一种文学体裁，是细致深入地反映社会生活的一种叙事性文学样式。

(一) 小说的特点

小说的特点主要有三点：第一，以塑造人物形象为反映或表现生活的主要手段；第二，有较完整、生动的情节；第三，有具体的、典型的环境描写。因此，人物、情节和环境(包括自然环境和社会环境)被称为“小说的三要素”。

小说反映社会生活的主要手段是塑造人物形象。小说中的人物是作者根据现实生活创作出来的，它来源于现实生活，“杂取种种，合成一个”，不是真人真事的简单再现，而是更集中、更有普遍的典型性，反映生活的艺术效果也更好。小说塑造人物的手段多种多样，可以概括介绍，也可以具体描写；可以描写人物的外貌，也可以刻画人物的心理活动；可以描绘人物的言行，也可以适当插入作者的议论；可以正面起笔，也可以侧面烘托。

故事情节是小说展现人物性格、表现中心思想的载体。小说中的故事来源于现实生活，但它通过作者的整理、提炼和安排，比现实生活中发生的真实事件更集中、更完整、更具有代表性。十分特别和细致的故事情节，能够深入人心，有力地表达作品的思想内容。故事情节通常包括开端、发展、高潮和结局几个部分，有的前有序幕，后有尾声。

小说的环境描写与塑造人物形象和表达作品主题有着极其重要的关系。社会环境揭示了社会生活中种种复杂的社会关系，如人物的身份、地位、成长的历史背景等。自然环境交代人物活动的地点、时间、季节、气候以及景物等。环境描写必须为小说主题服务，或者表达人物的心情、体现人物性格，或者渲染气氛、推动故事情节的发展。

(二) 小说的发展

中国古典小说起源于古代的神话传说。

魏晋时代，有一些文人或佛教徒，用古代的神话传说作材料，进行加工，创作了许多神仙鬼怪小说。到了唐朝，小说得到进一步的发展，出现了相当完整的短篇小说的形式。唐朝的传奇小说，不仅篇幅比以前扩大了，而且注意到结构的安排和人物的性格描写、形象塑造，内容也由志怪述异扩展到人情社会的广阔生活领域。从魏晋南北朝直到唐代，小说都是用文言写的，宋代开始出现白话小说，即“话本”。白话文体的运用，在唐代的民间文学里已经萌芽。

宋代之时，为了适应商品经济的发展和市民生活的需要，民间艺人的说书活动日益活跃，由于听众大多是平民，说话人就采用当时最流行的白话来讲述故事。把这些故事记录下来的话本，就是白话小说。到了元末明初，一些文人也开始用白话创作小说，出现了许多优秀的短篇小说和章回体长篇小说。

元末明初，我国的白话小说进入了成熟阶段，出现了一批章回小说名著，历史小说《三国演义》，神魔小说《西游记》，世情小说《金瓶梅》，侠义小说《水浒传》。这类小说体制宏大，融合历史、传说和现实生活的宽广社会生活画面，反映复杂的社会思潮和人文思想。故事从短小到长篇，人物从简单到复杂，对人物性格的塑造也采用了多种刻画方法，塑造了许多典型环境下的典型人物，情节曲折，结构复杂，并且具有一定的叙事模式，为清代的长篇小说繁荣打下了基础。

清代小说的双峰是短篇精粹《聊斋志异》和鸿篇巨制《红楼梦》。

蒲松龄的《聊斋志异》创造性地继承了魏晋志怪小说、唐传奇的优秀传统，并且能用唐传奇的手法写志怪，既反映了丰富的社会生活，又有很高的艺术造诣，成为我国短篇文言小说之最。

《红楼梦》是中国古代小说的不朽巨著，反映了清代整体的社会生活，称为“时代的镜子”。曹雪芹善于选择生活素材，如临其境般地逐日描摹了当时社会生活，并且用各种手法塑造了典型人物。全书以宝黛爱情为主线，以贾府为生活空间，将各种人物事件错综复杂地连接在一起，仿佛像生活本身一样复杂多彩。它的语言也达到了古代文学的顶峰，简洁而纯净、准确而传神、朴素而多彩。

清末时期，古典小说逐渐呈衰落之态，一直到五四时期的文学革命阶段才有所改善。五四时期，小说在形式和内容上都获得了巨大突破，掀开了崭新的一页。例如，鲁迅的日记体短篇《狂人日记》冲出古典小说笔记体的叙述方式，创造了全新的形态，即经济、灵活、多样的结构特点。但在描写手法和小说风格上，他依然继承了传统小说的特色。内容上，新小说倾向于反映人生的真面目。在新小说形成时期，鲁迅的《呐喊》《彷徨》两部小说集脱颖而出，成为新小说乃至中国现代文学史的奠基石。

(三) 小说的鉴赏方法

究竟怎样鉴赏小说，也许各人的情况不同，方法也会不尽一样。下面，从四个方面具体谈谈小说鉴赏的问题。

1. 人物的鉴赏

总体而言，文学塑造人物不外概括性表现(或称直接表现)与戏剧性表现(或称间接表现)两种类型。概括性表现就是作者对人物的思想倾向与性格特征进行直接评论，甚至明确地解释人物动机；戏剧性表现就是通过人物自身的行为过程来暗示，犹如戏剧演出一样让观众在人物自身动作的展览中获得某种启示。小说刻画人物的主要方法，是通过描写人物的语言、行动和心理来表现人物的思想感情和性格特征的。比如阿Q自己打自己的嘴巴，孔乙己为自己偷书所作的辩解，都很好地表现了人物的个性特征，要仔细分析。

2. 情节的鉴赏

一般而言，故事情节从发生到结局，前后是有着某种内在联系的，这种内在联系也就是贯穿在整个作品中的情节线索。只要找到了这条贯穿整个作品的线索，情节的来龙去脉也就容易把握了。这当是我们鉴赏情节的首要任务。情节是人物性格发展的历史，是作为人物运动的形式出现的。所以，鉴赏情节应该由事见人，将人物性格与情节联系起来分析。我们仍以《孔乙己》为例。孔乙己到酒店喝酒，周围的人嘲笑他、与他争辩的情节，正是要表现孔乙己偷窃、迂腐的毛病；孔乙己教“我”“茴”字的四种写法和分豆给孩子们吃的情节，又表现了孔乙己自傲和善良的品性；孔乙己被丁举人打断腿后爬着到酒店喝酒，又谎称腿是跌断的情节，则表现出他受欺凌的悲惨命运和讲面子的弱点。小说就是通过这一系列的情节描写来完成孔乙己复杂性格的刻画的。阅读鉴赏时，要逐一分析，挖掘情节的意义。

3. 环境的鉴赏

环境描写不管它的直接作用如何，最终是为表现作品主题服务的。明末文学家王夫之曾说：“一切景语皆情语”，即一切描写景物的文字都在于写作者之情意。所以，我们鉴赏小说，就应注意从环境描写中揣摩作品的主旨。在更多的情况下，环境描写可能主要是为展示人物的行动和命运以及刻画人物的性格创造必要的条件，提供生动的衬景，但同时也是以间接的形式表现主题。在《红楼梦》中，作者写蘅芜院的环境：“阴森透骨”，屋外长着“愈冷愈苍翠”的“奇草仙藤”，屋内“一色玩器全无”，像“雪洞一般”。这样的环境正好衬托出带着金锁而高唱“妇德法”的薛宝钗阴冷无情、装愚守拙的性格特征。这一性格特征的揭示，不仅透露出作者对薛宝钗其人的思想倾向，同时也可看出封建礼教虚伪性的一面，而这正是作品主题的内容之一。

4. 主题的鉴赏

要正确理解一部作品，有必要了解作家的思想感情、思维方式，以及他所处的社会环境、作品所反映的社会生活背景。小说是社会生活在作家头脑中的反映，也是作家思想感情的表现。一部作品所反映的主题，总是与作家的身世、生活、思想感情以及他所处的时代环境分不开的。因此，我们在理解小说主题时，必须“知人论世”，这个很重要。

总之，小说是一种复杂的叙事性文学体裁，除了上述四个方面，还可从各种角度品味小说刻画人物、铺叙情节和布局结构的各种艺术技巧，诸如肖像勾勒、心理摹绘、对话妙语、伏笔技巧和构思匠心，等等，都可以程度不同地达到审美的效果。

二、经典文本赏析

(一) 世说新语(三则)

刘义庆

【题解】

刘义庆(403年—444年)，彭城(今江苏徐州)人，南朝刘宋宗室，袭封临川王。此书为6卷，分德行、言语等36门，记述自汉末到南朝宋时高门名士之遗闻轶事，主要为有关人物品藻、清谈玄言和机智应对的故事。编者对清谈名士的逸世独行颇多赞许，对他们的狂放简傲亦有微词，有时对人物不做轩轾，高下自见。文字质朴，记事记言均言简意赅、生动隽永，记人则个性鲜明、切中传神，鲁迅先生概括其艺术特色为“记言则玄远冷隽，记行则高简瑰奇”。

《世说新语》，中国古代志人小说集，题为刘义庆撰，实际是他组织门下文人杂采众书编纂而成的，南朝梁刘孝标为其作注。

《世说新语》反映了门阀士族的思想风貌，保存了社会、政治、思想、文学、语言等方面史料，影响深远，有许多至今广泛应用的成语便是出自此书，例如：“难兄难弟”“拾人牙慧”“咄咄怪事”“一往情深”等。

过江诸人

过江诸人，每至美日[1]，辄相邀新亭[2]，藉卉[3]饮宴。周侯[4]中坐而叹曰：“风景不殊，正自有山河之异[5]！”皆相视流泪。唯王丞相愀然[6]变色曰：“当共戮力[7]王室，克复神州[8]，何至作楚囚[9]相对！”

[1] 美日：佳日，天气晴好的日子。

[2] 新亭：在今南京市西南，又名中兴亭，为三国时吴国所建。

[3] 藉卉：坐在草地上。藉(jiè)，垫，引申为坐卧其上。卉，草的总名。

[4] 周侯：即周顗(yǐ)，字伯仁，汝南安城(今河南省原武县东南)人，晋元帝时为宁远将军、荆州刺史，官至尚书左仆射，后被王敦所害。侯，当时对人的尊称。

[5] 山河之异：指当时北方广大地区被少数民族政权占领。

[6] 王丞相：即王导，字茂弘，琅玡(今山东省临沂市)人，晋元帝时任丞相，辅助元帝建立东晋政权；愀(qiǎo)然：面色忽变的样子。

[7] 戮力：尽力

[8] 神州：这里指中原地区。战国时邹衍称中国为赤县神州，后世遂以神州指代中国。

[9] 楚囚：指囚犯。《左传·成公九年》载：“楚人钟仪为郑人俘获，献给晋国，晋侯观于军府，见钟仪。问之曰：‘南冠而絷者，谁也？’有司对曰：‘郑人所献楚囚也。’”后世即称囚犯为楚囚。

雪夜访戴

王子猷[10]居山阴[11]。夜大雪，眠觉[12]，开室，命酌酒[13]。四望皎然[14]，因起彷徨[15]，咏左思《招隐》诗[16]。忽忆戴安道[17]；时戴在剡[18]，即便夜乘小船就之[19]。经宿方至[20]，造门不前而返[21]。人问其故，王曰："吾本乘兴而行，兴尽而返，何必见戴？"

[10] 王子猷(yóu)：王徽之，字子猷，王羲之的儿子。

[11] 山阴：今浙江绍兴市。

[12] 眠觉：睡醒了。

[13] 命酌酒：命令(下人)斟酒来喝。

[14] 皎然：洁白光明的样子。

[15] 因：于是；彷徨：徘徊。

[16] 左思：字太冲，西晋文学家。所作《招隐诗》旨在歌咏隐士清高的生活。

[17] 戴安道：即戴逵，安道是他的字。谯国(今安徽省北部)人，学问广博，隐居不仕。

[18] 剡(shàn)：指剡县，古县名，治所在今浙江嵊(shèng)州。

[19] 即便夜乘小船就之：即刻连夜乘小船前往。即，即刻。之，代词，代剡。

[20] 经宿方至：经过一宿的工夫才到达。宿，一整夜。方，才。

[21] 造门不前而返：到了门前不进去就返回了。造，到、至。

石崇与王恺争豪

石崇与王恺争豪[22]，并穷绮丽以饰舆服[23]。武帝，恺之甥也，每[24]助恺。尝以一珊瑚树高二尺许赐恺。枝柯扶疏[25]，世罕其比。恺以示崇；崇视讫[26]，以铁如意[27]击之，应手而碎。恺既惋惜，又以为疾[28]己之宝，声色甚厉。崇曰："不足恨[29]，今还卿。"乃命左右悉取珊瑚树，有三尺四尺，条干绝世[30]，光彩溢目[31]者六七枚，如恺许比甚众。恺惘然自失[32]。

[22] 石崇：字季伦，历任刺史、卫尉等重要官职，是当时富豪，后为赵王司马伦所杀；王恺：字君夫，父名肃，姊嫁司马昭，生司马炎(即晋武帝)，官至龙骧将军、骁骑将军、散骑常侍；争豪：比赛富有。

[23] 并穷绮丽以饰舆服：双方都尽力用最华丽的东西来装饰车辆、衣冠。穷，极、尽。舆服，车辆和衣冠。

[24] 每：每每、常常。

[25] 枝柯扶疏：枝叶茂盛分披的样子。柯，树枝。扶疏，繁茂分披的样子。

[26] 视讫：看过之后。讫(qì)，终了、完毕。

[27] 如意：器物名，用玉石骨竹木或金属制成，供指划或玩赏用。

[28] 疾：通"嫉"，妒忌。

[29] 不足恨：不值得懊恨。

[30] 条干绝世：枝条美好，世间绝无仅有。

[31] 光彩：明亮而华丽；溢目：耀眼，目不胜视。

[32] 惘然自失：心中怅然若有所失。

【简析】

过江诸人

到江南避难的那些人，每逢风和日丽的日子，总是互相邀约到新亭去，坐在草地上喝酒作乐。一次武城侯周顗在饮宴的中途，叹着气说：“这里的风景和中原没什么不同，只是山河不一样了。”大家都你看我，我看你，凄然泪下。只有丞相王导脸色变得很不高兴，说道：“大家应该为朝廷齐心协力，收复中原，哪里至于像囚犯似的相对流泪呢？”

雪夜访戴

王子猷住在山阴县，有一夜下大雪。他一觉醒来，打开房门，叫家人拿酒来喝。眺望四方，一片皎洁，于是起身徘徊，朗诵左思的《招隐》诗。忽然想起戴安道，当时戴安道住在剡县，他立即连夜坐小船到戴家去。船行了一夜才到，到了戴家门口，没有进去，就原路返回。别人问他什么原因，王子猷说：“我本是乘着一时兴致去的，兴致没了，就回来了，为什么一定要见到戴安道呢？”

石崇与王恺争豪

石崇和王恺比谁富有，都竭力用最华丽的东西来装饰车辆、衣冠。武帝，是王恺的外甥，常常帮助王恺，曾经把一株两尺来高的珊瑚树赏给王恺，枝叶茂盛，世上少有珊瑚树能比得上它的。王恺拿出它来给石崇看。石崇看完后，用铁如意敲打它，碎了。王恺惋惜，以为石崇妒忌自己的宝贝，严厉地大声指责石崇。石崇说：“不值得懊恨，现在我还给您。”即令左右把自己的珊瑚树统统拿来，有六七枝高三四尺，枝条的美好世上绝无仅有，明亮华丽看也看不尽，像王恺这样同等高的珊瑚树很多。王恺心中感到很不舒畅。

【思考与练习】

1. 成语“新亭对泣”的意义是什么？
2. 谈谈《雪夜访戴》以行为传精神的特点。
3. 试析《石崇与王恺争豪》中的铺垫、对比手法。
4. 你认为作者对王子猷这一形象持怎样的态度？

(二) 三国演义(节选)

罗贯中

【题解】

罗贯中(约 1330 年—约 1400 年)，号湖海散人，太原人，元末明初著名的小说家。他家学渊博，从小喜爱读书、博览经史，这些为他后来的文学创作打下了良好的创作基础。罗贯中所处的时代，正是民族矛盾和阶级矛盾异常尖锐复杂的时代，元政权对汉族实行高压统治，激起广大汉族人民的反抗，各地都出现了起义军。青年时代的罗贯中也参加了一支起义军，担任一名参谋。明王朝建立后，罗贯中开始归隐进行文学创作。罗贯中阅历丰富，颇有才气。他的创作既有小说，也有杂剧。而使他得以青史留名的，就是人所熟知的

《三国志通俗演义》(简称《三国演义》)。

《三国演义》是我国第一部著名的章回体历史小说，也是我国古代小说跨入成熟阶段的标志。它取材于重大的历史事件，描述了自汉灵帝中平元年(184 年)到西晋武帝太康元年(280 年)将近一百年间，魏、蜀、吴三国的兴衰过程以及彼此间的政治、军事和外交方面的斗争，反映了广大人民的苦难，谴责了统治者的奸诈凶残。作者饱受了统治者的压迫之苦，因此他认为刘备的蜀国应该是合法继承汉朝的，是正统的，而魏、吴两国不过是僭位和篡窃，在小说中有着鲜明的“拥刘反曹”倾向。

作品以曹操、刘备、诸葛亮等主要人物为中心，把并列的魏、蜀、吴三个封建统治集团交错在一起来叙述，结构宏大，情节曲折，是一幅生动的历史画卷。它“三分史实，七分虚构”，立足历史真实，发挥想象进行艺术加工，塑造出了张飞、曹操、诸葛亮、关羽、周瑜、赵云、刘备等一系列个性鲜明的典型形象，这些典型人物一直得到人民的喜爱和憎恨。由于其艺术上的巨大成就，作品中根据历史事件演义出来的故事情节广为传诵，影响却远远超过了正史。以至于民间对三国历史的认知，大部分来自《三国演义》，而不是正史《三国志》。

《三国演义》全书一百二十回，本书节选了第二十一回前半部分。

第二十一回　曹操煮酒论英雄

却说董承等问马腾曰：“公欲用何人？”马腾曰：“见有豫州牧刘玄德在此，何不求之？”承曰：“此人虽系皇叔，今正依附曹操，安肯行此事耶？”腾曰：“吾观前日围场之中，曹操迎受众贺之时，云长在玄德背后，挺刀欲杀操，玄德以目视之而止。玄德非不欲图操，恨操牙爪多，恐力不及耳。公试求之，当必应允。”吴硕曰：“此事不宜太速，当从容商议。”众皆散去。次日黑夜里，董承怀诏，径往玄德公馆中来。门吏入报，玄德迎出，请入小阁坐定。关、张侍立于侧。玄德曰：“国舅夤夜至此，必有事故。”承曰：“白日乘马相访，恐操见疑，故黑夜相见。”玄德命取酒相待。承曰：“前日围场之中，云长欲杀曹操，将军动目摇头而退之，何也？”玄德失惊曰：“公何以知之？”承曰：“人皆不见，某独见之。”玄德不能隐讳，遂曰：“舍弟见操僭越，故不觉发怒耳。”承掩面而哭曰：“朝廷臣子，若尽如云长，何忧不太平哉！”玄德恐是曹操使他来试探，乃佯言曰：“曹丞相治国，为何忧不太平？”承变色而起曰：“公乃汉朝皇叔，故剖肝沥胆以相告，公何诈也？”玄德曰：“恐国舅有诈，故相试耳。”于是董承取衣带诏令观之，玄德不胜悲愤。又将义状出示，上止有六位：一，车骑将军董承；二，工部侍郎王子服；三，长水校尉种辑；四，议郎吴硕；五，昭信将军吴子兰；六，西凉太守马腾。玄德曰：“公既奉诏讨贼，备敢不效犬马之劳。”承拜谢，便请书名。玄德亦书“左将军刘备”，押了字，付承收讫。承曰：“尚容再请三人，共聚十义，以图国贼，”玄德曰：“切宜缓缓施行，不可轻泄。”共议到五更，相别去了。

玄德也防曹操谋害，就下处后园种菜，亲自浇灌，以为韬晦之计。关、张二人曰：“兄不留心天下大事，而学小人之事，何也？”玄德曰：“此非二弟所知也。”二人乃不复言。

一日，关、张不在，玄德正在后园浇菜，许褚、张辽引数十人入园中曰：“丞相有命，请使君便行。”玄德惊问曰：“有甚紧事？”许褚曰：“不知。只教我来相请。”玄德只得随二人入府见操。操笑曰：“在家做得好大事！”唬得玄德面如土色。操执玄德手，直至后园，曰：“玄德学圃不易！”玄德方才放心，答曰：“无事消遣耳。”操曰：“适见枝头梅子青青，忽感去年征张绣时，道上缺水，将士皆渴；吾心生一计，以鞭虚指曰：‘前面有梅林。’军士闻之，口皆生唾，由是不渴。今见此梅，不可不赏。又值煮酒正熟，故邀使君小亭一会。”玄德心神方定。随至小亭，已设樽俎：盘置青梅，一樽煮酒。二人对坐，开怀畅饮。酒至半酣，忽阴云漠漠，骤雨将至。从人遥指天外龙挂，操与玄德凭栏观之。操曰：“使君知龙之变化否？”玄德曰：“未知其详。”操曰：“龙能大能小，能升能隐；大则兴云吐雾，小则隐介藏形；升则飞腾于宇宙之间，隐则潜伏于波涛之内。方今春深，龙乘时变化，犹人得志而纵横四海。龙之为物，可比世之英雄。玄德久历四方，必知当世英雄。请试指言之。”玄德曰：“备肉眼安识英雄？”操曰：“休得过谦。”玄德曰：“备叨恩庇，得仕于朝。天下英雄，实有未知。”操曰：“既不识其面，亦闻其名。”玄德曰：“淮南袁术，兵粮足备，可为英雄？”操笑曰：“冢中枯骨，吾早晚必擒之！”玄德曰：“河北袁绍，四世三公，门多故吏；今虎踞冀州之地，部下能事者极多，可为英雄？”操笑曰：“袁绍色厉胆薄，好谋无断；干大事而惜身，见小利而忘命；非英雄也。”玄德曰：“有一人名称八俊，威镇九州，刘景升可为英雄？”操曰：“刘表虚名无实，非英雄也。”玄德曰：“有一人血气方刚，江东领袖，孙伯符乃英雄也？”操曰：“孙策藉父之名，非英雄也。”玄德曰：“益州刘季玉，可为英雄乎？”操曰：“刘璋虽系宗室，乃守户之犬耳，何足为英雄！”玄德曰：“如张绣、张鲁、韩遂等辈皆何如？”操鼓掌大笑曰：“此等碌碌小人，何足挂齿！”玄德曰：“舍此之外，备实不知。”操曰：“夫英雄者，胸怀大志，腹有良谋，有包藏宇宙之机，吞吐天地之志者也。”玄德曰：“谁能当之？”操以手指玄德，后自指，曰：“今天下英雄，惟使君与操耳！”玄德闻言，吃了一惊，手中所执匙箸，不觉落于地下。时正值天雨将至，雷声大作。玄德乃从容俯首拾箸曰：“一震之威，乃至于此。”操笑曰：“丈夫亦畏雷乎？”玄德曰：“圣人迅雷风烈必变，安得不畏？”将闻言失箸缘故，轻轻掩饰过了。操遂不疑玄德。后人有诗赞曰：“勉从虎穴暂趋身，说破英雄惊杀人。巧借闻雷来掩饰，随机应变信如神。”

天雨方住，见两个人撞入后园，手提宝剑，突至亭前，左右拦挡不住。操视之，乃关、张二人也。原来二人从城外射箭方回，听得玄德被许褚、张辽请将去了，慌忙来相府打听；闻说在后园，只恐有失，故冲突而入。却见玄德与操对坐饮酒。二人按剑而立。操问二人何来。云长曰：“听知丞相和兄饮酒，特来舞剑，以助一笑。”操笑曰：“此非鸿门会，安用项庄、项伯乎？”玄德亦笑。操命：“取酒与二樊哙压惊。”关、张拜谢。须臾席散，玄德辞操而归。云长曰：“险些惊杀我两个！”玄德以落箸事说与关、张。关、张问是何意。玄德曰：“吾之学圃，正欲使操知我无大志；不意操竟指我为英雄，我故失惊落箸。又恐操生疑，故借惧雷以掩饰之耳。”关、张曰：“兄真高见！”

【简析】

《三国演义》是我国最有成就的长篇历史演义小说。它不仅在国内拥有极为广泛的读者群，也受到外国读者的欢迎，产生了世界性的影响。

《三国演义》中塑造了一系列英雄人物，他们个个性格鲜明，特点突出，有血有肉，栩栩如生，构成一道人物形象七彩画廊。其中典型人物的典型性格，往往是历史上的真实人物的主要性格特征的极端夸大，因而具有特定的“类型性”，如神机妙算的诸葛亮，忠义勇武的关羽，雄猛莽撞的张飞，浑身是胆的赵云，老当益壮的黄忠，智勇双全而又气量狭窄的周瑜，忠厚老实、有长者之风的鲁肃，奸诈多疑的曹操，等等，他们的性格特征都较单一而稳定，呈现出“脸谱化”“浮雕化”的特点，具有迷人的艺术魅力。

选文这一段故事发生在曹操在白门楼勒杀吕布后，带着刘、关、张三人回到许昌，刘备说自己是中山靖王之后、孝景皇帝阁下玄孙，献帝和刘备论上了亲戚，并称刘备为皇叔。谋臣劝说曹操早日杀了刘备，免得刘备日后壮大，曹操嘴上说：“实在吾掌握之内，吾何惧哉？”实则还是有所顾虑，刘备之仁义天下知道，而关羽、张飞都是虎狼之将，于是就发生了曹操对刘备的考验，发生了以上精彩的一幕。这段描写，虽然篇幅短小，却把两个人物活然于纸上。一个如升龙，跃于云上，统观天下；一个如隐龙，藏于波涛，暗藏汹涌。曹操的措辞是何等张扬，“我必擒之，非英雄，何足为英雄？”等。而刘备韬光养晦，因为时机没到，羽翼未丰，还要借助他人的力量，在谈吐中步步后退，在危急时刻又能急中生智，巧渡难关，不愧是曹操所指的英雄。

作品中的人物塑造还达到了性格的单一性与多样性的统一。这种多样性体现了人物自身鲜明的个性。以曹操来说，他既有奸诈的一面，又有雄才大略的一面；而且这奸与雄的两方面是紧密融合在一起的，不能够断然分开，这就是曹操独特的个性。就其英雄的一面来说，他早年在平定黄巾起义的战争中崭露头角；在反对腐朽的宦官势力的斗争中，他表现得非常活跃……曹操首先是作为一个英雄人物活跃在三国舞台上的，罗贯中据此描写了曹操的雄才大略、招纳贤才、善于吸纳意见、多谋善断等许多好的方面。然而，曹操不单是一个英雄，他最终由英雄发展为一个奸雄。曹操自小就比别人多些心眼，曾装中风欺骗他的叔叔、父亲。而且他从小养成了极端利己主义的世界观，这就是“宁教我负天下人，休教天下人负我”。这种极端利己主义世界观与他的聪明、狡诈结合起来，促成了他政治野心的大爆发。因此，随着他政治势力的发展，政治经验的成熟，曹操的野心也就越来越显露，他的奸诈、残暴的一面也就暴露得越来越充分，曹操最终还是以一个奸雄的形象矗立在读者的面前。

作者为了塑造具有典型性格的人物形象，采用了不同的手法。首先是别出心裁的肖像描写，使人物的外在形象鲜明醒目，与众不同，且隐隐与其内在的主要特征暗合。如刘备的“两耳垂肩，双手过膝，目能自顾其耳”；关羽的“身长九尺，髯长二尺；面如重枣，唇若涂脂；丹凤眼，卧蚕眉”；张飞的“豹头环眼，燕颔虎须，声若巨雷，势如奔马”；诸葛亮的“面如冠玉，头戴纶巾，身披鹤氅，飘飘然有神仙之概”。与此相应，关羽使的青龙偃月刀、骑的赤兔马，张飞使的丈八蛇矛，诸葛亮手中的羽毛扇，也都有特定的属性。

其次是通过不同的故事情节，反复渲染人物的主要性格特征，使其在单一化中呈现出丰富性、复杂性。如张飞嫉恶如仇，粗豪爽直的性格，就是通过怒鞭督邮，屡次向吕布挑战，古城会拒关羽等情节突现出来的。但张飞又“粗中有细”，从善如流。如他对诸葛亮、庞统的先倨后恭态度，他的计败张郃，义释严颜，都体现了他并非单纯的鲁莽武夫的个性特点。

再次，善用夸张、对比、烘托的手法。如写诸葛亮的出山，通过徐庶、司马徽的推荐，三顾茅庐而两次不遇，崔州平等奇士的歌吟谈吐，黄承彦的骑驴雪中吟诗，以及卧龙岗山村景色的幽雅清美，层层烘托了诸葛亮的豪杰品格和绝世才能。刘、关、张第三次去请诸葛亮时，后者“昼寝未醒”。此时，“玄德拱立阶下”“半晌”，张飞则“大怒”，准备“放一把火”烧他起来，而关羽却“再三劝住”张飞。在强烈的对比当中把刘备的宽厚，张飞的莽撞，关羽的沉稳，表现得惟妙惟肖。

《三国演义》在人物塑造上的这些成就，标志着我国古典小说在艺术上的新发展。

【思考与练习】

1. 你认为《三国演义》中的曹操和刘备分别是什么样的人？《三国演义》刻画人物的主要特点是什么？

2. 曹操派人来请刘备那段，刻画了刘备一系列的心理变化，十分精彩，试在文中找出描写刘备心理变化的词语，并做分析。

《曹操煮酒论英雄》导读　　人物形象解析

(三) 红楼梦(节选)

曹雪芹

【题解】

曹雪芹(约 1715 年—约 1763 年)，名霑，字梦阮，号雪芹、芹圃、芹溪，出生于江宁(今南京)。曹雪芹早年在南京江宁织造府亲历了一段锦衣纨绔、富贵风流的生活。曾祖父曹玺任江宁织造；曾祖母孙氏做过康熙帝的保姆；祖父曹寅做过康熙帝的伴读和御前侍卫，后任江宁织造，兼任两淮巡盐监察御史，极受康熙宠信。雍正六年(1728 年)，曹家因亏空获罪被抄家，曹雪芹随家人迁回北京老宅。后又移居北京西郊，靠卖字画和朋友救济为生。曹家从此一蹶不振，日渐衰微。经历了生活中的重大转折，曹雪芹深感世态炎凉，对封建社会有了更清醒、更深刻的认识。他蔑视权贵，远离官场，过着贫困如洗的艰难日子。曹雪芹素性放达，爱好广泛，对金石、诗书、绘画、园林、中医、织补、工艺、饮食等均有所研究。他以坚韧不拔的毅力，历经多年艰辛，终于创作出极具思想性、艺术性的伟大作品——《红楼梦》。

《红楼梦》代表了我国古典小说艺术的最高峰，最初以八十回抄本形式在社会上流传，本名《石头记》。现行《红楼梦》全书一百二十回，后四十回为高鹗所补。小说以贾、王、史、薛四大家族为背景，以贾宝玉和林黛玉的爱情故事为主线，围绕两个主要人物的感情纠葛，描写了大观园内外一系列青年男女的爱情故事。同时，通过对这些爱情悲剧产生的社会环境描绘，牵涉到封建社会政治、法律、道德、婚姻等方面的问题，昭示了封建社会末期的世态。可以说，《红楼梦》是一部我国封建社会后期社会生活的百科全书。

本书节选的是第三回主要情节。

第三回　林黛玉抛父进京都

且说黛玉自那日弃舟登岸时，便有荣国府打发了轿子并拉行李的车辆久候了。这林黛玉常听得母亲说过，他外祖母家与别家不同。他近日所见的这几个三等仆妇，吃穿用度，已是不凡了，何况今至其家。因此步步留心，时时在意，不肯轻易多说一句话，多行一步路，惟恐被人耻笑了他去。自上了轿，进入城中从纱窗向外瞧了一瞧，其街市之繁华，人烟之阜盛，自与别处不同。又行了半日，忽见街北蹲着两个大石狮子，三间兽头大门，门前列坐着十来个华冠丽服之人。正门却不开，只有东西两角门有人出入。正门之上有一匾，匾上大书“敕造宁国府”五个大字。黛玉想道：这必是外祖之长房了。想着，又往西行，不多远，照样也是三间大门，方是荣国府了。却不进正门，只进了西边角门。那轿夫抬进去，走了一射之地，将转弯时，便歇下退出去了。后面的婆子们已都下了轿，赶上前来。另换了三四个衣帽周全十七八岁的小厮上来，复抬起轿子。众婆子步下围随至一垂花门前落下。众小厮退出，众婆子上来打起轿帘，扶黛玉下轿。林黛玉扶着婆子的手，进了垂花门，两边是抄手游廊，当中是穿堂，当地放着一个紫檀架子大理石的大插屏。转过插屏，小小的三间厅，厅后就是后面的正房大院。正面五间上房，皆雕梁画栋，两边穿山游廊厢房，挂着各色鹦鹉，画眉等鸟雀。台矶之上，坐着几个穿红着绿的丫头，一见他们来了，便忙都笑迎上来，说：“刚才老太太还念呢，可巧就来了。”于是三四人争着打起帘笼，一面听得人回话：“林姑娘到了。”

黛玉方进入房时，只见两个人搀着一位鬓发如银的老母迎上来，黛玉便知是他外祖母。方欲拜见时，早被他外祖母一把搂入怀中，心肝儿肉叫着大哭起来。当下地下侍立之人，无不掩面涕泣，黛玉也哭个不住。一时众人慢慢解劝住了，黛玉方拜见了外祖母。此即冷子兴所云之史氏太君，贾赦贾政之母也。当下贾母一一指与黛玉：“这是你大舅母，这是你二舅母，这是你先珠大哥的媳妇珠大嫂子。”黛玉一一拜见过。贾母又说：“请姑娘们来。今日远客才来，可以不必上学去了。”众人答应了一声，便去了两个。

不一时，只见三个奶嬷嬷并五六个丫鬟，簇拥着三个姊妹来了。第一个肌肤微丰，合中身材，腮凝新荔，鼻腻鹅脂，温柔沉默，观之可亲。第二个削肩细腰，长挑身材，鸭蛋脸面，俊眼修眉，顾盼神飞，文彩精华，见之忘俗。第三个身量未足，形容尚小。其钗环裙袄，三人皆是一样的妆饰。黛玉忙起身迎上来见礼，互相厮认过，大家归了座。丫鬟们斟上茶来。不过说些黛玉之母如何得病，如何请医服药，如何送死发丧。不免贾母又伤感起来，因说：“我这些儿女，所疼者独有你母，今日一旦先舍我而去，连面也不能一见，今见了你，我怎不伤心！”说着，搂了黛玉在怀，又呜咽起来。众人忙都宽慰解释，方略略止住。

众人见黛玉年貌虽小，其举止言谈不俗，身体面庞虽怯弱不胜，却有一段自然的风流态度，便知他有不足之症。因问：“常服何药，如何不急为疗治？”黛玉道：“我自来是如此，从会吃饮食时便吃药，到今日未断，请了多少名医修方配药，皆不见效。那一年我三岁时，听得说来了一个癞头和尚，说要化我去出家，我父母固是不从。他又说：‘既舍不得他，只怕他的病一生也不能好的了。若要好时，除非从此以后总不许见哭声，除父母之外，凡有外姓亲友之人，一概不见，方可平安了此一世。’疯疯癫癫，说了这些不经之谈，也没人理他。如今还是吃人参养荣丸。”贾母道：“正好，我这里正配丸药呢。叫他们多配一料就是了。”

一语未了，只听后院中有人笑声，说：“我来迟了，不曾迎接远客！”黛玉纳罕道：“这些人个个皆敛声屏气，恭肃严整如此，这来者系谁，这样放诞无礼？”心下想时，只见一群媳妇丫鬟围拥着一个人从后房门进来。这个人打扮与众姑娘不同，彩绣辉煌，恍若神妃仙子：头上戴着金丝八宝攒珠髻，绾着朝阳五凤挂珠钗，项上戴着赤金盘螭璎珞圈，裙边系着豆绿宫绦，双衡比目玫瑰佩，身上穿着镂金百蝶穿花大红洋缎窄褃袄，外罩五彩刻丝石青银鼠褂，下着翡翠撒花洋绉裙。一双丹凤三角眼，两弯柳叶吊梢眉，身量苗条，体格风骚，粉面含春威不露，丹唇未启笑先闻。黛玉连忙起身接见。贾母笑道："你不认得他，他是我们这里有名的一个泼皮破落户儿，南省俗谓作'辣子'，你只叫他'凤辣子'就是了。"黛玉正不知以何称呼，只见众姊妹都忙告诉他道："这是琏嫂子。"黛玉虽不识，也曾听见母亲说过，大舅贾赦之子贾琏，娶的就是二舅母王氏之内侄女，自幼假充男儿教养的，学名王熙凤。黛玉忙陪笑见礼，以"嫂"呼之。这熙凤携着黛玉的手，上下细细打量了一回，仍送至贾母身边坐下，因笑道："天下真有这样标致的人物，我今儿才算见了！况且这通身的气派，竟不像老祖宗的外孙女儿，竟是个嫡亲的孙女，怨不得老祖宗天天口头心头一时不忘。只可怜我这妹妹这样命苦，怎么姑妈偏就去世了！"说着，便用帕拭泪。贾母笑道："我才好了，你倒来招我。你妹妹远路才来，身子又弱，也才劝住了，快再休提前话。"这熙凤听了，忙转悲为喜道："正是呢！我一见了妹妹，一心都在他身上了，又是喜欢，又是伤心，竟忘记了老祖宗。该打，该打！"又忙携黛玉之手，问："妹妹几岁了？可也上过学？现吃什么药？在这里不要想家，想要什么吃的，什么玩的，只管告诉我，丫头老婆们不好了，也只管告诉我。"一面又问婆子们："林姑娘的行李东西可搬进来了？带了几个人来？你们赶早打扫两间下房，让他们去歇歇。"

说话时，已摆了茶果上来。熙凤亲为捧茶捧果。又见二舅母问他："月钱放过了不曾？"熙凤道："月钱已放完了。才刚带着人到后楼上找缎子，找了这半日，也并没有见昨日太太说的那样的，想是太太记错了？"王夫人道："有没有，什么要紧。"因又说道："该随手拿出两个来给你这妹妹去裁衣裳的，等晚上想着叫人再去拿罢，可别忘了。"熙凤道："这倒是我先料着了，知道妹妹不过这两日到的，我已预备下了，等太太回去过了目好送来。"王夫人一笑，点头不语。

……

茶未吃了，只见一个穿红绫袄青缎掐牙背心的丫鬟走来笑说道："太太说，请林姑娘到那边坐罢。"老嬷嬷听了，于是又引黛玉出来，到了东廊三间小正房内。正房炕上横设一张炕桌，桌上垒着书籍茶具，靠东壁面西设着半旧的青缎靠背引枕。王夫人却坐在西边下首，亦是半旧的青缎靠背坐褥。见黛玉来了，便往东让。黛玉心中料定这是贾政之位。因见挨炕一溜三张椅子上，也搭着半旧的弹墨椅袱，黛玉便向椅上坐了。王夫人再四携他上炕，他方挨王夫人坐了。王夫人因说："你舅舅今日斋戒去了，再见罢。只是有一句话嘱咐你：你三个姊妹倒都极好，以后一处念书认字学针线，或是偶一顽笑，都有尽让的。但我不放心的最是一件：我有一个孽根祸胎，是家里的'混世魔王'，今日因庙里还愿去了，尚未回来，晚间你看见便知了。你只以后不要睬他，你这些姊妹都不敢沾惹他的。"

黛玉亦常听得母亲说过，二舅母生的有个表兄，乃衔玉而诞，顽劣异常，极恶读书，最喜在内帏厮混，外祖母又极溺爱，无人敢管。今见王夫人如此说，便知说的是这表兄了。因陪笑道："舅母说的，可是衔玉所生的这位哥哥？在家时亦曾听见母亲常说，这位哥哥比我大一岁，小名就唤宝玉，虽极憨顽，说在姊妹情中极好的。况我来了，自然只和姊妹同处，兄弟们自是别院另室的，岂得去沾惹之理？"王夫人笑道："你不知道原故：他与别人不同，自幼因老太太疼爱，原系同姊妹们一处娇养惯了的。若姊妹们有日不理他，他倒还安静些，纵然他没趣，不过出了二门，背地里拿着他两个小幺儿出气，咕唧一会子就完了。若这一日姊妹们和他多说一句话，他心里一乐，便生出多少事来。所以嘱咐你别睬他。他嘴里一时甜言蜜语，一时有天无日，一时又疯疯傻傻，只休信他。”

黛玉一一的都答应着。只见一个丫鬟来回：“老太太那里传晚饭了。”王夫人忙携黛玉从后房门由后廊往西，出了角门，是一条南北宽夹道。南边是倒座三间小小的抱厦厅，北边立着一个粉油大影壁，后有一半大门，小小一所房室。王夫人笑指向黛玉道：“这是你凤姐姐的屋子，回来你好往这里找他来，少什么东西，你只管和他说就是了。”这院门上也有四五个才总角的小厮，都垂手侍立。王夫人遂携黛玉穿过一个东西穿堂，便是贾母的后院了。于是，进入后房门，已有多人在此伺候，见王夫人来了，方安设桌椅。贾珠之妻李氏捧饭，熙凤安箸，王夫人进羹。贾母正面榻上独坐，两边四张空椅，熙凤忙拉了黛玉在左边第一张椅上坐了，黛玉十分推让。贾母笑道：“你舅母你嫂子们不在这里吃饭。你是客，原应如此坐的。”黛玉方告了座，坐了。贾母命王夫人坐了。迎春姊妹三个告了座方上来。迎春便坐右手第一，探春左第二，惜春右第二。旁边丫鬟执着拂尘，漱盂，巾帕。李，凤二人立于案旁布让。外间伺候之媳妇丫鬟虽多，却连一声咳嗽不闻。寂然饭毕，各有丫鬟用小茶盘捧上茶来。当日林如海教女以惜福养身，云饭后务待饭粒咽尽，过一时再吃茶，方不伤脾胃。今黛玉见了这里许多事情不合家中之式，不得不随的，少不得一一改过来，因而接了茶。早见人又捧过漱盂来，黛玉也照样漱了口。盥手毕，又捧上茶来，这方是吃的茶。贾母便说：“你们去罢，让我们自在说话儿。”王夫人听了，忙起身，又说了两句闲话，方引凤，李二人去了。贾母因问黛玉念何书。黛玉道：“只刚念了《四书》。”黛玉又问姊妹们读何书。贾母道：“读的是什么书，不过是认得两个字，不是睁眼的瞎子罢了！”

一语未了，只听外面一阵脚步响，丫鬟进来笑道：“宝玉来了！”黛玉心中正疑惑着：“这个宝玉，不知是怎生个惫懒人物，懵懂顽童？倒不见那蠢物也罢了。”心中想着，忽见丫鬟话未报完，已进来了一位年轻的公子：头上戴着束发嵌宝紫金冠，齐眉勒着二龙抢珠金抹额，穿一件二色金百蝶穿花大红箭袖，束着五彩丝攒花结长穗宫绦，外罩石青起花八团倭锻排穗褂，蹬着青缎粉底小朝靴。面若中秋之月，色如春晓之花，鬓若刀裁，眉如墨画，面如桃瓣，目若秋波。虽怒时而若笑，即瞋视而有情。项上金螭璎珞，又有一根五色丝绦，系着一块美玉。黛玉一见，便吃一大惊，心下想道：“好生奇怪，倒像在那里见过一般，何等眼熟到如此！”只见这宝玉向贾母请了安，贾母便命：“去见你娘来。”宝玉即转身去了。一时回来，再看，已换了冠带：头上周围一转的短发，都结成小辫，红丝结束，共攒至顶中胎发，总编一根大辫，黑亮如漆，从顶至梢，一串四颗大珠，用金八宝坠角，身上穿着银红撒花半旧大袄，仍旧带着项圈，宝玉，寄名锁，护身符等物，下面半露松花撒花绫裤腿，锦边弹墨袜，厚底大红鞋。越显得面如傅粉，唇若施脂，转盼多情，语言常笑。天然一段风骚，全在眉梢；平生万种情思，悉堆眼角。看其外貌最是极好，却难知其底细。后人有《西江月》二词，批宝玉极恰，其词曰：

无故寻愁觅恨，有时似傻如狂。纵然生得好皮囊，腹内原来草莽。
潦倒不通世务，愚顽怕读文章。行为偏僻性乖张，那管世人诽谤！

富贵不知乐业，贫穷难耐凄凉。可怜辜负好韶光，于国于家无望。
天下无能第一，古今不肖无双。寄言纨绔与膏粱：莫效此儿形状！

贾母因笑道："外客未见，就脱了衣裳，还不去见你妹妹！"宝玉早已看见多了一个姊妹，便料定是林姑妈之女，忙来作揖。厮见毕归坐，细看形容，与众各别：两弯似蹙非蹙笼烟眉，一双似喜非喜含情目。态生两靥之愁，娇袭一身之病。泪光点点，娇喘微微。闲静时如姣花照水，行动处似弱柳扶风。心较比干多一窍，病如西子胜三分。宝玉看罢，因笑道："这个妹妹我曾见过的。"贾母笑道："可又是胡说，你又何曾见过他？"宝玉笑道："虽然未曾见过他，然我看着面善，心里就算是旧相识，今日只作远别重逢，亦未为不可。"贾母笑道："更好，更好，若如此，更相和睦了。"宝玉便走近黛玉身边坐下，又细细打量一番，因问："妹妹可曾读书？"黛玉道："不曾读，只上了一年学，些须认得几个字。"宝玉又道："妹妹尊名是那两个字？"黛玉便说了名。宝玉又问表字。黛玉道："无字。"宝玉笑道："我送妹妹一妙字，莫若'颦颦'二字极妙。"探春便问何出。宝玉道："《古今人物通考》上说：'西方有石名黛，可代画眉之墨。'况这林妹妹眉尖若蹙，用取这两个字，岂不两妙！"探春笑道："只恐又是你的杜撰。"宝玉笑道："除《四书》外，杜撰的太多，偏只我是杜撰不成？"又问黛玉："可也有玉没有？"众人不解其语，黛玉便忖度着因他有玉，故问我有也无，因答道："我没有那个。想来那玉是一件罕物，岂能人人有的。"宝玉听了，登时发作起痴狂病来，摘下那玉，就狠命摔去，骂道："什么罕物，连人之高低不择，还说'通灵'不'通灵'呢！我也不要这劳什子了！"吓的众人一拥争去拾玉。贾母急的搂了宝玉道："孽障！你生气，要打骂人容易，何苦摔那命根子！"宝玉满面泪痕泣道："家里姐姐妹妹都没有，单我有，我说没趣，如今来了这么一个神仙似的妹妹也没有，可知这不是个好东西。"贾母忙哄他道："你这妹妹原有这个来的，因你姑妈去世时，舍不得你妹妹，无法处，遂将他的玉带了去了：一则全殉葬之礼，尽你妹妹之孝心；二则你姑妈之灵，亦可权作见了女儿之意。因此他只说没有这个，不便自己夸张之意。你如今怎比得他？还不好生慎重带上，仔细你娘知道了。"说着，便向丫鬟手中接来，亲与他带上。宝玉听如此说，想一想大有情理，也就不生别论了。

【简析】

《红楼梦》描写贾宝玉的爱情和婚姻悲剧，即贾宝玉和林黛玉的爱情悲剧以及贾宝玉和薛宝钗的婚姻悲剧。作者真实细致地描写了悲剧发生和发展的复杂现实内容，揭示造成悲剧的全面而深刻的社会根源。围绕着爱情婚姻悲剧，同时铺开一个由许多有关人物构成的广阔的社会生活环境，从而展示渐趋崩溃的社会的真实内幕。贾宝玉、林黛玉等人对自由和幸福的向往追求，反映那个时代对个性解放和人权平等的要求，闪烁着初步的民主主义精神。它与封建主义冲突所造成的悲剧，生动地表明封建社会的不合理，使读者预感到这个社会已日暮途穷，走向灭亡。

选文以林黛玉进贾府寄身这一事件为中心，以她进贾府第一天的行踪为线索，通过她的所见所闻所感，初步展现了贾府这一全书典型环境的概貌，介绍了贾府一大批重要人物，从而正式拉开了红楼梦故事发展的帷幕。在交代贾府这一典型环境的时候，既有概写，展现其或轩峻壮丽或小巧别致的讲究，又有工笔细描，通过描写贾政"荣禧堂"华贵的陈设以及东廊正房内半旧的用品，凸现贾府地位的显赫与高贵，也暗示这个贵族世家走下坡路已初见端倪。在交代贾府人物时，作者调动了多种方式方法来刻写。有详有略，详写的人物有王熙凤、贾宝玉、林黛玉，贾母，略写的人物有王夫人、邢夫人、李纨、迎春、探春和惜春；有虚有实，虚写的人物有贾政、贾赦，其他人物都是实写；有单独刻写有集体介绍，单独刻写的主要是王熙凤、贾宝玉、林黛玉，集体介绍的主要是迎春、探春、惜春三姐妹。文中人物的出场描写也有特色。有的单独出场，如王熙凤、贾宝玉、林黛玉；有的集体出场，如迎春、探春、惜春三姐妹；有的只见其形，不闻其声，如迎春、探春、惜春；有的未见其人，先闻其声，如王熙凤；有的预做介绍，充分铺垫，引起悬念，如贾宝玉；有的一出场即以一连串的语言行动描写让其充分亮相，如王熙凤、贾宝玉；有的还要反复亮相，如林黛玉，等等。写法可谓灵活多样，重点突出。但究其实质，是为了刻画人物思想性格的和交代其身份地位。

【思考与练习】

1. 《红楼梦》中，通过林黛玉进贾府这样一个情节，分别塑造了哪些人物的哪些性格？作者是通过什么方式塑造人物形象的？

2. 比较阅读刘心武的《刘心武揭秘红楼梦》和周汝昌的《红楼梦新证》。

林黛玉人物形象　王熙凤人物形象

(四) 风　波

鲁　迅

【题解】

《风波》写于1920年8月5日。小说描写1917年7月1日张勋复辟事件在江南某水乡所引起的一场关于辫子的风波，作品以辫子事件为中心线索，描述了事件的起因、发展和结果，刻画了七斤、赵七爷等鲜明的人物形象。鲁迅善于以小见大，通过七斤家在这一风波中的遭遇，展示了辛亥革命后中国农村的封闭、愚昧、保守的沉重氛围，帝制余孽还在向农民肆虐，农民仍处于封建势力和封建思想的统治和控制之下。《风波》暗示今后的社会革命，若不能真正唤醒民众，是难以成功的。

临河的土场上，太阳渐渐的收了他通黄的光线了。场边靠河的乌桕树叶干巴巴的才喘过气来，几个花脚蚊子在下面哼着飞舞。面河的农家的烟突里，逐渐减少了炊烟。女人孩子们都在自己门口的土场上泼些水，放下小桌子和矮凳。人知道，这已经是晚饭的时候了。

老人男人坐在矮凳上，摇着大芭蕉扇闲谈；孩子飞也似的跑，或者蹲在乌桕树下赌玩石子。女人端出乌黑的蒸干菜和松花黄的米饭，热蓬蓬冒烟。河里驶过文人的酒船，文豪见了，大发诗兴，说，"无思无虑，这真是田家乐呵！"

但文豪的话有些不合事实，就因为他们没有听到九斤老太的话。这时候，九斤老太正在大怒，拿破芭蕉扇敲着凳脚说："我活到七十九岁了，活够了；不愿意眼见这些败家相——还是死的好。立刻就要吃饭了，还吃炒豆子，吃穷了一家子！"

伊的曾孙女儿六斤捏着一把豆，正从对面跑来，见这情形，便直奔河边，藏在乌桕树后，伸出双丫角的小头，大声说，"这老不死的！"

九斤老太虽然高寿，耳朵却还不很聋，但也没有听到孩子的话，仍旧自己说，“这真是一代不如一代!”

这村庄的习惯有点特别，女人生下孩子，多喜欢用秤称了轻重，便用斤数当作小名。九斤老太自从庆祝了五十大寿以后，便渐渐的变了不平家——常说伊年轻的时候，天气没有现在这般热，豆子也没有现在这般硬：总之现在的时世是不对了。何况六斤比伊的曾祖，少了三斤；比伊父亲七斤，又少了一斤。这真是一条颠扑不破的实例。所以伊又用劲说，“这真是一代不如一代!”

伊的儿媳七斤嫂子正捧着饭篮走到桌边，便将饭篮在桌上一摔，愤愤的说，“你老人家又这么说了。六斤生下来的时候，不是六斤五两么？你家的秤又是私秤，加重秤——十八两秤；用了准十六，我们的六斤该有七斤多哩！我想便是太公和公公，也不见得正是九斤八斤十足，用的秤也许是十四两……”

“一代不如一代!”

七斤嫂还没有答话，忽然看见七斤从小巷口转出，便移了方向，对他嚷道，“你这死尸怎么这时候才回来，死到哪里去了？不管人家等着你开饭!”

七斤虽然住在农村，却早有些飞黄腾达的意思。从他的祖父到他，三代不捏锄头柄了。他也照例的帮人撑着航船，每日一回，早晨从鲁镇进城，傍晚又回到鲁镇。因此，很知道些时事。例如，什么地方，雷公劈死了蜈蚣精；什么地方，闺女生了一个夜叉之类。他在村人里面，的确已经是一名出场人物了。但夏天吃饭不点灯，却还守着农家习惯，所以回家太迟，是该骂的。

七斤一手捏着象牙嘴白铜斗六尺多长的湘妃竹烟管，低着头，慢慢地走来，坐在矮凳上。六斤也趁势溜出，坐在他身边，叫他爹爹。七斤没有应。

“一代不如一代!”九斤老太说。

七斤慢慢地抬起头来，叹一口气说，“皇帝坐了龙庭了。”

七斤嫂呆了一刻，忽而恍然大悟，道，“这可好了，这不是又要皇恩大赦了么!”

七斤又叹一口气，说，“我没有辫子。”

“皇帝要辫子么？”

“皇帝要辫子。”

“你怎么知道呢？”七斤嫂有些着急，赶忙的问。

“咸亨酒店里的人，都说要的。”

七斤嫂这时从直觉上觉得事情似乎有些不妙了，因为咸亨酒店是消息灵通的所在。伊一转眼瞥见七斤的光头，便忍不住动怒，怪他，恨他，怨他；忽然又绝望起来，装好一碗饭，搡在七斤的面前道“还是赶快吃你的饭罢！哭丧着脸，就会长出辫子来么？”

太阳收尽了他最末的光线了，水面暗暗地回复过凉气来；土场上一片碗筷声响，人人的脊梁上又都吐出汗粒。七斤嫂吃完三碗饭，偶然抬起头，心坎里便禁不住突突地发跳。伊透过乌桕叶，看见又矮又胖的赵七爷正从独木桥上走来，而且穿着宝蓝色竹布的长衫。

赵七爷是邻村茂源酒店的主人，又是这三十里方圆以内的唯一的出色人物兼学问家；因为有学问，所以又有些遗老的臭味。他有十多本金圣叹批评的《三国志》，时常坐着一个字一个字的读；他不但能说出五虎将姓名，甚而至于还知道黄忠表字汉升和马超表字孟起。革命以后，他便将辫子盘在顶上，像道士一般；常常叹息说，倘若赵子龙在世，天下便不会乱到这地步了。七斤嫂眼睛好，早望见今天的赵七爷已经不是道士，却变成光滑头皮，乌黑发顶；伊便知道这一定是皇帝坐了龙庭，而且一定须有辫子，而且七斤一定是非常危险。因为赵七爷的这件竹布长衫，轻易是不常穿的——三年以来，只穿过两次：一次是和他怄气的麻子阿四病了的时候，一次是曾经砸烂他酒店的鲁大爷死了的时候；现在是第三次了，这一定又是于他有庆，于他的仇家有殃了。

七斤嫂记得，两年前七斤喝醉了酒，曾经骂过赵七爷是“贱胎”，所以，这时便立刻直觉到七斤的危险，心坎里突突地发起跳来。

赵七爷一路走来，坐着吃饭的人都站起身，拿筷子点着自己的饭碗说“七爷，请在我们这里用饭！”七爷也一路点头，说道“请请”，却一径走到七斤家的桌旁。七斤们连忙招呼，七爷也微笑着说“请请”，一面细细的研究他们的饭菜。

“好香的干菜，——听到了风声了么？”赵七爷站在七斤的后面七斤嫂的对面，说。

“皇帝坐了龙庭了。”七斤说。

七斤嫂看着七爷的脸，竭力赔笑道，“皇帝已经坐了龙庭，几时皇恩大赦呢？”

“皇恩大赦？——大赦是慢慢的，总要大赦罢。”七爷说到这里，声色忽然严厉起来，“但是你家七斤的辫子呢？辫子。这倒是要紧的事。你们知道：长毛时候，留发不留头，留头不留发，……”

七斤和他的女人没有读过书，不很懂得这古典的奥妙；但觉得有学问的七爷这么说，事情自然非常重大，无可挽回；便仿佛受了死刑宣告似的，耳朵里嗡的一声，再也说不出一句话。

“一代不如一代——”九斤老太正在不平，趁这机会，便对赵七爷说，“现在的长毛，只是剪人家的辫子，僧不僧道不道的；从前的长毛，这样的么？我活到七十九岁了，活够了。从前的长毛是——整匹的红缎子裹头，拖下去，拖下去，一直拖到脚跟；王爷是黄缎子，拖下去，黄缎子；红缎子，黄缎子，——我活够了，七十九岁了。”

七斤嫂站起身，自言自语的说，“这怎么好呢？这样的一班老小，都靠他养活的人……”赵七爷摇头道，“那也没法。没有辫子，该当何罪，书上都一条一条明明白白写着的，不管他家里有些什么人。”

七斤嫂听到书上写着，可真是完全绝望了；自己急得没法，便忽然又恨到七斤。伊用筷子指着他的鼻尖，说，“这死尸自作自受！造反的时候，我本来说，不要撑船了，不要上城了。他偏要死进城去，滚进城去，进城便被人剪去了辫子。从前是绢光乌黑的辫子，现在弄得僧不僧道不道的。这囚徒自作自受，带累了我们又怎么说呢？这活死尸的囚徒……”

村人看见赵七爷到村，都赶紧吃完饭，聚在七斤家饭桌的周围。七斤自己知道是出场人物，被女人当大众这样辱骂，很不雅观，便只得抬起头，慢慢地说道：

“你今天说现成话，那时你……”

“你这活死尸的囚徒……”

看客中间，八一嫂是心肠最好的人，抱着伊的两周岁的遗腹子，正在七斤嫂身边看热闹；这时过意不去，连忙解劝说，“七斤嫂，算了罢。人不是神仙，谁知道未来事呢？便是七斤嫂，那时不也说，没有辫子倒也没有什么丑么？况且衙门里的大老爷也还没有告示……”

七斤嫂没有听完，两个耳朵早通红了；便将筷子转过向来，指着八一嫂的鼻子，说，“啊呀，这是什么话呵！八一嫂，我自己看来倒还是一个人，会说出这样昏诞糊涂话么？那时我是整整哭了三天，谁都看见；连六斤这小鬼也都哭，……”

六斤刚吃完一大碗饭，拿了空碗，伸手去嚷着要添。七斤嫂正没好气，便用筷子在伊的双丫角中间，直扎下去，大喝道：“谁要你来多嘴！你这偷汉的小寡妇！”扑的一声，六斤手里的空碗落在地上了，恰巧又碰着一块砖角，立刻破成一个很大的缺口。七斤直跳起来，捡起破碗，合上检查一回，也喝道，“入娘的！”一巴掌打倒了六斤。六斤躺着哭，九斤老太拉了伊的手，连说着“一代不如一代”，一同走了。

八一嫂也发怒，大声说，“七斤嫂，你‘恨棒打人’……”

赵七爷本来是笑着旁观的；但自从八一嫂说了“衙门里的大老爷没有告示”这话以后，却有些生气了。这时他已经绕出桌旁，接着说，“‘恨棒打人’，算什么呢？大兵是就要到的。你可知道，这回保驾的是张大帅。张大帅就是燕人张翼德的后代，他一支丈八蛇矛，就有万夫不当之勇，谁能抵挡他，”他两手同时捏起空拳，仿佛握着无形的蛇矛模样，向八一嫂抢进几步道，“你能抵挡他么！”

八一嫂正气得抱着孩子发抖，忽然见赵七爷满脸油汗，瞪着眼，准对伊冲过来，便十分害怕，不敢说完话，回身走了。赵七爷也跟着走去，众人一面怪八一嫂多事，一面让开路。几个剪过辫子重新留起的便赶快躲在人丛后面，怕他看见。赵七爷也不细心察访，通过人丛，忽然转入乌桕树后，说道“你能抵挡他么！”跨上独木桥，扬长去了。

村人们呆呆站着，心里计算，都觉得自己确乎抵不住张翼德；因此，也决定七斤便要没有性命。七斤既然犯了皇法，想起他往常对人谈论城中的新闻的时候，就不该含着长烟管显出那般骄傲模样，所以，对七斤的犯法，也觉得有些畅快。他们也仿佛想发些议论，却又觉得没有什么议论可发。嗡嗡的一阵乱嚷，蚊子都撞过赤膊身子，闯到乌桕树下去做市；他们也就慢慢地走散回家，关上门去睡觉。七斤嫂咕哝着，也收了家伙和桌子、矮凳回家，关上门睡觉了。

七斤将破碗拿回家里，坐在门槛上吸烟；但非常忧愁，忘却了吸烟，象牙嘴六尺多长湘妃竹烟管的白铜斗里的火光，渐渐发黑了。他心里但觉得事情似乎十分危急，也想想些方法，想些计划，但总是非常模糊，贯穿不得：“辫子呢，辫子？丈八蛇矛。一代不如一代！皇帝坐龙庭。——破的碗须得上城去钉好。——谁能抵挡他？书上一条一条写着。入娘的！……”

第二日清晨，七斤依旧从鲁镇撑航船进城，傍晚回到鲁镇，又拿着六尺多长的湘妃竹烟管和一个饭碗回村。他在晚饭席上，对九斤老太说，这碗是在城内钉合的，因为缺口大，所以要十六个铜钉，三文一个，一总用了四十八文小钱。九斤老太很不高兴的说：“一代不如一代，我是活够了。三文钱，一个钉；从前的钉，这样的么？从前的钉是……我活了七十九岁了，……”

此后七斤虽然是照例日日进城，但家景总有些黯淡。村人大抵回避着，不再来听他从城内得来的新闻。七斤嫂也没有好声气，还时常叫他“囚徒”。

过了十多日，七斤从城内回家，看见他的女人非常高兴，问他说，“你在城里可听到些什么？”

“没有听到些什么。”

“皇帝坐了龙庭没有呢？”

“他们没有说。”

“咸亨酒店里也没有人说么？”

“也没人说。”

“我想皇帝一定是不坐龙庭了。我今天走过赵七爷的店前，看见他又坐着念书了，辫子又盘在顶上了，也没有穿长衫。”

“…………”

“你想，不坐龙庭了罢？”

“我想，不坐了罢。”

现在的七斤，是七斤嫂和村人又都早给他相当的尊敬，相当的待遇了。到夏天，他们仍旧在自家门口的土场上吃饭；大家见了，都笑嘻嘻的招呼。九斤老太早已做过八十大寿，仍然不平而且健康。六斤的双丫角，已经变成一支大辫子了；伊虽然新近裹脚，却还能帮同七斤嫂做事，捧着十八个铜钉的饭碗，在土场上一瘸一拐的往来。

一九二〇年十月据《鲁迅日记》载，本篇当作于1920年8月5日。

【简析】

《风波》的开篇是一般景物环境描写，由远及近、由大到小的空间顺序描绘了江南小镇乡村的风貌特点，同时奠定了小说的社会基调，即不是繁荣、先进的大城市，不是北方地区，而是江南的一个小小的乡村。这段自然场景的细节描写，正是揭示了辛亥革命的失败在于没有深入群众，深入农村，没有根除封建主义在民间的思想残留。而接着描写的一个文人诗兴大发则是精巧地揭示了当时的文化背景，他们这些文人坐在酒船悠闲赋诗便是讽刺了封建文化教育下的文人骚客虽身处动荡的乱世和国家变革时期，仍妄想独善其身、苟全性命、洁身自好，既不关心社会民生，也不关心民族危亡。

小说通过一场由辫子引起的风波，反映了辛亥革命的不彻底性，这次革命既没能启发农民的觉悟，也没给封建统治下的农村带来真正的变革，从而表明没有广大农民的觉悟，就不会有民主革命。

【思考与练习】

1. 试分析本文的艺术特色。
2. 了解造成辫子风波的原因，理解小说深刻的主题。

(五) 萧　　萧

沈从文

【题解】

沈从文(1902 年—1988 年)，原名沈岳焕，笔名休芸芸、甲辰、上官碧、璇若等，字崇文，湖南凤凰人。沈从文是现代作家、历史文物研究家、京派小说代表人物。1924年开始文学创作，1931 年—1933 年在山东大学任教，抗战爆发后到西南联大任教。1946

年回到北京大学任教，1949 年以后在中国历史博物馆和中国社会科学院历史研究所工作，主要从事中国古代历史的研究。1988 年病逝于北京。代表作有《边城》《湘西》《湘行散记》等。

《萧萧》作于 1929 年冬，当时沈从文由湘西来到上海，他看到都市文明中人性的变异，深感失望，因此他在《萧萧》中创建了体现中国人“天人合一”社会理想的“湘西世界”，里面只供奉“人性”，用来抵御现代物质文明对人的浸染和扭曲。

乡下人吹唢呐接媳妇，到了十二月是成天会有的事情。

唢呐后面一顶花轿，四个伕子平平稳稳地抬着。轿中人被铜锁锁在里面，虽穿了平时不上过身的体面红绿衣裳，也仍然得荷荷大哭。在这些小女人心中，做新娘子，从母亲身边离开，且准备作他人的母亲，从此将有许多新事情等待发生。像做梦一样，将同一个陌生男子汉在一个床上睡觉，做着承宗接祖的事情，这些事想起来，当然有些害怕，所以照例觉得要哭哭，于是就哭了。

也有做媳妇不哭的人。萧萧做媳妇就不哭。这小女子没有母亲，从小寄养到伯父种田的庄子上，出嫁只是从这家转到那家。因此到那一天这小女人还只是笑。她又不害羞，又不怕，她是什么事也不知道，就做了人家的媳妇了。

萧萧做媳妇时年纪十二岁，有一个小丈夫，年纪还不到三岁。丈夫比她年少九岁，断奶还不多久。地方规矩如此，过了门，她喊他做弟弟。她每天应做的事是抱弟弟到村前柳树下去玩，到溪边去玩，饿了，喂东西吃，哭了，就哄他，摘南瓜花或狗尾草戴到小丈夫头上，或者亲嘴，一面说，“弟弟，哪，再来。”在那肮脏的小脸上亲了又亲，孩子于是便笑了。孩子一欢喜兴奋，行动粗野起来，会用短短的小手乱抓萧萧的头发。那是平时不大能收拾蓬蓬松松在头上的黄发。有时候，垂到脑后那条小辫儿被拉得太久，把红绒线结也弄松了，生气了，就挞那弟弟，弟弟自然哇的哭出声来，萧萧便也装成要哭的样子，用手指着弟弟的哭脸，说，“哪，人不讲理，可不行！”

天晴落雨日子混下去，每日抱抱丈夫，也帮家中做点杂事，能动手的就动手。又时常到溪沟里去洗衣，搓尿片，一面还捡拾有花纹的田螺给坐在身边的丈夫玩。到了夜里睡觉，便常常做这种年龄人所做的梦，梦到后门角落或别的什么地方捡得大把大把铜钱，吃好东西，爬树，自己变成鱼到水中各处溜。或一时仿佛身子很小很轻，飞到天上众星中，没有一个人，只是一片白，一片金光，于是大喊“妈！”人就吓醒了。醒来心还只是跳。吵了隔壁的人，不免骂着，“疯子，你想什么！白天疯玩，晚上就做梦！”萧萧听着却不作声，只是咕咕地笑。也有很好很爽快的梦，为丈夫哭醒的事。那丈夫本来晚上在自己母亲身边睡，有时吃多了，或因另外情形，半夜大哭，起来放水拉稀是常有的事。丈夫哭到婆婆无可奈何，于是萧萧轻脚轻手爬起床来，睡眼迷蒙，走到床边，把人抱起，给他看月亮，看星光。或者互相觑着，孩子气的“嗨嗨，看猫呵，”那样喊着哄着，于是丈夫笑了，玩了一会，慢慢合上眼。人睡了，放上床，站在床边看着，听远处一递一声的鸡叫，知道天快到什么时候了，于是仍然蜷到小床上睡去。天亮了，虽不做梦，却可以无意中闭眼开眼，看一阵在面前空中变幻无端的黄边紫心葵花，那是一种真正的享受。

萧萧嫁过了门，做了拳头大丈夫的小媳妇，一切并不比先前受苦，这只看她半年来身体发育就可明白。风里雨里过日子，像一株长在园角落不为人注意的蓖麻，大叶大枝，日增茂盛。这小女人简直是全不为丈夫设想那么似的，一天比一天长大起来了。

夏夜光景说来如做梦。大家饭后坐到院中心歇凉，挥摇蒲扇，看天上的星同屋角的萤，听南瓜棚上纺织娘子咯咯咯拖长声音纺车，远近声音繁密如落雨，禾花风悠悠吹到脸上，正是让人在各种方便中说笑话的时候。

萧萧好高，一个人常常爬到草料堆上去，抱了已经熟睡的丈夫在怀里，轻轻地随意唱着那自编的山歌，唱来唱去却把自己也催眠起来，快要睡去了。

在院坝中，公公婆婆，祖父祖母，另外还有帮工汉子两个，散乱地坐在小板凳上，摆龙门阵学古，轮流下去打发上半夜。

祖父身边有个烟包，在黑暗中放光。这用艾蒿做成的烟包，是驱逐长脚蚊的得力东西，蜷在祖父脚边，就如一条乌梢蛇。间或又拿起来晃那么几下。

想起白天场上的事，祖父开口说话："听三金说，前天又有女学生过身。"

大家就哄然笑了。

这笑的意义何在？只因为大家印象中，都知道女学生没有辫子，留下个鹌鹑尾巴，像个尼姑，又不完全像。穿的衣服像洋人，又不是洋人，吃的，用的……总而言之事事不同，一想起来就觉得怪可笑！

萧萧不大明白，她不笑。所以老祖父又说话了。他说："萧萧，你长大了，将来也会做女学生！"

大家于是更哄然大笑起来。

萧萧为人并不愚蠢，觉得这一定是不利于己的一件事情，所以接口便说："爷爷，我不做女学生！"

"你像个女学生，不做可不行。"

"我不做。"

众人有意取笑，异口同声说："萧萧，爷爷说得对，你非做女学生不行！"

萧萧急得无可如何，"做就做，我不怕。"其实做女学生有什么不好，萧萧全不知道。

女学生这东西，在本乡的确永远是奇闻。每年一到六月天，据说放"水假"日子一到，照例便有三三五五女学生，由一个荒谬不经的热闹地方来，到另一个远地方去，取道从本地过身。从乡下人眼中看来，这些人都近于另一世界中活下的人，装扮奇奇怪怪，行为更不可思议。这种女学生过身时，使一村人都可以说一整天的笑话。

祖父是当地一个人物，因为想起所知道的女学生在大城中的生活情形，所以说笑话要萧萧也去做女学生。一面听到这话就感觉一种打哈哈趣味，一面还有那被说的萧萧感觉一种惶恐，说这话的不为无意义了。

女学生由祖父方面所知道的是这样一种人：她们穿衣服不管天气冷热，吃东西不问饥饱，晚上交到子时才睡觉，白天正经事全不做，只知唱歌打球，读洋书。她们都会花钱，一年用的钱可以买十六只水牛。她们在省里京里想往什么地方去时，不必走路，只要钻进一个大匣子中，那匣子就可以带她到地。她们在学校，男女一处上课，人熟了，就随意同那男子睡觉，也不要媒人，也不要财礼，名叫"自由"。她们也做州县官，带家眷上任，男子仍然喊作老爷，小孩子叫少爷。

她们自己不喂牛，却吃牛奶羊奶，如小牛小羊，买那奶时是用铁罐子盛的。她们无事时到一个唱戏地方去，那地方完全像个大庙，从衣袋中取出一块洋钱来(那洋钱在乡下可买五只母鸡)，买了一小方纸片儿，拿了那纸片到里面去，就可以坐下看洋人扮演影子戏。她们被冤了，不赌咒，不哭。她们年纪有老到二十四岁还不肯嫁人的，有老到三十四十还好意思嫁人的。她们不怕男子，男子不能使她们受委屈，一受委屈就上衙门打官司，要官罚男子的款，这笔钱她有时独占自己花用，有时同官平分。她们不洗衣煮饭，也不养猪喂鸡；有了小孩子也只花五块钱、十块钱一月，雇人专管小孩，自己仍然整天看戏打牌，读那些没有用处的闲书……总而言之，说来事事都稀奇古怪，和庄稼人不同，有的简直可以说岂有此理。这时经祖父一为说明，听过这话的萧萧，心中却忽然有了一种模模糊糊的愿望，以为倘若她也是个女学生，她是不是照祖父说的女学生一个样子去做那些事？

不管好歹，做女学生并不可怕，因此一来却已为这乡下姑娘体念到了。

因为听祖父说起女学生是怎样的人物，到后萧萧独自笑得特别久。笑够了时，她说："祖爹，明天有女学生过路，你喊我，我要看看。"

"你看，她们捉你去做丫头。"

"我不怕她们。"

"她们读洋书念经你也不怕？"

"念观音菩萨消灾经，念紧箍咒，我都不怕。"

"她们咬人，和做官的一样，专吃乡下人，吃人骨头渣渣也不吐，你不怕？"

萧萧肯定地回答说："也不怕。"

可是这时节萧萧手上所抱的丈夫，不知为什么，在睡梦中哭了，媳妇于是用做母亲的声势，半哄半吓说，"弟弟，弟弟，不许哭，不许哭，女学生咬人来了。"

丈夫还仍然哭着，得抱起各处走走。萧萧抱着丈夫离开了祖父，祖父同人说另外一样古话去了。

萧萧从此以后心中有个"女学生"。做梦也便常常梦到女学生，且梦到同这些人并排走路。仿佛也坐过那种自己会走路的匣子，她又觉得这匣子并不比自己跑路更快。在梦中那匣子的形体同谷仓差不多，里面有小小灰色老鼠，眼珠子红红的，各处乱跑，有时钻到门缝里去，把个小尾巴露在外边。

因为有这样一段经过，祖父从此喊萧萧不喊"小丫头"，不喊"萧萧"，却唤作"女学生"。在不经意中萧萧答应得很好。

乡下的日子也如世界上一般日子，时时不同。世界上人把日子糟蹋，和萧萧一类人家把日子吝惜是同样的，各有所得，各属分定。许多城市中文明人，把一个夏天全消磨到软绸衣服、精美饮料以及种种好事情上面。萧萧的一家，因为一个夏天的劳作，却得了十多斤细麻，二三十担瓜。

做小媳妇的萧萧，一个夏天中，一面照料丈夫，一面还绩了细麻四斤。到秋八月工人摘瓜，在瓜间玩，看硕大如盆、上面满是灰粉的大南瓜，成排成堆摆到地上，很有趣味。时间到摘瓜，秋天真的已来了，院子中各处有从屋后林子里树上吹来的大红大黄木叶。萧萧在瓜旁站定，手拿木叶一束，为丈夫编小笠帽玩。

工人中有个名叫花狗，年纪二十三岁，抱了萧萧的丈夫到枣树下去打枣子。小小竹竿打在枣树上，落枣满地。

"花狗大，莫打了，太多了吃不完。"

虽听这样喊，还不停手。到后，仿佛完全因为丈夫要枣子，花狗才不听话。萧萧于是又喊他那小丈夫："弟弟，弟弟，来，不许捡了。吃多了生东西肚子痛！"

丈夫听话，兜了一堆枣子向萧萧身边走来，请萧萧吃枣子。

"姐姐吃，这是大的。"

"我不吃。"

"要吃一颗！"

她两手哪里有空！木叶帽正在制边，工夫要紧，还正要个人帮忙！

"弟弟，把枣子喂我口里。"

丈夫照她的命令做事，做完了觉得有趣，哈哈大笑。

她要他放下枣子帮忙捏紧帽边，便于添加新木叶。

丈夫照她吩咐做事，但老是顽皮的摇动，口中唱歌。这孩子原来像一只猫，欢喜时就得捣乱。

"弟弟，你唱的是什么？"

"我唱花狗大告我的山歌。"

"好好地唱一个给我听。"

丈夫于是就唱下去，照所记到的歌唱：

天上起云云起花，
包谷林里种豆荚，
豆荚缠坏包谷树，
娇妹缠坏后生家。

天上起云云重云，
地下埋坟坟重坟，
娇妹洗碗碗重碗，
娇妹床上人重人。

歌中意义丈夫全不明白，唱完了就问好不好。萧萧说好，并且问跟谁学来的。她知道是花狗教的，却故意盘问他。

"花狗大告我，他说还有好歌，长大了再教我唱。"

听说花狗会唱歌，萧萧说："花狗大，花狗大，你唱一个好听的歌我听听。"

那花狗，面如其心，生长得不很正气，知道萧萧要听歌，人也快到听歌的年龄了，就给她唱"十岁娘子一岁夫"。那故事说的是妻年大，可以随便到外面做一点不规矩事情，夫年小，只知道吃奶，让他吃奶。这歌丈夫完全不懂，懂到一点儿的是萧萧。把歌听过后，萧萧装成"我全明白"那种神气，她用生气的样子，对花狗说："花狗大，这个不行，这是骂人的歌！"

花狗分辩说："不是骂人的歌。"

"我明白，是骂人的歌。"

花狗难得说多话，歌已经唱过了，错了赔礼，只有不再唱。他看她已经有点懂事了，怕她回头告祖父，会挨一顿臭骂，就把话支开，扯到"女学生"上头去。他问萧萧，看没看过女学生习体操唱洋歌的事情。

若不是花狗提起，萧萧几乎已忘却了这事情。这时又提到女学生，她问花狗近来有没有女学生过路，她想看看。

花狗一面把南瓜从棚架边抱到墙角去，告她女学生唱歌的事，这些事的来源还是萧萧的那个祖父。他在萧萧面前说了点大话，说他曾经到官路上见到四个女学生，她们都拿得有旗子，走长路流汗喘气之中仍然唱歌，同军人所唱的一模一样。不消说，这自然完全是胡诌的笑话。可是那故事把萧萧可乐坏了。因为花狗说这个就叫作“自由”。

花狗是“起眼动眉毛，一打两头翘”会说会笑的一个人。

听萧萧带着歆羡口气说，“花狗大，你膀子真大。”他就说，“我不止膀子大。”

“你身个子也大。”

“我全身无处不大。”

到萧萧抱了她的丈夫走去以后，同花狗在一起摘瓜，取名字叫哑巴的，开了平时不常开的口，他说：“花狗，你少坏点。人家是十三岁黄花女，还要等十年才圆房!”

花狗不做声，打了那伙计一掌，走到枣树下捡落地枣去了。

到摘瓜的秋天，日子计算起来，萧萧过丈夫家有一年了。

几次降霜落雪，几次清明谷雨，一家人都说萧萧是大人了。天保佑，喝冷水，吃粗砺饭，四季无疾病，倒发育得这样快。婆婆虽生来像一把剪子，把凡是给萧萧暴长的机会都剪去了，但乡下的日头同空气都帮助人长大，却不是折磨可以阻拦得住萧萧十五岁时高如成人，心却还是一颗糊糊涂涂的心。

人大了一点，家中做的事也多了一点。绩麻、纺车、洗衣、照料丈夫以外，打猪草推磨一些事情也要做，还有浆纱织布。凡事都学，学学就会了。乡下习惯，凡是行有余力的都可从劳作中攒点私房，两三年来仅仅萧萧个人份上所聚集的粗细麻和纺就的棉纱，已够萧萧坐到土机上抛三个月的梭子了。

丈夫早断了奶。婆婆有了新儿子，这五岁儿子就像归萧萧独有了。不论做什么，走到什么地方去，丈夫总跟到身边。

丈夫有些方面很怕她，当她如母亲，不敢多事。他们俩“感情不坏”。

地方稍稍进步，祖父的笑话转到“萧萧你也把辫子剪去好自由”那一类事上去了。听着这话的萧萧，某个夏天也看过一次女学生，虽不把祖父笑话认真，可是每一次在祖父说过这笑话以后，她到水边去，必用手捏着辫子梢梢，设想没有辫子的人那种神气，那点趣味。

因为打猪草，带丈夫上螺蛳山的山阴是常有的事。

小孩子不知事，听别人唱歌也唱歌。一唱歌，就把花狗引来了。

花狗对萧萧生了另外一种心，萧萧有点明白了，常常觉得惶恐不安。但花狗是男子，凡是男子的美德恶德都不缺少，劳动力强，手脚勤快，又会玩会说，所以一面使萧萧的丈夫非常喜欢同他玩，一面一有机会即缠在萧萧身边，且总是想方设法把萧萧那点惶恐减去。

山大人小，到处树木蒙茸，平时不知道萧萧所在，花狗就站在高处唱歌逗萧萧身边的丈夫；丈夫小口一开，花狗穿山越岭就来到萧萧面前了。

见了花狗，小孩子只有欢喜，不知其他。他原要花狗为他编草虫玩，做竹箫哨子玩，花狗想方法支使他到一个远处去找材料，便坐到萧萧身边来，要萧萧听他唱那使人开心红脸的歌。她有时觉得害怕，不许丈夫走开；有时又像有了花狗在身边，打发丈夫走去反倒好一点。终于有一天，萧萧就这样给花狗把心窍子唱开，变成个妇人了。

那时节，丈夫走到山下采刺莓去了，花狗唱了许多歌，到后却向萧萧唱：娇家门前一重坡，别人走少郎走多，铁打草鞋穿烂了，不是为你为哪个？

末了却向萧萧说："我为你睡不着觉"。他又说他赌咒不把这事情告给人。听了这些话仍然不懂什么的萧萧，眼睛只注意到他那一对粗粗的手膀子，耳朵只注意到他最后一句话。

末了花狗大便又唱歌给她听。她心里乱了。她要他当真对天赌咒，赌了咒，一切好像有了保障，她就一切尽他了。到丈夫返身时，手被毛毛虫螫伤，肿了一片，走到萧萧身边。萧萧捏紧这一只小手，且用口去呵它，吮它，想起刚才的糊涂，才仿佛明白自己做了一点不大好的糊涂事。

花狗诱她做坏事情是麦黄四月，到六月，李子熟了，她喜欢吃生李子。她觉得身体有点特别，在山上碰到花狗，就将这事情告给他，问他怎么办。

讨论了多久，花狗全无主意。虽以前自己当天赌得有咒，也仍然无主意。这家伙个子大，胆量小。个子大容易做错事，胆量小做了错事就想不出办法。

到后，萧萧捏着自己那条乌梢蛇似的大辫子，想起城里了，她说："花狗大，我们到城里去自由，帮帮人过日子，不好么？"

"那怎么行？到城里去做什么？"

"我肚子大了。"

"我们找药去。场上有郎中卖药。"

"你赶快找药来，我想……"

"你想逃到城里去自由，不成的。人生面不熟，讨饭也有规矩，不能随便！"

"你这没有良心的，你害了我，我想死！"

"我赌咒不辜负你。"

"负不负我有什么用？帮我个忙，赶快拿去肚子里这块肉罢。我害怕！"

花狗不再做声，过了一会，便走开了。不久丈夫从他处回来，见萧萧一个人坐在草地上哭，眼睛红红的。丈夫心中纳罕，看了一会，问萧萧："姐姐，为什么哭？"

"不为什么，灰尘落到眼睛里，痛。"

"我吹吹吧。"

"不要吹。"

"你瞧我，得这些这些。"

他把从溪中捡来的小蚌、小石头陈列在萧萧面前，萧萧泪眼婆娑看了一会，勉强笑着说，"弟弟，我们要好，我哭你莫告家中。告我可要生气。"到后这事情家中当真就无人知道。

过了半个月，花狗不辞而行，把自己所有的衣裤都拿去了。祖父问同住的哑巴知不知道他为什么走路，走哪儿去。哑巴只是摇头，说花狗还欠了他两百钱，临走时话都不留一句，为人少良心。哑巴说他自己的话，并没有把花狗走的理由说明。因此这一家稀奇一整天，谈论一整天。不过这工人既不偷走物件，又不拐带别的，这事过后不久，自然也就把他忘掉了。

萧萧仍然是往日的萧萧。她能够忘记花狗就好了。但是肚子真有些不同了，肚中东西总在动，使她常常一个人干着急，尽做怪梦。

她脾气坏了一点，这坏处只有丈夫知道，因为她对丈夫似乎严厉苛刻了好些。

仍然每天同丈夫在一处，她的心，想到的事自己也不十分明白。她常想，我现在死了，什么都好了。可是为什么要死？她还很高兴活下去，愿意活下去。

家中人不拘谁在无意中提起关于丈夫弟弟的话，提起小孩子，提起花狗，都像使这话如拳头，在萧萧胸口上重重一击。

到八月，她担心人知道更多了，引丈夫庙里去玩，就私自许愿，吃了一大把香灰。吃香灰被她丈夫见到了，丈夫问这是做什么，萧萧就说肚子痛，应当吃这个。虽说求菩萨许愿，菩萨当然没有如她的希望，肚子中长大的东西仍在慢慢地长大。

她又常常往溪里去喝冷水，给丈夫见到了，丈夫问她她就说口渴。

一切她所想到的方法都没有能够使她与自己不欢喜的东西分开。大肚子只有丈夫一人知道，他却不敢告这件事给父母晓得。因为时间长久，年龄不同，丈夫有些时候对于萧萧的怕同爱，比对于父母还深切。

她还记得花狗赌咒那一天里的事情，如同记着其他事情一样。到秋天，屋前屋后毛毛虫都结茧，成了各种好看的蝶蛾，丈夫像故意折磨她一样，常常提起几个月前被毛毛虫所螫的旧话，使萧萧心里难过。她因此极恨毛毛虫，见了那小虫就想用脚去踹。

有一天，又听人说有好些女学生过路，听过这话的萧萧，睁了眼做过一阵梦，愣愣的对日头出处痴了半天。

萧萧步花狗后尘，也想逃走，收拾一点东西预备跟了女学生走的那条路上城。但没有动身，就被家里人发觉了。

家中追究这逃走的根源，才明白这个十年后预备给小丈夫生儿子继香火的萧萧肚子，已被别人抢先下了种。这真是了不得的一件大事。一家人的平静生活，为这一件事全弄乱了。生气的生气，流泪的流泪，骂人的骂人，各按本分乱下去。悬梁，投水，吃毒药，被禁困的萧萧，诸事漫无边际的全想到了，究竟年纪太小，舍不得死，却不曾做。于是祖父从现实出发，想出了个聪明主意，把萧萧关在房里，派人好好看守着，请萧萧本族的人来说话，看是“沉潭”还是“发卖”？萧萧家中人要面子，就沉潭淹死她，舍不得就发卖。萧萧只有一个伯父，在近处庄子里为人种田，去请他时先还以为是吃酒，到了才知道是这样丢脸事情，弄得这老实忠厚家长手足无措。

大肚子作证，什么也没有可说。伯父不忍把萧萧沉潭，萧萧当然应当嫁人作二路亲了。

这也是一种处罚，好像也极其自然，照习惯受损失的是丈夫家里，然而却可以在改嫁上收回一笔钱，当作赔偿损失的数目。那伯父把这事告给了萧萧，就要走路。萧萧拉着伯父衣角不放，只是幽幽地哭。伯父摇了一会头，一句话不说，仍然走了。

一时没有相当的人家来要萧萧，因此暂时就仍然在丈夫家中住下。这件事情既经说明白，照乡下规矩倒又像不什么要紧，只等待处分，大家反而释然了。先是小丈夫不能再同萧萧在一处，到后又仍然如月前情形，姊弟一般有说有笑地过日子了。

丈夫知道了萧萧肚子中有儿子的事情，又知道因为这样萧萧才应当嫁到远处去。但是丈夫并不愿意萧萧去，萧萧自己也不愿意去，大家全莫名其妙，只是照规矩像逼到要这样做，不得不做。

在等候主顾来看人，等到十二月，还没有人来，萧萧只好在这人家过年。

萧萧次年二月间，十月满足坐草生了一个儿子，团头大眼，声响洪壮，大家把母子二人照料得好好的，照规矩吃蒸鸡同江米酒补血，烧纸谢神。一家人都喜欢那儿子。

生下的既是儿子，萧萧不嫁别处了。

到萧萧正式同丈夫拜堂圆房时，儿子已经年纪十岁，能看牛割草，成为家中生产者一员了。平时喊萧萧丈夫做大叔，大叔也答应，从不生气。

这儿子名叫牛儿。牛儿十二岁时也接了亲，媳妇年长六岁。媳妇年纪大，才能诸事做帮手，对家中有帮助。唢呐吹到门前时，新娘在轿中呜呜地哭着，忙坏了那个祖父曾祖父。

这一天，萧萧抱了自己新生的毛毛，却在屋前榆蜡树篱笆看热闹，同十年前抱丈夫一个样子。

一九二九年冬作

【简析】

沈从文在《萧萧》中竭力表现乡下人物“更有人性、更近人情”的品质。小说通过三个主要的阶段来探讨这个主题：(1) 萧萧嫁作童养媳；(2) 萧萧被花狗诱奸；(3) 萧萧的结局。沈从文对童养媳现象处理得自然，因为是乡下平常的事，没有做任何道德价值的判断。乡下人有着属于自己与世隔绝的世界，生性纯朴，生活也合乎自然的生息，一切都似乎是理所当然的。小说第二段，写十五岁的萧萧被家中工人花狗用山歌和花言巧语，把“心窍子唱开，变成个妇人了”。花狗与萧萧所做的事，如果以当时的社会来看，简直罪大恶极，足以被处死，可是在这个乡下世界里却有着截然不同的命运发展。小说第三段便是个高潮，写萧萧被弃后想方设法堕胎不成，正准备逃走却被发现。乡下人碍于前人那套“子曰”的说法，给萧萧的伯父两个选择，一则沉潭，一则发卖。伯父并不忍心让萧萧沉潭，而萧萧婆家人的反应更是有趣：“这件事情既经说明白，照乡下的规矩，倒又不什么要紧，只等待处分，大家反而释然了。”后来萧萧把儿子生下，也同丈夫成亲，一家人快乐相处，接着儿子阿牛迎娶童养媳，整个生命再次循环。

【思考与练习】

1. 分析沈从文《萧萧》中女性的悲剧命运。

2. 体会 20 世纪初湘西的淳朴民风和原始的社会状态，解读沈从文乡土小说的特色。

拓展阅读　　沈从文和他笔下的“湘西世界”

(六) 故乡人

汪曾祺

【题解】

汪曾祺(1920 年—1997 年)，江苏高邮人，当代作家。1940 年开始发表小说。1943 年大学毕业后在昆明、上海等地担任中学语文教员和历史博物馆职员。1946 年起在《文学杂志》《文艺复兴》和《文艺春秋》上发表《戴车匠》《复仇》《绿猫》《鸡鸭名家》等短篇小说，引起文坛注目。1950年后在北京文联、中国民间文学研究会工作，编辑《北京文艺》和《民间文学》等刊物。1962年调入北京京剧团(后改北京京剧院)任编剧。著有小说集《邂逅集》《羊舍的夜晚》《汪曾祺短篇小说选》《晚饭花集》《寂寞与温暖》《茱萸集》，散文集《蒲桥集》《塔上随笔》，文学评论集《晚翠文谈》，以及《汪曾祺自选集》等。短篇《受戒》和《大淖记事》是其获奖小说，作品被译成多种文字介绍到国外。其作品多写童年、故乡，写记忆里的人和事，在纯朴自然、清淡委婉中表现和谐的意趣。他力求淡泊，脱离外界的喧哗和干扰，精心营构自己的艺术世界；自觉吸收传统文化，具有浓郁的乡土气息。在小说散文化方面，开风气之先，被誉为“抒情的人道主义者”。

打鱼的

女人很少打鱼。

打鱼的有几种。

一种用两只三桅大船，乘着大西北风，张了满帆，在大湖的激浪中并排前进，船行如飞，两船之间挂了极大的拖网，一网上来，能打上千斤鱼。而且都是大鱼。一条大铜头鱼(这种鱼头部尖锐，颜色如新擦的黄铜，肉细味美，有的地方叫作黄段)，一条大青鱼，往往长达七八尺。较小的，也都在五斤以上。起网的时候，如果觉得分量太沉，会把鱼放掉一些，否则有把船拽翻了的危险。这种豪迈壮观的打鱼，只能在严寒的冬天进行，一年只能打几次。渔船的船主都是些小财主，虽然他们也随船下湖，驾船拉网，勇敢麻利处不比雇来的水性极好的伙计差到哪里去。

一种是放鱼鹰的。鱼鹰分清水、浑水两种。浑水鹰比清水鹰值钱得多。浑水鹰能在浑水里睁眼，清水鹰不能。湍急的浑水里才有大鱼，名贵的鱼。清水里只有普通的鱼，不肥大，味道也差。站在高高的运河堤上，看人放鹰捉鱼，真是一件快事。一般是两个人，一个撑船，一个管鹰。一船鱼鹰，多的可到二十只。这些鱼鹰歇在木架上，一个一个都好像很兴奋，不停地鼓嗉子，扇翅膀，有点迫不及待的样子。管鹰的把篙子一摆，二十只鱼鹰扑通扑通一齐钻进水里，不大一会，接二连三的上来了。嘴里都叼着一条一尺多长的鳜鱼，鱼尾不停地搏动。没有一只落空。有时两只鱼鹰合抬着一条大鱼。呵！这条大鳜鱼！烧出来以后，哪里去找这样大的鱼盘来盛它呢？

一种是扳罾的。

一种是撒网的。……

还有一种打鱼的：两个人，都穿了牛皮缝制的连鞋子。裤子带上衣的罩衣，颜色白黄白黄的，站在齐腰的水里。一个张着一面八尺来宽的兜网；另一个按着一个下宽上窄的梯形的竹架，从一个距离之外，对面走来，一边一步一步地走，一边把竹架在水底一戳一戳地戳着，把鱼赶进网里。这样的打鱼的，只有在静止的浅水里，或者在虽然流动但水不深，流不急的河里，如护城河这样的地方，才能见到。这种打鱼的，每天打不了多少，而且没有很大的，很好的鱼。大都是不到半斤的鲤鱼拐子、鲫瓜子、鲶鱼。连不到二寸的“罗汉狗子”，薄得无肉的“猫杀子”，他们也都要。他们时常会打到乌龟。

在小学校后面的苇塘里，臭水河，常常可以看到两个这样的打鱼的。一男一女。他们是两口子。男的张网，女的赶鱼。奇怪的是，他们打了一天的鱼，却听不到他们说一句话。

他们的脸上既看不出高兴，也看不出失望、忧愁，总是那样平平淡淡的，平淡得近于木然。除了举网时听到(欻)的一声，和梯形的竹架间或搅动出一点水声，听不到一点声音。就是举网和搅水的声音，也很轻。

有几天不看见这两个穿着黄白黄白的牛皮罩衣的打鱼的了。又过了几天，他们又来了。按着梯形竹架赶鱼的换了一个人，一个十五六岁的小姑娘。辫根缠了白头绳。一看就知道，是打鱼人的女儿，她妈死了，得的是伤寒。她来顶替妈的职务了。她穿着妈穿过的皮罩衣，太大了，腰里窝着一块，更加显得臃肿。她也像妈一样，按着梯形竹架，一戳一戳地戳着，一步一步地往前走。

她一定觉得：这身湿了水的牛皮罩衣很重，秋天的水已经很凉，父亲的话越来越少了。

金大力

金大力想必是有个大名的，但大家都叫他金大力，当面也这样叫。为什么叫他金大力，已经无从查考。他姓金，块头倒是很大。他家放剩饭的淘箩，年下腌制的风鱼咸肉，都挂得很高，别人够不着，他一伸手就能取下来，不用使竹竿叉棍去挑，也不用垫一张凳子。身大力不亏。但是他是不是有很大的力气，没法证明。关于他的大力，没有什么传说的故事，他没有表演过一次，也没有人和他较量过。他这人是不会当众表演，更不会和任何人较量的。因此，大力只是想当然耳。是不是和戏里的金大力有什么关系呢？也说不定。也许有。他很老实，也没有什么本事，这一点倒和戏里的金大力有点像。戏里的金大力只是个傻大个儿，哪次打架都有他，有黄天霸就有他，但哪回他也没有打得很出色。人们在提起金大力时，并不和戏台上那个戴着红缨帽或盘着一条大辫子，拿着一根可笑的武器，一根红漆的木棍的那个金大力的形象联系起来。这个金大力和那个金大力不大相干。这个金大力只是一个块头很大的，家里开着一爿茶水炉子，本人是个瓦匠头儿的老实人。

他怎么会当了瓦匠头儿呢？

按说，瓦匠里当头儿的，得要年高望重，手艺好，有两手绝活，能压众，有口才，会讲话，能应付场面，还得有个好人缘儿。前面几条，金大力都不沾。金大力是个很不够格的瓦匠，他的手艺比一个刚刚学徒的小工强不了多少，什么活也拿不起来。一般老师傅会做的活，不用说相地定基，估工算料，砌墙时挂线，布瓦时堆瓦脊两边翘起的山尖，用一把瓦刀舀起半桶青灰在瓦脊正中塑出花开四面的浮雕……这些他统统不会，他连砌墙都砌不直！当了一辈子瓦匠，砌墙会砌出一个鼓肚子，真也是少有。他是一个瓦匠头，只能干一些小工活，和灰送料，传砖递瓦。这人很拙于言辞，一天说不了几句话，老是闷声不响，他不会说几句恭喜发财，大吉大利的应酬门面话讨主人家喜欢；也不会说几句夸赞奉承，道劳致谢的漂亮话叫同行高兴；更不会长篇大套地训教小工以显示一个头儿的身份。他说的只是几句实实在在的大实话。说话很慢，声音很低，跟他那副大骨架很不相符。只有一条，他倒是具备的：他有一个好人缘儿。不知道为什么，他的人缘儿会那么好。

这一带人家，凡有较大的泥工瓦活，都愿意找他。一般的零活，比如检个漏，修补一下被雨水冲坍的山墙，这些，直接雇两个瓦匠来就行了，不必通过金大力。若是新建房屋，或翻盖旧房，就会把金大力叫来。金大力听明白了是一个多大的工程，就告辞出来。他算不来所需工料、完工日期，就去找有经验的同行商议。第二天，带了一个木匠头儿，一个瓦匠老师傅，拿着工料单子，向主人家据实复告。主人家点了头，他就去约人、备料。到窑上订砖、订瓦，到石灰行去订石灰、麻刀、纸脚。他一辈子经手了数不清的砖瓦石灰，可是没有得过一手钱的好处。

这里兴建动工有许多风俗。先得“破土”。由金大力用铁锹挖起一小块土，铲得四方四正，用红纸包好，供在神像前面。——这一方土要到完工时才撤去。然后，主人家要请一桌酒。这桌酒有两点特别处，一是席面所用器皿都十分粗糙，红漆筷子，蓝花粗瓷大碗；二是菜除了猪肉、豆腐外，必有一道泥鳅。这好像有一点是和泥瓦匠开玩笑，但瓦匠都不见怪，因为这是规矩。这桌酒，主人是不陪的，只是出来道一声“诸位多辛苦”，然后就委托金大力：“金师傅，你陪陪吧！”金大力就代替了主人，举起酒杯，喝下一口淡酒。这时木匠已经把房架立好，到了择定吉日的五更头，上了梁，——梁柱上贴了一副大红对子：“登柱喜逢黄道日，上梁正遇紫微星”，两边各立了一面筛子，筛子里斜贴了大红斗方，斗方的四角写着“吉星高照”，金大力点起一挂鞭，泥瓦工程就开始了。

每天，金大力都是头一个来，比别人要早半小时。来了，把孩子们搬下来搭桥、搭鸡窝玩的砖头捡回砖堆上去，把碍手碍脚的棍棍棒棒归置归置，清除“脚手”板子上昨天滴下的灰泥，把“脚手”往上提一提，捆“脚手”的麻绳紧一紧，扫扫地，然后，挑了两担水来，用铁锹抓钩和青灰，——石灰里兑了锅烟；和黄泥。灰泥和好，伙计们也就来上工了。他是个瓦匠，上工时照例也在腰带里掖一把瓦刀，手里提着一个抿子。可是他的瓦刀抿子几乎随时都是干的。他一天使的家伙就是铁锹抓钩，他老是在和灰、和泥。他只能干这种小工活，也就甘心干小工活。他从来不想去露一手，去逞能卖嘴，指手画脚，到了半前晌和半后晌，伙计们照例要下来歇一会，金大力看看太阳，提起两把极大的紫砂壶就走。在壶里撮了两大把茶叶梗子，到他自己家的茶水炉上，灌了两壶水，把茶水筛在大碗里，就抬头叫嚷：“哎，下来喝茶！”傍晚收工时，他总是最后一个走。他要各处看看，看看今天的进度、质量(他的手艺不高，这些都还是会看的)，也看看有没有留下火星(木匠熬胶要点火，瓦匠里有抽烟的)。然后，解下腰带，从头到脚，抽打一遍。走到主人家窗下，扬声告别：“明儿见啦！晚上你们照看着点！”——“好来，我们会照看。明儿见，金师傅！”

金大力是个瓦匠头儿，可是拿的工钱很低，比一个小工多不了多少。同行师傅们过意不去，几次提出要给金头儿涨涨工钱。金大力说：“不。干什么活，拿什么钱。再说，我家里还开着一爿茶水炉子，我不比你们指身为业。这我就知足。”

金家茶炉子生意很好。一早、晌午、傍黑，来打开水的人很多，提着木(木量)子的，提着洋铁壶、暖壶、茶壶的，川流不息。这一带店铺人家一般不烧开水，要用开水，多到茶炉子上去买，这比自己家烧方便。茶水炉子，是一个砖砌的长方形的台子，四角安四个很深很大的铁罐，当中有一个火口。这玩意，有的地方叫作“老虎灶”。烧的是稻糠。稻糠着得快，火力也猛。但这东西不经烧，要不断地往里续。烧火的是金大力的老婆。这是个很结实也很利索的女人。只见她用一个小铁簸箕，一簸箕一簸箕地往火口里倒糠。火光轰轰地一阵一阵往上冒，照得她满脸通红。半箩稻糠烧完，四个铁罐里的水就哗哗地开了，她就等着人来买水，一舀子一舀子往各种容器里倒。到罐里水快见底时，再烧。一天也不见她闲着。(稻糠的灰堆在墙角，是很好的肥料，卖给乡下人垩田，一个月能卖不少钱。)

茶炉子用水很多。金家茶炉的一半地方是三口大水缸。因为缸很深，一半埋在地里。一口缸容水八担，金家一天至少要用二十四担水。这二十四担水都是金大力挑的。有活时，他早晚挑；没活时(瓦匠不能每天有活)白天挑。因为经常挑水，总要撒泼出一些，金家茶炉一边的地总是湿漉漉的，铺地的砖发深黑色(另一边的砖地是浅黑色)。你要是路过金家茶炉子，常常可以看见金大力坐在一根搭在两只水桶的扁担上休息，好像随时就会站起身来去挑一担水。

金大力不变样，多少年都是那个样子。高大结实，沉默寡言。

不，他也老了。他的头发已经有了几根白的了，虽然还不大显，墨里藏针。

钓鱼的医生

这个医生几乎每天钓鱼。

他家挨着一条河。出门走几步，就到了河边。这条河不宽。会打水撇子(有的地方叫打水漂，有的地方叫打水片)的孩子，捡一片薄薄的破瓦，一扬手忒忒忒忒，打出二十多个，瓦片贴水飘过河面，还能蹦到对面的岸上。这条河下游淤塞了，水几乎是不流动的。河里没有船。也很少有孩子到这里来游水，因为河里淹死过人，都说有水鬼。这条河没有什么用处。因为水不流，也没有人挑来吃。只有南岸的种菜园的每天挑了浇菜。再就是有人家把鸭子赶到河里来放。河南岸都是大柳树。有的欹侧着，柳叶都拖到了水里。河里鱼不少，是个钓鱼的好地方。

你大概没有见过这样的钓鱼的。

他搬了一把小竹椅，坐着。随身带着一个白泥小灰炉子，一口小锅，提盒里葱姜作料俱全，还有一瓶酒。他钓鱼很有经验。钓竿很短，鱼线也不长，而且不用漂子，就这样把钓线甩在水里，看到线头动了，提起来就是一条。都是三四寸长的鲫鱼。——这条河里的鱼以白条子和鲫鱼为多。白条子他是不钓的，他这种钓法，是钓鲫鱼的。钓上来一条，刮刮鳞洗净了，就手就放到锅里。不大一会，鱼就熟了。他就一边吃鱼，一边喝酒，一边甩钩再钓。这种出水就烹制的鱼味美无比，叫作“起水鲜”。到听见女儿在门口喊：“爸——!”知道是有人来看病了，就把火盖上，把鱼竿插在岸边湿泥里，起身往家里走。不一会，就有一只钢蓝色的蜻蜓落在他的鱼竿上了。

这位老兄姓王，字淡人。中国以淡人为字的好像特别多，而且多半姓王。他们大都是阴历九月生的，大名里一定还带一个菊字。古人的一句“人淡如菊”的诗，造就了多少人的名字。

王淡人的家很好认。门口倒没有特别的标志。大门总是开着的，往里一看，就看到通道里挂了好几块大匾。匾上写的是“功同良相”“济世救人”“仁心仁术”“术绍岐黄”。“杏林春暖”“橘井流芳”“妙手回春”“起我沉疴”……医生家的匾都是这一套。这是亲友或病家送给王淡人的祖父和父亲的。匾都有年头了，匾上的金字都已经发暗。到王淡人的时候，就不大兴送匾了。送给王谈人的只有一块，匾很新，漆地乌亮，匾字发光，是去年才送的。这块匾与医术无关，或关系不大，匾上写的是“急公好义”，字是颜体。

进了过道，是一个小院子。院里种着鸡冠、秋葵、凤仙一类既不花钱，又不费事的草花。有一架扁豆。还有一畦瓢菜。这地方不吃瓢菜，也没有人种。这一畦瓢菜是王淡人从外地找了种子，特为种来和扁豆配对的。王淡人的医室里挂着一副郑板桥写的(木板刻印的)对子：“一庭春雨瓢儿菜，满架秋风扁豆花。”他很喜欢这副对子。这点淡泊的风雅，和一个不求闻达的寒士是非常配称的。其实呢？何必一定是瓢儿菜，种什么别的菜也不是一样吗？王淡人花费心思去找了瓢菜的菜种来种，也可看出其天真处。自从他种了瓢菜，他的一些穷朋友在来喝酒的时候，除了吃王淡人自己钓的鱼，就还能尝到这种清苦的菜蔬了。

过了小院，是三间正房，当中是堂屋，一边是卧房，一边是他的医室。他的医室和别的医生的不一样，像一个小药铺。架子上摆着许多青花小瓷坛，坛口塞了绵纸卷紧的塞子，坛肚子上贴着浅黄蜡笺的签子，写着“九一丹”“珍珠散”“冰片散”……到处还有一些大大小小的乳钵，药碾子，药臼、嘴刀、剪子、镊子、钳子、钎子，往耳朵和喉咙里吹药用的铜鼓……他这个医生是“男妇内外大小方脉”，就是说内科、外科、妇科、儿科，什么病都看。王家三代都是如此。外科用的药，大都是“散”——药面子。“神仙难识丸散”，多有经验的医生和药铺的店伙也鉴定不出散的真假成色，都是一些粉红的或雪白的粉末。虽然每一家药铺都挂着一块小匾“修合存心”，但是王淡人还是不相信。外科散药里有许多贵重药：麝香、珍珠、冰片……哪家的药铺能用足？因此，他自己炮制。他的老婆、儿女，都是他的助手，经常看到他们抱着一个乳钵，握着乳锤，一圈一圈慢慢地磨研(散要研得极细，都是加了水“乳”的)。另外，找他看病的多一半是乡下来的，即使是看内科，他们也不愿上药铺去抓药，希望先生开了方子就给配一副，因此，他还得预备一些常用的内科药。

城里外科医生不多，——不知道为什么，大家对外科医生都不大看得起，觉得都有点“江湖”，不如内科清高，因此，王淡人看外科的时间比较多。一年也看不了几起痈疽重症，多半是生疮长疖子，而且大都是七八岁狗都嫌的半大小子。常常看见一个大人带着生瘌痢头的瘦小子，或一个长痄腮的胖小子走进王淡人家的大门；不多一会；就又看见领着出来了。生瘌痢的涂了一头青黛，把一个秃光光的脑袋涂成了蓝的；生痄腮的腮帮上画着一个乌黑的大圆饼子，——是用掺了冰片研出的陈墨画的。

这些生疮长疖子的小病症，是不好意思多收钱的，——那时还没有挂号收费这一说。而且本地规矩，熟人看病，很少当下交款，都得要等“三节算账”，——端午、中秋、过年。忘倒不会忘的，多少可就“各凭良心”了。有的也许为了高雅，其实为了省钱，不送现钱，却送来一些华而不实的礼物：批把、扇子、月饼、莲蓬、天竺果子、腊梅花。乡下来人看病，一般倒是当时付酬，但常常不是现钞，或是二十个鸡蛋、或一升芝麻、或一只鸡、或半布袋鹌鹑！遇有实在困难，什么也拿不出来的，就由病人的儿女趴下来磕一个头。王淡人看看病人身上盖着的破被，鼻子一酸，就不但诊费免收，连药钱也白送了。王淡人家吃饭不致断顿，——吃扁豆、瓢菜、小鱼、糙米和炸鹌鹑！穿衣可就很紧了。淡人夫妇，十多年没添置过衣裳。只有儿子女儿一年一年长高，不得不给他们换换季。有人说：王淡人很傻。

王淡人是有点傻。去年、今年，就办了两件傻事。

去年闹大水。这个县的地势，四边高，当中低，像一个水壶，别名就叫作盂城。城西的运河河底，比城里的南北大街的街面还要高。站在运河堤上，可以俯瞰城中鳞次栉比的瓦屋的屋顶；城里小孩放的风筝，在河堤游人的脚底下飘着。因此，这地方常闹水灾。水灾好像有周期，十年大闹一次。去年闹了一次大水。王淡人在河边钓鱼，傍晚听见蛤蟆爬在柳树顶上叫，叫得他心惊肉跳，他知道这是不祥之兆。蛤蟆有一种特殊的灵感，水涨多高，他就在多高处叫。十年前大水灾就是这样。果然，连天暴雨，一夜西风，运河决了口，浊黄色的洪水倒灌下来，平地水深丈二，大街上成了大河。大河里流着箱子、柜子、死牛、死人。这一年死于大水的，有上万人。大水十多天未退，有很多人困在房顶、树顶和孤岛一样的高岗子上挨饿；还有许多人生病；上吐下泻，痢疾伤寒。王淡人就用了一根结结实实的撑船用的长竹篙拄着，在齐胸的大水里来往奔波，为人治病。他会水，在水特深的地方，就横执着这根竹篙，泅水过去。他听说泰山庙北边有一个被大水围着的孤村子，一村子人都病倒了。但是泰山庙那里正是洪水的出口，水流很急，不能容舟，过不去！他和四个水性极好的专在救生船上救人的水手商量，弄了一只船，在他的腰上系了四根铁链，每一根又分在一个水手的腰里，这样，即使是船翻了，他们之中也可能有一个人把他救起来。船开了，看着的人的眼睛里都蒙了一层眼泪。眼看这只船在惊涛骇浪里颠簸出没，终于靠到了那个孤村，大家发出了雷鸣一样的欢呼。这真是玩儿命的事！

水退之后，那个村里的人合送了他一块匾，就是那块“急公好义”。

拿一条命换一块匾，这是一件傻事。

另一件傻事是给汪炳治搭背，今年。

汪炳是和他小时候一块掏蛐蛐，放风筝的朋友。这人原先很阔。这一街的老人到现在还常常谈起他娶亲的时候，新娘子花鞋上缀的八颗珍珠，每一颗都有指头顶子那样大！好家伙，吃喝嫖赌抽大烟，把家业败得精光，连一片瓦都没有，最后只好在几家亲戚家寄食。这一家住三个月，那一家住两个月。就这样，他还抽鸦片！他给人家熬大烟，报酬是烟灰和一点膏子。他一天夜里觉得背上疼痛，浑身发烧，早上歪歪倒倒地来找王淡人。

王淡人一看，这是个有名有姓的外症：搭背。说：“你不用走了！”

王淡人把江炳留在家里住，管吃、管喝，还管他抽鸦片，——他把王淡人留着配药的一块云土抽去了一半。王淡人祖上传下来的麝香、冰片也为他用去了三分之一。一个多月以后，汪炳的搭背收口生肌，好了。

有人问王淡人：“你干吗为他治病？”王淡人倒对这话有点不解，说：“我不给他治，他会死的呀。”

汪炳没有一个钱。白吃，白喝，白治病。病好后，他只能写了很多鸣谢的帖子，贴在满城的街上，为王淡人传名。帖子上的言词倒真是淋漓尽致，充满感情。

王淡人的老婆是很贤惠的，对王淡人所做的事没有说过一个不字。但是她忍不住要问问淡人：“你给汪炳用掉的麝香、冰片，值多少钱？”王谈人笑一笑，说：“没有多少钱。我还有。”他老婆也只好笑一笑，摇摇头。

王淡人就是这样，给人看病，看“男女内外大小方脉”，做傻事，每天钓鱼。一庭春雨，满架秋风。

你好，王淡人先生！

一九八一年八月十九日

【简析】

李木先生的《世纪绝唱汪曾祺》中有这样一段话：“中国文坛还算是幸运的，20 世纪末叶出了个作家汪曾祺。一个随和的老头，不经意之间留下了二百多万字的作品。谁知这不算丰硕的文字，竟然天雨般隐于云彩里，时不时就淋湿了天下人(尤其是普通人)干涸的心……”也有人曾经说过：“我们可以在汪曾祺笔下，从古朴敦厚的乡镇社会中人与人之间平和宽裕的境界里，寻到儒家个体与社会和谐的人生理想，从清新明丽的江南风光里人与自然天人合一的意境中，觅出庄禅的个人与自然和谐的审美追求。”所以说，《故乡人》不单是讲了几则令人听起来饶有趣味的故事，更是为了推崇纯朴和谐之美。作者没有苛求情节的起落和戏剧化的冲突；也没有写历史的变迁和人间的沧桑。他只是以一颗平静的心，用平淡如水的语词，叙说着村落市井的细碎琐事，说说那些仿佛离我们的尘世很远的，又如同在我们身边的反常人生的起居行止、音容笑貌。在日复一日，年复一年中，自然本真的生活深处，还有着这样超功利的、率性自然的生活境界——朴素、沉静、自在、水一般的生命之美。这种美是世俗精神下的和谐自然。中国的传统文化一方面崇尚和谐，以静为本，以“和”为贵；一方面顺应人情，重视常识，讲究日常的生活经验，体现了一种享受现世的乐观精神。汪曾祺写故乡、谈文化的散文正是体现了这样的一种文化心态，一种植根于农业文明的淡泊自然、雍容宁静的久违了的士大夫情趣。从这一点看，汪曾祺是深谙中国传统文化的独特表现方式和精妙之处的。

从写法上来看，作者把纯朴的民风民俗，自己的真情实感和在特定的地域文化中孕育成的人性美融合为一，创造出一种诗化的抒情艺术境界，然后把人物形象放到这个总体“气氛”中去作为其有机部分进行创造。在人物的刻画方面，作者主要运用了白描的手法，即用省俭、朴素、平实的文字去描画。几个打鱼人、金大力以及王淡人，作者都只用了寥寥数语，但轮廓井然，栩栩如生，令人印象深刻。

【思考与练习】

1. 分析汪曾祺《故乡人》的人物性格特点。
2. 分析《故乡人》中所传达出的思想内涵。

(七) 金锁记(节选)

张爱玲

【题解】

张爱玲(1921 年—1995 年)，本名张瑛，原籍河北丰润。现代著名作家。张爱玲的家世显赫，但父亲是个纨绔子弟，母亲长期旅居国外，张爱玲在接受西方现代文明和中国旧贵族旧传统影响的同时，童年的不幸使她深受创伤。1939 年她就读于香港大学，毕业前香港沦陷，于 1942 年回到上海。1943 年以《沉香屑》成名，随后接连发表《倾城之恋》《金锁记》等作品，红极一时。1944 年张爱玲结识胡兰成并与之交往。1952 年赴香港。1973 年定居洛杉矶。1995 年 9 月 8 日，被人发现逝于寓所，终年 75 岁。

张爱玲一生创作大量作品，类型包括小说、散文、电影剧本以及文学论著等，其作品被认为“以《红楼梦》式的语言和对中国家族人情世态的把握，细腻的心理刻画，高超的文学表现力，以及老辣而又从容的笔力，写出了人性令人震惊的真实。”

《金锁记》写于 1943 年，是张爱玲的代表作。本书节选的是小说的情节转折部分。

风从窗子里进来，对面挂着的回文雕漆长镜被吹得摇摇晃晃，磕托磕托敲着墙。七巧双手按住了镜子。镜子里反映着的翠竹帘子和一副金绿山水屏条依旧在风中来回荡漾着，望久了，便有一种晕船的感觉。再定睛看时，翠竹帘子已经褪了色，金绿山水换了一张她丈夫的遗像，镜子里的人也老了十年。去年她戴了丈夫的孝，今年婆婆又过世了。现在正式挽了叔公九老太爷出来为他们分家。今天是她嫁到姜家来之后一切幻想的集中点。这些年了，她戴着黄金的枷锁，可是连金子的边都啃不到，这以后就不同了。七巧穿着白香云纱衫，黑裙子，然而她脸上像抹了胭脂似的，从那揉红了的眼圈儿到烧热的颧骨。她抬起手来揾了揾脸，脸上烫，身子却冷得打颤。她叫祥云倒了杯茶来。(小双早已嫁了，祥云也配了个小厮。)茶给喝了下去，沉重地往腔子里流，一颗心便在热茶里扑通扑通跳。她背向着镜子坐下了，问祥云道："九老太爷来了这一下午，就在堂屋里跟马师爷查账？"祥云应了一声是。七巧又道："大爷大奶奶三爷三奶奶都不在跟前？"祥云又应了一声是。七巧道："还到谁的屋里去过？"祥云道："就到哥儿们的书房里兜了一兜。"七巧道："好在咱们白哥儿的书倒不怕他查考……今年这孩子就吃亏在他爸爸他奶奶接连着出了事，他若还有心念书，他也不是人养的！"她把茶吃完了，吩咐祥云下去看看堂屋里大房三房的人可都齐了，免得自己去早了，显得性急，被人耻笑。恰巧大房里也差了一个丫头出来探看，和祥云打了个照面。

七巧终于款款下楼来了。当屋里临时布置了一张镜面乌木大餐台，九老太爷独当一面坐了，面前乱堆着青布面，梅红签的账簿，又搁着一只瓜棱茶碗。四周除了马师爷之外，又有特地邀请的"公亲"，近于陪审员的性质。各房只派了一个男子作代表，大房是大爷，二房二爷没了，是二奶奶，三房是三爷。季泽很知道这总清算的日子于他没有什么好处，因此他到得最迟。然而来既来了，他决不愿意露出焦灼懊丧的神气，腮帮子上依旧是他那点丰肥的，红色的笑。眼睛里依旧是他那点潇洒的不耐烦。

九老太爷咳嗽了一声，把姜家的经济状况约略报告了一遍，又翻着账簿子读出重要的田地房产的所在与按年的收入。七巧两手紧紧扣在肚子上，身子向前倾着，努力向她自己解释他的每一句话，与她往日调查所得一一印证。青岛的房子，天津的房子，原籍的地，北京城外的地，上海的房子……三爷在公账上拖欠过巨，他的一部分遗产被抵消了之后，还净欠六万，然而大房二房也只得就此算了，因为他是一无所有的人。他所仅有的那一幢花园洋房，他为一个姨太太买的，也已经抵押了出去。其余只有老太太陪嫁过来的首饰，由兄弟三人均分，季泽的那一份也不便充公，因为是母亲留下的一点纪念。七巧突然叫了起来道："九老太爷，那我们太吃亏了！"

堂屋里本就肃静无声，现在这肃静却是沙沙有声，直锯进耳朵里去，像电影配音机器损坏之后的锈轧。九老太爷睁了眼望着她道："怎么？你连他娘丢下的几件首饰也舍不得给他？"七巧道："亲兄弟，明算账，大哥大嫂不言语，我可不能不老着脸开口说句话。我须比不得大哥大嫂——我们死掉的那个若是有能耐出去做两任官，手头活便些，我也乐得放大方些，哪怕把从前的旧账一笔勾销呢？可怜我们那一个病病哼哼一辈子，何尝有过一文半文进账，丢下我们孤儿寡妇，就指着这两个死钱过活。我是个没脚蟹，长白还不满十四岁，往后苦日子有得过呢！"说着，流下泪来。九老太爷道："依你便怎样？"七巧呜咽道："哪儿由得我出主意呢？只求九老太爷替我们做主！"季泽冷着脸只不做声，满屋子的人都觉不便开口。九老太爷按捺不住一肚子的火，哼了一声道："我倒想替你出主意呢，只怕你不爱听！二房里有田地没人照管，三房里有人没有地，我待要叫三爷替你照管，你多少贴他些，又怕你不要他！"七巧冷笑道："我倒想依你呢，只怕死掉的那个不依！来人哪！祥云你把白哥儿给我找来！长白，你爹好苦呀！一下地就是一身的病，为人一场，一天舒坦日子也没过着，临了丢下你这点骨血，人家还看不得你，千方百计图谋你的东西！长白谁叫你爹拖着一身病，活着人家欺负他，死了人家欺负他的孤儿寡妇！我还不打紧，我还能活个几十年么？至多我到老太太灵前把话说明白了，把这条命跟人拼了。长白你可是年纪小着呢，就是喝西北风你也得活下去呀！"九老太爷气得把桌子一拍道："我不管了！是你们求爹爹拜奶奶邀了我来的，你道我喜欢自找麻烦么？"站起来一脚踢翻了椅子，也不等人搀扶，一阵风走得无影无踪。众人面面相觑，一个个悄没声儿溜走了。唯有那马师爷忙着拾掇账簿子，落后了一步，看看屋里人全走光了，单剩下二奶奶一个人坐在那里捶着胸脯号啕大哭，自己若无其事地走了，似乎不好意思，只得走上前去，打躬作揖叫道："二太太！二太太！……二太太！"七巧只顾把袖子遮住脸，马师爷又不便把她的手拿开，急得把瓜皮帽摘下来扇着汗。

维持了几天的僵局，到底还是无声无臭照原定计划分了家。孤儿寡妇还是被欺负了。

七巧带着儿子长白，女儿长安另租了一幢屋子住下了，和姜家各房很少来往。隔了几个月，姜季泽忽然上门来了。老妈子通报上来，七巧怀着鬼胎，想着分家的那一天得罪了他，不知他有什么手段对付。可是兵来将挡，她凭什么要怕他？她家常穿着佛青实地纱袄子，特地系上一条玄色铁线纱裙，走下楼来。季泽却是满面春风的站起来问二嫂好，又问白哥儿可是在书房里，安姐儿的湿气可大好了，七巧心里便疑惑他是来借钱的，加意防备着，坐下笑道："三弟你近来又发福了。"季泽笑道："看我像一点儿心事都没有的人。"七巧笑道："有福之人不在忙吗！你一向就是无牵无挂的。"季泽笑道："等我把房子卖了，我还要无牵无挂呢！"七巧道："就是你做了押款的那房子，你还要卖？"季泽道："当初造它的时候，很费了点心思，有许多装置都是自己心爱的，当然不愿意脱手。后来你是知道的，那边地皮值钱了，前年把它翻造了。"

虽然他不向她哭穷，但凡谈到银钱交易，她总觉得有点危险，便岔了开去道："三妹妹好么？腰子病近来发过没有？"季泽笑道："我也有许久没见过她的面了。"七巧道："这是什么话？你们吵了嘴么？"季泽笑道："这些时我们倒也没吵过嘴。不得已在一起说两句话，也是难得的，也没那闲情逸致吵嘴。"七巧道："何至于这样？我就不相信！"季泽两肘撑在藤椅的扶手上，交叉着十指，手搭凉棚，影子落在眼睛上，深深地唉了一声。七巧笑道："没有别的，要不就是你在外头玩得太厉害了。自己做错了事，还唉声叹气的仿佛谁害了你似的。你们姜家就没有一个好人！"说着，举起白团扇，作势要打。季泽把那交叉着的十指往下移了一移，两只大拇指按在嘴唇上，两只食指缓缓抚摸着鼻梁，露出一双水汪汪的眼睛来。那眼珠却是水仙花缸底的黑石子，上面汪着水，下面冷冷的没有表情。看不出他在想什么。七巧道："我非打你不可！"季泽的眼睛里突然冒出一点笑泡儿，道："你打，你打！"七巧待要打，又掣回手去，重新一鼓作气道："我真打！"抬高了手，一扇子劈下来，又在半空中停住了，吃吃笑将起来。季泽带笑将肩膀耸了一耸，凑了上去道："你倒是打我一下罢！害得我浑身骨头痒痒着，不得劲儿！"七巧把扇子向背后一藏，越发笑得格格的。季泽把椅子换了个方向，面朝墙坐着，人向椅背上一靠，双手蒙住了眼睛，又是长长地叹了口气。七巧啃着扇子柄，斜睐着他道："你今儿是怎么了？受了暑吗？"季泽道："你哪里知道？"半晌，他低低的一个字一个字说道："你知道我为什么跟家里的那个不好，为什么我拼命的在外头玩，把产业都败光了？你知道这都是为了谁？"七巧不知不觉有些胆寒，走得远远的，倚在炉台上，脸色慢慢地变了。季泽跟了过来。七巧垂着头，肘弯撑在炉台上，手里擎着团扇，扇子上的杏黄穗子顺着她的额角拖下来。季泽在她对面站住了，小声道："二嫂！……七巧！"七巧背过脸去淡淡笑道："我要相信你才怪呢！"季泽便也走开了，道："不错。你怎么能够相信我？自从你到我家来，我在家一刻也待不住，只想出去。你没来的时候我并没有那么荒唐过，后来那都是为了躲你。娶了兰仙来，我更玩得凶了，为了躲你之外又要躲她，见了你，说不了两句话我就要发脾气——你哪儿知道我心里的苦楚？你对我好，我心里更难受——我得管着我自己——我不得平白的坑坏了你！家里人多眼杂，让人知道了，我是个男子汉，还不打紧，你可了不得！"七巧的手直打颤，扇柄上的杏黄须子在她额上苏苏磨擦着。季泽道："你信也罢，不信也罢！信了又怎样？横竖我们半辈子已经过去了，说也是白说。我只求你原谅我这一片心。我为你吃了这些苦，也就不算冤枉了。"

七巧低着头，沐浴在光辉里，细细的音乐，细细的喜悦……这些年了，她跟他捉迷藏似的，只是近不得身，原来还有今天！可不是，这半辈子已经完了——花一般的年纪已经过去了。人生就是这样的错综复杂，不讲理。当初她为什么嫁到姜家来？为了钱么？不是的，为了要遇见季泽，为了命中注定她要和季泽相爱。她微微抬起脸来，季泽立在她跟前，两手合在她扇子上，面颊贴在她扇子上。他也老了十年了，然而人究竟还是那个人呵！他难道是哄她么？他想她的钱——她卖掉她的一生换来的几个钱？仅仅这一转念便使她暴怒起来。就算她错怪了他，他为她吃的苦抵得过她为他吃的苦么？好容易她死了心了，他又来撩拨她。她恨他。他还在看着她。他的眼睛——虽然隔了十年，人还是那个人呵！就算他是骗她的，迟一点儿发现不好么？即使明知是骗人的，他太会演戏了，也跟真的差不多罢？

不行！她不能有把柄落在这厮手里。姜家的人是厉害的，她的钱只怕保不住。她得先证明他是真心不是。七巧定了一定神，向门外瞧了一瞧，轻轻惊叫道："有人！"便三脚两步赶出门去，到下房里吩咐潘妈替三爷弄点心去，快些端了来，顺便带把芭蕉扇进来替三爷打扇。七巧回到屋里来，故意皱着眉道："真可恶，老妈子在门口探头探脑的，见了我抹过头去就跑，被我赶上去喝住了。若是关上了门说两句话，指不定造出什么谣言来呢！饶是独门独户住了，还没个清净。"潘妈送了点心与酸梅汤进来，七巧亲自拿筷子替季泽拣掉了蜜层糕上的玫瑰与青梅，道："我记得你是不爱吃红绿丝的。"有人在跟前，季泽不便说什么，只是微笑。七巧似乎没话找话说似的，问道："你卖房子，接洽得怎样了？"季泽一面吃，一面答道："有人出八万五，我还没打定主意呢。"七巧沉吟道："地段倒是好的。"季泽道："谁都不赞成我脱手，说还要涨呢。"七巧又问了些详细情形，便道："可惜我手头没有这一笔现款，不然我倒想买。"季泽道："其实呢，我这房子倒不急，倒是咱们乡下你那些田，早早脱手的好。自从改了民国，接二连三的打仗，何尝有一年闲过？把地面上糟踏得不成样子，中间还被收租的，师爷，地头蛇一层一层勒啃着，莫说这两年不是水就是旱，就遇着了丰年，也没有多少进账轮到我们头上。"七巧寻思着，道："我也盘算过来，一直挨着没有办。先晓得把它卖了，这会子想买房子，也不至于钱不凑手了。"季泽道："你那田要卖趁现在就得卖了，听说直鲁又要开仗了。"七巧道："急切间你叫我卖给谁去？"季泽顿了一顿道："我去替你打听打听，也成。"七巧耸了耸眉毛笑道："得了，你那些狐群狗党里头，又有谁是靠得住的？"季泽把咬开的饺子在小碟子里蘸了点醋，闲闲说出两个靠得住的人名，七巧便认真仔细盘问他起来，他果然回答得有条不紊，显然他是筹之已熟的。七巧虽是笑吟吟的，嘴里发干，上嘴唇黏在牙仁上，放不下来。她端起盖碗来吸了一口茶，舐了舐嘴唇，突然把脸一沉，跳起身来，将手里的扇子向季泽头上滴溜溜掷过去，季泽向左偏了一偏，那团扇敲在他肩膀上，打翻了玻璃杯，酸梅汤淋淋漓漓溅了他一身，七巧骂道："你要我卖了田去买你的房子？你要我卖田？钱一经你的手，还有得说么？你哄我——你拿那样的话来哄我——你拿我当傻子——"她隔着一张桌子探身过去打他，然而她被潘妈下死劲抱住了。潘妈叫唤起来，祥云等人都奔了来，七手八脚按住了她，七嘴八舌求告着。七巧一头挣扎，一头叱喝着，然而她的一颗心直往下坠——她很明白她这举动太蠢——太蠢——她在这儿丢人出丑。季泽脱下了他那湿濡的白香云纱长衫，潘妈绞了手巾来代他揩擦，他理也不理，把衣服夹在手臂上，竟自扬长出门去了，临行的时候向祥云道："等白哥儿下了学，叫他替他母亲请个医生来看看。"祥云吓糊涂了，连声答应着，被七巧兜脸给了她一个耳刮子。季泽走了。丫头老妈子也都给七巧骂跑了。酸梅汤沿着桌子一滴一滴朝下滴，像迟迟的夜漏——一滴，一滴……一更，二更……一年，一百年。真长，这寂寂的一刹那。七巧扶着头站着，倏地掉转身来上楼去，提着裙子，性急慌忙，跌跌绊绊，不住地撞到那阴暗的绿粉墙上，佛青袄子上沾了大块的淡色的灰。她要在楼上的窗户里再看他一眼。无论如何，她从前爱过他。她的爱给了她无穷的痛苦。单只这一点，就使他值得留恋。多少回了，为了要按捺她自己，她迸得全身的筋骨与牙根都酸楚了。今天完全是她的错。他不是个好人，她又不是不知道。她要他，就得装糊涂，就得容忍他的坏。她为什么要戳穿他？人生在世，还不就是那么一回事？归根究底，什么是真的，什么是假的？

她到了窗前，揭开了那边上缀有小绒球的墨绿洋式窗帘，季泽正在弄堂里往外走，长衫搭在臂上，晴天的风像一群白鸽子钻进他的纺绸裤褂里去，哪儿都钻到了，飘飘拍着翅子。

七巧眼前仿佛挂了冰冷的珍珠帘，一阵热风来了，把那帘子紧紧贴在她脸上，风去了，又把帘子吸了回去，气还没透过来，风又来了，没头没脸包皮住她——一阵凉，一阵热，她只是淌着眼泪。玻璃窗的上角隐隐约约反映出弄堂里一个巡警的缩小的影子，晃着膀子踱过去，一辆黄包皮车静静在巡警身上辗过。小孩把袍子掖在裤腰里，一路踢着球，奔出玻璃的边缘。绿色的邮差骑着自行车，复印在巡警身上，一溜烟掠过。都是些鬼，多年前的鬼，多年后的没投胎的鬼……什么是真的，什么是假的？过了秋天又是冬天，七巧与现实失去了接触。虽然一样的使性子，打丫头，换厨子，总有些失魂落魄的。

【简析】

"人生是个苍凉的手势。""生命是一袭华美的袍，长满了虱子。""人生是在追求一种满足，虽然往往是乐不抵苦的。"生活中的张爱玲是缺乏快乐的，所以她的文字给了我们接近0度的体验，她塑造的人物和故事给了我们受压抑的感受。但是，我们读来都能沉浸其中，为才女作家的文笔倾倒，为人物的悲惨命运揪心，为自己的现在和未来思考。《金锁记》就是这样的一本书。

《金锁记》描写了主人公曹七巧一生的命运以及她的心理变态过程。七巧本是麻油店老板的女儿，泼辣而富风情，却不幸被贪钱的兄嫂嫁到大户人家，因出身低微备受歧视与排挤。而自小瘫痪的丈夫，更使七巧陷入情爱无法满足的痛苦之中，纵然她在夫死公亡之后分得一份遗产，但是长期以来的种种压抑、煎熬与旧式大家庭气息的熏染，已使她人性扭曲，被黄金枷锁紧紧套住，只知一味敛财，了无亲情，甚至戕害儿媳、断送女儿的婚姻，不断寻求病态的发泄与报复，变得极其自私、乖戾又刻毒、残忍。作品有层次地展现了七巧的人性被践踏、受残害，最终灭绝的过程，显示出作者对传统的封建婚姻、封建伦理和金钱世界的痛恨和批判。

作品通过曹七巧被金钱毁灭，到头来又用金钱毁灭他人的双重悲剧，深刻揭示了金钱与人生独特而神奇的关系，表现了金钱对人性的巨大摧残和人性在金钱腐蚀之后的深刻变异。曹七巧本是一个身心健康的女子，却被金锁镣铐给腐蚀和扭曲了。她绝望、乖戾、不近人情，她变态到要扼杀在她控制势力范围之内的人性的起码欲求和一切美满的姻缘。这种病态的复仇，触目惊心地体现了买卖婚姻、金钱摧残人性的罪恶，给在金钱和爱情面前进行选择的人们以深刻的启示。

在艺术上，作者采用了单线结构的形式，以曹七巧的生活经历、心理变化的时空顺序为基本线索，首尾呼应，结构明晰有序。作家不仅较好地运用对话、动作、人物肖像、服饰等传统的笔法描绘人物心理，而且兼容西方现代派的意识流、心理分析等表现技法，细致入微地刻画人物心理；运用弗洛伊德的性心理分析的方法，把曹七巧由情绪压抑——性变态——仇恨、嫉恨报复的整个心理发展过程都剖析得细致入微。另外，张爱玲还运用周围的景物、色彩、音响映照人物的心理，运用色彩、音响、比喻等多种艺术手段来展现人物的心理，形成了张爱玲独特的风格。比如作品中多次写到月亮，同是对月亮的描写，却负荷着不同的心理内容。借月亮作为透视人物心理幽微曲折的镜子，确是妙不可言。

【思考与练习】

1. 你认为《金锁记》中的曹七巧是一个什么样的人？结合她所处的社会环境，简述作者塑造这个人物形象的主要目的。

2. 是什么原因让一个正常人变得面目可憎、失去理性？试分析曹七巧扭曲变态的原因。

拓展阅读　　曹七巧形象解析

(八) 简·爱(节选)

[英国] 夏洛蒂·勃朗特

【题解】

夏洛蒂·勃朗特(1816 年—1855 年)，英国女作家。生于贫苦的牧师家庭，童年生活很不幸，她 5 岁时，母亲便患癌症去世，父亲收入很少，全家生活既艰苦又凄凉。好在父亲是剑桥圣约翰学院的毕业生，学识渊博，他常常教子女读书，指导他们看书报杂志，还给他们讲故事。这是自母亲去世后孩子们所能得到的唯一的乐趣，同时也给夏洛蒂以及两个妹妹带来最初的影响，使她们从小就对文学产生了浓厚的兴趣。1847 年，夏洛蒂·勃朗特出版了著名的长篇小说《简·爱》，轰动文坛。

《简·爱》是一部脍炙人口的作品，是一部带有自传色彩的长篇小说。《简·爱》中的简·爱人生追求有两个基本旋律：富有激情、幻想、反抗和坚持不懈的精神；对人间自由幸福的渴望和对更高精神境界的追求。这本小说的主题是通过对孤女坎坷不平的人生经历，成功地塑造了一个不安于现状、不甘受辱、敢于抗争的女性形象，反映了一个平凡心灵的坦诚倾诉的呼号和责难，一个小写的人成为一个大写的人的渴望。作者创作《简·爱》时的英国已是世界上的头号工业大国，但英国妇女的地位并没有改变，依然处于从属、依附的地位，女子的生存目标就是要嫁入豪门，即便不能生在富贵人家，也要努力通过婚姻获得财富和地位，女性职业的唯一选择是当个好妻子、好母亲。以作家为职业的女性被认为是违背了正当女性气质，会受到男性的激烈攻击，从夏洛蒂姐妹的作品当初都假托男性化的笔名一事，可以想见当时的女性作家面临着怎样的困境。而《简·爱》就是在这一被动的背景下写成的。

夏洛蒂是 19 世纪批判现实主义小说家的代表。她写作的宗旨不是为艺术而艺术，不为自娱或取悦于少数有钱者。她坚持作家的社会职责，坚持文学的社会功能。她强烈反对不道德的文学艺术，在这种宗旨下夏洛蒂恪守现实主义的创作方法。她善于利用当时现实生活中所提供的题材与人物，正确表现了那个时代的大事件，作品富有时代的新气息，新色彩，既发议论又抒了情，写活了人；有些章节时而沉郁悲凉，时而激昂慷慨，说明这些都是作者的真情流露，都是她所强烈感受过、感动过的，也是她深刻观察到了的真情。夏洛蒂擅长描写景物，擅长刻画人物肖像和心理活动。写景写人总是互相结合，互相衬托，情景交融，相映成趣。对于艺术创造，夏洛蒂有自己的独到见解，她认为文学需要内在的激情和创造性，艺术不是机械的技巧模仿。她崇尚内心燃烧着精神火焰的人，并将其引为同类。夏洛蒂的小说作品表现的是孤独、卑微的个人在现实中的痛苦和挣扎，但是她的内心始终洋溢着入世的、酷爱生活的人文精神。

《简·爱》全书共 38 卷。本书节选的是第二十三章。

仲夏明媚的阳光普照英格兰。当时那种一连几天日丽天清的气候，甚至一天半天都难得惠顾我们这个波浪环绕的岛国。仿佛持续的意大利天气从南方漂移过来，像一群灿烂的候鸟，落在英格兰的悬崖上歇脚。干草已经收好，桑菲尔德周围的田野已经收割干净，显出一片新绿。道路晒得白煞煞仿佛烤过似的，林木葱郁，十分茂盛。树篱与林子都叶密色浓，与它们之间收割过的草地的金黄色，形成了鲜明的对比。

施洗约翰节前夕，阿黛勒在海村小路上采了半天的野草莓，累坏了，太阳一落山就上床睡觉。我看着她入睡后，便离开她向花园走去。

此刻是二十四小时中最甜蜜的时刻——“白昼已耗尽了它的烈火”，清凉的露水落在喘息的平原和烤灼过的山顶上。在夕阳朴实地西沉，并不伴有华丽的云彩的地方，铺展开了一抹庄严的紫色，在山峰的一个尖顶上燃烧着红宝石和炉火般的光焰，向高处和远处伸延，显得越来越柔和，占据了半个天空。东方也自有它湛蓝悦目的魅力，有它不事炫耀的宝石——一颗升起的孤星。它很快会以月亮而自豪，不过这时月亮还在地平线之下。

我在铺筑过的路面上散了一会儿步。但是一阵细微而熟悉的清香——雪茄的气味，悄悄地从某个窗子里钻了出来。我看见图书室的窗开了一手掌宽的缝隙。我知道可能有人会从那儿看我，因此我走开了，进了果园。庭园里没有比这更隐蔽，更像伊甸园的角落了。

这里树木繁茂，花儿盛开，一边有高墙同院子隔开；另一边一条长满山毛榉的路，像屏障一般，把它和草坪分开。底下是一道矮篱，是它与孤寂的田野唯一的分界。一条蜿蜒的小径通向篱笆。路边长着月桂树，路的尽头是一棵巨大无比的七叶树，树底下围着一排座位。你可以在这儿漫步而不被人看到。在这种玉露徐降、悄无声息、夜色渐浓的时刻，我觉得仿佛会永远在这样的阴影里踯躅。但这时我被初升的月亮投向园中高处开阔地的光芒所吸引，穿过花圃和果园，却停住了脚步，不是因为听到或是看到了什么，而是因为再次闻到了一种我所警觉的香味。

多花蔷蕾、老人蒿、茉莉花、石竹花和玫瑰花早就在奉献着它们的晚香，刚刚飘过来的气味既不是来自灌木，也不是来自花朵，但我很熟悉，它来自罗切斯特先生的雪茄。我举目四顾，侧耳静听。我看到树上沉甸甸垂着即将成熟的果子，听到一只夜莺在半英里外的林子里鸣啭。我看不见移动的身影，听不到走近的脚步声，但是那香气却越来越浓了。我得赶紧走掉。我往通向灌木林的门边走去，却看见罗切斯特先生正跨进门来。我往旁边一闪，躲进了长满长春藤的幽深处。他不会久待，很快会顺原路返回，只要我坐着不动，他就绝不会看见我。

可是不行，薄暮对他来说也像对我一样可爱，古老的园子也一样诱人。他继续往前踱步，一会儿拎起醋栗树枝，看看梅子般大压着枝头的果子；一会儿从墙上采下一颗熟了的樱桃；一会儿又向着一簇花弯下身子，不是闻一闻香味，就是欣赏花瓣上的露珠。一只大飞蛾嗡嗡地从我身旁飞过，落在罗切斯特先生脚边的花枝上，他见了便俯下身去打量。

“现在，他背对着我，”我想，“而且全神贯注，也许要是我脚步儿轻些，我可以神不知鬼不觉地溜走。”

我踩在路边的草皮上，免得砂石路的咔嚓声把自己给暴露。他站在离我必经之地一两码的花坛中间，显然飞蛾吸引了他的注意力。“我会顺利通过，”我暗自思忖。月亮还没有升得很高，在园子里投下了罗切斯特先生长长的身影，我正要跨过这影子，他却头也不回就低声说：

“简，过来看看这家伙。”

我不曾发出声响，他背后也不长眼睛——难道他的影子会有感觉不成？我先是吓了一跳，随后便朝他走去。

“瞧它的翅膀，”他说，“它使我想起一只西印度的昆虫，在英国不常见到这么又大又艳丽的夜游虫。瞧！它飞走了。”

飞蛾飘忽着飞走了。我也局促不安地退去。可是罗切斯特先生跟着我，到了边门，他说：

“回来，这么可爱的夜晚，坐在屋子里多可惜。在日落与月出相逢的时刻，肯定是没有谁愿意去睡觉的。”

我有一个缺陷，那就是尽管我口齿伶俐，对答如流，但需要寻找藉口的时候却往往一筹莫展。因此某些关键时刻，需要随口一句话，或者站得住脚的遁词来摆脱痛苦的窘境时，我便常常会出差错。我不愿在这个时候单独同罗切斯特先生漫步在阴影笼罩的果园里。但是我又找不出一个脱身的理由。我慢吞吞地跟在后头，一面在拼命动脑筋设法摆脱。可是他显得那么镇定，那么严肃，使我反而为自己的慌乱而感到羞愧了。如果说心中有鬼——不管是现在还是将来，那只能说我有。他心里十分平静，而且全然不觉。

“简，”他重又开腔了。我们正走进长满月桂的小径，缓步踱向矮篱笆和七叶树，“夏天，桑菲尔德是个可爱的地方，是吗？”

“是的，先生。”

“你一定有些依恋桑菲尔德府了。你有欣赏自然美的眼力，而且很有依恋之情。”

“说实在，我依恋这个地方。”

“而且，尽管我不理解这究竟是怎么回事，但我觉察出来，你已开始关切阿黛勒这个小傻瓜，甚至还有朴实的老妇费尔法克斯。”

“是的，先生，尽管性质不同，我对她们两人都有感情。”

“而同她们分手会感到难过。”

“是的。”

“可惜呀！”他说，叹了口气又打住了。“世上的事情总是这样，”他马上又继续说，“你刚在一个愉快的栖身之处安顿下来，一个声音便会叫你起来往前赶路，因为已过了休息的时辰。”

“我得往前赶路吗，先生？”我问。“我得离开桑菲尔德吗？”

“我想你得走了，简，很抱歉，珍妮特，但我的确认为你该走了。”

这是一个打击，但我不让它击倒我。

“行呀，先生，要我走的命令一下，我便走。”

“现在命令来了——我今晚就得下。”

“那你要结婚了，先生？”

“确——实——如——此，对——极——了。凭你一贯的机敏，你已经一语中的。”

“快了吗，先生？”

“很快，我的——，那就是，爱小姐，你还记得吧，简，我第一次，或者说谣言明白向你表示，我有意把自己老单身汉的脖子套上神圣的绳索，进入圣洁的婚姻状态——把英格拉姆小姐搂入我的怀抱，总之(她足足有一大抱，但那无关紧要——像我漂亮的布兰奇那样的市民，是谁都不会嫌大的)。是呀，就像我刚才说的——听我说，简！你没有回头去看还有没有飞蛾吧？那不过是个瓢虫，孩子，‘正飞回家去’我想提醒你一下，正是你以我所敬佩的审慎，那种适合你责任重大、却并不独立的职业的远见、精明和谦卑，首先向我提出，万一我娶了英格拉姆小姐，你和小阿黛勒两个还是立刻就走好。我并不计较这一建议所隐含的对我意中人人格上的污辱。说实在，一旦你们走得远远的，珍妮特，我会努力把它忘掉。我所注意到的只是其中的智慧，它那么高明，我已把它奉为行动的准则。阿黛勒必须上学，爱小姐，你得找一个新的工作。”

“是的，先生，我会马上去登广告，而同时我想——”我想说，“我想我可以待在这里，直到我找到另外一个安身之处”但我打住了，觉得不能冒险说一个长句，因为我的嗓门已经难以自制了。

“我希望大约一个月以后成为新郎，”罗切斯特先生继续说，“在这段时间，我会亲自为你留意找一个工作和落脚的地方。”

“谢谢你，先生，对不起给你——”

“呵，不必道歉！我认为一个下人把工作做得跟你一样出色时，她就有权要求雇主给予一点容易办到的小小帮助。其实我从未来的岳母那儿听到一个适合你去的地方。就是爱尔兰康诺特的苦果村，教迪奥尼修斯·奥加尔太太的五个女儿，我想你会喜欢爱尔兰的。

他们说，那里的人都很热心。”

“离这儿很远呢，先生。”

“没有关系——像你这样一个通情达理的姑娘是不会反对航程或距离的。”

“不是航程，而是距离。再说，还隔着大海——”

“和什么隔着海，简？”

“和英格兰和桑菲尔德，还有——”

“什么？”

“和你，先生。”

我几乎不知不觉中说了这话，眼泪不由自主夺眶而出。但我没有哭出声来，我也避免抽泣。一想起奥加尔太太和苦果村，我的心就凉了半截；一想起在我与此刻同我并肩而行的主人之间，注定要翻腾着大海和波涛，我的心就更凉了；而一记起在我同我自然和必然所爱的东西之间，横亘着财富、阶层和习俗的辽阔海洋，我的心凉透了。

“离这儿很远，”我又说了一句。

“确实如此。等你到了爱尔兰康诺特的苦果村，我就永远见不到你了，肯定就是这么回事。我从来不去爱尔兰，因为自己并不太喜欢这个国家。我们一直是好朋友，简，你说是不是？”

“是的，先生。”

“朋友们在离别的前夕，往往喜欢亲密无间地度过余下的不多时光。来——星星们在那边天上闪烁着光芒时，我们用上半个小时左右，平静地谈谈航行和离别。这儿是一棵七叶树，这边是围着老树根的凳子。来，今晚我们就安安心心地坐在这儿，虽然我们今后注定再也不会坐在一起了。”他让我坐下，然后自己也坐了下来。

“这儿到爱尔兰很远，珍妮特，很抱歉，把我的小朋友送上这么令人厌倦的旅程。但要是没有更好的主意了，那该怎么办呢？简，你认为你我之间有相近之处吗？”

这时我没敢回答，因为我内心很激动。

“因为，”他说，“有时我对你有一种奇怪的感觉——尤其是当你像现在这样靠近我的时候。仿佛我左面的肋骨有一根弦，跟你小小的身躯同一个部位相似的弦紧紧地维系着，难分难解。如果咆哮的海峡和二百英里左右的陆地，把我们远远分开，恐怕这根情感交流的弦会折断，于是我不安地想到，我的内心会流血。至于你——你会忘掉我。”

“那我永远不会，先生，你知道——”我不可能再说下去了。

“简，听见夜莺在林中歌唱吗？听呀！”

我听着听着便抽抽噎噎地哭泣起来，再也抑制不住强忍住的感情，不得不任其流露了。我痛苦万分地浑身颤栗着。到了终于开口时，我便只能表达一个冲动的愿望：但愿自己从来没有生下来，从未到过桑菲尔德。

“因为要离开而难过吗？”

悲与爱在我内心所煽起的强烈情绪，正占上风，并竭力要支配一切，压倒一切，战胜一切，要求生存、扩展和最终主宰一切，不错——还要求吐露出来。

“离开桑菲尔德我很伤心，我爱桑菲尔德——我爱它是因为我在这里过着充实而愉快的生活——至少有一段时间。我没有遭人践踏，也没有弄得古板僵化，没有混迹于志向低下的人之中，也没有被排斥在同光明、健康、高尚的心灵交往的一切机会之外。我已面对面同我所敬重的人、同我所喜欢的人，——同一个独特、活跃、博大的心灵交谈过。我已经熟悉你，罗切斯特先生，硬要让我永远同你分开，使我感到恐惧和痛苦。我看到非分别不可，就像看到非死不可一样。”

“在哪儿看到的呢？”他猛地问道。

“哪儿？你，先生，已经把这种必要性摆在我面前了。”

“什么样的必要性？”

“就是英格拉姆小姐那模样，一个高尚而漂亮的女人——你的新娘。”

“我的新娘！什么新娘呀？我没有新娘！”

“但你会有的。”

“是的，我会！我会！”他咬紧牙齿。

“那我得走——你自己已经说了。”

“不，你非留下不可！我发誓——我信守誓言。”

“我告诉你我非走不可！”我回驳着，感情很有些冲动。“你难道认为，我会留下来甘愿做一个对你来说无足轻重的人？你以为我是一架机器？——一架没有感情的机器？能够容忍别人把一口面包从我嘴里抢走，把一滴生命之水从我杯子里泼掉？难道就因为我一贫如洗、默默无闻、长相平庸、个子瘦小，就没有灵魂，没有心肠了？——你不是想错了吗？——我的心灵跟你一样丰富，我的心胸跟你一样充实！要是上帝赐予我一点姿色和充足的财富，我会使你同我现在一样难分难舍，我不是根据习俗、常规，甚至也不是血肉之躯同你说话，而是我的灵魂同你的灵魂在对话，就仿佛我们两人穿过坟墓，站在上帝脚下，彼此平等——本来就如此！”

“本来就如此！”罗切斯特先生重复道。“所以，”他补充道，一面用胳膊把我抱住，搂到怀里，把嘴唇贴到我的嘴唇上。“所以是这样，简？”

“是呀，所以是这样，先生，”我回答，“可是并没有这样。因为你已结了婚——或者说无异于结了婚，跟一个远不如你的人结婚——一个跟你并不意气相投的人。我才不相信你真的会爱她，因为我看到过，也听到过你讥笑她。对这样的结合我会表示不屑，所以我比你强——让我走！”

“上哪儿，简？去爱尔兰？”

“是的——去爱尔兰。我已经把心里话都说了，现在上哪儿都行了。”

“简，平静些，别那挣扎着，像一只发疯的鸟儿，拼命撕掉自己的羽毛。”

“我不是鸟，也没有陷入罗网。我是一个具有独立意志的自由人，现在我要行施自己的意志，离开你。”

我再一挣扎便脱了身，在他跟前昂首而立。

“你的意志可以决定你的命运，”他说。“我把我的手，我的心和我的一份财产都献给你。”

“你在上演一出闹剧，我不过一笑置之。”

“我请求你在我身边度过余生——成为我的另一半，世上最好的伴侣。”

“那种命运，你已经作出了选择，那就应当坚持到底。”

“简，请你平静一会儿，你太激动了，我也会平静下来的。”

一阵风吹过月桂小径，穿过摇曳着的七叶树枝，飘走了——走了——到了天涯海角——

消失了。夜莺的歌喉成了这时唯一的声响，听着它我再次哭了起来。罗切斯特先生静静地坐着，和蔼而严肃地瞧着我。过了好一会他才开口。最后他说：

“到我身边来，简，让我们解释一下，相互谅解吧。”

“我再也不会回到你身边了，我已经被拉走，不可能回头了。”

“不过，简，我唤你过来做我的妻子，我要娶的是你。”

我没有吭声，心里想他在讥笑我。

“过来，简——到这边来。”

“你的新娘阻挡着我们。”

他站了起来，一个箭步到了我跟前。

“我的新娘在这儿，”他说着，再次把我往身边拉，“因为与我相配的人在这儿，与我相像的人，简，你愿意嫁给我吗？”

我仍然没有回答，仍然要挣脱他，因为我仍然不相信。

“你怀疑我吗，简？”

“绝对怀疑。”

“你不相信我？”

“一点也不信。”

“你看我是个爱说谎的人吗？”他激动地问。“疑神疑鬼的小东西，我一定要使你信服。我同英格拉姆小姐有什么爱可言？没有，那你是知道的。她对我有什么爱？没有，我已经想方设法来证实。我放出了谣言，传到她耳朵里，说是我的财产还不到想象中的三分之一，然后我现身说法，亲自去看结果，她和她母亲对我都非常冷淡。我不愿意——也不可能——娶英格拉姆小姐。你——你这古怪的——你这近乎是精灵的家伙——我像爱我自己的生命一样爱你。你——虽然一贫如洗、默默无闻、个子瘦小、相貌平庸——我请求你把我当作你的丈夫。”

“什么，我！”我猛地叫出声来。出于他的认真，尤其是粗鲁的言行，我开始相信他的诚意了。“我，我这个人除了你，世上没有一个朋友，如果你是我朋友的话。除了你给我的钱，一个子儿也没有。”

“就是你，简。我得让你属于我——完全属于我。你肯吗？快说‘好’呀。”

“罗切斯特先生，让我瞧瞧你的脸。转到朝月光的一边去。”

“为什么？”

“因为我要细看你的面容，转呀！”

“那儿，你能看到的无非是撕皱了的一页，往下看吧，只不过快些，因为我很不好受。”

他的脸焦急不安，涨得通红，五官在激烈抽动，眼睛射出奇怪的光芒。

“呵，简，你在折磨我！”他大嚷道。“你用那种犀利而慷慨可信的目光瞧着我，你在折磨我！”

“我怎么会呢？如果你是真的，你的提议也是真的，那么我对你的感情只会是感激和忠心——那就不可能是折磨。”

“感激！”他脱口喊道，并且狂乱地补充道，“简，快接受我吧。说，爱德华，叫我的名字——爱德华，我愿意嫁你。”

“你可当真？——你真的爱我？——你真心希望我成为你的妻子？”

“我真的是这样。要是有必要发誓才能使你满意，那我就以此发誓。”

“那么，先生，我愿意嫁给你。”

“叫爱德华——我的小夫人。”

“亲爱的爱德华！”

“到我身边来——完完全全过来。”他说，把他的脸颊贴着我的脸颊，用深沉的语调对着我耳朵补充说，“使我幸福吧——我也会使你幸福。”

“上帝呀，宽恕我吧！”他不久又添了一句，“还有人呀，别干涉我，我得到了她，我要紧紧抓住她。”

“没有人会干涉，先生。我没有亲人来干预。”

“不——那再好不过了。”他说。要是我不是那么爱他，我会认为他的腔调，他狂喜的表情有些粗野。但是我从离别的噩梦中醒来，被赐予天作之合，坐在他身旁，光想着啜饮源源而来的幸福的清泉。他一再问，“你幸福吗，简？”而我一再回答“是的”。随后他咕哝着，“会赎罪的，——会赎罪的。我不是发现她没有朋友，得不到抚慰，受到冷落吗？我不是会保护她，珍爱她，安慰她吗？我心里不是有爱，我的决心不是始终不变吗？那一切会在上帝的法庭上得到赎罪。我知道造物主会准许我的所作所为。至于世间的评判——我不去理睬。别人的意见——我断然拒绝。”

可是，夜晚发生什么变化了？月亮还没有下沉，我们已全湮没在阴影之中了。虽然主人离我近在咫尺，但我几乎看不清他的脸。七叶树受了什么病痛的折磨？它扭动着，呻吟着，狂风在月桂树小径咆哮，直向我们扑来。

“我们得进去了，”罗切斯特先生说。“天气变了。不然我可以同你坐到天明，简。”

“我也一样，”我想。也许我应该这么说出来，可是从我正仰望着的云层里，窜出了一道铅灰色的闪电，随后是喀啦啦一声霹雳和近处的一阵隆隆声。我只想把自己发花的眼睛贴在罗切斯特先生的肩膀上。大雨倾盆而下，他催我踏上小径，穿过庭园，进屋子去。但是我们还没跨进门槛就已经湿淋淋了。在厅里他取下了我的披肩，把水滴从我散了的头发中摇下来，正在这时，费尔法克斯太太从她房间里出来了。起初我没有觉察，罗切斯特先生也没有。灯亮着，时钟正敲十二点。

“快把湿衣服脱掉，”他说，“临走之前，说一声晚安——晚安，我的宝贝！”

他吻了我，吻了又吻。我离开他怀抱抬起头来一看，只见那位寡妇站在那儿，脸色苍白，神情严肃而惊讶。我只朝她微微一笑，便跑上楼去了。“下次再解释也行，”我想。但是到了房间里，想起她一时会对看到的情况产生误解，心里便感到一阵痛楚。然而喜悦抹去了一切其他感情。尽管在两小时的暴风雨中，狂风大作，雷声隆隆，电光闪闪，暴雨如注，我并不害怕，并不畏惧。这中间罗切斯特先生三次上门，问我是否平安无事。这无论如何给了我安慰和力量。

早晨我还没起床，小阿黛勒就跑来告诉我，果园尽头的大七叶树夜里遭了雷击，被劈去了一半。

【简析】

《简爱》是一部具有浓厚浪漫主义色彩的现实主义小说。作品讲述一位从小变成孤儿的英国女子简·爱在各种磨难中不断追求自由与尊严，坚持自我，最终获得幸福的故事。

小说引人入胜地展示了男女主人公曲折起伏的爱情经历，成功塑造了一个敢于反抗，敢于争取自由和平等地位的妇女形象。

小说主要描写了简·爱与罗切斯特的爱情，而简·爱的爱情观更加深化了她的个性。她认为爱情应该建立在精神平等的基础上，而不应取决于社会地位、财富和外貌，只有男女双方彼此真正相爱，才能得到真正的幸福。在追求个人幸福时，简·爱表现出了异乎寻常的纯真、朴实的品质和一往无前的勇气。她并没有因为自己的仆人地位而放弃对幸福的追求，她的爱情是纯洁高尚的，她对罗切斯特的财富不屑一顾，她之所以钟情于他，就是因为他能平等待人，把她视作朋友，与她坦诚相见。选文中当罗切斯特为了试探她而假意要娶某贵族小姐时，她愤怒地说："难道就因为我一贫如洗、默默无闻、长相平庸、个子瘦小，就没有灵魂，没有心肠了？——你不是想错了吗？——我的心灵跟你一样丰富，我的心胸跟你一样充实！要是上帝赐予我一点姿色和充足的财富，我会使你同我现在一样难分难舍，我不是根据习俗、常规，甚至也不是血肉之躯同你说话，而是我的灵魂同你的灵魂在对话，就仿佛我们两人穿过坟墓，站在上帝脚下，彼此平等——本来就如此！"基于此，她表达爱情的方式不是甜腻的赞美，温柔的絮语，更不是祈求、诱惑或勾引，归根结底，她追求的是两颗心的平等结合。

对罗切斯特说来，简·爱犹如一股清新的风，使他精神为之一振。罗切斯特过去看惯了上层社会的冷酷虚伪，简·爱的纯朴、善良和独立的个性重新唤起他对生活的追求和向往。因而他能真诚地在简·爱面前表达他善良的愿望和改过的决心。简·爱同情罗切斯特的不幸命运，认为他的错误是客观环境造成的。尽管他其貌不扬，后来又破产成了残废，但她看到的是他内心的美和令人同情的不幸命运，所以最终与他结婚。小说通过罗切斯特两次截然不同的爱情经历，批判了以金钱为基础的婚姻和爱情观，并始终把简·爱和罗切斯特之间的爱情描写为思想、才能、品质与精神上的完全默契。

简·爱是个不甘忍受社会压迫、勇于追求个人幸福的女性。无论是她的贫困低下的社会地位，或是她那漂泊无依的生活遭遇，都是当时英国下层人民生活的真实写照。作者能够把一个来自社会下层的觉醒中的新女性摆到小说的主人公地位，并对主人公为反抗压迫和社会偏见，争取独立的人格和尊严，追求幸福生活所作的顽强斗争加以热情歌颂，这在当时的文学作品中是难能可贵的。一个有尊严和寻求平等，看似柔弱而内心极具刚强韧性的女子也因为这部作品而成为无数女性心中的典范。作品中所塑造的那种扎根于相互理解、相互尊重的基础之上的深挚爱情，具有强烈的震撼心灵的艺术力量。

简·爱说过："我关心我自己，我越是孤独，越没有朋友，越没有支持，我就越尊重我自己。"这位历经坎坷而始终自尊、自重、自立、自强的女子，最终获得了幸福的生活，她的自尊、自重、自立、自强意识，体现了女性社会化的真实历程，为现代女性的独立提供了一个完美的榜样。

【思考与练习】

1. 简·爱虽然相貌平平，但她身上有强烈的魅力和美感，从文中可以看出她有什么样的性格特征？

2. 《简爱》的现实主义特色主要体现在哪些方面？结合自己的生活，谈一谈如何养成独立的人格。

简·爱性格分析　《简·爱》情节分析

(九) 红与黑(节选)

[法国] 司汤达

【题解】

司汤达(1783 年—1842 年)，原名亨利 · 贝尔，19 世纪法国杰出的批判现实主义作家。他出身于法国格勒诺布尔市一个资产者家庭，从小深受母亲和外祖父的影响，思想自由开放，阅读了大量的世界名作。司汤达的童年是在法国大革命的疾风暴雨中度过的，为革命的形势所鼓舞，加入了军队。1800 年—1814 年，司汤达追随拿破仑的军队转战欧洲大陆。长期的斗争实践，使他更加憎恶腐朽没落的封建贵族与教会的黑暗统治。

司汤达以长篇小说名世，代表作《红与黑》著于 1830 年，是欧洲批判现实主义文学的奠基之作。这部作品传世一百多年，魅力分毫未减。1986 年法国《读书》杂志推荐为个人理想藏书之 ，1999 年入选“中国读者理想藏书”书目。

《红与黑》的主人公于连是一个木匠的儿子，他从小就渴望像拿破仑那样身佩长剑，做世界的主人。但后来他又想当神父，因为神父薪俸不菲。他仗着惊人的记忆力，把一本拉丁文《圣经》全背了下来，轰动了全城，被爱慕虚荣的市长请作家庭教师。在市长家中，于连勾引了市长年轻漂亮的妻子德 · 雷纳夫人。当奸情败露，市长担心离婚会失去一大笔财产，且有损名誉，“只怀疑而不证实”。直到事情闹得满城风雨，关心于连的西朗神父推荐他到贝尚松神学院进修。在神学院中，于连很快脱颖而出，学习成绩名列前茅，院长竟让他当新旧约全书课程的辅导教师。但神学院的伪善很快使于连陷入忧郁之中，幸好彼拉院长介绍于连做木尔侯爵的秘书。于连认真工作，侯爵十分满意，把田庄、诉讼通讯、外交事务都交给他办理。在侯爵家中，于连为了跻身上层社会，热烈地追求侯爵的女儿玛蒂尔德。不久，玛蒂尔德发现自己怀孕了。侯爵在爱女坚持下，一再让步，先后给了于连田产、军职和贵族称号。此时，于连获悉德 · 雷纳夫人给木尔侯爵写信揭露了他们原先的关系，他恼羞成怒，立即赶往家乡枪击德 · 雷纳夫人。入狱后，于连知道德 · 雷纳夫人是被迫写的信，宽恕了她。于连最后野心破灭，拒绝上诉，也拒绝做临终祷告，毅然走上了断头台。

《红与黑》全书分上下两卷，共 75 章。本书节选的是上卷第六章主要情节。

第六章烦恼

德 · 雷纳夫人瞥见大门口有一张年轻的乡下人的脸，就从客厅开向花园的落地长窗走出来，活泼而优雅，没有丝毫的做作，像她平常远离男人的目光时一样。那乡下人几乎还是个孩子，脸色极苍白，刚刚哭过。他身着雪白的衬衫，臂下挟着一件很干净的紫色平纹格子花呢上衣。

这个小乡下人面色那么白，眼睛那么温柔，有点儿浪漫精神的德 · 雷纳夫人开始还以为可能是一个女扮男装的姑娘，来向市长先生求什么恩典的。她同情这个可怜的小家伙，他站在门口不动，显然是不敢抬手按门铃。她走过去，暂时排解了家庭教师的到来所引起的悲伤和忧愁。于连面对着大门，没有看见她走过来。他听见耳畔有温柔的话音响起，不由得打了个哆嗦："您到这儿来干什么，我的孩子？"

于连猛地转过身，德·雷纳夫人的温情脉脉的目光打动了他，他不那么胆怯了。很快，他惊异于她的美，就把什么都忘了，甚至把他来干什么也忘了。德·雷纳夫人又问了一遍。

"我来当家庭教师，夫人，"他终于说，对自己的眼泪感到很不好意思，尽量揩干净。

德·雷纳夫人愣住了，他们互相望着，离得很近。于连从未见过穿得这么好的人，尤其是一个如此光艳照人的女人，而且还用一种温柔的口吻跟他说话。德·雷纳夫人望着他颊上的大颗泪珠，这年轻的乡下人的脸刚才还那么苍白，现在却变得那么红润。很快，她笑了起来，小姑娘般疯也似的快活，她笑自己，想不出自己有多幸福。怎么，这就是家庭教师，这就是她想象中的那个来训斥和鞭打她的孩子们的衣冠不整的肮脏教士！

"怎么，先生，"她终于开口，"您会拉丁文？"

"先生"这个词使于连大为惊讶，他想了片刻。

"是的，夫人，"他怯生生地回答。

德·雷纳夫人真是喜出望外，大着胆子问于连："您不会过分地责骂这些可怜的孩子吧？"

"我，责骂他们，"于连感到奇怪，"为什么？"

"您会对他们很温和，是吗，先生？"她停了一会儿，说话声越来越激动，"您答应我吗？"

听见又一次被郑重其事地称作先生，而且出自一位穿得如此讲究的夫人之口，这是于连万万没有想到的，他少年时想入非非，对自己说，只有穿上漂亮的军装，体面的太太才肯跟他说话。德·雷纳夫人呢，她完全被于连好看的面色，大而黑的眼睛迷惑了，还有他那漂亮的头发比平时更加卷曲，因为他为了凉快，刚刚在公共水池中浸过。她高兴极了，这个不祥的家庭教师居然神情羞怯如年轻的姑娘，而她却曾经为孩子们那样地担惊受怕，以为他必是心肠冷酷，面目可憎。德·雷纳夫人的心灵一向那样地平静，这种恐惧和所见之间的对照对她来说真是非同小可。她感到惊讶，她竟和这年轻人这样地站在自家的门口，他几乎只穿着衬衣，而她又离他这样近。

"我们进去吧，先生，"她对他说，神色挺尴尬。从未有一种纯粹是令人愉快的感觉如此深地打动过德·雷纳夫人的心，也从未有一种如此亲切的景象紧接着揪心的恐惧出现在她的面前。这下好了，她精心照料的这些漂亮孩子不会落入一个肮脏阴郁的教士之手了。刚一进前厅，她回头看了看于连，他正怯生生地跟着呢。于连看见一幢如此漂亮的房子时的惊讶表情，在德·雷纳夫人的眼中又添了一个可爱之处。她简直不能相信自己的眼睛了，她特别觉得一个家庭教师应该穿黑色的衣服。

"可是，这是真的吗，先生，"她停下来回他，"您真的会拉丁文吗？"她若是确信无疑，会使她多么地幸福啊，她真怕自己弄错了。

这句话刺伤了于连的自尊心，一刻钟以来的陶醉顿时烟消云散。

"是的，夫人，"他说，竭力作出冷冰冰的样子，"我的拉丁文和神父先生的一样好，甚至有时候他还肯说我比他强呢。"

德·雷纳夫人发现于连的表情很凶恶，他早就在距她两步远的地方停住了。她走近他，低声说："开头的几天，您是不是别用鞭子抽我的孩子，哪怕他们的功课不好？"

一位如此漂亮的夫人的如此温柔、近乎哀求的口吻一下子打掉了于连作为优秀的拉丁语学者的傲气。德·雷纳夫人的脸挨近他的脸，他闻到了一个女人的夏装的香气，这对一个穷乡下人来说并非一件寻常的事。于连的脸涨得通红，叹了口气，呻吟似地说："您别害怕，夫人，我一切听您吩咐。"

德·雷纳夫人对孩子们的担心完全消除了，只是在这个时候，她才注意到于连的不寻常的美。他那近乎女性的容貌和困窘的神态，对一个自己就十分腼腆的女人来说，并不显得可笑。一般人认为男性美所必备的那种阳刚之气反倒教她害怕。

"您多大了，先生？"她问于连。

"很快就十九岁了。"

"我的大儿子十一岁，"德·雷纳夫人完全放心了，"差不多可以做您的朋友呢，您可以跟他讲道理。有一次他父亲要打他，他就足足病了一个星期、其实只是轻轻的一下，"

"这跟我多么地不同啊，"于连想，"昨天我父亲还打了我呢。这些有钱人多幸福啊！"

德·雷纳夫人已经能够看出这位家庭教师内心中所发生的最细微的变化，她把这种突然的悲伤当成了胆怯，想给他一点儿勇气。

"您叫什么名字，先生？"她问，那声调，那风度，于连都能感到其全部的魅力，然而是何原因，他就茫然了。

"我家叫我于连·索雷尔，夫人。我生平第一次进入陌生人的家，心里害怕，我需要您的保护，开头几天有好多事情您得多加原谅。我从未进过学校，我太穷了；除了我的表亲外科军医，他是荣誉团成员，和谢朗神父先生之外，我没跟任何人说过话。神父先生可以向您证明我的人品。我的哥哥们经常打我，如果他们跟您说我的坏话，您不要相信，如果我做错了事，请您原谅，夫人，我绝不会有不好的意图。"

这段话很长，他说着说着心里就有了底，他在仔细观察德·雷纳夫人。这就是完美的风度的效果，当风度乃本性天成的时候，尤其是有风度的人没有想到有风度的时候，就会有这种效果，于连对女性美是个内行，这个时候他会发誓说她只有二十岁。他突然生出一个大胆的念头，要吻她的手。他很快就害怕了，过了一会儿，他心想："一个可能对我有用的行动，一个可能减少这位美丽的太太多半会对一个刚刚离开锯木厂的可怜工人所怀有的轻蔑的行动，我若不去完成，那我就是个懦夫。"于连也许多少受到"漂亮小伙子"这个词的鼓舞，近半年来，他每礼拜日都听见一些女孩子这样说他。他的内心斗争不已，德·雷纳夫人跟他说了两三句话，告诉他开始时如何对待这些孩子。于连极力克制，脸色又变得苍白，很不自然地说道：

"夫人，我绝不会打您的孩子，我在天主面前发誓。"

他一边说，一边大着胆子抓住德·雷纳夫人的手，拉到唇边。她对这举动吃了一惊，想了想，又觉得受到了冒犯。天气很热，她的胳膊光光的，只盖着披肩，于连把她的手拉到唇边的动作使她的胳膊完全暴露出来，过了一会儿，她责备起自己来了，她觉得她的气愤来得不够快。

德·雷纳先生听见有人说话，就从工作间里出来，用他在市政厅主持婚礼时的那种既庄严又慈祥的语气对于连说："我必须在孩子们见到您之前跟您谈一谈。"

他让于连进入一个房间，他的妻子想让他们单独谈话，但被他留住了。德·雷纳先生把门关上，坐下，态度很严肃。

“本堂神父先生对我说您是一个品行端正的人，这里的人都会尊敬您的，如果我感到满意，我会帮助您谋个小小的前程。我要求您不再和亲戚以及朋友见面，他们的举止谈吐对我的孩子是不适宜的。这是第一个月的三十六法郎，但您要向我保证不给您父亲一个子儿。”

德·雷纳先生对那老头儿很恼火，因为在这笔交易中，那老头儿比他更精明。

“现在，先生，根据我的命令，这里的人都要称您先生，您将感到进入一个体面人家的好处。现在，先生，您还穿着短上衣，这让孩子们看见是很不成体统的。仆人们看见他了吗？”德·雷纳先生问妻子。

“还没有，我的朋友，”她答道，还沉浸在冥想中。

“太好了。穿上这件吧，”他对感到惊讶的年轻人说，把自己的一件礼服递给他。“我们现在到呢绒商杜朗先生那儿去吧。”

一小时以后，德·雷纳先生带着一身黑的新家庭教师回来了，他看见妻子还坐在老地方。有于连在，德·雷纳夫人感到心里平静了，她端详着他，忘记了害怕。于连可压根儿没想到她，尽管他对命运和人都不信任，此刻他的心情究竟还只是一个孩子的心情，他觉得打从他在教堂里发抖那一刻起，三个钟头以来，他已经生活了好几年了。他注意到德·雷纳夫人的冰冷的神情，知道她还在为他竟敢吻她的手而生气。然而，穿上一套与从前如此不同的衣服所产生的自豪感使他忘乎所以，他真想掩饰自己的快乐，却一举一动都露出生硬和狂乱。德·雷纳夫人望着他，吃惊地睁大了眼睛。

“庄重点，先生，”德·雷纳先生说，“假使您想获得我的孩子和我的下人的尊敬。”

“先生，”于连答道，“我穿着这身新衣服感到很不自在；我是个穷乡下人，我从来只穿短上衣；如果您允许，我去自己的房间了。”

“你觉得这个新收获怎么样？”德·雷纳先生问他的妻子。

德·雷纳夫人心中一动，几乎出于一种她自己肯定不曾意识到的本能，向她的丈夫隐瞒了真情。

“对这个小乡下人，我可不像您那么高兴，您的殷勤将使他变成一个傲慢无礼的人，不出一个月您就得打发他走。”

“好吧，那我们就打发他走，这不过破费我百把法郎，可维里埃城将习惯于看见德·雷纳先生的孩子有一位家庭教师。如果我让于连仍旧一身工人打扮，这个目的就根本达不到。打发他走的时候，我当然要留下我刚刚在呢绒商那儿做的这套黑衣服。他只能拿走我刚刚在裁缝那儿买的成衣，就是我让他穿的那一套。”

德·雷纳夫人觉得于连在房间里只待了一小会儿。孩子们听说家庭教师来了，围着她问个不停。终于，于连出来了。简直是换了一个人。说他庄重还不对，他真真是庄重的化身。他被介绍给孩子们，他跟他们说话的态度连德·雷纳先生都感到惊讶。

“先生们，我来到这里，”他在结束讲话时说，“是为了教你们拉丁文。你们当然知道背书是怎么回事。这是《圣经》，”他说，指给他们看一本三十二开黑面精装的小书，“特别是我主耶稣的故事，就是大家称为《新约》的那部分。我要常常让你们背诵，你们让我来背背看。”

最大的那个孩子阿道夫拿起书。

“请您随便翻开，”于连继续说，“找一段，把第一个字告诉我。我就把这本圣书，我们的行为准则，背下去，直到您让我停止。”

阿道夫打开书，念出一个字，于连就背下一整页，像他说法国话一样流利。德·雷纳先生望着他的妻子，好不得意。孩子们看到他们父母的惊讶表情，也都一个个睁大了眼睛。一个仆人走到客厅门口，于连还在说拉丁文。这仆人先是呆立不动，随即不见了。很快，夫人的女仆和女厨子来到门旁，这时，阿道夫已经把书翻了八个地方，于连总是背得那么流利。

“啊，我的天主：这小教士好漂亮，”女厨子高声说道，她是个极虔诚的好姑娘。

德·雷纳先生的自尊心动摇了，他不再想如何考察家庭教师，而是一门心思在记忆中翻腾，想找出几句拉丁文来；终于，他好不容易念出一句贺拉斯的诗。于连只知道《圣经》，就皱着眉头说：“我所献身的圣职禁止我读一位如此世俗的诗人。”

德·雷纳先生背了不少所谓贺拉斯的诗。他向孩子们解释谁是贺拉斯，但是孩子们已对于连佩服得要命，对父亲的话没听进几句。他们眼睁睁地望着于连。

仆人们一直站在门口，于连认为应该让考验继续下去。

“斯坦尼斯拉·克萨维埃先生也该在圣书中指一段，”他对最小的孩子说。

小斯坦尼斯拉很得意，好歹总算念出了某一行的第一个字，于连紧接着背出了一整页。正当于连倒背如流之际，诺曼底骏马的拥有者瓦勒诺先生和专区区长夏尔科·德·莫吉隆先生进来了。这个场面为于连赢得了先生的称呼，仆人们也不敢不这样称呼他了。

市长先生家里来了个奇才，当晚满城争睹，络绎不绝。于连沉着脸，不冷不热地一一应付过去。他的声名在城中迅速传播，几天之后，德·雷纳先生怕他被抢走，向他提出签订两年的合同。

“不行，先生，”于连冷冷地回答，“您要辞退我，我不得不走。一份合同拴住了我，您却不承担任何义务，这不平等，我不能接受。”

于连真行，来此不足一个月，连德·雷纳先生本人都敬重他了。本堂神父已与德·雷纳先生和瓦勒诺先生闹翻，无人再能泄露于连往日对拿破仑的激情，他此后每谈及这个人，深恶痛绝之情都溢于言表。

【简析】

《红与黑》中的“红”，象征拿破仑时代军人(军服)的荣耀，或是共和主义的热情；“黑”则指拥有庞大势力的穿着黑色衣服的教士。作品主要以1827年12月28～31日《法庭公报》上刊登的安托万·贝尔德案件为原型创作的，是一部描写法国七月革命前夕、统治者剧烈交替的变动时代中，一位平民青年野心的书。也是一部将贵族、教士、大资产阶级三者激烈竞争的社会反动性，作一彻底批判的巨著。小说围绕主人公于连个人奋斗的经历与最终失败，尤其是他的两次爱情的描写，广泛地展现了19世纪初30年间压在法国人民头上的历届政府所带来的社会风气，强烈地抨击了复辟王朝时期贵族的反动，教会的黑暗和资产阶级新贵的卑鄙庸俗，利欲熏心。

司汤达是善于从爱情中反映重大社会问题的文学大师。于连的两次爱情都与时代风云紧密相连，这是当时阶级角逐的一种表现形式，他对德·雷纳夫人后来的确也产生了真正的感情，但开始是出于小市民对权贵的报复心理。因此，于连第一次占有德·雷纳夫人的手的时候，他感到的并不是爱情的幸福，而是拿破仑式的野心的胜利，是“狂欢”和“喜悦”，是报复心理的满足。于连对玛蒂尔德小姐的爱情则纯属政治上的角逐，玛蒂尔德既有贵族少女的傲慢、任性的气质，又受到法国大革命的深刻影响。她认为，如果再有一次大革命，主宰社会的必定是像于连这样富于朝气的平民青年。同于连结成伉俪，既富有浪漫气息，又找到了有力的靠山。而于连则认为与玛蒂尔德小姐结婚可以爬上高位，青云直上，因此不惜去骗取她的爱情。

但是，于连的两次爱情最终还是失败了。这是因为在复辟时期，封建势力向市民阶层猖狂反扑。于连不是统治阶级圈子里的人，那个阶级决不会容忍于连那样的人来实现其宏愿。于连的人生悲剧，揭示了他所处时代的特征，批判了当时社会的黑暗。

俄国作家高尔基曾说，《红与黑》在心理深度的挖掘上远远超出了同时代作家所能达到的层次。小说以深刻细腻的笔调，广泛运用独白和自由联想等多种艺术手法，充分展示了主人公的心灵空间，挖掘出了主人公深层意识的活动。司汤达着重刻画人物细致和逼真的内心活动，常常是三言两语就把人物行动、周围环境交代过去，而对其内心的活动则洋洋洒洒，不惜笔墨，关于爱情的心理描写更是丝丝入扣、动人心弦。从于连得知德·雷纳夫人写揭发信到枪杀她这段情节，司汤达仅用了三页篇幅；而对于连与玛蒂尔德的爱情，他却花了上百页的篇幅细致描写。作品中德·雷纳夫人坠入情网时的那种喜悦、痛苦、忏悔而又不甘放弃幸福的复杂心理的展现，也令人拍案叫绝。

司汤达天才般的心理刻画，开创了后世“意识流小说”“心理小说”的先河，因此被后人尊为“现代小说之父”。

【思考与练习】

1. 司汤达开创了后世“意识流小说”“心理小说”的先河，结合选文探讨其创作的艺术特色。

2. 《红与黑》中于连悲剧命运的形成原因有哪些？结合实际情况，谈谈你怎么实现自己的理想。

司汤达　于连性格分析

(十) 傲慢与偏见(节选)

[英国] 简·奥斯汀

【题解】

简·奥斯汀(1775 年—1817 年)，英国女小说家。生于乡村小镇斯蒂文顿，父亲是当地教区牧师。奥斯汀没有上过正规学校，但受到过较好的家庭教育，主要教材就是父亲的文学藏书。她 20 岁左右开始写作，共发表了《傲慢与偏见》《理智与情感》《曼斯菲尔德花园》《爱玛》《诺桑觉寺》《劝导》6 部长篇小说。

简·奥斯汀终身未婚，家道小康。由于居住在乡村小镇，她接触到的是中小地主、牧师等人物以及他们恬静、舒适的生活环境，因此她的作品里没有重大的社会矛盾。她以女性特有的细致入微的观察力，真实地描绘了她周围世界的小天地，尤其是绅士淑女间的婚姻和爱情风波。她的作品格调轻松诙谐，富有喜剧性冲突，深受读者欢迎。

从 18 世纪末到 19 世纪初，“感伤小说”和“哥特小说”充斥英国文坛，而奥斯汀的小说破旧立新，一反常规地展现了当时尚未受到资本主义工业革命冲击的英国乡村中产阶级的日常生活和田园风光。她的作品往往通过喜剧性的场面嘲讽人们愚蠢、自私、势利和盲目自信等可鄙可笑的弱点。简·奥斯汀的小说一扫风行一时的假浪漫主义潮流，继承和发展了英国 18 世纪优秀的现实主义传统，为 19 世纪现实主义小说的高潮做了准备。虽然其作品反映的广度和深度有限，但她的作品从一个小窗口中窥视到整个社会形态和人情世故，对改变当时小说创作风气起了好的作用，在英国小说的发展史上有承上启下的意义。

《傲慢与偏见》是简·奥斯汀最早完成的作品，她在 1796 年开始动笔，最初取名为《最初的印象》，1797 年 8 月完成。后来，她重写了《最初的印象》，并改名为《傲慢与偏见》，于 1813 年 1 月出版。

伊丽莎白等柯林斯夫妇走了以后，便把她到肯特以来所收到吉英的信，全都拿出来一封封仔细阅读，好像是为了故意要跟达西做冤家做到底似的。信上并没有写什么真正埋怨的话，既没有提起过去的事情，也没有诉说目前的。她素性娴静，心肠仁爱，因此她的文笔从来不带一些阴暗的色彩，总是欢欣鼓舞的心情跃然纸上，可是现在，读遍了她所有的信，甚至读遍了她每一封信的字里行间，也找不出这种欢欣的笔调。伊丽莎白只觉得信上每一句话都流露着不安的心情，因为她这一次是用心精读的，而上一次她却读得很马虎，所以没有注意到这种地方。达西先生恬不知耻地夸口说，叫人家受罪是他的拿手好戏，这使她愈发深刻地体会到姐姐的痛苦。想到达西后天就要离开罗新斯，她总算可以稍觉安慰，而更大的安慰是，不到两个星期，她又可以和吉英在一起了，而且可以用一切感情的力量去帮助她重新振作起精神来。

一想起达西就要离开肯特，便不免记起了他的表兄弟也要跟着他一起走；可是费茨威廉已经表明他自己决没有什么意图，因此，他虽然挺叫人喜欢，她却不至于为了他而不快活。她正在转着这种念头，突然听到门铃响，她以为是费茨威廉来了，心头不由得跳动起来，因为他有一天晚上就是来得很晚的，这回可能是特地来问候她。但是她立刻就知道猜错了，出乎她的意料，走进屋来的是达西先生，于是她情绪上又是另一种感觉。他立刻匆匆忙忙问她身体好了没有，又说他是特地来听她复元的好消息的。她客客气气地敷衍了他一下。他坐了几分钟，就站起身来，在房间里踱来踱去。伊丽莎白心里很奇怪，可是嘴上一言未发。沉默了几分钟以后，他带着激动的神态走到她跟前说：

“我实在没有办法死挨活撑下去了。这怎么行。我的感情也压制不住了。请允许我告诉你，我多么敬慕你，多么爱你。”

伊丽莎白真是说不出的惊奇。她瞪着眼，红着脸，满腹狐疑，闭口不言。他看这情形，便认为她是在怂恿他讲下去，于是立刻把目前和以往对她的种种好感全都和盘托出。他说得很动听，除了倾诉爱情以外，又把其他种种感想也原原本本说出来了。他一方面千言万语地表示深情蜜意，但是另一方面却又说了许许多多傲慢无礼的话。他觉得她出身低微，觉得自己是迁就她，而且家庭方面的种种障碍，往往会使他的见解和他的心愿不能相容并存——他这样热烈地倾诉，虽然显得他这次举动的慎重，却未必能使他的求婚受到欢迎。

尽管她对他的厌恶之心根深蒂固，她究竟不能对这样一个男人的一番盛情，漠然无动于衷；虽说她的意志不曾有过片刻的动摇，可是她开头倒也体谅到他将会受到痛苦，因此颇感不安，然而他后来的那些话引起了她的怨恨，她那一片怜惜之心便完全化成了愤怒。

不过，她还是竭力镇定下来，以便等他把话说完，耐心地给他一个回答。末了，他跟她说，他对她的爱情是那么强烈，尽管他一再努力克服，结果还是克服不了，他又向她表明自己的希望，说是希望她接受他的求婚。她一下子就看出他说这些话的时候，显然自认为她毫无问题会给他满意的回答。他虽然口里说他自己又怕又急，可是表情上却是一副万无一失的样子。这只有惹起她更加激怒；等他讲完话以后，她就红着脸说：

"遇到这一类的事情，通常的方式是这样的：人家对你一片好心好意，你即使不能给以同样的报答，也得表示一番感激，我现在就得向你表示谢意。可惜我没有这种感觉。我从来不稀罕你的抬举，何况你抬举我也是十分勉强。我从来不愿意让任何人感到痛苦，纵使惹得别人痛苦，也是根本出于无心，而且我希望很快就会事过境迁。你跟我说，以前你顾虑到种种方面，因此没有能够向我表明你对我的好感，那么，现在经过我这番解释之后，你一定很容易把这种好感克制下来。"

达西先生本是斜倚在壁炉架上，一双眼睛盯住了她看，听到她这番话，好像又是气愤又是惊奇。他气得脸色铁青，从五官的每一个部位都看得出他内心的烦恼。他竭力装出镇定的样子，一直等到自以为已经装像了，然后才开口说话。这片刻的沉默使伊丽莎白心里非常难受。最后达西才勉强沉住了气说道：

"我很荣幸，竟得到你这样一个回答！也许我可以请教你一下，为什么我竟会遭受到这样没有礼貌的拒绝？不过这也无关紧要。"

"我也可以请问一声，"她回答道，"为什么你明明白白存心要触犯我，侮辱我，嘴上却偏偏要说什么为了喜欢我，竟违背了你的自己的意志，违背了你自己的理性，甚至违背了你自己的性格？要是我果真没有礼貌，那么，这还不够作为我没有礼貌的理由吗？可是我还有别的气恼。你也知道我有的，就算我对你没有反感，就算我对你毫无芥蒂，甚至就算我对你有好感吧，那么请你想一想，一个毁了我最亲爱的姐姐幸福，甚至永远毁了她的幸福的人，怎么会打动我的心去爱他呢？"

达西先生听了她这些话，脸色大变；不过这种感情的激动，只有一会儿就过去了，他听着她继续说下去，一些不想打岔。

"我有足够的理由对你怀着恶感。你对待那件事完全无情无义，不论你是出于什么动机，都叫人无可原谅。说起他们俩的分离，即使不是你一个人造成的，也是你主使的，这你可不敢否认，也不能否认。你使得男方被大家指责为朝三暮四，使女方被大家嘲笑为奢望空想，你叫他们俩受尽了苦痛。"

她说到这里，只见他完全没有一点儿悔恨的意思，真使她气得非同小可。他甚至还假装出一副不相信的神气在微笑。

"你能否认你这样做过吗？"她又问了一遍。

他故作镇静地回答道："我不想否认。我的确用心想了一切办法，拆散了我朋友和你姐姐的一段姻缘；我也不否认，我对自己那一次的成绩觉得很得意。我对他总算比对我自己多尽了一份力。"

伊丽莎白听了他这篇文雅的调整辞令，表面上并不愿意显出很注意的样子。这番话的用意她当然明白，可是再也平息不了她的气愤。

"不过，我还不止在这一件事情上面厌恶你，"她继续说道，"我很早就厌恶你，对你有了成见。几个月以前听了韦翰先生说的那些话，我就明白了你的品格。这件事你还有什么可说的？看你再怎样来替你自己辩护，把这件事也异想天开地说是为了维护朋友？你又将怎么样来颠倒是非，欺世盗名？”

达西先生听到这里，脸色变得更厉害了，说话的声音也不像刚才那么镇定，他说：“你对于那位先生的事的确十分关心。”

“凡是知道他的不幸遭遇的人，谁能不关心他？”

“他的不幸遭遇！”达西轻蔑地重说了一遍。“是的，他的确太不幸啦。”

“这都是你一手造成的，”伊丽莎白使劲叫道。“你害得他这样穷……当然并不是太穷。凡是指定由他享有的利益，你明明知道，却不肯给他。他正当年轻力壮，应该独立自主，你却剥夺了他这种权利。这些事都是你做的，可是人家一提到他的不幸，你还要鄙视和嘲笑。”

“这就是你对我的看法！”达西一面大声叫嚷，一面向屋子那头走去。“你原来把我看成这样的一个人！谢谢你解释得这样周到。这样看来，我真是罪孽深重！不过，”他止住了步，转过身来对她说：“只怪我老老实实地把我以前一误再误、迟疑不决的原因说了出来，所以伤害了你的自尊心，否则你也许就不会计较我得罪你的这些地方了。要是我耍一点儿手段，把我内心矛盾掩藏起来，一味恭维你，叫你相信我无论在理智方面、思想方面，以及种种方面，都是对你怀着无条件的、纯洁的爱，那么，你也许就不会有这些苛刻的责骂了。可惜无论是什么样的装假，我都痛恨。我刚才所说出的这些顾虑，我也并不以为可耻。这些顾虑是自然的，正确的。难道你指望我会为你那些微贱的亲戚而欢欣鼓舞吗？难道你以为，我要是攀上了这么些社会地位远不如我的亲戚，倒反而会自己庆幸吗？”

伊丽莎白愈来愈愤怒，然而她还是尽量平心静气地说出了下面这段话：

“达西先生，倘若你有礼貌一些，我拒绝了你以后，也许会觉得过意不去，除此以外，倘若你以为这样向我表白一下，会在我身上起别的作用，那你可想错了。”

他听到这番话，吃了一惊，可是没有说什么，于是她又接着说下去：

“你用尽一切办法，也不能打动我的心，叫我接受你的求婚。”

他又显出很惊讶的样子，他带着痛苦和诧异的神气望着她。她继续说下去：

“从开头认识你的时候起，几乎可以说，从认识你的那一刹那起，你的举止行动，就使我觉得你十足狂妄自大、自私自利、看不起别人，我对你不满的原因就在这里，以后又有了许许多多事情，使我对你深恶痛绝；我还没有认识你一个月，就觉得像你这样一个人，哪怕天下男人都死光了，我也不愿意嫁给你。”

“你说得够了，小姐，我完全理解你的心情，现在我只有对我自己那些顾虑感到羞耻。请原谅我耽搁了你这么多时间，请允许我极其诚恳地祝你健康和幸福。”

他说了这几句话，便匆匆走出房间。隔了一会儿，伊丽莎白就听到他打开大门走了。她心里纷乱无比。她不知道如何撑住自己，她非常软弱无力，便坐在那儿哭了半个钟头。她回想到刚才的一幕，越想越觉得奇怪。达西先生竟会向她求婚，他竟会爱上她好几个月了！竟会那样地爱她，要和她结婚，不管她有多少缺点，何况她自己的姐姐正是由于这些缺点而受到他的阻挠，不能跟他朋友结婚，何况这些缺点对他至少具有同样的影响……这真是一件不可思议的事！一个人能在不知不觉中博得别人这样热烈的爱慕，也足够自慰了。可是他的傲慢，他那可恶的傲慢，他居然恬不知耻地招认他自己是怎样破坏了吉英的好事，他招认的时候虽然并不能自圆其说，可是叫人难以原谅的是他那种自以为是的神气，还有他提到韦翰先生时那种无动于衷的态度，他一点儿也不打算否认对待韦翰的残酷……一想到这些事，纵使她一时之间也曾因为体谅到他一番恋情而触动了怜悯的心肠，这时候连丝毫的怜悯也完全给抵消了。

她这样回肠百转地左思右想，直到后来听得咖苔琳夫人的马车声，她才感觉到自己这副模样儿见不得夏绿蒂，便匆匆回到自己房里去。

【简析】

简·奥斯汀在这部小说中通过班纳特5个女儿对待终身大事的不同处理方式，表现出乡镇中产阶级家庭出身的少女对婚姻爱情问题的不同态度，从而反映了作者本人的婚姻观：为了财产、金钱和地位而结婚是错误的，而结婚不考虑上述因素也是愚蠢的。因此，她既反对为金钱而结婚，也反对把婚姻当儿戏。她强调理想婚姻的重要性，并把男女双方感情作为缔结理想婚姻的基石。书中的女主人公伊丽莎白出身于小地主家庭，为富豪子弟达西所热爱。达西不顾门第和财富的差距，向她求婚却遭到拒绝。伊丽莎白对他的误会和偏见是一个原因，但最主要的是她讨厌他的傲慢。因为达西的这种傲慢实际上是地位差异的反映，只要存在这种傲慢，他与伊丽莎白之间就不可能有共同的思想感情，也不可能有理想的婚姻。伊丽莎白后来亲眼观察到了达西的为人处世和一系列所作所为，特别是看到他改变了过去那种骄傲自负的神态，从而消除了对他的误会和偏见，最终与他缔结了美满姻缘。伊丽莎白对达西先后几次求婚的不同态度，实际上反映了女性对人格独立和平等权利的追求。这是伊丽莎白这一人物形象的进步意义。

【思考与练习】

1. 简·奥斯汀的小说善于在日常平凡事物中塑造鲜明的人物形象。阅读课文，试分析女主人公伊丽莎白的这一人物形象。

2. 阅读课文，试分析《傲慢与偏见》在语言上的特点。

《傲慢与偏见》中的爱情观与婚姻观

第四章　戏剧的阅读与鉴赏

一、戏剧概述

戏剧，是指以语言、动作、舞蹈、音乐、木偶等形式达到叙事目的的舞台表演艺术的总称。文学上的戏剧概念是指为戏剧表演所创作的脚本，即剧本。戏剧的表演形式多种多样，常见的包括话剧、歌剧、舞剧、音乐剧、木偶戏等。戏剧是由演员扮演角色在舞台上当众表演故事的一种综合艺术。

(一) 戏剧的特点

1. 空间和时间要高度集中

剧本不像小说、散文那样可以不受时间和空间的限制，它要求时间、人物、情节、场景高度集中在舞台范围内。小小的舞台上，几个人的表演就可以代表千军万马，走几圈就可以表现出跨过了万水千山，变换一个场景和人物，就可以说明到了一个全新的地方或相隔多年之后，相隔千万里，跨越若干年，都可通过幕、场变换集中在舞台上展现。

2. 反映现实生活的矛盾要尖锐突出

各种文学作品都要表现社会的矛盾冲突，而戏剧则要求在有限的空间和时间里反映的矛盾冲突更加尖锐突出。因为戏剧这种文学形式是为了集中反映现实生活中的矛盾冲突而产生的，所以说，没有矛盾冲突就没有戏剧。又因为剧本受篇幅和演出时间的限制，所以对剧情中反映的现实生活必须凝缩在适合舞台演出的矛盾冲突中。

3. 剧本的语言要表现人物性格

剧本的语言主要是台词。台词，就是剧中人物所说的话，包括对话、独白、旁白。剧本主要是通过台词推动情节发展，表现人物性格。因此，台词语言要求能充分地表现人物的性格、身份和思想感情，要通俗自然、简练明确，要口语化，要适合舞台表演。

(二) 戏剧的发展

中国戏剧主要包括戏曲和话剧，戏曲是中国固有的传统戏剧，话剧则是 20 世纪引进的西方戏剧形式。

戏曲的形成，最早可以追溯秦汉时代。但形成过程相当漫长，到了宋元之际才得成型。成熟的戏曲要从元杂剧算起，经历明、清的不断发展成熟而进入现代，历八百多年繁盛不败，如今有360多个剧种。中国古典戏曲在其漫长的发展过程中，曾先后出现了宋元南戏、元代杂剧、明清传奇、清代地方戏及近、现代戏曲等四种基本形式。

(三) 戏剧的鉴赏

鉴赏戏剧作品，首先要弄清剧本中的矛盾冲突，进而体会冲突的社会意义，这样才能真正读好剧本。同时，还要在阅读中准确把握戏剧人物的性格特征，品味作品丰富多彩的语言。

1. 品评高度集中的戏剧冲突

没有冲突就没有戏剧，戏剧冲突是戏剧的基本要素，是戏剧文学表现人物性格和人物相互间关系的主要手段和途径。每一个主要角色的性格特点、角色与角色间的相互关系都会在戏剧冲突中充分而清晰地表现出来。分析戏剧冲突，可以准确地把握人物的性格、弄清剧中人物相互间的关系，进而理解剧作的主题。因此，品评戏剧冲突是解读戏剧文学文本的关键。

戏剧冲突主要指剧本中所展示的人物之间、人物自身以及人与环境之间的矛盾冲突，其中主要表现为剧中人物之间的性格冲突，是阅读剧作所要欣赏的重点。比如《雷雨》第二幕，最初冲突的双方是周朴园与鲁四萍，两人又各有自己内心的矛盾斗争；鲁大海上场后，冲突又集中到周朴园与鲁大海之间，进而又有周萍与鲁大海、鲁侍萍与周萍之间的冲突。这些冲突表面看来是家庭内部的冲突，实际上可以将鲁侍萍与周朴园之间的冲突上升为下层劳动人民与地主阶级之间的矛盾冲突，将周朴园与鲁大海之间的冲突上升为资本家与无产阶级之间的矛盾冲突。

总之，戏剧冲突是戏剧文学的生命，阅读剧本时认真地分析和研究戏剧冲突，是我们阅读剧作的首要任务。

2. 分析鲜明的人物形象

剧作家创作剧本时，总是将深刻的思想通过人物形象来展示，因而阅读戏剧还须分析剧中的人物形象，但这并非易事。在戏剧文学中，有时人物像谜一样难解。比如哈姆雷特，他是丹麦王子，接受自己喜欢的人文主义教育，有疼爱他的父王母后，有爱他的恋人，有真诚的朋友，亲情、爱情、友情将他包围，可谓是“快乐王子”。后来他发现叔父杀父夺王位娶母，朋友背叛，情人也来试探自己，他觉得自己的理想破灭，陷入抑郁之中，成为“忧郁王子”。强烈的社会责任感使他决心杀叔父报仇，但又顾虑重重，错过时机，成为“延宕王子”。直至叔父设下决斗和毒酒的圈套，母亲死亡、自己受伤将死之际，他才杀死叔父，成为“行动王子”。对于剧作中的人物，到底应该怎么进行分析呢？要在把握剧情的基础上，首先抓住人物的语言，其次观察人物的外部动作与内部动作，深入分析人物形象的典型性及其生活意义。

抓住人物语言，善于体会人物语言，对分析人物形象十分重要。人物语言是戏剧语言的重要内容。戏剧故事情节的发展，人物性格的揭示和剧作者对人物事件的评价，一般都依靠人物语言来完成。根据人物语言的内容，可以了解他的经历、教养、身份、所处环境、与其他人物的关系等信息，把握人物思想。比如《哈姆雷特》中，哈姆雷特的大段独白，表达了哈姆雷特对美好人性的追求向往、对现实中被欲望和罪恶玷污的人性的深刻批判，揭示了哈姆雷特人文主义者的核心性格特征，表现了作者对于颠倒混乱的社会现实的深深忧虑，对理性、秩序和新的道德理想、社会理想的深切呼唤。好的人物语言富于动作性，能推动剧情发展，又具有个性表现力，以最少的语言表达最丰富的内容。

观察人物的外部动作，在戏剧文学中主要指阅读舞台说明。舞台说明是一种叙述语言，是戏剧文学的辅助手段。它主要用来说明人物的动作、心理、剧情发展的布景、环境、人物之间的关系等，用以解释作者的想法，直接展示人物性格和情节，作为读者阅读作品、导演和演员创造舞台形象的参考。虽然它仅仅是辅助手段，但对于展示人物性格也具有重要作用。剧作家曹禺在作品中的大量环境描绘式的提示就是很好的例子。比如《雷雨》中周朴园与鲁侍萍交谈时，时而"沉思"，时而"沉吟"，时而"汗涔涔"，时而"苦痛"，直至"严厉""冷冷地"，这些提示有助于读者把握人物感情世界的变化，为演员塑造角色提供了心理依据。

人物内部动作，也即特定情境中戏剧人物的内心冲动、冲突以及促使人物行动的某种激情、欲望等。人物的内心动作正是促使人物行动从而产生外部动作的内在根据，是展示人物性格内涵的极其重要的层面。比如《西厢记》中"长亭送别"部分，大量铺叙崔莺莺分别时的思想活动，突出表现了她珍重爱情而鄙视功名利禄的性格特点，是分析其形象特征的重要依据。

3. 品味丰富多彩的戏剧语言

高尔基说："戏剧是语言的艺术。"戏剧语言是戏剧文学的基础和灵魂，其中人物语言，即台词更重要。戏剧文学一般用剧中人物语言来表现创作的内容，对人物的表情、动作只做一些必要的说明性提示。为完成形象塑造、情节构建、主题揭示，戏剧语言必须要求高度的个性化、潜台词和动作性。因此，品味戏剧文学的语言之美，要关注这三个方面。

(1) 品味人物语言的个性化。个性化是受人物的年龄、性格、阅历、教养、环境等影响而形成的个性特点，表现在语言中就是那种符合人物身份特征的、在具体情境中源于口出于心的、与众不同的语言，它能准确表达人物的性格特征和思想情感。如《威尼斯商人》中，在围绕是否"照约处罚"的法庭辩争时夏洛克的一张嘴论战几张嘴，他词锋犀利、咄咄逼人，极富逻辑推理的论辩性。这不仅表现了夏洛克眼看胜券在握的洋洋自得、目空一切的狂妄心理，而且把这位贪婪吝啬、奸诈凶狠的高利贷者的性格特征入木三分地刻画了出来。可以说，是听其声则知其人。

(2) 品味人物语言里的潜台词。潜台词是戏剧文学中人物语言所包含又未能表达出的言外之意，以最少的语言来表达最丰富的内容。它的使用节约了时间，体现了戏剧文学的高度集中性。好的潜台词总是以少胜多，一句话代替十几句甚至几十句话，让人听到弦外之音，品到话中有话，从而触及人物灵魂深处的隐秘，从有限的台词中获得丰富深刻的底蕴，给人以深广的想象空间，能起到"一石多鸟"之效。在阅读时，读者要还原人物语言背后的潜台词，体会人物语言的话中之话、言外之意，从而更全面地把握人物形象。 比如《雷雨》中周朴园向鲁侍萍打听"自己的亲戚"梅侍萍的坟墓时，鲁侍萍反问"亲戚？"其实是说鲁侍萍根本不是周朴园的亲戚，他说的是骗人的鬼话。注意到了这一点，对于理解鲁侍萍与周朴园的矛盾冲突以及周朴园的形象特征都大有帮助。

(3) 品味人物语言的动作性。动作性语言也叫情节性语言，是指人物的语言能够起推动或暗示故事情节发展的作用，它是人物性格在情节发展中内在力的体现。台词作为戏剧作品的语言，必须富有强烈的动作性，起到对手之间的相互影响和相互作用的目的。如《雷雨》中周朴园与鲁侍萍相逢一场戏，周朴园与鲁侍萍各怀心事而进行的一系列对话，把他们一连串紧张的内心冲突生动形象地刻画出来。一开始周朴园看到鲁侍萍有种似曾相识的感觉，便满腹狐疑地问道“你……你贵姓”，鲁侍萍“我姓鲁”那平稳的语调使周朴园舒了口气。紧接着鲁侍萍以平静的口吻诉说自己的悲惨遭时，被触痛隐私的周朴园不得不紧张地问道“你贵姓”，然而鲁侍萍尽管怀着沉痛的心情却依旧不卑不亢地回答“我姓鲁，老爷”，于是风浪又归于平静。当周朴园闻及梅侍萍还活着，他不由得万分恐惧，“忽然起立”逼问道“你是谁”，但鲁侍萍仍冷静凛然地回答“我是这儿四凤的妈，老爷”，使周朴园暂时得到了喘息。待鲁侍萍终于说明了自己就是梅侍萍时，周朴园终于撕开伪善的面具，严厉地问道“你来干什么”。在这场戏中，周朴园从最初的试探，到随后的奇怪惊愕，再到最后的惶惶不安，他的语言鲜明地揭示了他渐趋紧张的内心活动，以强烈的动作性丰满了周朴园这一伪善者的形象，推动了剧情的发展和冲突的展开。

总之，戏剧是一种借助众多艺术手段来塑造人物形象，揭示社会矛盾，反映社会现实，展现人的价值取向的综合性舞台艺术。它是以塑造舞台形象为目的的直观艺术，由演员在舞台上，以模拟性的动作，以情感的力量，展示人生中的矛盾和矛盾演绎的过程，表现有一定长度和内在完整性的生活状态，从而透视出身处其境的人物的主观心态和人性内涵，表达作者对人生的认识、情感与理性思考。因此，在欣赏时，剧本、演员、舞台和观众都是戏剧必不可少的元素。

阅读戏剧文学（一）　阅读戏剧文学（二）

二、经典文本赏析

(一) 西厢记·长亭送别[1]

王实甫

【题解】

王实甫(约1260年—约1336年)，名德信，大都(今北京)人。其戏剧活动主要在元成宗元贞、大德年间，以《西厢记》扬名于世。他一共写了14种杂剧，现存《西厢记》《破窑记》《丽春堂》三种，其中多数以“儿女风情”为题材。现存的爱情戏，揭露了封建势力对年轻一代的压迫，歌颂争取婚姻自由的斗争。王实甫善于酝酿气氛，遣词炼句，创造高远的意境，形成优雅的风格，被形容为“花间美人”。王实甫和关汉卿分别开创了中国戏剧史上文采和本色两个重要的流派。

《西厢记》全名《崔莺莺待月西厢记》，故事源于唐代元稹的传奇《莺莺传》，金代董解元将它改编成《西厢记诸宫调》，王实甫以此为基础改编为本剧。《西厢记》写张珙(字君瑞)赴试途中，与已故相国小姐崔莺莺在普救寺相遇，二人互生爱慕之情，但遭到莺莺母亲的阻挠。在侍女红娘的帮助下，两人私自结合。老妇人发觉后，为维护相国门第，逼迫张生上京应试。张生状元及第，终与莺莺百年好合。作者热情歌颂了莺莺与张生为争取婚姻自由而进行的不懈斗争，明确提出“愿普天下有情的都成了眷属”的美好愿望。

“长亭送别”是《西厢记》第四本第三折，也是剧中最为脍炙人口的片断。张生为老妇人所逼，上京应试，在长亭与莺莺难舍难分，由三个紧密衔接的画面组成：赴长亭途中；长亭别宴；长亭分别。曲文融抒情、写景、叙事于一体，意境优美。

夫人、长老上，云：今日送张生赴京，十里长亭，安排下筵席。我和长老先行，不见张生、小姐来到。(旦、末、红同上，旦云)今日送张生上朝取应，早是离人伤感，况值那暮秋天气，好烦恼人也呵！“悲欢聚散一杯酒，南北东西万里程。”(旦唱)

【正宫】【端正好】碧云天，黄花地[2]，西风紧，北雁南飞。晓来谁染霜林醉？总是离人泪[3]。

【滚绣球】恨相见得迟，怨归去得疾。柳丝长玉骢难系[4]，恨不得倩[5]疏林挂住斜晖。马儿迍迍[6]的行，车儿快快地随，却告了相思回避，破题儿又早别离[7]。听得道一声“去也”，松了金钏[8]；遥望见十里长亭，减了玉肌。此恨[9]谁知！

(红云)姐姐今日怎么不打扮？(旦云)你那知我的心里呵！

【叨叨令】见安排着车儿、马儿，不由人熬熬煎煎的气；有甚么心情花儿、靥儿[10]，打扮得娇娇滴滴的媚；准备着被儿、枕儿，只索昏昏沉沉的睡；从今后衫儿、袖儿，都揾做重重叠叠的泪。兀的不闷杀人也么哥？兀的不闷杀人也么哥？久已后书儿、信儿，索与我凄凄惶惶的寄。

(做到)(见夫人科)(夫人云)张生和长老坐，小姐这壁坐，红娘将酒来。张生，你向前来，是自家亲眷，不要回避。俺今日将莺莺与你，到京师休辱末了俺孩儿，挣揣[11]一个状元回来者。(末云)小生托夫人余荫，凭着胸中之才，视官如拾芥耳[12]。(洁云)夫人主见不差，张生不是落后的人。(把酒了，坐)(旦长吁科)

【脱布衫】下西风黄叶纷飞，染寒烟衰草萋迷。酒席上斜签着坐[13]的，蹙愁眉死临侵地[14]。

【小梁州】我见他阁泪汪汪不敢垂[15]，恐怕人知；猛然见了把头低，长吁气，推整素罗衣[16]。

【幺篇】虽然久后成佳配，奈时间[17]怎不悲啼。意似痴，心如醉[18]，昨宵今日，清减了小腰围。

(夫人云)小姐把盏者！(红递酒，旦把盏长吁科，云)请吃酒！

【上小楼】合欢未已，离愁相继。想着俺前暮私情，昨夜成亲，今日别离。我谂知这几日相思滋味，却原来比别离情更增十倍[19]。

【幺篇】年少呵轻远别，情薄呵易弃掷[20]。全不想腿儿相挨，脸儿相偎，手儿相携。你与俺崔相国做女婿，妻荣夫贵[21]，但得一个并头莲，煞强如状元及第。

(夫人云)红娘把盏者！(红把酒了)(旦唱)

【满庭芳】供食太急，须臾对面，顷刻别离。若不是酒席间子母们当回避，有心待与他举案齐眉。虽然是厮守得一时半刻，也合着俺夫妻每共桌而食。眼底空留意[22]，寻思起就里，险化作望夫石。

(红云)姐姐不曾吃早饭，饮一口儿汤水。(旦云)红娘，甚么汤水咽得下！

【快活三】将来的酒共食，尝着似土和泥。假若便是土和泥，也有些土气息，泥滋味。

【朝天子】暖溶溶玉醅[23]，白泠泠似水，多半是相思泪。眼面前茶饭怕不待要[24]吃，恨塞满愁肠胃。"蜗角虚名[25]，蝇头微利[26]"，拆鸳鸯在两下里。一个这壁，一个那壁，一递一声长吁气。

(夫人云)辆[27]起车儿，俺先回去，小姐随后和红娘来。(下)(末辞洁科)(洁云)此一行别无话儿，贫僧准备买登科录[28]看，做亲的茶饭少不得贫僧的。先生在意，鞍马上保重者！"从今经忏无心礼，专听春雷第一声[29]。"(下)(旦唱)

【四边静】霎时间杯盘狼藉，车儿投东，马儿向西，两意徘徊，落日山横翠。知他今宵宿在那里？有梦也难寻觅。

(旦云)张生，此一行得官不得官，疾便回来。(末云)小生这一去白夺一个状元，正是"青霄有路终须到，金榜无名誓不归[30]"。(旦云)君行别无所赠，口占一绝[31]，为君送行："弃掷今何在，当时且自亲。还将旧来意，怜取眼前人。"(末云)小姐之意差矣，张珙更敢怜谁？谨赓[32]一绝，以剖寸心："人生长远别，孰与最关亲？不遇知音者，谁怜长叹人？"(旦唱)

【耍孩儿】淋漓襟袖啼红泪，比司马青衫更湿。伯劳东去燕西飞，未登程先问归期。虽然眼底人千里，且尽生前酒一杯。未饮心先醉，眼中流血，心内成灰。

【五煞】到京师服水土，趁程途节饮食[33]，顺时自保揣身体[34]。荒村雨露宜眠早，野店风霜要起迟！鞍马秋风里，最难调护，最要扶持。

【四煞】这忧愁诉与谁？相思只自知，老天不管人憔悴。泪添九曲黄河溢，恨压三峰华岳低[35]。到晚来闷把西楼倚，见了些夕阳古道，衰柳长堤。

【三煞】笑吟吟一处来，哭啼啼独自归。归家若到罗帏里，昨宵个绣衾香暖留春住，今夜个翠被生寒有梦知。留恋你别无意，见据鞍[36]上马，阁不住泪眼愁眉。

(末云)有甚言语嘱咐小生咱？(旦唱)

【二煞】你休忧文齐福不齐[37]，我只怕你停妻再娶妻。休要一春鱼雁无消息！我这里青鸾有信频须寄，你却休“金榜无名誓不归”。此一节君须记：若见了那异乡花草，再休似此处栖迟[38]。

(末云)再谁似小姐？小生又生此念。(旦唱)

【一煞】青山隔送行，疏林不做美，淡烟暮霭相遮蔽。夕阳古道无人语，禾黍秋风听马嘶。我为甚么懒上车儿内，来时甚急，去后何迟[39]？

(红云)夫人去好一会，姐姐，咱家去！(旦唱)

【收尾】四围山色中，一鞭残照里。遍人间烦恼填胸臆，量这些大小车儿如何载得起？

(旦、红下)(末云)仆童赶早行一程儿，早寻个宿处。泪随流水急，愁逐野云飞[40]。

[1] 长亭送别：是《西厢记》中第四本第三折。

[2] 碧云天，黄花地：来自范仲淹《苏幕遮》词“碧云天，黄叶地，秋色连波，波上寒烟翠。”黄花，指菊花，菊花秋天开放。

[3] 晓来谁染霜林醉？总是离人泪：离人带血的泪，把深秋早晨的枫林染红了。霜林醉，深秋的枫林经霜变红，就像人喝醉酒脸色红晕一样。

[4] 柳丝长玉骢难系：玉骢(cōng)，马名，一种青白色的骏马。此处指张生赴试所乘之马。古人有折柳送别的习惯，故写别情多借助于柳，此句是说柳丝虽长却系不住玉骢，犹言情虽长却留不住张生。

[5] 倩(qìng)：请，别人代替自己做事。

[6] 迍：行动缓慢，流连不进的样子。

[7] 却告了相思回避，破题儿又早别离：却，犹恰；破题，唐宋诗赋多于开头几句点破题意，元曲中用于比喻开端、起始或第一次。

[8] 钏：古代称臂环为钏，现在叫作手镯。

[9] 恨：遗憾，不满意。

[10] 花儿、靥儿：即花钿。

[11] 争揣：争取、夺得。

[12] 视官如拾芥耳：把取得官职看得像从地上拾取一根草棍那样容易。

[13] 斜签着坐：侧身半坐，封建时代晚辈在长辈面前不能实坐。

[14] 死临侵地：呆呆地，没精打采的样子。

[15] 阁泪汪汪不敢垂：强忍泪水而不敢任其流出。阁泪，含泪。

[16] 推整素罗衣：装作整理衣裳。推，借口，这里有“假装”的意思。

[17] 时间：目下，眼前。

[18] 意似痴，心如醉：《乐府新声》无名氏《骂玉郎带感皇恩采茶歌》：“心似烧，意似痴，情如醉。”

[19] 我谂知这几日相思滋味，却原来比别离情更增十倍：这几天我已经深深知道了相思滋味的苦痛难堪，原来这离别比相思更苦十倍。谂，知道。

[20] 弃掷：本指抛弃，此处指撇下莺莺而远离。

[21] 妻荣夫贵：本指妻子可以依靠丈夫的爵位而尊贵，这里反其义用之，说你与崔相国家做女婿，本已因妻而贵，大可不必再去求取功名了。

[22] 眼底空留意：母亲在座，有所避忌，不得与张生同桌共食以诉衷曲，只能以眉眼传情表达心意。

[23] 玉醅(pēi)：美酒。

[24] 怕不待要：难道不想、何尝不想的意思。

[25] 蜗角虚名：蜗角极细极微，喻微小的浮名。

[26] 蝇头微利：比喻因小利而忘危难。

[27] 辆：动词，驾好，套好。

[28] 登科录：登载录取进士姓名的名册。

[29] 春雷第一声：进士试于春正、二月举行，故称中第消息为春雷第一声。

[30] 青霄：青霄路即置身青云之路。

[31] 口占一绝：随口吟出一首绝句诗。不打草稿，随口成文叫口占。

[32] 赓(gēng)：续作。

[33] 趁程途节饮食：意谓路途中要节制饮食。趁，赶。趁程途，赶路。

[34] 顺时自保揣身体：估量自己的身体情况，适应季节变化，自己保重。

[35] 泪添九曲黄河溢：以水喻愁之多；恨压三峰华岳低：以山喻愁之重。华岳三峰，即西岳华山的莲花峰、仙人掌、落雁峰。

[36] 据鞍：跨鞍。

[37] 文齐福不齐：意思是有文才而缺少福分，不能考中。

[38] 栖迟：流连，逗留。

[39] 来时甚急，去后何迟：时与后，都为语气词，相当于“呵”或“啊”。

[40] 泪随流水急，愁逐野云飞：互文见义，指看到秋云、流水都引起对莺莺的思念而愁生泪落。

【简析】

这一折写张生赴京赶考，莺莺送别的情景，刻画了莺莺离别时的痛苦心情和怨恨情绪，表现了张生和莺莺之间的真挚爱情，突出了莺莺的叛逆性格，强化了全剧歌颂婚姻自由、反对封建礼教的主题。全折一共可以分为四部分。

第一部分(科白和【端正好】【滚绣球】【叨叨令】三曲)，是赴长亭路上的场面，写莺莺为离别而愁苦怨恨的心境。【端正好】一曲，情景交融，写深秋景象勾起她的离情别绪。【滚绣球】一曲，主要以途中的景物为线索来抒发离别的怨恨。【叨叨令】以丰富的情态描写，补述莺莺动身前已经产生和未来将要产生的愁绪。

第二部分(“(做到)(见夫人科)”至“专听春雷第一声”)，是长亭饯别的场面，主要刻画莺莺、张生二人缠绵依恋而又无可奈何的情态、心理，突出莺莺珍重爱情而轻视功名利禄的思想感情。“但得一个并头莲，煞强如状元及第”“‘蜗角虚名，蝇头微利’，拆鸳鸯在两下里”，表明了莺莺对赴试的态度，显示了她的反抗精神。

第三部分(【四边静】至“小生又生此念”)，是临别叮嘱的场面，主要表现莺莺对张生的关心和担心：既希望他“得官不得官，疾便回来”，又担心他考中后“停妻再娶妻”。

这种心态不仅表现了莺莺对功名利禄的轻视，而且表明了她对二人前途的深深的忧虑。

第四部分(【一煞】至结尾)，是分手后的场面，描写莺莺目送张生依依难舍的情景和离别后的痛苦。

这一折突出地刻画了莺莺的叛逆性格。在她心目中，金榜题名，是“蜗角虚名，蝇头微利”，不是爱情的前提和基础，因此临别时不忘叮嘱张生“得官不得官，疾便回来”，与老夫人的态度形成鲜明的对比。同时，她也有深深的忧虑，明确地告诉张生“我只怕你停妻再娶妻”。莺莺的态度突出地表现了她的叛逆性格和对爱情的执著。莺莺的离愁别恨，是她对不能掌握自己命运的悲哀和抗争，而不只限于“儿女情长”。她的离愁别恨中闪耀着重爱情轻功名、反抗封建礼教的思想光辉。

【思考与练习】

1. 作者以别宴前后的时间为线索，安排了三个相互衔接的场面，集中表现了主人公莺莺与张生别离时的痛苦复杂心情，请用简要的文字对三处场景进行概述，并对莺莺的内心变化进行描述。

2. 试分析长亭送别一折的艺术特色。

拓展阅读

(二) 牡丹亭·游园

汤显祖

【题解】

汤显祖(1550年—1616年)，字义仍，号海若、若士、清远道人，江西临川(今江西抚州)人。他是明代杰出的戏曲家、文学家。明万历十一年(1583)中进士，历任南京太常寺博士、礼部主事，因上书批评时政，降为徐闻典史。后调任浙江遂昌知县，又因不附权贵而弃官归家，从事戏曲创作，再未出仕。在戏曲创作方面，汤显祖反对拟古和拘泥于格律。著有《牡丹亭》《邯郸记》《南柯记》《紫钗记》，合称“临川四梦”，以《牡丹亭》最著名。在戏曲史上，他和关汉卿、王实甫齐名，在中国乃至世界文学史上都有着重要的地位。

《牡丹亭》写的是太守的女儿杜丽娘为追求爱情因梦而死，因梦而生，最终与书生柳梦梅结为夫妻的故事，充满浪漫色彩。汤显祖曾说：“一生四梦，得意处唯在牡丹。”作品通过杜丽娘和柳梦梅生死离合的爱情故事，热情歌颂了反对封建礼教、追求自由主义的爱情和强烈要求个性解放的精神。

【绕地游】(旦[1]上。)梦回莺啭[2]，乱煞年光[3]遍。人立小庭深院。(贴[4]上)炷尽沉烟[5]，抛残绣线[6]，恁今春关情似去年[7]？

【乌夜啼】(旦)晓来望断梅关[8]，宿妆残[9]。(贴)你侧着宜春髻子[10]恰凭阑。(旦)剪不断，理还乱[11]，闷无端。(贴)已分付催花莺燕借春看。(旦)春香，可曾叫人扫除花径？(贴)分付了。(旦)取镜台衣服来。(贴取镜台衣服上)“云髻罢梳还对镜，罗衣欲换更添香。[12]”镜台衣服在此。

【步步娇】(旦)袅晴丝[13]吹来闲庭院，摇漾春如线。停半晌[14]，整花钿。没揣菱花[15]，偷人半面[16]，迤逗的彩云[17]偏。(行介[18])步香闺怎便把全身现！(贴)今日穿插[19]的好。

【醉扶归】(旦)你道翠生生出落的裙衫儿茜[20]，艳晶晶花簪八宝填[21]，可知我一生儿爱好是天然[22]。恰三春好处[23]无人见，不提防沉鱼落雁[24]鸟惊喧，则怕的羞花闭月[25]花愁颤。(贴)早茶时了，请行。(行介)你看："画廊金粉半零星，池馆苍苔一片青。踏草怕泥[26]新绣袜，惜花疼煞小金铃[27]。"(旦)不到园林，怎知春色如许！

【皂罗袍】原来姹紫嫣红[28]开遍，似这般都付与断井颓垣[29]。良辰美景奈何天，赏心乐事谁家院[30]！恁般景致，我老爷和奶奶[31]再不提起。(合)朝飞暮卷[32]，云霞翠轩[33]。雨丝风片，烟波画船。锦屏人忒看的这韶光贱[34]！(贴)是花都放了，那牡丹还早。

【好姐姐】(旦)遍青山啼红了杜鹃[35]，荼蘼外烟丝醉软[36]。春香呵，那牡丹虽好，他春归怎占的先[37]！(贴)成对儿莺燕呵，(合)闲凝眄[38]，生生燕语明如剪[39]，呖呖莺声溜的圆[40]。(旦)去罢。(贴)这园子委是观之不足也[41]。(旦)提他怎的！(行介)

【隔尾】观之不足由他缱[42]，便赏遍了十二亭台是枉然。到不如兴尽回家闲过遣。(作到介)(贴)"开我西阁门，展我东阁床。瓶插映山紫[43]，炉添沉水香。"小姐，你歇息片时，俺瞧老夫人去也。(下)

[1] 旦：传统戏曲角色行当，扮演女性人物。在传奇中扮演女主角的演员称"旦"，这里指扮演杜丽娘的演员。

[2] 啭(zhuàn)：形容鸟声婉转。

[3] 年光：春光。

[4] 贴：又叫贴旦，扮演剧中次要的女角。这里指扮演丫头春香的演员。

[5] 炷(zhù)：燃烧；沉烟：沉香(一种珍贵的香料)燃烧的烟。

[6] 抛残绣线：丢下了绣剩的丝绒。此句表现青春少女春思慵懒的情态。

[7] 恁(rèn)：为什么；关情：牵动人的情怀；似：胜似、超过。

[8] 梅关：即大庾岭，宋代在这里设有关隘。

[9] 宿妆残：隔夜的妆粉还残留着。这里说杜丽娘早起懒于梳洗。

[10] 宜春髻子：相传立春那天，女子将彩绸剪为燕子的样子，贴上"宜春"二字，戴在头上。

[11] 剪不断，理还乱：原为南唐后主李煜《相见欢》中的词句。这里是表现杜丽娘无法摆脱由于长期禁锢而产生的苦闷。

[12] 云髻罢梳还对镜，罗衣欲换更添香：引自唐代薛逢《宫词》中的两句。更添香：再熏些香料。

[13] 袅：摇曳不定的样子；晴丝：春天晴朗的日子飘荡在空中的游丝。

[14] 半晌(shǎng)：片刻。

[15] 没揣：不料、蓦然；菱花：镜子。古时镜子用铜制成，背面多雕菱花图案，故有此称。

[16] 偷人半面：偷偷地照见自己的半面脸孔。

[17] 迤逗：引惹、挑逗；彩云：女子发髻的美称。

[18] 介：戏曲术语，南戏、传奇剧本里关于动作、表情、演出效果等的舞台指示。与元杂剧剧本中的"科"相同。

[19] 穿插：穿戴。

[20] 翠生生：色彩鲜艳；出落的：显得；茜(qiàn)：红色。

[21] 花簪八宝填：镶嵌着各种宝石的簪子。填，镶嵌。

[22] 爱好：爱美；天然：天性使然。

[23] 三春好处：指自己美丽的青春和容貌。

[24] 沉鱼落雁：小说戏曲中用来形容女子美丽的容貌，可使鱼儿惊得避入水底，大雁惊得落到地上。

[25] 羞花闭月：与“沉鱼落雁”意义相似，形容女子异常美丽，可使花儿感到羞愧，使月亮躲藏起来。

[26] 泥：沾泥，这里作动词用。

[27] 惜花疼煞小金铃：据《开元天宝遗事》记载，唐天宝时，宁王爱惜花草，怕被鸟雀啄坏，便在花园扯上红绳、系上小金铃，一有鸟便拉响金铃驱赶。因为拉得多了，小金铃都感到疼了。

[28] 姹紫嫣红：各色娇艳绚丽的鲜花。

[29] 断井颓垣：废弃的井，倒塌的墙，形容庭院破旧。

[30] 良辰美景奈何天，赏心乐事谁家院：写杜丽娘看到盛开的鲜花和破败的花园，产生无限的怅惘之情。原出自谢灵运《拟魏太子邺中集诗序》：“天上良辰、美景、赏心、乐事，四者难并。”

[31] 老爷：父亲；奶奶：母亲。

[32] 朝飞暮卷：引自王勃《滕王阁序》中“画栋朝飞南浦云，珠帘暮卷西山雨”诗意，形容亭台楼阁的高旷壮丽。

[33] 云霞翠轩：云彩和霞光辉映着华丽的亭台楼阁。

[34] 锦屏人：被隔绝在画屏里面的人，这里指幽居深闺，不能领略自然美景的人；忒(tuī)：太；韶光：美好的时光，即春光。

[35] 啼红了杜鹃：开遍了红色的杜鹃花。

[36] 荼蘼(tú mí)：花名，属蔷薇科，晚春时开放，这里指荼蘼架；烟丝：游丝；醉软：娇柔无力的样子。

[37] 那牡丹虽好，他春归怎占的先：牡丹虽美，但开在春金之时，怎能占得春季百花之先呢？这里暗寓杜丽娘对美好青春被耽误的伤感和幽怨的情绪。

[38] 凝眄(miǎn)：凝视、注视。

[39] 生生燕语明如剪：形容乳燕的叫声像剪刀声一样明快。

[40] 呖呖：莺的叫声；溜的圆：形容鸟的叫声圆润婉转。

[41] 委是观之不足也：实在是看不够。

[42] 缱(qiǎn)：留恋，牵念。

[43] 映山紫：映山红的一种。

【简析】

《牡丹亭》是我国古代戏曲史上最优秀的作品之一，与王实甫的《西厢记》齐名。从戏剧形式上看，《牡丹亭》属于传奇。传奇与杂剧的不同在于：元杂剧分折(相当于幕)，通常是一本四折加一楔子；传奇分出(相当于场)而不分折，出无定数，短的十出、八出，长的也有一百出以上的。元杂剧都用北曲，曲调规定较严，每一折用同一宫调的若干曲牌，组成一套曲子。每套曲子的曲词只用一个韵脚，一韵到底，不能换韵。元杂剧中的每一折套曲，一般只用一个人主唱，也就是一个角色演唱。而传奇则多用南曲，比较自由。一出戏中可以变换宫调，也可以换韵，各类角色都可以唱，唱的形式也是多样的，有分唱、合唱、接唱等。唱腔主要是昆山腔(昆腔)，到清代一般称为昆曲。

《牡丹亭》写的是贵族小姐杜丽娘与书生柳梦梅生离死别的爱情悲喜剧。南宋时南安太守杜宝的独生女杜丽娘，在丫环春香的诱导下，青春与个性开始觉醒，对自己的生活环境开始不满，在梦中与一少年在牡丹亭畔相会，醒后相思成疾，抑郁而死。岭南书生柳梦梅，赴临安应试途经南安郡，拾得杜丽娘画像，悦其貌美，终日观赏，赞叹不已，杜丽娘的幽魂显现了，认出了柳梦梅就是旧日梦中所会的那位书生，向他表白了爱慕之情，并让其掘坟而获得再生。杜丽娘复活以后，两人同往淮安求杜丽娘父母许婚。杜宝见而大怒，告柳梦梅私掘女坟，上书奏明皇帝，柳梦梅此时已被钦定为状元，也上书自辩，杜丽娘登朝申诉，得皇帝恩准、夫妻团圆。

【思考与练习】

1. 分析本文中杜丽娘微妙复杂的心理。

2. 对自然、青春和爱情的礼赞是文学创作的永恒主题，作品写杜丽娘的内心苦闷有何时代意义？

3. 谈谈本文的语言特点。

拓展阅读

《西厢记》红娘与《牡丹亭》春香比较

(三) 桃花扇·续四十出(余韵)

孔尚任

【题解】

孔尚任(1648年—1718年)，字聘之，又字季重，号东塘，别号岸堂，自称云亭山人，山东曲阜人，孔子六十四代孙，清初诗人、戏曲作家，继承了儒家的传统思想，自幼即留意礼、乐、兵、农等学问，还考证过乐律，为以后的戏曲创作打下了音乐知识基础。世人将他与《长生殿》作者洪昇并称“南洪北孔”。

《桃花扇》是一部表现亡国之痛的历史剧。作者将明末侯方域与秦淮歌妓李香君的悲欢离合同南明弘光朝的兴亡有机地结合在一起，塑造了一系列栩栩如生的人物形象，悲剧的结局突破了才子佳人大团圆的传统模式，男女之情与兴亡之感都得到哲理性的升华。

《桃花扇》是中国清代著名的传奇剧本，作者孔尚任经历十余年三易其稿而完成。当时正处于明朝末年，李闯王攻陷北京，崇祯皇帝上吊自杀殉国。吴三桂引清兵入关，攻下北京，中国北方大乱。凤阳总督马士英在南京拥立福王为皇帝，取年号“弘光”，建立南明。当时清兵不过十多万，如果励精图治，完全可以如同南宋一样自保，偏安江南。但南明皇帝耽于声色；朝臣卖官鬻爵，搜刮钱财；武将拥兵自重，内战频繁。只有史可法带领三千残兵坚守扬州，结果不到一年，扬州陷落，南明王朝土崩瓦解。此剧表现了明末时以复社文人侯方域、吴次尾、陈定生为代表的“清流”同以阮大铖和马士英为代表的“权奸”之间的斗争，揭露了南明王朝政治的腐败和衰亡原因，反映了当时的社会面貌。即作者自己所说，借离合之情，写兴亡之感，实事实人，有凭有据。通过侯方域和李香君悲欢离合的爱情故事，表现南明覆亡的历史，并总结明朝亡国的历史经验，表现了丰富复杂的社会历史内容。然而由于作者所持立场的原因，其所描写的历史人物很多不符合历史事实。

【西江月】(净扮樵子挑担上)放目苍崖万丈，拂头红树千枝；云深猛虎出无时，也避人间弓矢。建业城啼夜鬼[1]，维扬井贮秋尸[2]；樵夫剩得命如丝，满肚南朝[3]野史。在下苏昆生[4]，自从乙酉年[5]同香君到山，一住三载，俺就不曾回家，往来牛首、栖霞[6]，采樵度日。谁想柳敬亭[7]与俺同志，买只小船，也在此捕鱼为业。且喜山深树老，江阔人稀；每日相逢，便把斧头敲着船头，浩浩落落[8]，尽俺歌唱，好不快活。今日柴担早歇，专等他来 促膝闲话，怎的还不见到。(歇担盹睡介)(丑扮渔翁摇船上)年年垂钓鬓如银，爱此江山胜富春[9]；歌舞丛中征战里，渔翁都是过来人。俺柳敬亭送侯朝宗修道之后，就在这龙潭江畔，捕鱼三载，把些兴亡旧事，付之风月闲谈。今值秋雨新晴，江光似练，正好寻苏昆生饮酒谈心。(指介)你看，他早已醉倒在地，待我上岸，唤他醒来。(作上岸介)(呼介)苏昆生。(净醒介)大哥果然来了。(丑拱介)贤弟偏杯[10]呀！(净)柴不曾卖，那得酒来。(丑)愚兄也没卖鱼，都是空囊，怎么处？(净)有了，有了！你输水，我输柴，大家煮茗清谈罢。(副末扮老赞礼[11]，提弦携壶上)江山江山，一忙一闲，谁赢谁输，两鬓皆斑。(见介)原来是柳、苏两位老哥。(净、丑拱介)老相公怎得到此？(副末)老夫住在燕子矶[12]边，今乃戊子[13]年九月十七日，是福德星君[14]降生之辰；我同些山中社友，到福德神祠祭赛[15]已毕，路过此间。(净)为何挟着弦子[16]，提着酒壶。(副末)见笑见笑！老夫编了几句神弦歌 [17]，名曰《问苍天》[18]。今日弹唱乐神，社散之时，分得这瓶福酒。恰好遇着二位，就同饮三杯罢。(丑)怎好取扰。(副末)这叫做“有福同享”。(净、丑)好，好！(同坐饮介)(净)何不把神弦歌领略一回？(副末)使得！老夫的心事，正要请教二位哩。(弹弦唱巫腔)(净、丑拍手衬介)

【问苍天】新历数，顺治朝，岁在戊子；九月秋，十七日，嘉会良时。击神鼓，扬灵旗，乡邻赛社；老逸民，剃白发，也到丛祠。椒作栋，桂为楣，唐修晋建；碧和金，丹间粉，画壁精奇。貌赫赫，气扬扬，福德名位；山之珍，海之宝，总掌无遗。超祖祢[19]，迈君师，千人上寿；焚郁兰[20]，奠清醑[21]，夺名争墀[22]。草笠底，有一人，掀须长叹：贫者贫，富者富，造命奚为[23]？我与尔，较生辰，同月同日；囊无钱，灶断火，不啻[24]乞儿。六十岁，花甲周，桑榆[25]暮矣；乱离人，太平犬[26]，未有亨期[27]。称玉斝[28]，坐琼筵，尔餐我看；谁为灵，谁为蠢，贵贱失宜。臣稽首[29]，叫九阍[30]，开聋启聩[31]；宣命司，检禄籍[32]，何故差池[33]。金阙远，紫宸高[34]，苍天梦梦[35]；迎神来，送神去，舆马风驰。歌舞罢，鸡豚收，须臾社散；倚枯槐，对斜日，独自凝思。浊享富，清享名，或分两例；内才多，外财少，应不同 规。热似火，福德君，庸人父母；冷如冰，文昌帝[36]，秀士[37]宗师。神有短，圣有亏，谁能足愿；地难填，天难补，造化[38]如斯。释尽了，胸中愁，欣欣微笑；江自流，云自卷，我又何疑。

(唱完放弦介)出丑之极。(净)妙绝！逼真《离骚》《九歌》[39]了。(丑)失敬，失敬！不知老相公竟是财神一转哩。(副末让介)请干此酒。(净咂舌介)这寡酒[40]好难吃也。(丑)愚兄倒有些下酒之物。(净)是什么东西？(丑)请猜一猜。(净)你的东西，不过是些鱼鳖虾蟹。(丑摇头介)猜不着，猜不着。(净)还有什么异味？(丑指口介)是我的舌头。(副末)你的舌头，你自下酒，如何让客。(丑笑介)你不晓得，古人以《汉书》下酒[41]；这舌头会说《汉书》，岂非下酒之物。(净取酒斟介)我替老哥斟酒，老哥就把《汉书》说来。(副末)妙妙！只恐菜多酒少了。(丑)既然《汉书》太长，有我新编的一首弹词，叫做《秣陵秋》[42]，唱来下酒罢。(副末)就是俺南京的近事么？(丑)便是！(净)这都是俺们耳闻眼见的，你若说差了，我要罚的。(丑)包管你不差。(丑弹弦介)六代兴亡，几点清弹千古慨，半生湖海，一声高唱万山惊。(照盲女弹词唱介)

【秣陵秋】陈隋烟月恨茫茫，井带胭脂[43]土带香；骀荡[44]柳绵沾客鬓，叮咛莺舌恼人肠。中兴朝市[45]繁华续，遗孽儿孙[46]气焰张；只劝楼台追后主[47]，不愁弓矢下残唐[48]。蛾眉越女才承选，燕子吴歈[49]早擅场，力士[50]签名搜笛步[51]，龟年[52]协律奉椒房。西昆词赋新温李[53]，乌巷[54]冠裳旧谢王；院院宫妆金翠镜[55]，朝朝楚梦雨云床[56]。五侯阃外空狼燧[57]，二水洲边自雀舫[58]；指马谁攻秦相诈[59]，入林都畏阮生狂[60]。春灯已错从头认[61]，社党重钩无缝藏[62]；借手杀仇长乐老[63]，胁肩媚贵半闲堂[64]。龙钟阁部啼梅岭[65]，跋扈将军噪武昌[66]；九曲河流晴唤渡，千寻江岸夜移防[67]。琼花劫到雕栏损，玉树歌终画殿凉[68]；沧海迷家龙寂寞，风尘失伴凤旁徨[69]。青衣衔璧[70]何年返，碧血溅沙[71]此地亡；南内汤池[72]仍蔓草，东陵辇路[73]又斜阳。全开锁钥淮扬泗[74]，难整乾坤左史黄[75]。建帝飘零烈帝惨[76]，英宗困顿武宗荒[77]；那知还有福王一[78]，临去秋波泪数行。

(净)妙妙！果然一些不差。(副末)虽是几句弹词，竟似吴梅村[79]一首长歌。(净)老哥学问大进，该敬一杯。(斟酒介)(丑)倒叫吃寡酒了。(净)愚弟也有些许下酒之物。(丑)你的东西，一定是山肴野蔌了。(净)不是，不是。昨日南京卖柴，特地带来的。(丑)取来共享罢。(净指口介)也是舌头。(副末)怎的也是舌头？(净)不瞒二位说，我三年没到南京，忽然高兴，进城卖柴。路过孝陵，见那宝城享殿，成了刍牧之场。(丑)呵呀呀！那皇城如何？(净)那皇城墙倒宫塌，满地蒿雷了。(副末掩泪介)不料光景至此。(净)俺又一直走到秦淮，立了半晌，竟没一个人影儿。(丑)那长桥旧院[80]，是咱们熟游之地，你了该去瞧瞧。(净)怎的不瞧，长桥已无片板，旧院剩了一堆瓦砾。(丑捶胸介)咳！恸死俺也。(净)那时候疾忙回首，一路伤心，编成一套北曲，名为“哀江南”待我唱来！(鼓鼓板弋阳腔介[81])俺樵夫呵！

【哀江南】【北新水令】[82]山松野草带花挑，猛抬头秣陵[83]重到。残军留废垒[84]，瘦马卧空壕；村郭萧条，城对着夕阳道。

【驻马听】野火频烧，护墓长楸[85]多半焦。山羊群跑，守陵[86]阿监[87]几时逃。鸽翎[88]蝠粪满堂抛，枯枝败叶当阶草；谁祭扫，牧儿打碎龙碑帽[89]。

【沉醉东风】横白玉八根柱倒，堕红泥半堵墙高，碎琉璃瓦片多，烂翡翠[90]窗棂少，舞丹墀[91]燕雀常朝，直入宫门一路蒿，住几个乞儿饿莩[92]。

【折桂令】问秦淮[93]旧日窗寮[94]，破纸迎风，坏槛当潮，目断魂销。当年粉黛，何处笙箫[95]。罢灯船端阳不闹，收酒旗[96]重九[97]无聊。白鸟飘飘，绿水滔滔，嫩黄花有些蝶飞，新红叶无个人瞧。

【沽美酒】你记得跨青溪半里桥，旧红板没一条。秋水长天人过少，冷清清的落照，剩一树柳弯腰。

【太平令】行到那旧院门，何用轻敲，也不怕小犬哰哰[98]。无非是枯井颓巢，不过些砖苔砌[99]草。手种的花条柳梢，尽意儿采樵[100]；这黑灰是谁家厨灶？

【离亭宴带歇指煞】[101]俺曾见金陵[102]玉殿莺啼晓，秦淮水榭[103]花开早，谁知道容易冰消。归看他起朱楼[104]，眼看他宴宾客，眼看他楼塌了。这青苔碧瓦堆，俺曾睡风流觉，将五十年兴亡看饱。那乌衣巷不姓王，莫愁湖[105]鬼夜哭，凤凰台 [106]栖枭鸟。残山梦最真，旧境丢难掉，不信这舆图换稿[107]。诌一套《哀江南》，放悲声唱到老。

(副末掩泪介)妙是绝妙，惹我出多少眼泪。(丑)这酒也不忍入唇了，大家谈谈罢。(副净时服，扮皂隶暗上)朝陪天子辇，暮把县官门；皂隶原无种，通侯岂有根[108]。自家魏国公[109]嫡亲公子徐青君的便是，生来富贵，享尽繁华。不料国破家亡，剩了区区一口。没奈何在上元县[110]当了一名皂隶，将就度日。今奉本官签票，访拿山林隐逸，只得下乡走走。(望介)那江岸之上，有几个老儿闲坐，不免上前讨火，就便访问。正是：开国元勋留狗尾，换朝逸老缩龟头。(前行见介)老哥们有火借一个？(丑)请坐！(副净坐介)(副末问介)看你打扮，像一位公差大哥。(副净)便是！(净问介)要火吃烟么，小弟带有高烟，取出奉敬罢。(敲火取烟奉副净介)(副净吃烟介)好高烟，好高烟！(作晕醉卧倒介)(净扶介)(副净)不要拉我，让我歇一歇，就好了。(闭目卧介)(丑问副末介)记得三年之前，老相公捧着史阁部衣冠，要葬在梅花岭下，后来怎样？(副末)后来约了许多忠义之士，齐集梅花岭，招魂埋葬，倒也算千秋盛事，但不曾立得碑碣。(净)好事，好事，只可惜黄将军刎颈报主，抛尸路旁，竟无人埋葬。(副末)如今好了，也是我老汉同些村中父老，检骨殡殓，起了一座大大的坟茔，好不体面。(丑)你这两件功德，却也不小哩。(净)二位不知，那械宁南气死战船时，亲朋尽散，却是我老苏殓了他。(副末)难得，难得。闻他儿子左梦庚袭了前程，昨日扶柩回去了。(丑掩泪介)左宁南是我老柳知己。我曾托蓝田叔[111]画他一幅影像，又求钱牧斋[112]题赞了几句；逢时遇节，展开祭拜，也尽俺一点报答之意。(副净醒，作悄语介)听他说话，像几个山林隐逸。(起身问介)三 位是山林隐逸么？(众起拱介)不敢，不敢，为何问及山林隐逸？(副净)三位不知么，现今礼部上本，搜寻山林隐逸。抚按大老爷张挂告示，布政司行文已经月余，并不见一人报名。府县着忙，差俺们各处访拿，三位一定是了，快快跟我回话去。(副末)老哥差矣，山林隐逸乃文人名士，不肯出山的。老夫原是假斯文的一个老赞礼，那里去得。(丑、净)我两个是说书唱曲的朋友，而今做了渔翁樵子，益发不中了。(副净)你们不晓得，那些文人名士，都是识时务的俊杰，从三年前俱已出山了。目下正要访拿你辈哩。(副末)啐，征求隐逸，乃朝廷盛典，公祖父母[113]俱当以礼相聘，怎么要拿起来。定是你这衙役们奉行不善。(副净)不干我事，有本县签票在此，取出你看。(取看签票欲拿介)(净)果有这事哩。(丑)我们竟走开如何？(副末)有理，避祸今何晚，入山昔未深。(各分走下) (副净赶不上介)你看他登崖涉涧，竟各逃走无踪。

【清江引】大泽深山随处找，预备官家要。抽出绿头签[114]，取开红圈票[115]，把几个白衣山人吓走了。

(立听介)远远闻得吟诗之声，不在水边，定在林下，待我信步找去便了。(急下)(内吟诗曰)

渔樵同话旧繁华，短梦寥寥记不差；
曾恨红笺衔燕子，偏怜素扇染桃花。
笙歌西第留何客？烟雨南朝换几家？
传得伤心临去语，年年寒食哭天涯。

[1] 建业：今江苏省南京市；城啼夜鬼：暗示清兵洗劫之后，满目凄凉。

[2] 维扬：今江苏省扬州市；井贮秋尸：指清兵屠城之后，尸体纵横，无人收葬。

[3] 南朝：即南明弘光朝。

[4] 苏昆生：明末名艺人，擅长唱曲。

[5] 乙酉年：即清兵攻陷南京之顺治二年(1645 年)。

[6] 牛首、栖霞：都是南京近郊山名。

[7] 柳敬亭：泰州(今江苏省泰州市)人，明末清初著名的说书艺人。

[8] 浩浩落落：坦荡疏落。此处指为人正派，不与世俗苟合。

[9] 富春：浙江省富春沿江岸，山峦重叠，风景秀丽，为东汉严光隐居之处。

[10] 偏杯：不待奉客人而独自饮酒。

[11] 赞礼：祭祀时的司仪官，属太常寺。

[12] 燕子矶：南京名胜，在其东北观音山上，矶头屹立于长江边。

[13] 戊子：此处指清顺治五年(1648 年)。

[14] 福德星君：旧指财神。

[15] 祭赛：为报神举行的祭祀。

[16] 弦子：乐器，指三弦。

[17] 神弦歌：娱神的歌曲，名称源出乐府《神弦曲》。

[18] 《问苍天》：新编曲牌名。

[19] 祢：奉祀亡父的宗庙，也叫父庙。

[20] 郁兰：气味浓烈的香料。

[21] 清醑：美酒。

[22] 夺名争墀：指祭赛人多拥挤。墀，阶沿。

[23] 造命：即造物主，一般指天；奚为：为何之意。

[24] 不啻：无异于，如同。

[25] 桑榆：此处用来比喻人之暮年。

[26] 乱离人、太平犬：出自谚语“宁做太平犬，不做乱离人”。意思是灾乱年头，人大多漂泊无依，还不如太平时期的狗。

[27] 亨期：幸运的日子。

[28] 称玉斝：高举玉制的酒杯。

[29] 稽首：古时至为恭敬的拜礼，跪下，拱手至地，头也至地。

[30] 九阍：九天之门，也指九天。

[31] 瞶：通“聩”，耳聋。

[32] 禄籍：迷信所说的天上或冥府记录人福、禄、寿的簿册。

[33] 差池：意为参差不齐。

[34] 金阙、紫宸：均指天帝的宫殿。

[35] 梦梦：昏乱，不明。

[36] 文昌帝：传说中主管人世科举功名的神。

[37] 秀士：秀才。

[38] 造化：造物主，此处是创造、化育的意思。

[39] 《离骚》《九歌》：屈原作品篇名。

[40] 寡酒：喝酒不就菜或无人陪伴。

[41]《汉书》下酒：指北宋诗人苏舜钦读《汉书》下酒喝的典故。

[42]《秣陵秋》：新编弹词曲牌。

[43] 井带胭脂：即胭脂井。隋兵破金陵城，陈后主叔宝携其所宠张、孔二贵妃藏匿于景阳宫井中，由此得名。

[44] 骀荡：舒缓荡漾。

[45] 中兴朝市：指南明福王。

[46] 遗孽儿孙：指阮大铖等阉党余孽。

[47] 只劝楼台追后主：后主即陈叔宝，因纵情声色、不理朝政做了亡国之君。此处是指马、阮之流，一味劝诱福王陶情享乐，荒怠政事，以致步了陈叔宝后尘。

[48] 不愁弓矢下残唐：借宋太祖灭南唐的故事，讽刺福王沉溺欢娱，置南下清兵于不顾。

[49] 燕子：指阮大铖所作《燕子笺》，因属昆曲演唱，故称吴歈。

[50] 力士：即唐玄宗时太监高力士，此处泛指太监。

[51] 笛步：南京地名，教坊所在地。

[52] 龟年：唐开元时著名曲师，姓李。此处泛指内廷教习。

[53] 西昆词赋新温李：北宋初，西昆派诗人杨亿、刘筠、钱惟演等，极力模仿晚唐李商隐、温庭筠的诗风，靡丽空泛，流行文坛数十年。此处暗指弘光朝文化的堕落。

[54] 乌巷：乌衣巷，在秦淮河南岸。东晋时，宰相王导、谢安都曾住在这里。

[55] 院院宫妆金翠镜：形容后宫美人用心装束，以邀皇帝的宠幸。

[56] 朝朝楚梦雨云床：出自宋玉《高唐赋序》，指楚襄王赏游高唐，梦中与巫山神女欢会。此处讽刺弘光荒淫。

[57] 狼燧：古代边防报警时烧狼粪而起的烽火。

[58] 二水洲：即南京白鹭洲；雀舫：指朱雀舫，华美的游船。

[59] 指马谁攻秦相诈：此处借秦赵高指鹿为马的故事，斥责马士英专擅朝政，而群臣一味阿附，没有敢反对的人。

[60] 阮生狂：名士阮籍恃才傲物，放荡不羁，性格狂放。此处借来暗指阮大铖的猖狂。

[61] 春灯已错从头认：阮大铖曾撰传奇《春灯谜》(即《十错认》)。

[62] 社党：指东林与后起的复社；钩，株连之意。这里是说阮大铖依附马士英重新得势后，再次打压东林复社人士，想要一网打尽。

[63] 长乐老：五代时宰相冯道，一生历仕唐、晋、汉、周诸朝，自号长乐老。

[64] 胁肩媚贵半闲堂：南宋奸相贾似道曾建半间堂于西湖葛岭。此句与上句均讽阮大铖谄事马士英，为非作歹。

[65] 龙钟阁部啼梅岭：史可法以兵部尚书之职督师扬州，率三千之众奋抗清兵十万之师，兵败殉国，死后葬于梅花岭。

[66] 跋扈将军噪武昌：左良玉愤恨马士英专权，曾传檄自武昌东下讨伐马士英。

[67] 九曲河流晴唤渡，千寻江岸夜移防：指马士英、阮大铖为堵截左良玉东下的军队，竟将驻防黄河的黄得功等诸镇兵马全部撤移，致使黄河一线空虚，清兵得以顺利挥戈南下。九曲，指黄河迂回之势；寻，八尺为一寻。

[68] 琼花劫到雕栏损，玉树歌终画殿凉：借用隋炀帝到扬州看琼花和陈后主制《玉树

后庭花》故事，暗喻南明福王荒淫亡国。

[69] 沧海迷家龙寂寞，风尘失伴凤旁徨：描述南明覆亡之际，帝王子孙仓皇奔窜，流离失所的狼狈处境。

[70] 青衣衔璧：晋怀帝被掳的典故。古时亡国之君，当衔璧玉自缚以请降，此处借指福王被掳。

[71] 碧血溅沙：南明靖南侯黄得功，因南京失守、福王被掳而自杀殉节。

[72] 南内：南京明故宫；汤池：温泉。

[73] 东陵：南京城东的明孝陵。辇路：天子车驾所走的道路。

[74] 淮扬泗：指淮阴、扬州和泗阳。

[75] 左史黄：即左良玉、史可法、黄得功。此三人忠于明室而无力挽回颓局。

[76] 建帝：即建文帝朱允文。成祖破南京时，朱允文逃出而下落不明；烈帝：指明思宗朱由检，李自成所率农民起义军攻占北京时，朱由检自尽于北京煤山。

[77] 英宗：即朱祁镇，正统十四年，他亲征瓦剌，兵败被俘；武宗，即朱厚照，是明代第十位皇帝。

[78] 福王一：福王朱由崧，在位仅一年。

[79] 吴梅村：名伟业，字骏公，江苏省太仓市人。

[80] 长桥旧院：明末南京歌妓聚居之所。

[81] 弋阳腔：明代戏曲四大声腔之一，盛行于民间，源出江西弋阳，到嘉靖间流传广泛。

[82] 北新水令："新水令"和下面的"驻马听""沉醉东风""折桂令""沽美酒""太平令"等都是曲牌名，因为这一套是北曲，所以加上一个"北"字，为"北新水令"。

[83] 秣陵：南京的古称。

[84] 垒：军垒，即营墙。

[85] 长楸：高大的楸树。楸，一种落叶乔木。

[86] 陵：皇帝的坟，这里指孝陵。

[87] 阿监：太监。

[88] 鸽翎：鸽子身上脱下来的羽毛。

[89] 龙碑帽：御制的碑，碑额上都雕有龙，所以叫作"龙碑帽"。

[90] 翡翠：形容绿色。

[91] 丹墀：宫殿阶上的地方叫作"墀"，涂上红漆，故称"丹墀"，是群臣朝拜皇帝的地方。

[92] 饿莩：饿死的人，这里指饿得不像样子的乞丐。莩，也作"殍"。

[93] 秦淮：河名，流经南京城。

[94] 窗寮：双层窗的外层称"窗"，里层称"寮"。

[95] 当年粉黛，何处笙箫：意为昔日歌女踪影难寻。粉黛，指歌女。

[96] 酒旗：酒家门前高挂的布招子。

[97] 重九：农历九月初九日。

[98] 哰哰：犬吠声。

[99] 砌：台阶。

[100] 樵：砍伐。

[101] 离亭宴带歇指煞：就是“离亭宴”带煞尾的意思。“离亭宴”，曲牌名。

[102] 金陵：今江苏南京市，古称金陵。

[103] 水榭：建在水中或水边，供游览、休息、眺望的亭阁。这里指秦淮河一带临水的房屋。

[104] 朱楼：红楼，泛指华美的阁楼。

[105] 莫愁湖：在今江苏南京市，明代时为中山王徐达的家园，相传为歌女莫愁旧居。

[106] 凤凰台：在南京城南，与莫愁湖同为南京名胜。

[107] 舆图换稿：即江山易主的意思。舆图，地图。稿，样子、模样。

[108] 皂隶原无种，通侯岂有根：即贫富贵贱不是天生的。皂隶，穿黑衣的衙役，官府中地位最低的人；通侯，爵位名，秦及汉初原名彻侯，因避汉武帝名讳，改作通侯，后又称列侯。

[109] 魏国公：指明朝开国功臣徐达。

[110] 上元县：清代南京分为江宁、上元两县。

[111] 蓝田叔：名瑛，钱塘(今浙江省杭州市)人，明末书画家。

[112] 钱牧斋：名谦益，字受之，号牧斋，晚号蒙叟，又号东涧老人，江苏常熟人，明末清初的著名诗人，文学家。

[113] 公祖父母：百姓对地方官的尊称。

[114] 绿头签：官府捕人用的传签，以绿漆签头。

[115] 红圈票：官府捕人用的文据，上面写明被捕人的姓名，并用红笔圈明。

【简析】

《桃花扇》是一部很接近真实历史的历史剧。孔尚任在创作中采取了证实求信的原则，他在《桃花扇 · 凡例》中说：“朝政得失，文人聚散，皆确考时地，全无假借。至于儿女钟情，宾客解嘲，虽稍有点染，亦非乌有子虚之比。”所以，全剧以清流文人侯方域和秦淮名妓李香君的离合之情为线索，展示弘光小王朝兴亡的历史面目，从它建立的历史背景，福王朱由崧被拥立的情况，到建立后朱由崧的昏庸荒唐，马士英、阮大铖结党营私、倒行逆施，江北四镇跋扈不驯、互相倾轧，左良玉以清君侧为名挥兵东进，最后史可法孤掌难鸣，无力回天，小王朝迅速覆灭，基本上是“实人实事，有根有据”，真实地再现了历史。如剧中老赞礼所说：“当年真如戏，今日戏如真。”(《桃花扇 · 孤吟》)只是迫于环境，不能直接展现清兵进攻的内容，有意回避、改变了一些情节。孔尚任对剧中各类人物作了不同笔调的刻画，虽然忠、奸两类人物的结局加了点虚幻之笔，如剧中柳敬亭说的，“这些含冤的孝子忠臣，少不得还他个扬眉吐气，那些得意的奸雄邪党，免不了加他些人祸天诛”，以达到“惩创人心”的艺术目的。总的说，作者的褒贬、爱憎是颇有分寸的，表现出清醒、超脱的历史态度。

剧作的主题正如孔尚任自己所说的，是“借离合之情，写兴亡之感”。作品通过侯方域与李香君悲欢离合的爱情故事，反映明末动荡的社会现实及统治阶级内部的派系斗争，从而揭示南明覆灭的根本原因。作者从沉痛的故国哀思出发，无情地揭露了统治阶级丑恶的本质，严厉地谴责了他们祸国殃民的罪行；同时，作者以激昂的爱国热情歌颂了民族英雄和热爱祖国的下层人民。孔尚任在《桃花扇·小引》中明确地提出了自己的创作意图：

《桃花扇》一剧，皆南朝新事，父老犹有存者，场上歌舞，局外指点，知三百年之基业，隳于何人？败于何事？消于何年？歇于何地？不独令观者感慨涕零，亦可惩创人心，为末世之一救矣。

《桃花扇》是以侯方域和李香君坚贞不屈的爱情故事为线索，并把他们爱情生活上的波折与国家兴亡的命运结合起来，实际上是以生花之妙笔，写亡国之痛剧，抒发了崇高的爱国主义情怀。

作品展现了明末广阔的社会图景：朝政黑暗，统治阶级内部派系斗争尖锐，不可调和的阶级矛盾导致了农民起义的爆发，明朝垮台，清兵入关，马士英、阮大铖等勾结四镇拥立福王，建立了南明王朝。但福王不思收复失地，反而贪恋声色。马士英、阮大铖操纵朝政，狼狈为奸，整个王朝君是昏君，臣是佞臣。剧作以具体的艺术形象揭露了南明统治集团的荒淫无耻和日益走向腐朽的丑恶本质。

与此相反，作者以无限崇敬与沉痛的心情，塑造了史可法这个不朽的形象。他在被马士英、阮大铖排挤，四镇将领不听调动的困难条件下，坚持抗敌，死守孤城，最后怀着满腔悲愤以身殉国。

《桃花扇》的伟大成就，还表现在热情地歌颂了下层人民坚贞的爱国主义精神，塑造了为封建统治阶级所鄙视的歌妓、艺人的优美形象。

【思考与练习】

1. 《桃花扇》中孔尚任是如何“借离合之情，写兴亡之感”的？
2. 比较阅读《长生殿》，分析两部作品的异同。

(四) 茶 馆 (节 选)

老　舍

【题解】

老舍(1899 年—1966 年)，原名舒庆春，字舍予，满族，北京人，现代著名作家。1923 年发表第一篇短篇小说《小铃儿》。1924 年赴英国，任伦敦大学亚非学院讲师，并正式开始创作生涯，陆续发表《老张的哲学》《赵子曰》和《二马》三部描写市民生活的讽刺长篇小说。1930 年回国，任齐鲁大学文学院副教授，并编辑《齐鲁月刊》。1934 年夏到山东大学任文学系教授。1936 年夏辞去教职，专心从事文学创作。1946 年 3 月应美国国务院邀请赴美讲学。1949 年底返回中国。1951 年被北京市人民政府授予“人民艺术家”称号。1953 年当选为全国文联主席，作协副主席。1966 年自沉于北京太平湖去世。

老舍一生勤奋笔耕，小说创作甚丰，著有《骆驼祥子》《四世同堂》《正红旗下》等长篇小说，《月牙集》等短篇小说集。其中《骆驼祥子》问世后蜚声文坛，曾先后被译成十几种外文。这些作品多以城市人民生活为题材，爱憎分明，有强烈的正义感；人物性格鲜明，细节刻画真实；能纯熟地驾驭语言，善于准确地运用北京话表现人物、描写事件，使作品具有浓郁的地方色彩和强烈的生活气息。

新中国成立后，老舍以戏剧创作为主，从1950年到1966年，他先后创作了《方珍珠》《龙须沟》《春华秋实》《茶馆》等剧本，其中《龙须沟》和《茶馆》最有代表性。完成于1957年的《茶馆》是他最成功的剧作，这部剧作充分发挥了老舍的创作个性，具有高度的艺术价值和思想意义，不但在国内引起强烈的反响，而且以浓郁的民族特色在国际上赢得了极大声誉。1980年《茶馆》在法国、瑞士等国演出时，轰动了欧洲，人们赞誉它是“带着中国民族风味的艺术”，是远东的戏剧奇迹。

《茶馆》一共三幕，本书节选了第一幕的后半部分。

人物

王利发——男。最初与我们见面，他才二十多岁。因父亲早死，他很年轻就做了裕泰茶馆的掌柜。精明、有些自私，而心眼不坏。

秦仲义——男。王掌柜的房东。在第一幕里二十多岁。阔少，后来成了维新的资本家。

李　三——男。三十多岁。裕泰的跑堂的。勤恳，心眼好。

唐铁嘴——男。三十来岁。相面为生，吸鸦片。

常四爷——男。三十来岁。松二爷的好友，都是裕泰的主顾。正直，体格好。

松二爷——男。三十来岁。胆小而爱说话。

刘麻子——男。三十来岁。说媒拉纤，心狠意毒。

庞太监——男。四十岁。发财之后，想娶老婆。

康　六——男。四十岁。京郊贫农。

康顺子——女。在第一幕中十五岁。康六的女儿。被卖给庞太监为妻。

乡　妇——女。三十多岁。穷得出卖小女儿。

小　妞——女。十岁。乡妇的女儿。

宋恩子——男。二十多岁。老式特务。

吴祥子——男。二十多岁。宋恩子的同事。

第一幕

人物　王利发、刘麻子、庞太监、唐铁嘴、康六、小牛儿、松二爷、黄胖子、宋恩子、常四爷、秦仲义、吴祥子、李三、老人、康顺子、二德子、乡妇、茶客甲、乙、丙、丁、马五爷、小妞、茶房一、二人。

时间　一八九八年(戊戌)初秋，康梁等的维新运动失败了。早半天。

地点　北京，裕泰大茶馆。

幕起　这种大茶馆现在已经不见了。在几十年前，每城都起码有一处。这里卖茶，也卖简单的点心与饭菜。玩鸟的人们，每天在遛够了画眉、黄鸟等之后，要到这里歇歇腿，喝喝茶，并使鸟儿表演歌唱。商议事情的，说媒拉纤的，也到这里来。那年月，时常有打群架的，但是总会有朋友出头给双方调解；三五十口子打手，经调人东说西说，便都喝碗茶，吃碗烂肉面(大茶馆特殊的食品，价钱便宜，作起来快当)，就可以化干戈为玉帛了。总之，这是当日非常重要的地方，有事无事都可以来坐半天。

在这里，可以听到最荒唐的新闻，如某处的大蜘蛛怎么成了精，受到雷击。奇怪的意见也在这里可以听到，像把海边上都修上大墙，就足以挡住洋兵上岸。这里还可以听到某京戏演员新近创造了什么腔儿，和煎熬鸦片烟的最好的方法。这里也可以看到某人新得到的奇珍——一个出土的玉扇坠儿，或三彩的鼻烟壶。这真是个重要的地方，简直可以算作文化交流的所在。

我们现在就要看见这样的一座茶馆。

一进门是柜台与炉灶——为省点事，我们的舞台上可以不要炉灶；后面有些锅勺的响声也就够了。屋子非常高大，摆着长桌与方桌，长凳与小凳，都是茶座儿。隔窗可见后院，高搭着凉棚，棚下也有茶座儿。屋里和凉棚下都有挂鸟笼的地方。各处都贴着“莫谈国事”的纸条。

有两位茶客，不知姓名，正眯着眼，摇着头，拍板低唱。有两三位茶客，也不知姓名，正入神地欣赏瓦罐里的蟋蟀。两位穿灰色大衫的——宋恩子与吴祥子，正低声地谈话，看样子他们是北衙门的办案的(侦缉)。

王利发高高地坐在柜台里。

秦仲义，穿得很讲究，满面春风，走进来。

王利发 哎哟！秦二爷，您怎么这样闲在，会想起下茶馆来了？也没带个底下人？

秦仲义 来看看，看看你这年轻小伙子会做生意不会！

王利发 唉，一边作一边学吧，指着这个吃饭嘛。谁叫我爸爸死得早，我不干不行啊！好在照顾主儿都是我父亲的老朋友，我有不周到的地方，都肯包涵，闭闭眼就过去了。在街面上混饭吃，人缘儿顶要紧。我按着我父亲遗留下的老办法，多说好话，多请安，讨人人的喜欢，就不会出大岔子！您坐下，我给您沏碗小叶茶去！

秦仲义 我不喝！也不坐着！

王利发 坐一坐！有您在我这儿坐坐，我脸上有光！

秦仲义 也好吧！(坐)可是，用不着奉承我！

王利发 李三，沏一碗高的来！二爷，府上都好？您的事情都顺心吧？

秦仲义 不怎么太好！

王利发 您怕什么呢？那么多的买卖，您的小手指头都比我的腰还粗！

唐铁嘴 (凑过来)这位爷好相貌，真是天庭饱满，地阁方圆，虽无宰相之权，而有陶朱之富！

秦仲义 躲开我！去！

王利发 先生，你喝够了茶，该外边活动活动去！(把唐铁嘴轻轻推开)

唐铁嘴 唉！(垂头走出去)

秦仲义 小王，这儿的房租是不是得往上提那么一提呢？当年你爸爸给我的那点租钱，还不够我喝茶用的呢！

王利发 二爷，您说的对，太对了！可是，这点小事用不着您分心，您派管事的来一趟，我跟他商量，该长多少租钱，我一定照办！是！[口庶]！

秦仲义 你这小子，比你爸爸还滑！哼，等着吧，早晚我把房子收回去！

王利发 您甭吓唬着我玩，我知道您多么照应我，心疼我，决不会叫我挑着大茶壶，到街上卖热茶去！

秦仲义 你等着瞧吧！

[乡妇拉着个十来岁的小妞进来。小妞的头上插着一根草标。李三本想不许她们往前走，可是心中一难过，没管。她们俩慢慢地往里走。茶客们忽然都停止说笑，看着她们。]

小　妞　(走到屋子中间，立住)妈，我饿！我饿！

[乡妇呆视着小妞，忽然腿一软，坐在地上，掩面低泣。]

秦仲义　(对王利发)轰出去！

王利发　是！出去吧，这里坐不住！

乡　妇　哪位行行好？要这个孩子，二两银子！

常四爷　李三，要两个烂肉面，带她们到门外吃去！

李　三　是啦！(过去对乡妇)起来，门口等着去，我给你们端面来！

乡　妇　(立起，抹泪往外走，好像忘了孩子；走了两步，又转回身来，搂住小妞吻她)宝贝！宝贝！

王利发　快着点吧！

[乡妇、小妞走出去。李三随后端出两碗面去。]

王利发　(过来)常四爷，您是积德行好，赏给她们面吃！可是，我告诉您：这路事儿太多了，太对了！谁也管不了！(对秦仲义)二爷，您看我说的对不对？

常四爷　(对松二爷)二爷，我看哪，大清国要完！

秦仲义　(老气横秋地)完不完，并不在乎有人给穷人们一碗面吃没有。小王，说真的，我真想收回这里的房子！

王利发　您别那么办哪，二爷！

秦仲义　我不但收回房子，而且把乡下的地，城里的买卖也都卖了！

王利发　那为什么呢？

秦仲义　把本钱拢到一块儿，开工厂！

王利发　开工厂？

秦仲义　嗯，顶大顶大的工厂！那才救得了穷人，那才能抵制外货，那才能救国！(对王利发说而眼看着常四爷)唉，我跟你说这些干什么，你不懂！

王利发　您就专为别人，把财产都出手，不顾自己了吗？

秦仲义　你不懂！只有那么办，国家才能富强！好啦，我该走啦。我亲眼看见了，你的生意不错，你甭再耍无赖，不长房钱！

王利发　您等等，我给您叫车去！

秦仲义　用不着，我愿意溜达溜达！

[秦仲义往外走，王利发送。]

[小牛儿搀着庞太监走进来。小牛儿提着水烟袋。]

庞太监　哟！秦二爷！

秦仲义　庞老爷！这两天您心里安顿了吧？

庞太监　那还用说吗？天下太平了：圣旨下来，谭嗣同问斩！告诉您，谁敢改祖宗的章程，谁就掉脑袋！

秦仲义　我早就知道！

[茶客们忽然全静寂起来，几乎是闭住呼吸地听着。]

庞太监　您聪明，二爷，要不然您怎么发财呢！

秦仲义　我那点财产，不值一提！

庞太监　太客气了吧？您看，全北京城谁不知道秦二爷！您比做官的还厉害呢！听说呀，好些财主都讲维新！

秦仲义　不能这么说，我那点威风在您的面前可就施展不出来了！哈哈哈！

庞太监　说得好，咱们就八仙过海，各显其能吧！哈哈哈！

秦仲义　改天过去给您请安，再见！(下)

庞太监　(自言自语)哼，凭这么个小财主也敢跟我斗嘴皮子，年头真是改了！(问王利发)刘麻子在这儿哪？

王利发　总管，您里边歇着吧！

[刘麻子早已看见庞太监，但不敢靠近，怕打搅了庞太监、秦仲义的谈话。]

刘麻子　呵，我的老爷子！您吉祥！我等您好大半天了！(搀庞太监往里面走)

[宋恩子、吴祥子过来请安，庞太监对他们耳语。]

……

庞太监　(已坐下)怎么说？一个乡下丫头，要二百银子？

刘麻子　(侍立)乡下人，可长得俊呀！带进城来，好好地一打扮、调教，准保是又好看又有规矩！我给您办事，比给我亲爸爸做事都更尽心，一丝一毫不能马虎！

[唐铁嘴又回来了。]

王利发　铁嘴，你怎么又回来了？

唐铁嘴　街上兵荒马乱的，不知道是怎么回事！

庞太监　还能不搜查搜查谭嗣同的余党吗？唐铁嘴，你放心，没人抓你！

唐铁嘴　嗻，总管，您要能赏给我几个烟泡儿，我可就更有出息了！

[有几个茶客好像预感到什么灾祸，一个个往外溜。]

松二爷　咱们也该走了吧！天不早啦！

常四爷　嗻！走吧！

[二灰衣人——宋恩子和吴祥子走过来。]

宋恩子　等等！

常四爷　怎么啦？

宋恩子　刚才你说“大清国要完”？

常四爷　我，我爱大清国，怕它完了！

吴祥子　(对松二爷)你听见了？他是这么说的吗？

松二爷　哥儿们，我们天天在这儿喝茶。王掌柜知道：我们都是地道老好人！

吴祥子　问你听见了没有？

松二爷　那，有话好说，二位请坐！

宋恩子　你不说，连你也锁了走！他说“大清国要完”，就是跟谭嗣同一党！

松二爷　我，我听见了，他是说……

宋恩子　(对常四爷)走！

常四爷　上哪儿？事情要交代明白了啊！

宋恩子　你还想拒捕吗？我这儿可带着“王法”呢！(掏出腰中带着的铁链子)

常四爷　告诉你们，我可是旗人！

吴祥子　旗人当汉奸，罪加一等！锁上他！

常四爷　甭锁，我跑不了！

宋恩子　量你也跑不了！(对松二爷)你也走一趟，到堂上实话实说，没你的事！

……

[宋恩子、吴祥子带着常四爷、松二爷往外走。]

松二爷　(对王利发)看着点我们的鸟笼子！

王利发　您放心，我给送到家里去！

[常四爷、松二爷、宋恩子、吴祥子同下。]

[乡妇端着空碗进来，往柜上放。小妞跟进来。]

小　妞　妈！我还饿！

王利发　唉！出去吧！

乡　妇　走吧，乖！

小　妞　不卖妞妞啦？妈！不卖了？妈！

乡　妇　乖！(哭着，携小妞下)

[康六带着康顺子进来，立在柜台前。]

康　六　姑娘！顺子！爸爸不是人，是畜生！可你叫我怎办呢？你不找个吃饭的地方，你饿死！我弄不到手几两银子，就得叫东家活活地打死！你呀，顺子，认命吧，积德吧！

康顺子　我，我……(说不出话来)

刘麻子　(跑过来)你们回来啦？点头啦？好！来见总管！给总管磕头！

康顺子　我……(要晕倒)

康　六　(扶住女儿)顺子！顺子！

刘麻子　怎么啦？

康　六　又饿又气，昏过去了！顺子！顺子！

庞太监　我要活的，可不要死的！

[静场。]

茶客甲　(正与茶客乙下象棋)将！你完啦！

——幕落

【简析】

《茶馆》一共三幕，三幕刻画了三个不同的时代。第一幕的时间是 1898 年，即戊戌变法失败后的晚清末年；第二幕写的是军阀混战的民国初年；第三幕写的是抗战胜利后解放战争爆发前的国民党反动统治时期。三幕戏犹如三帧风俗画卷，描绘了半封建半殖民地的旧中国三个黑暗、病态、荒诞的社会发展片段，从历史的纵向和横向概括了 50 年社会历史发展过程和种种人物命运的变迁。它深刻地揭示出，在半封建半殖民地的旧中国，一切所谓的改良主义、个人奋斗、“实业救国”的道路都是行不通的。在《茶馆》的背后，光明与黑暗、正义与邪恶、新生与腐朽，正在进行着反复的较量，新的时代正在旧时代的没落中孕育着，发展着。

《茶馆》第一幕被曹禺誉为“古今中外罕见的第一幕”，主要在于作者以“大茶馆小社会”的构思，创造了两个在世界戏剧史上罕见的情形：一是人物众多，在《茶馆》第一幕里光是有台词的人物就有 22 个；二是人物杂陈，在《茶馆》第一幕里，社会身份殊异的人物——上至在宫廷内当太监总管的权力人物、吃洋教的小恶霸，下至卖挖耳勺的老人、卖亲生女儿的穷人——同处一个舞台空间。而更不同凡响的是，所有这些人物都被作者描写得面目分明，让人难忘，从整体上呈现出了一幅色彩斑驳的时代图案。

人物如此众多，该如何驾驭作品的结构呢？老舍采取了“招之即来，挥之即去”的编剧手法。比如在节选部分，有好几个仅仅出现在第一幕而又分量不小的戏剧人物，老舍需要他们出场，是因为通过他们的舞台亮相，可以鲜明地反映出当时中国社会的本质特征。后面的舞台不需要这些人物了，就“挥之即去”。然而，尽管像马五爷、庞太监这样“招之即来，挥之即去”的人物，却都能给观众与读者留下深刻印象。第一幕的时代背景是戊戌变法失败，顽固派取得了“胜利”。怎么来表现这个腐朽的“胜利”呢？老舍选择了“太监娶媳妇”这个情节。反动派的腐朽与荒唐通过庞太监的腐朽与荒唐得到了充分的揭示。另一个重要原因是，老舍非常善于用语言(角色的台词)来塑造人物。老舍戏剧作品的台词是性格化的台词，是有行动性的台词。

全剧不是以一人一事为主要线索构成贯穿始终的情节，而是以人物带动故事，把众多人物的生活片段巧妙地同作品的主题罗织在一起，组成若干幅时代的剪影，从更广阔的背景上反映了纷纭复杂的阶级关系和社会风貌，表现了鲜明的时代特征和社会心理。全剧的整体冲突是人民与旧时代的矛盾，因此剧情发展的动力不在舞台上的戏剧冲突，而在茶馆外大社会的风云变幻。剧中的每个人物可以都成为独立的故事线。主要人物王利发、常四爷、秦仲义等从青年写到老年，次要人物刘麻子、唐铁嘴、吴祥子等则采用两代相承的写法，每个人都说自己的话，做自己的事，而又都与时代发生深刻的联系。所以，以刻画人物取胜是《茶馆》艺术结构的生命所在。

《茶馆》第一幕没有一个完整的故事情节，但从戏一开场王利发与唐铁嘴之间的对白开始，戏剧性冲突就接连不断，而冲突又都是散点的，并不集中在一两个人物身上，这种编剧法也实属“罕见”。传统的编剧观念，在欧洲有“行动一致律”，在中国有李渔(明末清初文学家、戏剧家)所说的“立主脑，减头绪”。但《茶馆》的第一幕却以头绪纷繁见长。传统的编剧观念要求营造所谓“缘起—展开—高潮—结局”的情节线索，但《茶馆》没有一以贯之的贯穿性情节。在第一幕里也没有用以“一人一事”为情节发展主线的情节性结构法，而是巧妙地借助茶馆这个平台，用一张张人物速写汇合成一幅幅社会剪影；用一段段戏剧冲突，构成一个个戏剧片段，来反映这个时代的本质特征。

【思考与练习】

1. 你是如何认识戏剧创作的？结合《茶馆》谈谈在创作中可以有哪些方面的创新？

2.《茶馆》代表了老舍话剧创作的最高成就，作者为什么要把一个茶馆作为作品的背景？

(五) 雷　雨

曹　禺

【题解】

曹禺(1910年—1996年)，原名万家宝，字小石，汉族，祖籍湖北潜江，中国杰出的现代话剧作家、中国现代戏剧的泰斗、戏剧教育家。历任中国文联常委委员、执行主席；中国戏剧家协会常务理事，副主席；中国作协理事，北京市文联主席；中央戏剧学院副院长，名誉院长；北京人民艺术剧院院长等职务。1934 年曹禺的话剧《雷雨》问世，这在中国现代话剧史上具有极其重大的意义，它被公认为是中国现代话剧成熟的标志。

《雷雨》作为曹禺的成名作和代表作，20 世纪 30 年代末在上海上演时就震惊剧坛，茅盾曾有“当年海上惊雷雨”之赞。《雷雨》也是中国现代话剧的经典之作，至今常演不衰，有着强烈的艺术感染力和持久的艺术生命力。

午饭后，天气很阴沉，更郁热，潮湿的空气，低压着在屋内的人，使人成为烦躁的了。周萍一个人由饭厅走上来，望望花园，冷清清的，没有一个人。偷偷走到书房门口，书房里是空的，也没有人。忽然想起父亲在别的地方会客，他放下心，又走到窗户前开窗门，看着外面绿荫荫的树丛。低低地吹出一种奇怪的哨声，中间他低沉地叫了两三声“四凤！”不一时，好像听见远处有哨声在回应，渐移渐近，他又缓缓地叫了一声“凤儿!”门外有一个女人的声音，“萍，是你么？”萍就把窗门关上。

[四凤由外面轻轻地跑进来。]

萍　(回头，望着中门，四凤正从中门进，低声，热烈地)凤儿！(走近，拉着她的手。)

四　不，(推开他)不，不。(谛听，四面望)看看，有人！

萍　没有，凤，你坐下。(推她到沙发坐下。)

四　(不安地)老爷呢?

萍　在大客厅会客呢。

四　(坐下，叹一口长气。望着)总是这样偷偷摸摸的。

萍　哦。

四　你连叫我都不敢叫。

萍　所以我要离开这儿哪。

四　(想一下)哦，太太怪可怜的。为什么老爷回来，头一次见太太就发这么大的脾气?

萍　父亲就是这样，他的话，向来不能改的。他的意见就是法律。

四　(怯懦地)我——我怕得很。

萍　怕什么?

四　我怕万一老爷知道了，我怕。有一天，你说过，要把我们的事告诉老爷的。

萍　(摇头，深沉地)可怕的事不在这儿。

四　还有什么?

萍　(忽然地)你没有听见什么话?

四　什么？(停)没有。

萍　关于我，你没有听见什么?

四　没有。

萍　从来没听见过什么?

四　(不愿提)没有——你说什么?

萍　那——没什么！没什么。

四　(真挚地)我信你，我相信你以后永远不会骗我。这我就够了。——刚才，我听你说，你明天就要到矿上去。

萍　我昨天晚上已经跟你说过了。

四　(爽直地)你为什么不带我去?

萍　因为(笑)因为我不想带你去。

四　这边的事我早晚是要走的。——太太，说不定今天要辞掉我。

萍　(没想到)她要辞掉你，——为什么?

四　你不要问。

萍　不，我要知道。

四　自然因为我做错了事。我想，太太大概没有这个意思。也许是我瞎猜。(停)萍，你带我去好不好?

萍　不。

四　(温柔地)萍，我好好地侍候你，你压迫这么一个人。我跟你缝衣服，烧饭做菜，我都做得好，只要你叫我跟你在一块儿。

萍　哦，我还要一个女人，跟着我，侍候我，叫我享福?难道，这些年，在家里，这种生活我还不够么?

四　我知道你一个人在外头是不成的。

萍　凤，你看不出来，现在我怎么能带你出去?——你这不是孩子话吗?

四　萍，你带我走!我不连累你，要是外面因为我，说你的坏话，我立刻就走。你——你不要怕。

萍　(急躁地)凤，你以为我这么自私自利么?你不应该这么想我。——哼，我怕，我怕什么?(管不住自己)这些年，我做出这许多的……哼，我的心都死了，我恨极了我自己。现在我的心刚刚有点生气了，我能放开胆子喜欢一个女人，我反而怕人家骂?哼，让大家说吧，周家大少爷看上他家里面的女下人，怕什么，我喜欢她。

四　(安慰他)萍，不要离开。你做了什么，我也不怨你的。(想)

萍　(平静下来)你现在想什么?

四　我想，你走了以后，我怎么样。

萍　你等着我。

四　(苦笑)可是你忘了一个人。

萍　谁?

四　他总不放过我。

萍　哦，他呀——他又怎么样?

四　他又把前一个月的话跟我提了。

萍　他说，他要你?

四　不，他问我肯嫁他不肯。

萍　你呢?

四　我先没有说什么，后来他逼着问我，我只好告诉他实话。

萍　实话?

四　我没有说别的，我只提我已经许了人家。

萍　他没有问别的?

四　没有，他倒说，他要供给我上学。

萍　上学？(笑)他真呆气！——可是，谁知道，你听了他的话，也许很喜欢的。

四　你知道我不喜欢，我愿意老陪着你。

萍　可是我已经快三十了，你才十八，我也不比他的将来有希望，并且我做过许多见不得人的事。

四　萍，你不要同我瞎扯，我现在心里很难过。你得想出法子，他是个孩子，老是这样装着腔，对付他，我实在不喜欢。你又不许我跟他说明白。

萍　我没有叫你不跟他说。

四　可是你每次见我跟他在一块儿，你的神气，偏偏——

萍　我的神气那自然是不快活的。我看见我最喜欢的女人时常跟别人在一块儿。哪怕他是我的弟弟，我也不情愿的。

四　你看你又扯到别处。萍，你不要扯，你现在到底对我怎么样？你要跟我说明白。

萍　我对你怎么样？(他笑了。他不愿意说，他觉得女人们都有些呆气，这一句话似乎有一个女人也这样问过他，他心里隐隐有些痛)要我说出来？(笑)那么，你要我怎么说呢？

四　(苦恼地)萍，你别这样待我好不好？你明明知道我现在什么都是你的，你还——你还这样欺负人。

萍　(他不喜欢这样，同时又以为她究竟有些不明白)哦！(叹一口气)天哪！

四　萍，我父亲只会跟人要钱，我哥哥瞧不起我，说我没有志气，我母亲如果知道了这件事，她一定恨我。哦，萍，没有你就没有我。我父亲，我哥哥，我母亲，他们也许有一天会不理我，你不能够的，你不能够的。(抽咽)

萍　四凤，不，不，别这样，你让我好好地想一想。

四　我的妈最疼我，我的妈不愿意我在公馆里做事，我怕她万一看出我的谎话，知道我在这里做了事，并且同你……如果你又不是真心的，……那我——那我就伤了我妈的心了。(哭)还有……

萍　不，凤，你不该这样疑心我。我告诉你，今天晚上我预备到你那里去。

四　不，我妈今天回来。

萍　那么，我们在外面会一会好么？

四　不成，我妈晚上一定会跟我谈话的。

萍　不过，明天早车我就要走了。

四　你真不预备带我走么？

萍　孩子！那怎么成？

四　那么，你——你叫我想想。

萍　我先要一个人离开家，过后，再想法子，跟父亲说明白，把你接出来。

四　(看着他)也好，那么今天晚上你只好到我家里来。我想，那两间房子，爸爸跟妈一定在外房睡，哥哥总是不在家睡觉，我的房子在半夜里一定是空的。

萍　那么，我来还是先吹哨；(吹一声)你听得清楚吧？

四　嗯，我要是叫你来，我的窗上一定有个红灯，要是没有灯，那你千万不要来。

萍　不要来。

四　那就是我改了主意，家里一定有许多人。

萍　好，就这样。十一点钟。

四　嗯，十一点。

[鲁贵由中门上，见四凤和周萍在这里，突然停止，故意地做出懂事的假笑。]

贵　哦！(向四凤)我正要找你。(向萍)大少爷，您刚吃完饭。

四　找我有什么事？

贵　你妈来了。

四　(喜形于色)妈来了，在哪儿？

贵　在门房，跟你哥哥刚见面，说着话呢。

[四凤跑向中门。]

萍　四凤，见着你妈，代我问问好。

四　谢谢您，回头见。(凤下)

贵　大少爷，您是明天起身么？

萍　嗯。

贵　让我送送您。

萍　不用，谢谢你。

贵　平时总是你心好，照顾着我们。您这一走，我同这丫头都得惦记着您了。

萍　(笑)你又没有钱了吧？

贵　(好笑)大少爷，您这可是开玩笑了。——我说的是实话，四凤知道，我总是背后说大少爷好的。

萍　好吧。——你没有事么？

贵　没事，没事，我只跟您商量点闲拌儿。您知道，四凤的妈来了，楼上的太太要见她，……

[繁漪由饭厅上，鲁贵一眼看见她，话说成一半，又吞进去。]

贵　哦，太太下来了！太太，您病完全好啦？(繁漪点一点头)鲁贵直惦记着。

繁　好，你下去吧。

[鲁贵鞠躬由中门下。]

繁　(向萍)他上哪去了？

萍　(莫名其妙)谁？

繁　你父亲。

萍　他有事情，见客，一会儿就回来。弟弟呢？

繁　他只会哭，他走了。

萍　(怕和她一同在这间屋里)哦。(停)我要走了，我现在要收拾东西去。(走向饭厅)

繁　回来，(萍停步)我请你略微坐一坐。

萍　什么事？

繁　(阴沉地)有话说。

萍　(看出她的神色)你像是有很重要的话跟我谈似的。

繁　嗯。

萍　说吧。

繁　我希望你明白方才的情景。这不是一天的事情。

萍　(躲避地)父亲一向是那样，他说一句就是一句的。

繁　可是人家说一句，我就要听一句，那是违背我的本性的。

萍　我明白你。(强笑)那么你顶好不听他的话就得了。

繁　萍，我盼望你还是从前那样诚恳的人。顶好不要学着现在一般青年人玩世不恭的态度。你知道我没有你在我面前，这样，我已经很苦了。

萍　所以我就要走了。不要叫我们见着，互相提醒我们最后悔的事情。

繁　我不后悔，我向来做事没有后悔过。

萍　(不得已地)我想，我很明白地对你表示过。这些日子我没有见你，我想你很明白。

繁　很明白。

萍　那么，我是个最糊涂，最不明白的人。我后悔，我认为我生平做错一件大事。我对不起自己，对不起弟弟，更对不起父亲。

繁　(低沉地)但是最对不起的人有一个，你反而轻轻地忘了。

萍　我最对不起的人，自然也有，但是我不必同你说。

繁　(冷笑)那不是她！你最对不起的是我，是你曾经引诱的后母！

萍　(有些怕她)你疯了。

繁　你欠了我一笔债，你对我负着责任；你不能看见了新的世界，就一个人跑。

萍　我认为你用的这些字眼，简直可怕。这种字句不是在父亲这样——这样体面的家庭里说的。

繁　(气极)父亲，父亲，你撇开你的父亲吧！体面？你也说体面？(冷笑)我在这样的体面家庭已经十八年啦。周家家庭里做出的罪恶，我听过，我见过，我做过。我始终不是你们周家的人。我做的事，我自己负责任。不像你们的祖父，叔祖，同你们的好父亲，偷偷做出许多可怕的事情，祸移在别人身上，外面还是一副道德面孔，慈善家，社会上的好人物。

萍　繁漪，大家庭自然免不了不良分子，不过我们这一支，除了我，……

繁　都一样，你父亲是第一个伪君子，他从前就引诱过一个良家的姑娘。

萍　你不要乱说话。

繁　萍，你再听清楚点，你就是你父亲的私生子！

萍　(惊异而无主地)你瞎说，你有什么证据？

繁　请你问你的体面父亲，这是他十五年前喝醉了的时候告诉我的。(指桌上相片)你就是这年轻的姑娘生的小孩。她因为你父亲又不要她，就自己投河死了。

萍　你，你，你简直……好，好，(强笑)我都承认。你预备怎么样？你要跟我说什么？

繁　你父亲对不起我，他用同样手段把我骗到你们家来，我逃不开，生了冲儿。十几年来像刚才一样的凶横，把我渐渐地磨成了石头样的死人。你突然从家乡出来，是你，是你把我引到一条母亲不像母亲，情妇不像情妇的路上去。是你引诱我的！

萍　引诱！我请你不要用这两个字好不好？你知道当时的情形怎么样？

繁　你忘记了在这屋子里，半夜，我哭的时候，你叹息着说的话么？你说你恨你的父亲，你说过，你愿他死，就是犯了灭伦的罪也干。

萍　你忘了。那时我年轻，我的热叫我说出来这样糊涂的话。

繁　你忘了，我虽然只比你大几岁，那时，我总还是你的母亲，你知道你不该对我说这种话么？

萍　哦——(叹一口气)总之，你不该嫁到周家来，周家的空气满是罪恶。

繁　对了，罪恶，罪恶。你的祖宗就不曾清白过，你们家里永远是不干净。

萍　年轻人一时糊涂，做错了的事，你就不肯原谅么？(苦恼地皱着眉)

繁　这不是原谅不原谅的问题，我已预备好棺材，安安静静地等死，一个人偏把我救活了又不理我，撇得我枯死，慢慢地渴死。让你说，我该怎么办？

萍　那，那我也不知道，你来说吧！

繁　(一字一字地)我希望你不要走。

萍　怎么，你要我陪着你，在这样的家庭，每天想着过去的罪恶，这样活活地闷死么？

繁　你既知道这家庭可以闷死人，你怎么肯一个人走，把我放在家里？

萍　你没有权利说这种话，你是冲弟弟的母亲。

繁　我不是！我不是！自从我把我的性命，名誉，交给你，我什么都不顾了。我不是他的母亲。不是，不是，我也不是周朴园的妻子。

萍　(冷冷地)如果你以为你不是父亲的妻子，我自己还承认我是我父亲的儿子。

繁　(不曾想到他会说这一句话，呆了一下)哦，你是你父亲的儿子。——这些月，你特别不来看我，是怕你的父亲？

萍　也可以说是怕他，才这样的吧。

繁　你这一次到矿上去，也是学着你父亲的英雄榜样，把一个真正明白你，爱你的人丢开不管么？

萍　这么解释也未尝不可。

繁　(冷冷地)怎么说，你到底是你父亲的儿子。(笑)父亲的儿子？(狂笑)父亲的儿子？(狂笑，忽然冷静严厉地)哼，都是没有用，胆小怕事，不值得人为他牺牲的东西！我恨着我早没有知道你！

萍　那么你现在知道了！我对不起你，我已经同你详细解释过，我厌恶这种不自然的关系。我告诉你，我厌恶。我负起我的责任，我承认我那时的错，然而叫我犯了那样的错，你也不能完全没有责任。你是我认为最聪明，最能了解的女子，所以我想，你最后会原谅我。我的态度，你现在骂我玩世不恭也好，不负责任也好，我告诉你，我盼望这一次的谈话是我们最末一次谈话了。(走向饭厅门)

繁　(沉重地语气)站着。(萍立住)我希望你明白我刚才说的话，我不是请求你。我盼望你用你的心，想一想，过去我们在这屋子里说的，(停，难过)许多，许多的话。一个女子，你记着，不能受两代的欺侮，你可以想一想。

萍　我已经想得很透彻，我自己这些天的痛苦，我想你不是不知道，好请你让我走吧。

[周萍由饭厅下，繁漪的眼泪一颗颗地流在腮上，她走到镜台前，照着自己苍白的有皱纹的脸，便嘤嘤地扑在镜台上哭起来。]

[鲁贵偷偷地由中门走进来，看见太太在哭。]

贵　(低声)太太！

繁　(突然抬起)你来干什么？

贵　鲁妈来了好半天啦！

繁　谁？谁来了好半天啦？

贵　我家里的，太太不是说过要我叫她来见么？

繁　你为什么不早点来告诉我？

贵　(假笑)我倒是想着，可是我(低声)刚才瞧见太太跟大少爷说话，所以就没有敢惊动您。

繁　啊你，你刚才在——

贵　我？我在大客厅里伺候老爷见客呢！(故意地不明白)太太有什么事么？

繁　没什么，那么你叫鲁妈进来吧。

贵　(谄笑)我们家里是个下等人，说话粗里粗气，您可别见怪。

繁　都是一样的人。我不过想见一见，跟她谈谈闲话。

贵　是，那是太太的恩典。对了，老爷刚才跟我说，怕明天要下大雨，请太太把老爷的那一件旧雨衣拿出来，说不定老爷就要出去。

繁　四凤跟老爷检的衣裳，四凤不会拿么？

贵　我也是这么说啊，您不是不舒服么？可是老爷吩咐，不要四凤，还是要太太自己拿。

繁　那么，我一会儿拿来。

贵　不，是老爷吩咐，说现在就要拿出来。

繁　哦，好，我就去吧。——你现在叫鲁妈进来，叫她在这房里等一等。

贵　是，太太。

[鲁贵下，繁漪的脸更显得苍白，她在极力压制自己的烦郁。]

繁　(把窗户打开吸一口气，自语)热极了，闷极了，这里真是再也不能住的。我希望我今天变成火山的口，热烈烈地冒一次，什么我都烧个干净，当时我就再掉在冰川里，冻成死灰，一生只热热烈烈地烧一次，也就算够了。我过去的是完了，希望大概也是死了的。哼，什么我都预备好了，来吧，恨我的人，来吧。叫我失望的人，叫我忌妒的人，都来吧，我在等候着你们。(望着空空的前面，继而垂下头去，鲁贵上。)

贵　刚才小当差进来，说老爷催着要。

繁　(抬头)好，你先去吧。我叫陈妈过去。

[繁漪由饭厅下，贵由中门下。移时鲁妈——即鲁侍萍——与四凤上。鲁妈的年纪约有四十七岁的光景，鬓发已经有点斑白，面貌白净，看上去也只有三十八九岁的样子。]

她的眼有些呆滞，时而呆呆地望着前面，但是在那修长的睫毛，和她圆大的眸子间，还寻得出她少年时静慰的神韵。她的衣服朴素而有身份，旧蓝布裤褂，很洁净地穿在身上。远远地看着，依然像大家户里落魄的妇人。她的高贵的气质和她的丈夫的鄙俗，好笑，恰成一个强烈地对比。

她的头还包着一条白布手巾，怕是坐火车围着避上的，她说话总爱微微地笑，尤其因为刚刚见着两年未见的亲儿女，神色还是快慰地闪着快乐的光彩。她的声音很低，很沉稳，语音像一个南方人曾经和北方人相处很久，夹杂着许多模糊，轻快的南方音，但是她的字句说得很清楚。她的牙齿非常整齐，笑的时候在嘴角旁露出一对深深的笑涡，叫我们想起来四凤笑时口旁一对浅浅的涡影。

鲁妈拉着女儿的手，四凤就像个小鸟偎在她身边走进来。后面跟着鲁贵，提着一个旧包袱。他骄傲地笑着，比起来，这母女的单纯的欢欣，他更是粗鄙了。

四　太太呢?

贵　就下来。

四　妈，您坐下。(鲁妈坐)您累么?

鲁　不累。

四　(高兴地)妈，您坐一坐。我给您倒一杯冰镇的凉水。

鲁　不，不要走，我不热。

贵　凤儿，你跟你妈拿一瓶汽水来(向鲁妈)，这公馆什么没有?一到夏天，柠檬水，果子露，西瓜汤，橘子，香蕉，鲜荔枝，你要什么，就有什么。

鲁　不，不，你别听你爸爸的话。这是人家的东西。你在我身旁跟我多坐一回，回头跟我同——同这位周太太谈谈，比喝什么都强。

贵　太太就会下来，你看你，那块白包头，总舍不得拿下来。

鲁　(和蔼地笑着)真的，说了那么半天。(笑望着四凤)连我在火车上搭的白手巾都忘了解啦。(要解它)

四　(笑着)妈，您让我替您解开吧。(走过去解。这里，鲁贵走到小茶几旁，又偷偷地把烟放在自己的烟盒里。)

鲁　(解下白手巾)你看我的脸脏么?火车上尽是土，你看我的头发，不要叫人家笑。

四　不，不，一点都不脏。两年没见您，您还是那个样。

鲁　哦，凤儿，你看我的记性。谈了这半天，我忘记把你顶喜欢的东西跟你拿出来啦。

四　什么?妈。

鲁　(由身上拿出一个小包来)你看，你一定喜欢的。

四　不，您先别给我看，让我猜猜。

鲁　好，你猜吧。

四　小石娃娃?

鲁　(摇头)不对，你太大了。

四　小粉扑子。

鲁　(摇头)给你那个有什么用?

四　哦，那一定是小针线盒。

鲁　(笑)差不多。

四　那您叫我打开吧。(忙打开纸包)哦!妈!顶针!银顶针!爸，您看，您看!(给鲁贵看)。

贵　(随声说)好!好!

四　这顶针太好看了，上面还镶着宝石。

贵　什么?(走两步，拿来细看)给我看看。

鲁　这是学校校长的太太送给我的。校长丢了个要紧的钱包，叫我拾着了，还给他。校长的太太就非要送给我东西，拿出一大堆小首饰叫我挑，送给我的女儿。我就拣出这一件，拿来送给你，你看好不好?

四　好，妈，我正要这个呢。

贵　咦，哼，(把顶针交给四凤)得了吧，这宝石是假的，你挑得真好。

四　(见着母亲特别欢喜说话，轻蔑地)哼，您呀，真宝石到了您的手里也是假的。

鲁　凤儿，不许这样跟爸爸说话。

四　(撒娇)妈您不知道，您不在这儿，爸爸就拿我一个人撒气，尽欺负我。

贵　(看不惯他妻女这样"乡气"，于是轻蔑地)你看你们这点穷相，走到大家公馆，不来看看人家的阔排场，尽在一边闲扯。四凤，你先把你这两年的衣裳给你妈看看。

四　(白眼)妈不稀罕这个。

贵　你不也有点首饰么？你拿出来给你妈开开眼。看看还是我对，还是把女儿关在家里对？

鲁　(想鲁贵)我走的时候嘱咐过你，这两年写信的时候也总不断地提醒你，我说过我不愿意把我的女儿送到一个阔公馆，叫人家使唤。你偏——(忽然觉得这不是谈家事的地方，回头向四凤)你哥哥呢？

四　不是在门房里等着我们么？

贵　不是等着你们，人家等着见老爷呢。(向鲁妈)去年我叫人跟你捎个信，告诉你大海也当了矿上的工头，那都是我在这儿嘀咕上的。

四　(厌恶她父亲又表白自己的本领)爸爸，您看哥哥去吧。他的脾气有点不好，怕他等急了，跟张爷刘爷们闹起来。

贵　真他妈的。这孩子的狗脾气我倒忘了，(走向中门，回头)你们好好在这屋子里坐一会，别乱动，太太一会儿就下来。

[鲁贵下。母女见鲁贵走后，如同犯人望见看守走了一样，舒展地吐出一口气来。母女二人相对默然地笑了一笑，刹那间，她们脸上又浮出欢欣，这次是由衷心升起来愉快的笑。]

鲁　(伸出手来，向四凤)哦，孩子，让我看看你。

[四凤走到母亲前，跪下。]

四　妈，您不怪我吧？您不怪我这次没听您的话，跑到周公馆做事吧？

鲁　不，不，做了就做了。——不过为什么这两年你一个字也不告诉我，我下车走到家里，才听见张大婶告诉我，说我的女儿在这儿。

四　妈，我怕您生气，我怕您难过，我不敢告诉您。——其实，妈，我们也不是什么富贵人家，就是像我这样帮人，我想也没有什么关系。

鲁　不，你以为妈怕穷么？怕人家笑我们穷么？不，孩子，妈最知道认命，妈最看得开，不过，孩子，我怕你太年青，容易一阵子犯糊涂，妈受过苦，妈知道的。你不懂，你不知道这世界太——人的心太——。(叹一口气)好，我们先不提这个。(站起来)这家的太太真怪！她要见我干什么？

四　嗯，嗯，是啊(她的恐惧来了，但是她愿意向好的一面想)不，妈，这边太太没有多少朋友，她听说妈也会写字，念书，也许觉着很相近，所以想请妈来谈谈。

鲁　(不信地)哦？(慢慢看这屋子的摆设，指着有镜台的柜)这屋子倒是很雅致的。就是家具太旧了点。这是——？

四　这是老爷用的红木书桌，现在做摆饰用了。听说这是三十年前的老东西，老爷偏偏喜欢用，到哪儿带到哪儿。

鲁　那个(指着有镜台的柜)是什么?

四　那也是件老东西，从前的第一个太太，就是大少爷的母亲，顶爱的东西。您看，从前的家具多笨哪。

鲁　咦，奇怪。——为什么窗户还关上呢?

四　您也觉得奇怪不是?这是我们老爷的怪脾气，夏天反而要关窗户。

鲁　(回想)凤儿，这屋子我像是在哪儿见过似的。

四　(笑)真的?您大概是想我想的梦里到过这儿。

鲁　对了，梦似的。——奇怪，这地方怪得很，这地方忽然叫我想起了许多许多事情。(低下头坐下)

四　(慌)妈，您怎么脸上发白?您别是受了暑，我给您拿一杯冷水吧。

鲁　不，不是，你别去，——我怕得很，这屋子有鬼怪!

四　妈，您怎么啦?

鲁　我怕得很，忽然我把三十年前的事情一件一件地都想起来了，已经忘了许多年的人又在我心里转。四凤，你摸摸我的手。

四　(摸鲁妈的手)冰凉，妈，您可别吓坏我。我胆子小，妈，妈，——这屋子从前可闹过鬼的!

鲁　孩子，你别怕，妈不怎么样。不过，四凤，我好像我的魂来过这儿似的。

四　妈，您别瞎说啦，您怎么来过?他们二十年前才搬到这儿北方来，那时候，您不是这在南方么?

鲁　不，不，我来过。这些家具，我想不起来——我在哪见过。

四　妈，您的眼不要直瞪瞪地望着，我怕。

鲁　别怕，孩子，别怕，孩子。(声音愈低，她用力地想，她整个的人，缩，缩到记忆的最下层深处。)

四　妈，您看那个柜干什么?那就是从前死了的第一个太太的东西。

鲁　(突然低声颤颤地向四凤)凤儿，你去看，你去看，那柜子靠右第三个抽屉里，有没有一只小孩穿的绣花虎头鞋。

四　妈，您怎么拉?不要这样疑神疑鬼地。

鲁　凤儿，你去，你去看一看。我心里有点怯，我有点走不动，你去!

四　好我去看。

[她走到柜前，拉开抽斗，看。]

鲁　(急)有没有?

四　没有，妈。

鲁　你看清楚了?

四　没有，里面空空地就是些茶碗。

鲁　哦，那大概是我在做梦了。

四　(怜惜她的母亲)别多说话了，妈，静一静吧，妈，您在外受了委屈了，(落泪)从前，您不是这样神魂颠倒的。可怜的妈呀。(抱着她)好一点了么?

鲁　不要紧的。——刚才我在门房听见这家里还有两位少爷?

四　嗯!妈，都很好，都很和气的。

鲁　(自言自语地)不，我的女儿说什么也不能在这儿多待。不成。不成。

四　妈，您说什么？这儿上上下下都待我很好。妈，这里老爷太太向来不骂底下人，两位少爷都很和气的。这周家不但是活着的人心好，就是死了的人样子也是挺厚道的。

鲁　周？这家里姓周？

四　妈，您看您，您刚才不是问着周家的门进来的么？怎么会忘了？(笑)妈，我明白了，您还是路上受热了。我先跟你拿着周家第一个太太的相片，给您看。我再跟你拿点水来喝。

[四凤在镜台上拿了像片过来，站在鲁妈背后，给她看。]

鲁　(拿着像片，看)哦！(惊愕地说不出话来，手发颤。)

四　(站在鲁妈背后)您看她多好看，这就是大少爷的母亲，笑得多美，他们并说还有点像我呢。可惜，她死了，要不然，——(觉得鲁妈头向前倒)哦，妈，您怎么啦？您怎么？

鲁　不，不，我头晕，我想喝水。

四　(慌，掐着鲁妈的手指，搓着她的头)妈，您到这边来！(扶鲁妈到一个大的沙发前，鲁妈手里还紧紧地拿着相片)妈，您在这儿躺一躺。我跟您拿水去。

[四凤由饭厅门忙跑下。]

鲁　哦，天哪。我是死了的人！这是真的么？这张相片？这些家具？怎么会？——哦，天底下地方大得很，怎么？熬过这几十年偏偏又把我这个可怜的孩子，放回到他——他的家里？哦，好不公平的天哪！(哭泣)

[四凤拿水上，鲁妈忙擦眼泪。]

四　(持水杯，向鲁妈)妈，您喝一口，不，再喝几口。(鲁妈饮)好一点了么？

鲁　嗯，好，好啦。孩子，你现在就跟我回家。

四　(惊讶)妈，您怎么啦？

[由饭厅传出繁漪喊“四凤”的声音。]

鲁　谁喊你？

四　太太。

[繁漪声　四凤！]

四　唉。

[繁漪声　四凤，你来，老爷的雨衣你给放在哪儿啦？]

四　(喊)我就来。(向鲁妈)您等一等，我就回来。

鲁　好，你去吧。

[四凤下。鲁妈周围望望，走到柜前，抚摸着她从前的家具，低头沉思。忽然听见屋外花园里走路的声音。她转过身来，等候着。]

[鲁贵由中门上。]

贵　四凤呢？

鲁　这儿的太太叫了去啦。

贵　你回头告诉太太，说找着雨衣，老爷自己到这儿来穿，还要跟太太说几句话。

鲁　老爷要到这屋里来？

贵　嗯，你告诉清楚了，别回头老爷来到这儿，太太不在，老头儿又发脾气了。

鲁　你跟太太说吧。

贵　这上上下下许多底下人都得我支派，我忙不开，我可不能等。

鲁　我要回家去，我不见太太了。

贵　为什么？这次太太叫你来，我告诉你，就许有点什么很要紧的事跟你谈谈。

鲁　我预备带着凤儿回去，叫她辞了这儿的事。

贵　什么？你看你这点——

[周繁漪由饭厅上。]

贵　太太。

繁　(向门内)四凤，你先把那两套也拿出来，问问老爷要哪一件。(里面答应)哦，(吐出一口气，向鲁妈)这就是四凤的妈吧？叫你久等了。

贵　等太太是应当的。太太准她来跟您请安就是老大的面子。(四凤由饭厅出，拿雨衣进。)

繁　请坐！你来了好半天啦。(鲁妈只在打量着，没有坐下。)

鲁　不多一会，太太。

四　太太。把这三件雨衣都送给老爷那边去啦。

贵　老爷说放在这儿，老爷自己来拿，还请太太等一会，老爷见您有话说呢。

繁　知道了。(向四凤)你先到厨房，把晚饭的菜看看，告诉厨房一下。

四　是，太太。(望着鲁贵，又疑惧地望着繁漪由中门下)

繁　鲁贵，告诉老爷，说我同四凤的母亲谈话，回头再请他到这儿来。

贵　是，太太。(但不走)

繁　(见鲁贵不走)你有什么事么？

贵　太太，今天早上老爷吩咐德国克大夫来。

繁　二少爷告诉过我了。

贵　老爷刚才吩咐，说来了就请太太去看。

繁　我知道了。好，你去吧。

[鲁贵由中门下。]

繁　(向鲁妈)坐下谈，不要客气。(自己坐在沙发上)

鲁　(坐在旁边一张椅子上)我刚下火车，就听见太太这边吩咐，要为来见见您。

繁　我常听四凤提到你，说你念过书，从前也是很好的门第。

鲁　(不愿提到从前的事)四凤这孩子很傻，不懂规矩，这两年叫您多生气啦。

繁　不，她非常聪明，我也很喜欢她。这孩子不应当叫她伺候人，应当替她找一个正当的出路。

鲁　太太多夸奖她了。我倒是不愿意这孩子帮人。

繁　这一点我很明白。我知道你是个知书达礼的人，一见面，彼此都觉得性情是直爽的，所以我就不妨把请你来的原因现在跟你说一说。

鲁　(忍不住)太太，是不是我这小孩平时的举动有点叫人说闲话？

繁　(笑着，故为很肯定地说)不，不是。

[鲁贵由中门上。]

贵　太太。

繁　什么事？

贵　克大夫已经来了，刚才汽车夫接来的，现时在小客厅等着呢。

繁　我有客。

贵　客？——老爷说请太太就去。

繁　我知道，你先去吧。

[鲁贵下。]

繁　(向鲁妈)我先把我家里的情形说一说。第一我家里的女人很少。

鲁　是，太太。

繁　我一个人是个女人，两个少爷，一位老爷，除了一两个老妈子以外，其余用的都是男下人。

鲁　是，太太，我明白。

繁　四凤的年纪很轻，哦，她才十九岁，是不是？

鲁　不，十八。

繁　那就对了，我记得好像比我的孩子是大一岁的样子。这样年轻的孩子，在外边做事，又生得很秀气的。

鲁　太太，如果四凤有不检点的地方，请您千万不要瞒我。

繁　不，不，(又笑了)她很好的。我只是说说这个情形。我自己有一个孩子，他才十七岁，——恐怕刚才你在花园见过——一个不十分懂事的孩子。

[鲁贵自书房门上。]

贵　老爷催着太太去看病。

繁　没有人陪着克大夫么？

贵　王局长刚走，老爷自己在陪着呢。

鲁　太太，您先看去。我在这儿等着不要紧。

繁　不，我话还没有说完。(向鲁贵)你跟老爷说，说我没有病，我自己并没有要请医生来。

贵　是，太太。(但不走)

繁　(看鲁贵)你在干什么？

贵　我等太太还有什么旁的事情要吩咐。

繁　(忽然想起来)有，你跟老爷回完话之后，你出去叫一个电灯匠，刚才我听说花园藤萝架上的就电线落下来了，走电，叫他赶快收拾一下，不要电了人。

贵　是，太太。

[贵由中门下。]

繁　(见鲁妈立起)鲁奶奶，你还是坐呀。哦，这屋子又闷起来啦。(走到窗户，把窗户打开，回来，坐)这些天我就看着我这孩子奇怪，谁知这两天，他忽然跟我说他很喜欢四凤。

鲁　什么？

繁　也许预备要帮助她学费，叫她上学。

鲁　太太，这是笑话。

繁　我这孩子还想四凤嫁给他。

鲁　太太，请您不必往下说，我都明白了。

繁 (追一步)四凤比我的孩子大，四凤又是很聪明的女孩子，这种情形——

鲁 (不喜欢繁漪的暧昧的口气)我的女儿，我总相信是个懂事，明白大体的孩子。我向来不愿意她到大公馆帮人，可是我信得过，我的女儿就帮这儿两年，她总不会 做出一点糊涂事的。

繁 鲁奶奶，我也知道四凤是个明白的孩子，不过有了这种不幸的情形，我的意思，是非常容易叫人发生误会的。

鲁 (叹气)今天我到这儿来是万没想到的事，回头我就预备把她带走，现在我就请太太准了她的长假。

繁 哦，哦，——如果你以为这样办好，我也觉得很妥当的，不过有一层，我怕，我的孩子有点傻气，他还是会找到你家里见四凤的。

鲁 您放心。我后悔得很，我不该把这个孩子一个人交给她的父亲管的，明天，我准离开此地，我会远远地带她走，不会见着周家的人。太太，我想现在带着我的女儿走。

繁 那么，也好。回头我叫账房把工钱算出来。她自己的东西我可以派人送去，我有一箱子旧衣服，也可以带去，留着她以后在家里穿。

鲁 (自语)凤儿，我的可怜的孩子！(坐在沙发上，落泪)天哪。

繁 (走到鲁妈面前)不要伤心，鲁奶奶。如果钱上有什么问题，尽管到我这儿来，一定有办法。好好地带她回去，有你这样一个母亲教育她，自然比这儿好的。

[朴园由书房上。]

朴 繁漪！(繁漪抬头。鲁妈站起，忙躲在一旁，神色大变，观察他。)你怎么还不去？

繁 (故意地)上哪儿？

朴 克大夫在等你，你不知道么？

繁 克大夫，谁是克大夫？

朴 跟你从前看病的克大夫。

繁 我的药喝够了，我不预备再喝了。

朴 那么你的病……

繁 我没有病。

朴 (忍耐)克大夫是我在德国的好朋友，对于妇科很有研究。你的神经有点失常，他一定治得好。

繁 谁说我的神经失常？你们为什么这样咒我？我没有病，我没有病，我告诉你，我没有病！

朴 (冷酷地)你当着人这样胡喊乱闹，你自己有病，偏偏要讳病忌医，不肯叫医生治，这不就是神经上的病态么？

繁 哼，我假若是有病，也不是医生治得好的。(向饭厅门走)

朴 (大声喊)站住！你上哪儿去？

繁 (不在意地)到楼上去。

朴 (命令地)你应当听话。

繁 (好像不明白地)哦！(停，不经意地打量他)你看你！(尖声笑两声)你简直叫我想笑。(轻蔑地笑)你忘了你自己是怎么样一个人啦！(又大笑，由饭厅跑下，重重地关上门。)

朴 来人！

[仆人上。]

仆人 老爷!

朴 太太现在在楼上。你叫大少爷陪着克大夫到楼上去跟太太看病。

仆人 是，老爷。

朴 你告诉大少爷，太太现在神经病很重，叫他小心点，叫楼上老妈子好好地看着太太。

仆人 是，老爷。

朴 还有，叫大少爷告诉克大夫，说我有点累，不陪他了。

仆人 是，老爷。

[仆人下。朴园点着一枝吕宋烟，看见桌上的雨衣。]

朴 (向鲁妈)这是太太找出来的雨衣吗?

鲁 (看着他)大概是的。

朴 (拿起看看)不对，不对，这都是新的。我要我的旧雨衣，你回头跟太太说。

鲁 嗯。

朴 (看她不走)你不知道这间房子底下人不准随便进来么?

鲁 (看着他)不知道，老爷。

朴 你是新来的下人?

鲁 不是的，我找我的女儿来的。

朴 你的女儿?

鲁 四凤是我的女儿。

朴 那你走错屋子了。

鲁 哦。——老爷没有事了?

朴 (指窗)窗户谁叫打开的?

鲁 哦。(很自然地走到窗户，关上窗户，慢慢地走向中门。)

朴 (看她关好窗门，忽然觉得她很奇怪)你站一站，(鲁妈停)你——你贵姓?

鲁 我姓鲁。

朴 姓鲁。你的口音不像北方人。

鲁 对了，我不是，我是江苏的。

朴 你好像有点无锡口音。

鲁 我自小就在无锡长大的。

朴 (沉思)无锡?嗯，无锡(忽而)你在无锡是什么时候?

鲁 光绪二十年，离现在有三十多年了。

朴 哦，三十年前你在无锡?

鲁 是的，三十多年前呢，那时候我记得我们还没有用洋火呢。

朴 (沉思)三十多年前，是的，很远啦，我想想，我大概是二十多岁的时候。那时候我还在无锡呢。

鲁 老爷是那个地方的人?

朴 嗯，(沉吟)无锡是个好地方。

鲁 哦，好地方。

朴　你三十年前在无锡么?

鲁　是，老爷。

朴　三十年前，在无锡有一件很出名的事情——

鲁　哦。

朴　你知道么?

鲁　也许记得，不知道老爷说的是哪一件?

朴　哦，很远的，提起来大家都忘了。

鲁　说不定，也许记得的。

朴　我问过许多那个时候到过无锡的人，我想打听打听。可是那个时候在无锡的人，到现在不是老了就是死了，活着的多半是不知道的，或者忘了。

鲁　如若老爷想打听的话，无论什么事，无锡那边我还有认识的人，虽然许久不通音信，托他们打听点事情总还可以的。

朴　我派人到无锡打听过。——不过也许凑巧你会知道。三十年前在无锡有一家姓梅的。

鲁　姓梅的?

朴　梅家的一个年轻小姐，很贤慧，也很规矩，有一天夜里，忽然地投水死了，后来，后来，——你知道么?

鲁　不敢说。

朴　哦。

鲁　我倒认识一个年轻的姑娘姓梅的。

朴　哦? 你说说看。

鲁　可是她不是小姐，她也不贤慧，并且听说是不大规矩的。

朴　也许，也许你弄错了，不过你不妨说说看。

鲁　这个梅姑娘倒是有一天晚上跳的河，可是不是一个，她手里抱着一个刚生下三天的男孩。听人说她生前是不规矩的。

朴　(苦痛)哦!

鲁　这是个下等人，不很守本分的。听说她跟那时周公馆的少爷有点不清白，生了两个儿子。生了第二个，才过三天，忽然周少爷不要了她，大孩子就放在周公馆，刚生的孩子抱在怀里，在年三十夜里投河死的。

朴　(汗涔涔地)哦。

鲁　她不是小姐，她是无锡周公馆梅妈的女儿，她叫侍萍。

朴　(抬起头来)你姓什么?

鲁　我姓鲁，老爷。

朴　(喘出一口气，沉思地)侍萍，侍萍，对了。这个女孩子的尸首，说是有一个穷人见着埋了。你可以打听得她的坟在哪儿么?

鲁　老爷问这些闲事干什么?

朴　这个人跟我们有点亲戚。

鲁　亲戚?

朴　嗯，——我们想把她的坟墓修一修。

鲁　哦——那用不着了。

朴　怎么?

鲁　这个人现在还活着。

朴　(惊愕)什么?

鲁　她没有死。

朴　她还在？不会吧？我看见她河边上的衣服，里面有她的绝命书。

鲁　不过她被一个慈善的人救活了。

朴　哦，救活啦?

鲁　以后无锡的人是没见着她，以为她那夜晚死了。

朴　那么，她呢?

鲁　一个人在外乡活着。

朴　那个小孩呢?

鲁　也活着。

朴　(忽然立起)你是谁?

鲁　我是这儿四凤的妈，老爷。

朴　哦。

鲁　她现在老了，嫁给一个下等人，又生了个女孩，境况很不好。

朴　你知道她现在在哪儿?

鲁　我前几天还见着她!

朴　什么？她就在这儿？此地?

鲁　嗯，就在此地。

朴　哦!

鲁　老爷，你想见一见她么?

朴　不，不，谢谢你。

鲁　她的命很苦。离开了周家，周家少爷就娶了一位有钱有门第的小姐。她一个单身人，无亲无故，带着一个孩子在外乡什么事都做，讨饭，缝衣服，当老妈，在学校里伺候人。

朴　她为什么不再找到周家?

鲁　大概她是不愿意吧？为着她自己的孩子，她嫁过两次。

朴　以后她又嫁过两次?

鲁　嗯，都是很下等的人。她遇人都很不如意，老爷想帮一帮她么?

朴　好，你先下去。让我想一想。

鲁　老爷，没有事了？(望着朴园，眼泪要涌出)老爷，您那雨衣，我怎么说?

朴　你去告诉四凤，叫她把我樟木箱子里那件旧雨衣拿出来，顺便把那箱子里的几件 旧衬衣也拣出来。

鲁　旧衬衣?

朴　你告诉她在我那顶老的箱子里，纺绸的衬衣，没有领子的。

鲁　老爷那种纺绸衬衣不是一共有五件？您要哪一件?

朴　要哪一件?

鲁　不是有一件，在右袖襟上有个烧破的窟窿，后来用丝线绣成一朵梅花补上的？还有一件——

朴　(惊愕)梅花？

鲁　还有一件绸衬衣，左袖襟也绣着一朵梅花，旁边还绣着一个萍字。还有一件，——

朴　(徐徐立起)哦，你，你，你是——

鲁　我是从前伺候过老爷的下人。

朴　哦，侍萍！(低声)怎么，是你？

鲁　你自然想不到，侍萍的相貌有一天也会老得连你都不认识了。

朴　你——侍萍？(不觉地望望柜上的相片，又望鲁妈。)

鲁　朴园，你找侍萍么？侍萍在这儿。

朴　(忽然严厉地)你来干什么？

鲁　不是我要来的。

朴　谁指使你来的？

鲁　(悲愤)命！不公平的命指使我来的。

朴　(冷冷地)三十年的工夫你还是找到这儿来了。

鲁　(愤怨)我没有找你，我没有找你，我以为你早死了。我今天没想到到这儿来，这是天要我在这儿又碰见你。

朴　你可以冷静点。现在你我都是有子女的人，如果你觉得心里有委屈，这么大年纪，我们先可以不必哭哭啼啼的。

鲁　哭？哼，我的眼泪早哭干了，我没有委屈，我有的是恨，是悔，是三十年一天一天我自己受的苦。你大概已经忘了你做的事了！三十年前，过年三十的晚上我生下你的第二个儿子才三天，你为了要赶紧娶那位有钱有门第的小姐，你们逼着我冒着大雪出去，要我离开你们周家的门。

朴　从前的恩怨， 过了几十年，又何必再提呢？

鲁　那是因为周大少爷一帆风顺，现在也是社会上的好人物。可是自从我被你们家赶出来以后，我没有死成，我把我的母亲可给气死了，我亲生的两个孩子你们家里逼着我留在你们家里。

朴　你的第二个孩子你不是已经抱走了么？

鲁　那是你们老太太看着孩子快死了，才叫我抱走的。(自语)哦，天哪，我觉得我像在做梦。

朴　我看过去的事不必再提起来吧。

鲁　我要提，我要提，我闷了三十年了！你结了婚，就搬了家，我以为这一辈子也见不着你了；谁知道我自己的孩子个个命定要跑到周家来，又做我从前在你们家做过的事。

朴　怪不得四凤这样像你。

鲁　我伺候你，我的孩子再伺候你生的少爷们。这是我的报应，我的报应。

朴　你静一静。把脑子放清醒点。你不要以为我的心是死了，你以为一个人做了一件于心不忍的事就会忘了么？你看这些家具都是你从前顶喜欢的动向，多少年我总是留着，为着纪念你。

鲁 (低头)哦。

朴 你的生日——四月十八——每年我总记得。一切都照着你是正式嫁过周家的人看，甚至于你因为生萍儿，受了病，总要关窗户，这些习惯我都保留着，为的是不忘你，弥补我的罪过。

鲁 (叹一口气)现在我们都是上了年纪的人，这些傻话请你不必说了。

朴 那更好了。那么我见可以明明白白地谈一谈。

鲁 不过我觉得没有什么可谈的。

朴 话很多。我看你的性情好像没有大改，——鲁贵像是个很不老实的人。

鲁 你不明白。他永远不会知道的。

朴 那双方面都好。再有，我要问你的，你自己带走的儿子在哪儿?

鲁 他在你的矿上做工。

朴 我问，他现在在哪儿?

鲁 就在门房等着见你呢。

朴 什么？鲁大海？他！我的儿子?

鲁 他的脚趾头因为你的不小心，现在还是少一个的。

朴 (冷笑)这么说，我自己的骨肉在矿上鼓励罢工，反对我！

鲁 他跟你现在完完全全是两样的人。

朴 (沉静)他还是我的儿子。

鲁 你不要以为他还会认你做父亲。

朴 (忽然)好！痛痛快快地！你现在要多少钱吧?

鲁 什么?

朴 留着你养老。

鲁 (苦笑)哼，你还以为我是故意来敲诈你，才来的么?

朴 也好，我们暂且不提这一层。那么，我先说我的意思。你听着，鲁贵我现在要辞退的，四凤也要回家。不过——

鲁 你不要怕，你以为我会用这种关系来敲诈你么？你放心，我不会的。大后天我就会带四凤回到我原来的地方。这是一场梦，这地方我绝对不会再住下去。

朴 好得很，那么一切路费，用费，都归我担负。

鲁 什么?

朴 这于我的心也安一点。

鲁 你？(笑)三十年我一个人都过了，现在我反而要你的钱?

朴 好，好，好，那么你现在要什么?

鲁 (停一停)我，我要点东西。

朴 什么？说吧?

鲁 (泪满眼)我——我只要见见我的萍儿。

朴 你想见他?

鲁 嗯，他在哪儿?

朴 他现在在楼上陪着他的母亲看病。我叫他，他就可以下来见你。不过是——

鲁 不过是什么?

朴 他很大了。

鲁 (追忆)他大概是二十八了吧？我记得他比大海只大一岁。

朴 并且他以为他母亲早就死了的。

鲁 哦，你以为我会哭哭啼啼地叫他认母亲么？我不会那么傻的。我难道不知道这样的母亲只给自己的儿子丢人么？我明白他的地位，他的教育，不容他承认这样的母亲。这些年我也学乖了，我只想看看他，他究竟是我生的孩子。你不要怕，我就是告诉他，白白地增加他的烦恼，他自己也不愿意认我的。

朴 那么，我们就这样解决了。我叫他下来，你看一看他，以后鲁家的人永远不许再到周家来。

鲁 好，希望这一生不至于再见你。

朴 (由衣内取出皮夹的支票签好)很好，这一张五千块钱的支票，你可以先拿去用。算是拟补我一点罪过。

鲁 (接过支票)谢谢你。(慢慢撕碎支票)

朴 侍萍。

鲁 我这些年的苦不是你那钱就算得清的。

朴 可是你——

[外面争吵声。鲁大海的声音："放开我，我要进去。"三四个男仆声："不成 ，不成，老爷睡觉呢。"门外有男仆等与大海的挣扎声。]

朴 (走至中门)来人！(仆人由中门进)谁在吵？

仆人 就是那个工人鲁大海！他不讲理，非见老爷不可。

朴 哦。(沉吟)那你叫他进来吧。等一等，叫人到楼上请大少爷下楼，我有话问他。

仆人 是，老爷。

[仆人由中门下。]

朴 (向鲁妈)侍萍，你不要太固执。这一点钱你不收下，将来你会后悔的。

鲁 (望着他，一句话也不说。)

[仆人领着大海进，大海站在左边，三四仆人立一旁。]

大 (见鲁妈)妈，您还在这儿？

朴 (打量鲁大海)你叫什么名字？

大 (大笑)董事长，您不要向我摆架子，您难道不知道我是谁么？

朴 你？我只知道你是罢工闹得最凶的工人代表。

大 对了，一点儿也不错，所以才来拜望拜望您。

朴 你有什么事吧？

大 董事长当然知道我是为什么来的。

仆 (摇头)我不知道。

大 我们老远从矿上来，今天我又在您府上大门房里从早上六点钟一直等到现在，我就是要问问董事长，对于我们工人的条件，究竟是允许不允许？

朴 哦，那么——那么，那三个代表呢？

大 我跟你说吧，他们现在正在联络旁的工会呢。

朴 哦，——他们没告诉旁的事情么？

大　告诉不告诉于你没有关系。——我问你，你的意思，忽而软，忽而硬，究竟是怎么回子？

[周萍由饭厅上，见有人，即想退回。]

朴　(看萍)不要走，萍儿！(视鲁妈，鲁妈知萍为其子，眼泪汪汪地望着他。)

萍　是，爸爸。

朴　(指身侧)萍儿，你站在这儿。(向大海)你这么只凭意气是不能交涉事情的。

大　哼，你们的手段，我都明白。你们这样拖延时候不就是想去花钱收买少数不要脸的败类，暂时把我们骗在这儿。

朴　你的见地也不是没有道理。

大　可是你完全错了。我们这次罢工是有团结的，有组织的。我们代表这次来并不是来求你们。你听清楚，不求你们。你们允许就允许；不允许，我们一直罢工到底，我们知道你们不到两个月整个地就要关门的。

朴　你以为你们那些代表们，那些领袖们都可靠吗？

大　至少比你们只认识洋钱的结合要可靠得多。

朴　那么我给你一件东西看。

[朴园在桌上找电报，仆人递给他；此时周冲偷偷由左书房进，在旁偷听。]

朴　(给大海电报)这是昨天从矿上来的电报。

大　(拿过去看)什么？他们又上工了。(放下电报)不会，不会。

朴　矿上的工人已经在昨天早上复工，你当代表的反而不知道么？

大　(惊，怒)怎么矿上警察开枪打死三十个工人就白打了么？(又看电报，忽然笑起来)哼，这是假的。你们自己假作的电报来离间我们的。(笑)哼，你们这种卑鄙无赖的行为！

萍　(忍不住)你是谁？敢在这儿胡说？

朴　萍儿！没有你的话。(低声向大海)你就这样相信你那同来的代表么？

大　你不用多说，我明白你这些话的用意。

朴　好，那我把那复工的合同给你瞧瞧。

大　(笑)你不要骗小孩子，复工的合同没有我们代表的签字是不生效力的。

朴　哦，(向仆)合同！(仆由桌上拿合同递他)你看，这是他们三个人签字的合同。

大　(看合同)什么？(慢慢地，低声)他们三个人签了字。他们怎么会不告诉我就签了字呢？他们就这样把我不理啦？

朴　对了，傻小子，没有经验只会胡喊是不成的。

大　那三个代表呢？

朴　昨天晚车就回去了。

大　(如梦初醒)他们三个就骗了我了，这三个没有骨头的东西，他们就把矿上的工人们卖了。哼，你们这些不要脸的董事长，你们的钱这次又灵了。

萍　(怒)你混账！

朴　不许多说话。(回头向大海)鲁大海，你现在没有资格跟我说话——矿上已经把你开除了。

大　开除了？

冲　爸爸，这是不公平的。

朴　(向冲)你少多嘴，出去！(冲由中门走下)

大　哦，好，好，(切齿)你的手段我早就领教过，只要你能弄钱，你什么都做得出来。你叫警察杀了矿上许多工人，你还——

朴　你胡说！

鲁　(至大海前)别说了，走吧。

大　哼，你的来历我都知道，你从前在哈尔滨包修江桥，故意在叫江堤出险——

朴　(低声)下去！

[仆人等拉他，说“走！走！”]

大　(对仆人)你们这些混账东西，放开我。我要说，你故意淹死了二千二百个小工，每一个小工的性命你扣三百块钱！姓周的，你发的是绝子绝孙的昧心财！你现在还——

萍　(忍不住气，走到大海面前，重重地打他两个嘴巴。)你这种混账东西！(大海立刻要还手，倒是被周宅的仆人们拉住。)打他。

大　(向萍高声)你，你(正要骂，仆人一起打大海。大海头流血。鲁妈哭喊着护大海。)

朴　(厉声)不要打人！(仆人们停止打大海，仍拉着大海的手。)

大　放开我，你们这一群强盗！

萍　(向仆人)把他拉下去。

鲁　(大哭起来)哦，这真是一群强盗！(走至萍前，抽咽)你是萍，——凭，——凭什么打我的儿子？

萍　你是谁？

鲁　我是你的——你打的这个人的妈。

大　妈，别理这东西，您小心吃了他们的亏。

鲁　(呆呆地看着萍的脸，忽而又大哭起来)大海，走吧，我们走吧。(抱着大海受伤的头哭。)

萍　(过意不去地)父亲。

朴　你太鲁莽了。

萍　可是这个人不应该乱侮辱父亲的名誉啊。

[半晌。]

朴　克大夫给你母亲看过了么？

萍　看完了，没有什么。

朴　哦，(沉吟，忽然)来人！

[仆人由中门上。]

朴　你告诉太太，叫她把鲁贵跟四凤的工钱算清楚，我已经把他们辞了。

仆　是，老爷。

萍　怎么？他们两个怎么样了？

朴　你不知道刚才这个工人也姓鲁，他就是四凤的哥哥么？

萍　哦，这个人就是四凤的哥哥？不过，爸爸——

朴　(向下人)跟太太说，叫账房跟鲁贵同四凤多算两个月的工钱，叫他们今天就去。去吧。

[仆人由饭厅下。]

萍　爸爸，不过四凤同鲁贵在家里都很好。很忠诚的。

朴　哦，(呵欠)我很累了。我预备到书房歇一下。你叫他们送一碗浓一点的普洱茶来。

萍　是，爸爸。

[朴园由书房下。]

萍　(叹一口气)嗨！(急由中门下，冲适由中门上。)

冲　(着急地)哥哥，四凤呢？

萍　我不知道。

冲　是父亲要辞退四凤么？

萍　嗯，还有鲁贵。

冲　即使她的哥哥得罪了父亲，我们不是把人家打了么？为什么欺负这么一个女孩子干什么？

萍　你可问父亲去。

冲　这太不讲理了。

萍　我也这样想。

冲　父亲在哪儿？

萍　在书房里。

[冲走至书房，萍在屋里踱来踱去。四凤由中门走进，颜色苍白，泪还垂在眼角。]

萍　(忙走至四凤前)四凤，我对不起你，我实在不认识他。

四　(用手摇一摇，满腹说不出的话。)

萍　可是你哥哥也不应该那样乱说话。

四　不必提了，错得很。(即向饭厅去)

萍　你干什么去？

四　我收拾我自己的东西去。再见吧，明天你走，我怕不能见你了。

萍　不，你不要去。(拦住她)

四　不，不，你放开我。你不知道我们已经叫你们辞了么？

萍　(难过)凤，你——你饶恕我么？

四　不，你不要这样。我并不怨你，我知道早晚是有这么一天的，不过，今天晚上你千万不要来找我。

萍　可是，以后呢？

四　那——再说吧！

萍　不，四凤，我要见你，今天晚上，我一定要见你，我有许多话要同你说。四凤，你……

四　不，无论如何，你不要来。

萍　那你想旁的法子来见我。

四　没有旁的法子。你难道看不出这是什么情形么？

萍　要这样，我是一定要来的。

四　不，不，你不要胡闹，你千万不……

[繁漪由饭厅上。]

四　哦，太太。

繁 你们在那儿啊！(向四凤)等一会，你的父亲叫电灯匠就回来。什么东西，我可以交给他带回去。也许我派人跟你送去——你家住在什么地方？

四 杏花巷十号。

繁 你不要难过，没事可以常来找我。送你的衣服，我回头叫人送到你那里去。是杏花巷十号吧？

四 是，谢谢太太。

[鲁妈在外面叫“四凤！四凤！”]

四 妈，我在这儿。

[鲁妈由中门上。]

鲁 四凤，收拾收拾零碎的东西，我们先走吧。快下大雨了。

[风声，雷声渐起。]

四 是，妈妈。

鲁 (向繁漪)太太，我们走了。(向四凤)四凤，你跟太太谢谢。

四 (向太太请安)太太，谢谢！(含着眼泪看萍，萍缓缓地转过头去。)

[鲁妈与四凤由中门下，风雷声更大。]

繁 萍，你刚才同四凤说的什么？

萍 你没有权利问。

繁 萍，你不要以为她会了解你。

萍 这是什么意思？

繁 你不要再骗我，我问你，你说要到哪儿去？

萍 用不着你问。请你自己放尊重一点。

繁 你说，你今天晚上预备上哪儿去？

萍 我——(突然)我找她。你怎么样？

繁 (恫吓地)你知道她是谁，你是谁么？

萍 我不知道，我只知道我现在真喜欢她，她也喜欢我。过去这些日子，我知道你早明白的很，现在你既然愿意说破，我当然不必瞒你。

繁 你受过这样高等教育的人现在同这么一个底下人的女儿，这是一个下等女人——

萍 (暴烈)你胡说！你不配说她下等，你不配，她不像你，她——

繁 (冷笑)小心，小心！你不要把一个失望的女人逼得太狠了，她是什么事都做得出来的。

萍 我已经打算好了。

繁 好，你去吧！小心，现在(望窗外，自语，暗示着恶兆地)风暴就要起来了！

萍 (领悟地)谢谢你，我知道。

[朴园由书房上。]

朴 你们在这儿说什么？

萍 我正跟母亲说刚才的事呢。

朴 他们走了么？

繁 走了。

朴 繁漪，冲儿又叫我说哭了，你叫他出来，安慰安慰他。

繁　(走到书房门口)冲儿！冲儿！(不听见里面答应的声音，便走进去。)

[外面风雷声大作。]

朴　(走到窗前望外面，风声甚烈，花盆落地大碎的声音。)萍儿，花盆叫大风吹倒了，你叫下人快把这窗关上。大概是暴风雨就要下来了。

萍　是，爸爸！(由中门下)

[朴园站在窗前，望着外面的闪电。]

【简析】

《雷雨》所展示的是一幕人生大悲剧，展现不平等的社会里，命运对人残忍的捉弄。周朴园的专制、冷酷和伪善；周冲的热情和单纯；蘩漪对爱情的深挚乃至略显变态的执着；痛悔着罪孽却又不自知地犯下更大罪孽的软弱的周萍；被侮辱、被捉弄的悲苦的鲁妈……还有家庭的秘密，身世的秘密，所有这一切在一个雷雨夜爆发。最后，有错的、有罪的，无错的、无辜的人，竟然一起走向了毁灭。它讲述了资产阶级周家和城市平民鲁家两个家庭纠结复杂的悲剧故事。一是以周朴园为代表的带有浓厚封建色彩的资产阶级家庭的生活悲剧；二是以鲁妈为代表的城市平民不能把握自己命运、被别人所操控的悲惨境遇。而周、鲁两家复杂的血缘联系，更是突出、生动地反映了两个不同阶层的家庭之间的矛盾。该剧揭露了旧中国旧家庭的种种黑暗现象以及地主资产阶级的专横、冷酷与伪善，反映了中国20世纪二三十年代正在酝酿着一场大变动的社会现实，同时对受压迫者给予了深切的同情。

【问题与练习】

1. 阅读文本，理清人物关系，请评价一下剧中的主要人物。
2. 文章中表现了哪些矛盾，冲突背后又隐含着怎样的社会意义？

(六) 哈姆雷特(节选)

[英国] 威廉·莎士比亚

【题解】

威廉·莎士比亚(1564年—1616年)，文艺复兴时期英国伟大的剧作家、诗人，欧洲人文主义文学的集大成者。莎士比亚一生共写了三十七部戏剧，两部叙事长诗，一百五十四首十四行诗。代表作有四大悲剧：《哈姆雷特》《奥赛罗》《麦克白》《李尔王》；四大喜剧：《威尼斯商人》《仲夏夜之梦》《皆大欢喜》《第十二夜》；历史剧：《亨利四世》《亨利五世》《亨利六世》《亨利八世》《约翰王》《理查二世》《理查三世》。此外，还有《无事生非》《罗密欧与朱丽叶》《驯悍记》《温莎的风流娘们》《爱的徒劳》《冬天的故事》等。莎士比亚的戏剧多取材于历史记载、小说、民间传说等已有的材料，反映了英国从封建社会向资本主义社会过渡时期的历史现实，宣扬了新兴资产阶级的人道主义思想和人性论观点，塑造了众多栩栩如生的人物形象，描绘了广阔的、五光十色的社会生活图景，作品富有诗意和想象力，具有深刻的人生哲理和批判精神。

《哈姆雷特》是莎士比亚的代表剧作，创作于1601年，一共五幕。本节选自第三幕第四场。

第四场　王后寝宫

王后及波洛涅斯上。

波洛涅斯　他就要来了。请您把他着实教训一顿，对他说他这种狂妄的态度，实在叫人忍无可忍，倘没有您娘娘替他居中回护，王上早已对他大发雷霆了。我就悄悄地躲在这儿。请您对他讲得着力一点。

哈姆雷特　(在内)母亲，母亲，母亲！

王　　后　都在我身上，你放心吧。下去吧，我听见他来了。(波洛涅斯匿帏后。)

哈姆雷特上。

哈姆雷特　母亲，您叫我有什么事？

王　　后　哈姆雷特，你已经大大得罪了你的父亲啦。

哈姆雷特　母亲，您已经大大得罪了我的父亲啦。

王　　后　来，来，不要用这种胡说八道的话回答我。

哈姆雷特　去，去，不要用这种胡说八道的话问我。

王　　后　啊，怎么，哈姆雷特！

哈姆雷特　现在又是什么事？

王　　后　你忘记我了吗？

哈姆雷特　不，凭着十字架起誓，我没有忘记你；你是王后，你的丈夫的兄弟的妻子，你又是我的母亲——但愿你不是！

王　　后　哎哟，那么我要去叫那些会说话的人来跟你谈谈了。

哈姆雷特　来，来，坐下来，不要动；我要把一面镜子放在你的面前，让你看一看你自己的灵魂。

王　　后　你要干什么呀？你不是要杀我吗？救命！救命呀！

波洛涅斯　(在后)喂！救命！救命！救命！

哈姆雷特　(拔剑)怎么！是哪一个鼠贼？准是不要命了，我来结果你。(以剑刺穿帏幕。)

波洛涅斯　(在后)啊！我死了！

王　　后　哎哟！你干了什么事啦？

哈姆雷特　我也不知道；那不是国王吗？

王　　后　啊，多么鲁莽残酷的行为！

哈姆雷特　残酷的行为！好妈妈。简直就跟杀了一个国王再去嫁给他的兄弟一样坏。

王　　后　杀了一个国王！

哈姆雷特　嗯，母亲，我正是这样说。(揭帏见波洛涅斯)你这倒运的、粗心的、爱管闲事的傻瓜，再会！我还以为是一个在你上面的人哩。也是你命不该活；现在你可知道爱管闲事的危险了。——别尽扭着你的手。静一静，坐下来，让我扭你的心；你的心倘不是铁石打成的，万恶的习惯倘不曾把它硬化得透不进一点感情，那么我的话一定可以把它刺痛。

王　后　我干了些什么错事，你竟敢这样肆无忌惮地向我摇唇弄舌？

哈姆雷特　你的行为可以使贞节蒙污，使美德得到了伪善的名称；从纯洁的恋情的额上取下娇艳的蔷薇，替它盖上一个烙印；使婚姻的盟约变成博徒的誓言一样虚伪；啊！这样一种行为，简直使盟约成为一个没有灵魂的躯壳，神圣的婚礼变成一串谵妄的狂言；苍天的脸上也为它带上羞色，大地因为痛心这样的行为，也罩上满面的愁容，好像世界末日就要到来一般。

王　后　唉！究竟是什么极恶重罪，你把它说得这样惊人呢？

哈姆雷特　瞧这一幅图画，再瞧这一幅；这是两个兄弟的肖像。你看这一个的相貌多么高雅优美：太阳神的鬈发，天神的前额，像战神一样威风凛凛的眼睛，他降落在高吻穹苍的山巅的神使一样矫健的姿态；这一个完善卓越的仪表，真像每一个天神都曾在那上面打下印记，向世间证明这是一个男子的典型。这是你从前的丈夫。现在你再看这一个：这是你现在的丈夫，像一株霉烂的禾穗，损害了他的健硕的兄弟。你有眼睛吗？你甘心离开这一座大好的高山，靠着这荒野生活吗？嘿！你有眼睛吗？你不能说那是爱情，因为在你的年纪，热情已经冷淡下来，变驯服了，肯听从理智的判断；什么理智愿意从这么高的地方，降落到这么低的所在呢？知觉你当然是有的，否则你就不会有行动；可是你那知觉也一定已经麻木了；因为就是疯人也不会犯那样的错误，无论怎样丧心病狂，总不会连这样悬殊的差异都分辨不出来。那么是什么魔鬼蒙住了你的眼睛，把你这样欺骗呢？有眼睛而没有触觉、有触觉而没有视觉、有耳朵而没有眼或手、只有嗅觉而别的什么都没有，甚至只剩下一种官觉还出了毛病，也不会糊涂到你这步田地。羞啊！你不觉得惭愧吗？要是地狱中的孽火可以在一个中年妇人的骨髓里煽起了蠢动，那么在青春的烈焰中，让贞操像蜡一样融化了吧。当无法阻遏的情欲大举进攻的时候，用不着喊什么羞耻了，因为霜雪都会自动燃烧，理智都会做情欲的奴隶呢。

王　后　啊，哈姆雷特！不要说下去了！你使我的眼睛看进了我自己灵魂的深处，看见我灵魂里那些洗拭不去的黑色的污点。

哈姆雷特　嘿，生活在汗臭垢腻的眠床上，让淫邪熏没了心窍，在污秽的猪圈里调情弄爱——

王　后　啊，不要再对我说下去了！这些话像刀子一样戳进我的耳朵里；不要说下去了，亲爱的哈姆雷特！

哈姆雷特　一个杀人犯、一个恶徒、一个不及你前夫二百分之一的庸奴、一个冒充国王的丑角、一个盗国窃位的扒手，从架子上偷下那顶珍贵的王冠，塞在自己的腰包里！

王　后　别说了！

哈姆雷特　一个下流褴褛的国王——

鬼魂上。

哈姆雷特　天上的神明啊，救救我，用你们的翅膀覆盖我的头顶！——陛下英灵不昧，有什么见教？

王　后　哎哟，他疯了！

哈姆雷特　您不是来责备您的儿子不该消磨时间和热情，把您煌煌的命令搁在一旁，耽误了应该做的大事吗？啊，说吧！

鬼　魂　不要忘记。我现在是来磨砺你的快要蹉跎下去的决心。可是瞧！你的母亲那副惊愕的表情。啊，快去安慰安慰她的正在交战中的灵魂吧！最柔弱的人最容易受幻想的激动。去对她说话，哈姆雷特。

哈姆雷特 您怎么啦，母亲？

王　　后 唉！你怎么啦？为什么你把眼睛睁视着虚无，向空中喃喃说话？你的眼睛里射出狂乱的神情；像熟睡的兵士突然听到警号一般，你的整齐的头发一根根都像有了生命似的竖立起来。啊，好儿子！在你的疯狂的热焰上，浇洒一些清凉的镇静吧！你瞧什么？

哈姆雷特 他，他！您瞧，他的脸色多么惨淡！看见了他这一种形状，要是再知道他所负的沉冤，即使石块也会感动的。——不要瞧着我，免得你那种可怜的神气反会妨碍我的冷酷的决心；也许我会因此而失去勇气，让挥泪代替了流血。

王　　后 你这番话是对谁说的？

哈姆雷特 您没有看见什么吗？

王　　后 什么也没有；要是有什么东西在那边，我不会看不见的。

哈姆雷特 您也没有听见什么吗？

王　　后 不，除了我们两人的说话以外，我什么也没有听见。

哈姆雷特 啊，您瞧！瞧，它悄悄地去了！我的父亲，穿着他生前所穿的衣服！瞧！他就在这一刻，从门口走出去了！(鬼魂下。)

王　　后 这是你脑中虚构的意象；一个人在心神恍惚之中，最容易发生这种幻妄的错觉。

哈姆雷特 心神恍惚！我的脉搏跟您的一样，在按照正常的节奏跳动哩。我所说的并不是疯话；要是您不信，不妨试试，我可以把话一字不漏地复述一遍，一个疯人是不会记忆得那样清楚的。母亲，为了上帝的慈悲，不要自己安慰自己，以为我这一番说话，只是出于疯狂，不是真的对您的过失而发；那样的思想不过是骗人的油膏，只能使您溃烂的良心上结起一层薄膜，那内部的毒疮却在底下愈长愈大。向上天承认您的罪恶吧，忏悔过去，警戒未来；不要把肥料浇在莠草上，使它们格外蔓延起来。原谅我这一番正义的劝告；因为在这种万恶的时世，正义必须向罪恶乞恕，它必须俯首屈膝，要求人家接纳他的善意的箴规。

王　　后 啊，哈姆雷特！你把我的心劈为两半了！

哈姆雷特 啊！把那坏的一半丢掉，保留那另外的一半，让您的灵魂清净一些。晚安！可是不要上我叔父的床；即使您已经失节，也得勉力学做一个贞节妇人的样子。习惯虽然是一个可以使人失去羞耻的魔鬼，但是它也可以做一个天使，对于勉力为善的人，它会用潜移默化的手段，使他弃恶从善。您要是今天晚上自加抑制，下一次就会觉得这一种自制的功夫并不怎样为难，慢慢地就可以习以为常了；因为习惯简直有一种改变气质的神奇的力量，它可以制服魔鬼，并且把他从人们心里驱逐出去。让我再向您道一次晚安；当您希望得到上天祝福的时候，我将求您祝福我。至于这一位老人家，(指波洛涅斯)我很后悔自己一时鲁莽把他杀死；可是这是上天的意思，要借着他的死惩罚我，同时借着我的手惩罚他，使我成为代天行刑的凶器和使者。我现在先去把他的尸体安顿好了，再来承担这个杀人的过咎。晚安！为了顾全母子的恩慈，我不得不忍情暴戾；不幸已经开始，更大的灾祸还在接踵而至。再有一句话，母亲。

王　　后　我应当怎么做？

哈姆雷特　我不能禁止您不再让那肥猪似的僭王引诱您和他同床，让他拧您的脸，叫您做他的小耗子；我也不能禁止您因为他给了您一两个恶臭的吻，或是用他万恶的手指抚摩您的颈项，就把您所知道的事情一起说了出来，告诉他我实在是装疯，不是真疯。您应该让他知道的；因为哪一个美貌聪明懂事的王后，愿意隐藏着这样重大的消息，不去告诉一只蛤蟆、一只蝙蝠、一只老雄猫知道呢？不，虽然理性警告您保守秘密，您尽管学那寓言中的猴子，因为受了好奇心的驱使，到屋顶上去开了笼门，把鸟儿放走，自己钻进笼里去，结果连笼子一起掉下来跌死吧。

王　　后　你放心吧，要是言语来自呼吸，呼吸来自生命，只要我一息犹存，就决不会让我的呼吸泄漏了你对我所说的话。

哈姆雷特　我必须到英国去；您知道吗？

王　　后　唉！我忘了；这事情已经这样决定了。

哈姆雷特　公文已经封好，打算交给我那两个同学带去，对这两个家伙我要像对待两条咬人的毒蛇一样随时提防；他们将要做我的先驱，引导我钻进什么圈套里去。我倒要瞧瞧他们的能耐。开炮的要是给炮轰了，也是一件好玩的事；他们会埋地雷，我要比他们埋得更深，把他们轰到月亮里去。啊！用诡计对付诡计，不是顶有趣的吗？这家伙一死，多半会提早了我的行期；让我把这尸体拖到隔壁去。母亲，晚安！这一位大臣生前是个愚蠢饶舌的家伙，现在却变成非常谨严庄重的人了。来，老先生，该是收场的时候了。晚安，母亲！(各下。哈姆雷特曳波洛涅斯尸入内。)

【简析】

《哈姆雷特》既是莎士比亚戏剧艺术成熟的标志，也是莎士比亚人文主义思想的集中体现。剧作描述了丹麦王子哈姆雷特对谋杀他的父亲、骗娶他的母亲并篡夺了王位的叔父进行复仇的故事。作者通过描写哈姆雷特与现实之间的不可调和的矛盾，他在复仇过程中的犹豫彷徨、忧伤苦闷，及其惨遭失败的悲剧结局，深刻地反映了人文主义者要求冲破封建势力束缚的强烈愿望，揭示出英国早期资产阶级的局限性。而正是哈姆雷特的这种人文主义理想与现实的不可调和的矛盾，导致了他人生悲剧的必然。

情节的生动性和丰富性是莎士比亚戏剧的一大主要特色，他的戏剧常常包含几条平行的或者交错的情节。《哈姆雷特》一剧中有三条复仇的情节交织在一起，而以哈姆雷特为父复仇为主线，以雷欧提斯和福丁布拉斯为副线的三条线相互联系，又彼此衬托。在复仇情节之外，剧中写了哈姆雷特和奥菲利娅之间不幸的爱情；写了哈姆雷特和霍拉旭之间真诚的友谊以及罗森格兰兹、吉尔登斯吞对哈姆雷特的友谊的背叛；还写了御前大臣波洛涅斯一家父子兄妹之间的关系。这些线索起着充实、推动主要情节的作用。

人物的个性化塑造是莎士比亚有划时代意义的艺术成就。本剧中尽管人物众多，但各具性格特点。哈姆雷特和克劳狄斯不仅在政治上和思想上是对立的，性格也形成对比，一个是内向性的，一个是外向性的；哈姆雷特和奥菲利娅也成对比，一个佯狂，一个真疯。哈姆雷特、雷欧提斯和福丁布拉斯三个贵族青年都有为父复仇的心事，而性格各异，做法各不相同。雷欧提斯为报私仇，利用民众对王室的不满，登高一呼，群众像怒潮一般涌向王宫。他只问目的，不择手段，也不顾后果，只有个人的恩怨，缺乏扭转乾坤的大志，同哈姆雷特相比，就显得简单鲁莽。福丁布拉斯，原定兴兵复仇，夺回老王失去的国土，在个人私仇上似乎也加上了一点国家兴亡的色彩，但却禁不住叔王的一顿训斥，放弃了复仇的打算。相比之下，显然没有哈姆雷特意志坚定。哈姆雷特性格的特点是忧郁，但不是一成不变。他起初本是无忧无虑、抱负非凡的时代新青年，遭到惨变之后便陷入忧郁，最后从忧郁中解脱出来，成了决断快行的豪爽性格。因此，他在不同时期有不同的个性。奥菲利娅是个天真柔顺的女子，受人文主义者哈姆雷特的影响，有开通的思想，喜爱读书，喜爱民间文艺，也明白一些国家大事。但她和莎士比亚其他悲喜剧中的新女性都不一样：既不像《奥赛罗》中苔丝德蒙娜样痴情，甘受冤枉，至死无悔；也不像《李尔王》中的考狄利娅那样绝口不说半句阿谀的话；还不像《威尼斯商人》中的鲍西娅那样有谋略，参与法庭的斗争；更不像《麦克白》中麦克白夫人那样野心、残忍。总之，莎士比亚创造的人物很多，都有其不同的个性。

语言的丰富感染力，也是莎士比亚戏剧动人的力量所在。《哈姆雷特》一剧主要用无韵诗体写成，又结合了散文、有韵诗句和抒情歌谣等，不同的文体在剧中起着不同的作用。莎士比亚按照人物的身份与处境的不同而使用不同的语言，文雅或粗俗，哲理或抒情，都是为了更有助于表现人物性格和形象。同是一个哈姆雷特，装疯时的语言与平时的也各不同。丰富的语言无疑增强了作品的魅力。

【思考与练习】

1. 《哈姆雷特》中，作者是从哪些方面来刻画哈姆雷特人文主义者的形象特征的？

2. 品味戏剧丰富多彩而个性化的艺术语言，通过语言品评文中主要人物形象。

莎士比亚与《哈姆雷特》

第五章　影视文学的阅读与鉴赏

一、影视文学概述

影视艺术是一种综合艺术，它综合运用文学、绘画、音乐、舞蹈、建筑、雕塑、戏剧等各种艺术形式，用运动着的画面和声音讲述已做了专门安排的故事。

影视文学指作者创作的供拍摄用的文学剧本。影视文学作者将日常生活中一些可视、可听的场景，进行提炼、加工、剪裁，组接成一个个生动精彩的生活段落，用简洁流畅的文字作出叙述和说明，既能给导演、演员、美术、剪辑、服装、化妆、道具、照明等影视制作人员做蓝本，又能供广大影视爱好者阅读。它的创作有的是从生活中直接取材编写，有的则是对其他文艺作品改编。

影视艺术是现代科学技术和现代生活方式发展到一定阶段的综合艺术。20世纪以来，影视从无声到有声，从黑白到彩色，从平面到立体，从宽银幕到全息，从模拟化到数字化，它伴随着物理学、化学、光学、电子学等科学技术的进步而进步，成为了一种改变人类的生活方式和审美方式、当今世界影响最大、受众最多的艺术门类之一。影视文学也随之日益繁荣。

(一) 影视文学的特征

影视艺术的独特形式，决定了影视文学具有综合性、运动性、蒙太奇和视像性等艺术特征。

1. 综合性

影视文学虽然是作者在平面上的写作，但在构建它的内容时是综合、立体的，声音、光线、道具等影视因素都要统一纳入剧本之中。

剧本中涉及的声音要素除了现实环境中的一切音响外，还包括对白、旁白(独白)和音乐(包括电影的主题曲)等，这些声音要素是渲染和烘托气氛的重要手段，能够成为影片的节奏基础，升华和强化影片的主题情感。有时候，银幕上的“无声”或“静音”状态也能起到强化造型的作用，达到“此时无声胜有声”的效果。比如《钢铁是怎样炼成的》中表现保尔·柯察金陷入生存危机，想自杀而未成功以后，面临重大的人生抉择的一个镜头：保尔寻访旧地，渐渐地恢复了生活的信心。此时，他推开一道门，黑暗中门轰然倒地，光明与黑暗形成强烈的对峙。长时间的“无声”状态恰到好处地表现了保尔所经受的艰难人生抉择和痛苦的思想斗争。

一个剧本是否成功的一个重要衡量标准是声音和画面是否得到了很好的结合，听觉因素与视觉因素是否融合成为有机的整体。除此之外，光线的使用、道具的布置等影视因素也会影响影视作品的艺术效果。

2. 运动性

影视作品的最小结构单位是影视镜头。影视镜头是摄影机或摄像机从开拍到停止所拍下的全部影像。一部影视作品一般由几百个到几千个影视镜头组合、剪辑而成。美国经典影片《魂断蓝桥》有59个镜头，国产影片《天云山传奇》有951个镜头。

影视镜头的内容是一个活动的画面。在镜头中，拍摄对象在运动，摄影机自身也在运动。拍摄对象的运动，使影视表现对象能呈现直观的形象和变化的过程。摄影机的运动，能使摄影机迫近人物，利用特写、近景镜头，把演员的言行和神态做放大处理，把演员微妙细致的情绪和动作生动、直观地记录下来。影视镜头的这种运动性产生了强大的视觉形象感染力，使影视文学具有独特的艺术魅力。

影视镜头的活动画面同时结合着声音，这是构成影视镜头艺术表现力和反映生活的逼真性的特殊手段。活动画面的声音有三种：对话、音乐和音响效果。声音可以和画面上的内容同步对位，也可以和画面内容相互分离。同步对位使人物言行更完整、清晰地展示出来；而画面与声音的相互分离将增大镜头画面的信息含量，产生特殊的艺术审美效果，给人一种言已尽，意无穷的体验。

3. 蒙太奇

蒙太奇是音译外来词，其来源词的本义是构成、装配，在影视语言中指剪辑和组合，也就是狭义上所指的画面、声音、色彩等诸多元素的编排组合。影视文学作者写出完整的影视文学剧本，导演或编剧据此写出分镜头剧本，一个个长短不一的镜头按照原来的创作构思有机组合起来，镜头与镜头之间产生连贯、呼应、悬念、对比、暗示等作用，形成各有组织的片段、情节直至一部完整作品，这就是影视制作中的蒙太奇方式。蒙太奇是影视艺术得以生存、发展的特殊、神奇的艺术方式，是影视艺术独特的艺术特征。

4. 视像性

影视文学要求具有视像性。在影视文学的剧本中，必须尽量使抽象的文字信息，转化为具象的图像信息，使文本具有很强的视觉效果和画面感。无论是情节发展、人物塑造还是环境展示，在影视文学之中都要避免使用冗长的对话和说明语言，能用图像显示的，尽量不使用语言。直观的画面是影视文学具备的重要特征之一。

(二) 影视文学的鉴赏

影视文学阅读不是一个简单的阅读过程，而是伴随着复杂心理活动和情感活动的审美再创造过程，它是读者与作品之间的情感对话。

影视文学的阅读过程与作品的层次相对应，是一个由浅入深、由表及里的过程。一般来说来，读者可以从以下几个方面来阅读和欣赏影视文学作品。

1. 根据作品类型阅读

影视文学作品类型不同，对其进行阅读的操作原则也就不同。

写实主义影视文学作品的阅读，基本的操作原则和程序是：检验作品中的一切构成要素，看是否符合生活的真实；对于作品中人物的性格、行为、思想表现，看其是否符合现实生活中人们的原生态真相；考察作品的环境与时代背景是否有现实的具体性和准确性，是否足以成为任务表现的客观现实依据；从作品的情节和场面分析其所蕴涵的思想内涵，结合自身的生活经验与认识加以印证、辨识和评判。

浪漫主义影视文学作品多带有游戏或幻想的性质，阅读时则不应使用生活真实的标准去要求它；作品的思想倾向往往带有传统的印记，所以也不必要求它有“现代观念”；作品本身是封闭的、单一实体的，也不必刻意从其影像或影视形象的具体表现中去附会抽象的内涵。

表现主义影视文学作品有其鲜明的艺术特征，比如重主观轻客观、重理性轻感性、重本质轻现象、重精神轻表象、重抽象轻具体、重整体轻局部、重宏观轻微观、重形式轻内容等，在阅读时要清晰地意识到它的这些特征，并作为自己实施鉴赏时的重要参照依据。还要注意从作品本身的创作原则出发，不用单纯的生活真实和艺术真实观念作为基本标准来衡量这类作品，不要求作品具有具体的、符合逻辑的、存在因果链条的真实性。应当肯定作品在思想观念和艺术表现上的创新性与进步性，接受作品对生活与艺术现实的适度超越，看到或预见到作品的实验与探索对社会生活和艺术发展的深远影响。

2. 深入领会作品主题

影视文学作品的价值取决于它的主题，所以阅读时深入作品，领会作品的主题是非常重要的环节。

影视文学作品的主题一般在剧情高潮或结尾处出现，且一般采用蒙太奇中的隐喻性手法或对比性手法来表达。如日本影片《望乡》的结尾，当女记者来到被日本政府榨干血肉、老死异国的“南洋姐”们的坟地时，剧本中设置了一个坟墓碑“背乡”而立的场景。她们卖身异地，苦苦思乡又自觉无颜回乡，这个蒙太奇手法寄寓了作品强烈而冷峻的主题，揭露了日本军国主义给人们带来的巨大创痛！

3. 鉴赏作品中的主要人物

人物是影视文学艺术创作的核心，也是作品主题的艺术载体。一部优秀的影视文学作品，必定有一个或几个血肉饱满的人物形象，这是读者阅读、鉴赏作品时的重点内容。一般来说，鉴赏影视文学中的人物形象从人物出场和人物言行两方面入手。

(1) 人物出场。影视文学中主要人物的登场亮相非常重要，人物出场可分为“冲突型”“铺垫型”“烘托型”等类型。

“冲突型”亮相，可以迅速展开性格冲突，吸引读者的注意力，创造强烈而令人震撼的艺术魅力。如电视剧本《水浒传》中的武松景阳冈打虎，一开始就设计了武松与店家喝酒、上冈等一系列冲突，激发了读者对武松这个人物的兴趣，吸引读者继续读下去，了解情节的发展与人物命运的起伏变化情况。

“铺垫型”亮相一般精心设计层次与过程，层层点染，造足声势，让读者未见其人，先闻其声，一闻其声，想见其人。比如电视剧本《红楼梦》中的王熙凤出场，先是笑语让林黛玉惊讶于其放诞无礼，接着是王熙凤装扮的形象描绘，然后是贾母的介绍，但最精彩的是王熙凤自己的种种“表演”，经过一层一层的点染之后，一个活生生的人物跃然纸上。

“烘托型”也称“对比型”，指人物出现时，虽无冲突，但有性格、角色的对比烘托，如电视剧本《水浒传》中的林冲与鲁智深，一个儒雅而勇武内敛，一个粗豪而勇力外现，两个人先后亮相，因鲁智深在野猪林救助林冲而命运交错在一起。这样的内容能够立即抓住读者的心理，让读者既欣赏他们的义气与友情，又为他们的命运担忧。

(2) 人物言行。影视文学中人物的语言具有个性化、动作化的特征。阅读、品味作品通过特定情境表现出来的人物语言，读者不但可以领略到作品塑造人物性格的艺术美，欣赏人物内心活动，甚至可以把握剧情发展的节奏。至于人物动作的阅读与欣赏，可以从人物外部动作和心理动作两方面入手。如电视剧本《水浒传》中鲁智深倒拔垂杨柳一场戏，人物豪气干云的心理状态与“力拔山兮气盖世”的外部勇力达到了一致，人物性格非常鲜明，给人的印象特别深刻。

4. 熟悉影视语言，了解蒙太奇手法的运用

蒙太奇作为影视艺术的特殊语言，是影视艺术区别于其他艺术形式的最主要手段，是影视艺术存在的基础。蒙太奇手法的运用，就是将一个个小的镜头组成一个片段；然后再把一个个片段连接起来，形成大的段落部分；最后再将这些段落部分组合，形成一部影视文学作品。它顺应读者生活及其视觉上的逻辑，还符合读者感性和理性的逻辑，让影视文学作品读起来充满节奏感，让读者感到新奇而合理。了解蒙太奇手法的特点与运用方法，阅读影视文学作品时可以更好地了解作品所创造的艺术内容。

5. 品味作品中的景物、道具

景物与道具直接或间接为刻画人物性格服务，在影视文学作品中常常发挥着无可替代的作用，可谓是不会说话的演员。

品味作品中出现的景物，要注意它们在表达影视文学作品的时间、地点、时代、风俗、人物、氛围方面的独特艺术价值。具体来说，可以利用景物的状态变化来预示事件的发展方向，比如大决战三部影片开头，大碾子的滚动，玉米被碾成粉，预示着人民大军将以不可阻挡的趋势消灭蒋介石反动派；春天来临，冰河解冻，寓意蒋介石这块厚冰将在人民的力量下彻底瓦解。

总之，影视文学融合了文学与电影两种不同类型的艺术门类彼此的优长之势，既有“读”的优长，又有“看”的优长，既可作用于欣赏者的视觉，又可作用于欣赏者的听觉。这是其他传统文学样式所不具备的，所以，在鉴赏影视文学作品的时候，应该尽可能地全面。

二、经典文本赏析

(一) 霸王别姬(节选)

李碧华

【题解】

电影《霸王别姬》改编自李碧华的同名小说，由陈凯歌执导，李碧华、芦苇编剧，张国荣、巩俐、张丰毅等主演。

影片围绕两位京剧艺人半个世纪的悲欢离合，展现了创作者对传统文化、人的生存状态及人性的思考与领悟。1993年该片上映，此后在世界多个国家和地区公映。

1993年该片荣获法国戛纳国际电影节最高奖项金棕榈大奖，成为首部获此殊荣的中国影片；此外这部电影还获得了美国金球奖最佳外语片奖、国际影评人联盟大奖等多项国际大奖，并且是唯一一部同时获得戛纳国际电影节金棕榈大奖、美国金球奖最佳外语片的华语电影。1994年张国荣凭借此片获得第4届中国电影表演艺术学会特别贡献奖。2005年《霸王别姬》入选美国《时代》周刊评出的“全球史上百部最佳电影”。

全剧有158个分镜头剧本，本节选自第25～28节剧本。

25. 训练场日内

小豆子跪在蒲团上，背后摆着佛像。

众娃站在外边，班主拿着烟杆：《霸王别姬》讲的是楚汉相争的故事，楚霸王，何许人也？那是天下无敌的盖世英雄。横扫千军的勇将猛帅。可老天偏偏不成全他。在垓下中了汉军的十面埋伏，让刘邦给困死了。那天晚上刮着大风。刘邦的兵唱了一宿的楚歌。楚国的人马一听，以为刘邦得了楚地，都慌了神了，跑光了。听得霸王也掉下泪来。人纵有万般能耐，可也敌不过天命啊！那霸王风云一世，临到头……就剩下一个女人和一匹马还跟着他！霸王让乌骓马逃命，乌骓马不去。让虞姬走人，虞姬不肯，那虞姬最后一次为霸王斟酒，最后一回为霸王舞剑。尔后拔剑自刎，从一而终啊！

班主坐在椅子上，众娃站在身后。

班主：讲这出戏，是里边有个唱戏和做人的道理。人得自个儿成全自个儿。

小豆子还跪着，自己给了自己一个又一个的嘴巴子。

26. 河边外

众娃站在岸边，面对着河，人人插着腰，吊着嗓子。岸边的草很是茂盛，都有人个儿高，河里都是荷叶，隐约间还有几朵荷花。

27. 训练场日内

一群娃子穿着行头，在演练着武行的套路。

28. 大院日外

戏班的人都围着一位戴着眼镜、穿着黑马甲的那坤。

班主在侧旁陪着：张宅上把订戏的差委了您……那您就是我们喜福成的衣食父母。您抬举抬举呢，孩子们年下就穿上新衣裳了。

那坤捋捋头发：衣裳好穿，戏活难做！张公公那是当年陪太后老佛爷听过戏的主儿……糊弄得了吗？敢吗？玩意儿要是不灵，衣裳……砸了我的脸面没什么，像您这样的，能给您囚起来。

班主在一旁陪着小心：喳，喳。

那坤看着站在花台上的小豆子：这孩子有点意思。嗯，学几年戏啦？

班主：小豆子，快，快过来，给那爷请安。

小豆子绕了点路，来到那坤面前，行了个万福礼。

那坤上下打量了下：身段还不错，有点昆腔儿的底儿没有啊？

班主：学了两出。

那坤在廊子上坐了下：男怕《夜奔》，女怕《思凡》，那就来段《思凡》吧！

小豆子：小尼姑年方二八，正青春被师父削去了头发……我本是男儿郎，又不是女娇娥，为何……

那坤站起身，错过小豆子的身子就走。

班主在后面追：那爷，那爷，实在对不住您了！这孩子不太平常！

那坤：关爷，改日再见。

小石头在路边走了出来，一手抄住小豆子衣襟：谁叫你回来啦？我叫你错，我叫你错！

小石头揪住小豆子，把他往一椅子上一推，手里拿着一挺烟杆对着小豆子：张嘴，张嘴，张嘴！

小豆子张嘴，小石头把烟杆插进小豆子嘴里，搅：错！错呀你！我叫你错，我叫你错，错……

小石头把烟杆从小豆子嘴里抽出，然后往边上一扔：来！

边上人扔过一把大刀。

众人上演武行套路。

那坤就站在边上，愣愣的看着。班主，在边上笑。

小豆子也愣愣的看着，嘴角有血流下。

小豆子：我本是……我本是女娇娥，又不是……

小豆子从椅子上站起，向前走：小尼姑年方二八，正青春被师父削去了头发……我本是女娇娥，又不是男儿郎……为何腰系黄带，身穿直裰……见人家夫妻们洒落……一对对着锦穿罗，不由人心急似火……奴把袈裟扯破！

【简析】

电影《霸王别姬》主题是围绕京剧的戏班子徐徐展开，主人公程蝶衣和段小楼在中国历史变迁的大背景下上演了一出慷慨悲壮的人生大戏。

影片中的每个场景、每个画面都是中国社会和文化的真实写照，导演巧妙地将文化与人物的生存环境紧密联系起来。在影片中，我们可以看到不同历史阶段的时代风貌：街市、四合院、古老的城墙、传统的小吃、鸟笼、蛐蛐罐儿……这些中国独特的人文景观被恰如其分地运用到影片之中，就连胡同中的各种吆喝声都被渲染得充满了生活的气息，当然，片中的京剧更是不可或缺的一大文化亮点。《霸王别姬》的对白很精炼，最大的特点是很有京味，把京剧的京腔味表露得一览无余。人物对白简短但很倾注感情，譬如台词“要想人前显贵，您必得人后受罪”(梨园里师傅对刚入喜福成科班的小豆子的训话)，对白在一定程度也交代了人物以后的命运发展。正是这些诸多表现元素反映了中国古老的文化底蕴，对中国的古老文化是一个很好的展现。

节选部分讲述那坤来挑人，小豆子虽然初露头角，但唱《思凡》时仍是唱错。这一错误对青春期的男生是正常的。但小石头惩罚了他，那之后小豆子终于“唱对了”。小石头的教训有规训和保护的双重性质，疼痛，但为了避免更严厉的处罚。这也模糊了小豆子心中情感和受戒的边界。“由唱错到唱对”，唱戏成为了小豆子情感的实现方式和载体。同时也塑造了程蝶衣倔强的人物性格，为后面人戏合一的忘我境界和悲惨命运做好铺垫。

《霸王别姬》迷失与寻找的悲剧人生

【思考与练习】

1. 影片《霸王别姬》艺术上的成功体现在哪些方面？你认为中国电影创作在哪些方面还能有所创新和突破？

2. 阅读小说《霸王别姬》，指出小说与电影的不同。

(二) 阿甘正传(节选)

[美国] 埃·罗斯

【题解】

电影《阿甘正传》，英文名《Forrest Gump》，根据美国作家温斯顿·格鲁姆的同名小说改编而成。本片由罗伯特·泽米吉斯导演，由美国剧作家埃·罗斯编剧，1994 年上映，名列当年全美十大票房影片榜首，1995 年获得第 67 届奥斯卡金像奖最佳影片、最佳男主角、最佳导演、最佳改编剧本、最佳电影剪辑、最佳视觉效果 6 项金奖。在好莱坞编剧协会评出的 101 部最佳电影剧本中《阿甘正传》剧本排名第 89 位，编剧埃·罗斯也荣获美国编剧工会终身成就奖。

影片的背景是二战后的美国，此时它的政治经济发展不平衡，就像腿脚蹒跚的阿甘，走得磕磕碰碰。曾经震惊美国人的一系列重大政治、文化事件都发生在这一段时间中，从种族歧视到反种族隔离，从摇滚音乐到特立独行的嬉皮士，从追求爱与和平到吸毒和性解放，从几任总统被刺杀到水门事件的政府丑闻，从越南战争到反战运动、民权运动，中美建交，人类登月，妇女解放，等等。这是美国二战以来最为深刻严肃的历史时期，也是最特别的一个时期。在这种背景下，每个人都在追寻，就像影片开头和结尾出现的那片羽毛，尽管轻，尽管有点儿身不由己，却都有自己的轨迹。

本文节选了剧本开头与结束部分描述阿甘奔跑部分的内容。

内景，汽车，早上，1954 年

小福雷斯特还站在汽车的过道上——

福雷斯特(画外)：……最美妙的声音。

女孩：如果你愿意的话可以坐在这儿。

福雷斯特回头看着詹妮·柯伦，一个与福雷斯特年龄相仿的小女孩。

福雷斯特(画外)：她是我生平见过的最美的人，就像一个天使。

詹妮：噢，你想不想坐？

福雷斯特坐在了詹妮旁边。

詹妮：你的腿怎么了？

福雷斯特：嗯，没什么，谢谢。我的腿很好，好极了。

福雷斯特(画外)：我和她并排坐在校车里，我们聊了一路。

詹妮：那你为什么穿这样的鞋。

福雷斯特：妈妈说我的背弯得像个问号。它们能把我变得像箭一样直。这是我的魔鞋。

福雷斯特(画外)：除了妈妈，从来没人和我说话，问我问题。

詹妮：你是不是有点蠢，还是怎么的？

福雷斯特：妈妈说做蠢事的才是蠢人。

詹妮向福雷斯特伸出手，福雷斯特也伸出手同她握了手。

詹妮：我叫詹妮。

福雷斯特：我叫福雷斯特，福雷斯特·甘。

福雷斯特(画外)：从那天起，詹妮和我总在一起，我们形影不离。

外景，大橡树，白天

小詹妮和福雷斯特向一棵大橡树跑去。

福雷斯特(画外)：她教我怎么爬树……

詹妮坐在一根粗壮的树干上，叫树下的福雷斯特——

詹妮：上来，福雷斯特，你能行。

福雷斯特在树干上悬荡着。

福雷斯特(画外)：……我教她怎么在树杈上悠荡。

詹妮和福雷斯特坐在树杈上看书——

福雷斯特：“一只可爱的小猴子和……”

福雷斯特(画外)：她教我读书。

福雷斯特用腿架挂在树上身体倒挂下来，前后摆动。

福雷斯特(画外)：我教她倒挂……

夜，大橡树，詹妮和福雷斯特坐在树上的剪影

福雷斯特(画外)：有时我们只是坐在那儿，等着看星星。

福雷斯特：妈妈可能会担心我的。

詹妮把手放在福雷斯特的手上——

詹妮：再待一会儿。

福雷斯特(画外)：不知为什么， 詹妮总是不愿回家。

福雷斯特：好吧，詹妮，我再待一会儿。

福雷斯特(画外)：她是我最特别的朋友。

外景，萨凡纳，汽车站，白天

福雷斯特一边回忆，一边点头——

福雷斯特：我唯一的朋友。

福雷斯特继续给那位黑人护士讲着。

她看着杂志，好像并没有在听。

接着她抬起头，不再看杂志。

福雷斯特：嗯，妈妈总说每天都有奇迹发生。有人不信，不过确有其事。

外景，橡树小巷，1954年的一天

詹妮和福雷斯特一起走着。一个土块打在福雷斯特的后脑勺上。福雷斯特摸了摸脑袋，詹妮看过去，三个小男孩下了自行车，正在捡更多的土块。

男孩甲：嗨……蠢货！

福雷斯特的眼睛被另一块土块击中，摔倒在地，那些男孩盯着他。

男孩乙：你是迟钝，还是傻子？

福雷斯特：我是福雷斯特·甘

詹妮把福雷斯特扶起来，男孩甲和男孩乙继续向福雷斯特扔土块。

詹妮：快跑，福雷斯特。

又一块土块打中了福雷斯特的胳臂。

詹妮：跑，福雷斯特！

福雷斯特想跑起来，但他的腿架限制他没法跑动。他摇摇晃晃地往前移动着，詹妮在他背后大声喊……

詹妮：快跑，快！

男孩甲和男孩乙向自己的自行车跑去。

男孩乙：上车！

男孩丙：快！

男孩们骑上自行车，猛追福雷斯特。

男孩丙：抓住他，快点！

男孩乙：当心，蠢货，我们来了！

男孩们继续追赶福雷斯特，詹妮站在那儿看着这一切。

男孩乙：我们就要抓住你了！

詹妮：跑，福雷斯特，快跑！

福雷斯特在土路上摇摇晃晃地“跑”着。

詹妮：快跑，福雷斯特！

福雷斯特回头看了一眼，三个男孩骑着自行车使劲追。

男孩甲：你给我回来！

虽然带着腿架，可是福雷斯特跑得快了。他不停地跑，那些男孩不停地追。他头上的伤口滴出血来。骑车的男孩们离福雷斯特越来越近了。他仍然有些摇摆，但是速度越来越快。

詹妮：跑，福雷斯特！快跑！

慢镜头——他害怕地回头看了一眼。骑车的男孩越蹬越快，十分接近福雷斯特。福雷斯特尽力要跑得更快，不想让他们抓住。突然间，他的腿架裂开了，钢架和塑料四处飞散。福雷斯特边跑边低头看着自己的腿，他非常惊讶。支架和铁皮从他的腿上脱落，他继续跑着。福雷斯特彻底挣脱了腿架的束缚，开始加速。追赶福雷斯特的男孩们从脱落下来的碎片上骑过去。

福雷斯特(画外)：嗯，我说了可能你也不信。

外景，萨凡纳，等车椅，白天

福雷斯特：但是我跑起来就像风一样。

那个黑人护士继续看着杂志。福雷斯特沉浸在回忆当中，脸上露出笑容。

福雷斯特：从那天起，不管去哪儿，我都跑着去！

外景，橡树小巷，白天，1954年

福雷斯特以冲刺的速度摆脱了那些男孩子。他们不再追了，疑惑地望着福雷斯特。他已经跑到了小路的尽头，远离了追他的男孩们。

男孩乙：他快跑掉了，快截住他！

男孩甲沮丧地将车摔在地上。福雷斯特穿过一片田地。

外景，乡村小路

福雷斯特跑过一队穿着监狱制服、被铁链拴在一起的囚犯。他们正在割路边的芦苇。

外景，绿茵县

福雷斯特跑过大街。理发店前仍坐着那两个老头。

老头：那个傻孩子可能是个长跑迷。

……

外景，前廊，白天

福雷斯特坐在摇椅上，脚上穿着那双跑鞋。他一动不动地坐着，神情恍惚。他缓慢地带上他的“巴伯—甘”帽，站起来，走出前廊，开始在草坪上慢跑。他越跑越远，速度也随之加快，从家跑到了马路上。

福雷斯特(画外)：那天，没什么特别的原因，我决定出去小跑一下。

福雷斯特跑到了马路的尽头，向右转沿着高速公路接着跑。

福雷斯特(画外)：我跑到了路的尽头，等我跑到那儿，我想没准儿我能跑到小城的尽头。

内景，理发店，白天

三个人坐着看电视。福雷斯特在小镇的主路上跑着。

新闻播音员：卡特总统因中暑倒在保安人员的怀里。

福雷斯特(画外)：等我跑到那儿……

外景，亚拉巴马的路上

一个标志上写着：进入绿茵县。

福雷斯特(画外)：……我想或许我可以跑出绿茵县。而且我想既然已经跑了这么远，没准我能跑遍整个……

福雷斯特跑过一个路标，上面写着“密西西比欢迎你。”

福雷斯特(画外)：……亚拉巴马州。结果我真做到了，我跑完了整个亚拉巴马。

外景，汽车站，现在

福雷斯特：没有什么特别原因，我继续跑着，一直跑到了大海边。

外景，圣莫尼卡，白天

一块标牌上写着："圣莫尼卡快艇港钓鱼—赛艇运动—咖啡厅"。福雷斯特从标志下跑过去，跑到栈桥上。

福雷斯特(画外)：跑到那儿一想，既然已经跑了这么远，索性掉头接着跑。

外景，大西洋。

福雷斯特跑到了大西洋岸边的一个栈桥上。

福雷斯特(画外)：等我跑到了另一边的大海，我想既然又跑了这么远，干脆再掉头跑回去。

……

福雷斯特(画外)：我经常会想起妈妈、巴伯，还有丹中尉，不过想得最多的还是詹妮。我好想她。

外景，理发店

那三个男人在理发店里看着电视新闻。

新闻播音员：两年多的时间里，亚拉巴马州绿茵县的一名园丁福雷斯特·甘除了睡觉一直在跑，到目前为止几乎跑遍了整个美国。

内景，咖啡店

詹妮正在给一名顾客倒咖啡。

新闻播音员：查尔斯·库珀报道。

新闻记者：来自亚拉巴马州绿茵县的园丁福雷斯特·甘在他跑遍美国的行动中，今天将第四次跑过密西西比河。

电视上福雷斯特在一座桥上跑着，上面写着"密西西比河"。

詹妮：天哪，福雷斯特……

外景，密西西比桥

记者甲：先生，你为什么跑？

记者乙：是为世界和平吗？

记者丙：是为妇女权利吗？

记者丁：还是为保护环境？

福雷斯特(画外)：他们只是无法相信有人会无缘无故地这么跑。

记者乙：你为什么要这样做？

福雷斯特：我只是喜欢跑。

外景，汽车站，现在

福雷斯特：我只是喜欢跑。

外景，西部的一个小城

福雷斯特在跑步，一个年轻人跑过来。

年轻人：是你，简直不敢相信真是你。

外景，汽车站，现在

福雷斯特：不知为什么，我所做的事在别人看来好像很有意义。

外景，西部小城

那个年轻人跟着福雷斯特慢跑。

年轻人：我是说，我的脑子忽然通了，我对自己说，这个人有目标有想法，他有人生的答案。我要追随你，甘先生。

福雷斯特(画外)：这样，我有了个伴儿。

福雷斯特跑上一条山路的斜坡，一群人跟着他慢跑。

福雷斯特(画外)：之后我又有了更多的伴儿。接着……

一大群人跟着福雷斯特穿越沙漠。

福雷斯特(画外)：……然后又有更多的人加入。

……

【简析】

作品通过阿甘的故事，揭示了传统智慧的无力，表达了对平民智慧的认同与推崇。

优秀的丹中尉代表着传统的人生价值观念，认为每个人都有命中注定的责任和轨迹。但面对物欲横流、争斗不休的现代文明带来的身心伤残，“传统智慧”却束手无策，只有自暴自弃。聪明的詹妮代表着二战后对美国政治、经济、生活不满的青年，他们热情、善良，追寻着爱与和平，希望和他人有心灵的交流。但其选择的反叛、流浪的生活方式却导致了茫然和痛苦。

傻乎乎的阿甘则聆听妈妈的教诲，微笑平静地面对苦难，坚持自己的信念，坚定地生活下去，这其实是美国人在经历了 20 世纪中期沉重生活后向往的生活。人们不再轻信传统观念下的刻板道德、高尚理想，不再崇拜高大全的英雄，渐渐形成平民智慧、平民英雄、平民生活的思想观念，向往宁静、简单的生活；人们也不再反抗、偏激，以一种暴力反对另一种暴力，以一种堕落逃离另一种堕落，人们希望自己走向理智、平静，并努力使一切简单化、淳朴化。低智商的阿甘正是在这种背景下以“愚者智慧”成为普通人崇拜的“平民英雄”，简单、宽容、随和、善良、真诚、挚爱、有责任感，是他征服观众的内在魅力。

阿甘作为一个普通小人物，无意中参与了美国民权运动、越战、水门事件等重大政治事件，这些所谓的历史大事件经阿甘的眼睛就变成了过眼烟云、甚至滑稽搞笑的东西。沉重复杂的人生经他“笨拙”的头脑过滤，变得那样简单和纯净。无论遭遇多少苦难，拥有多少名利，他都能简单处之。阿甘的另一个秘诀就是执著。他认真地听取妈妈的教诲，记住她对生活的每一句解释；他痴痴地爱着詹妮，不管她发生任何变化；他面对亲人朋友的去世、爱人的远离，选择了跑步，在大自然的美景中回忆着他们。执著帮他闯过难关、长大成人，执著使他成为球星和英雄，执著给他带来财富、友谊，更使他赢得了真挚的爱情。执著不仅给他自己带来美好的生活，还使得詹妮和丹中尉感动而警醒，从痛苦和茫然中看到一些光亮。詹妮回到家乡勇敢踏实地面对生活，丹中尉重新振作，与厄运搏击，都是因阿甘的执著而来。

影片的象征手法几乎无处不在，每一个人物，每一句话，每一个镜头，每一个情节，每一段音乐，几乎都有或者明显或者含蓄的象征意义。甘夫人是坚强、聪慧的化身，是传统美德的象征。她说的每一句话几乎都带有哲理：“我也相信你把握了自己的命运，把上帝赋予你的一切都发挥出来吧。”“生活就像一盒巧克力，你永远不知道下一颗是什么味道。”善良、有理想的詹妮是叛逆、伤痛的象征。她坚持不懈的抗争和漂泊不定的艺术形象，象征着非理性的反叛传统的人生方式，体现着人类终极追求的朦胧性、不可言说性。各种有着丰富寓意的人和事都归统于阿甘的生活中，以小带大，以轻喻重，既简洁连贯，又蕴涵丰富、意味深长。

影片导演泽米吉斯以“最擅长运用特技的导演”著称。作品利用影视媒体的资料，包括旧新闻片和电影电视片，把美国 20 世纪 50 年代到 80 年代的一些大事贯穿到电影中。同时也展示了电子媒体在当代文化生活中的重要地位和作用。作品还利用旧新闻片和换人顶替的手法，把阿甘放到观众都比较熟悉的历史情境中。这些真实与虚构的嫁接画面既表现阿甘的天真、淳朴，又显示出对于历史、国家、政府、权力这些严肃概念的戏谑、不以为然，让观众不至于心情过分压抑，同时形成一种对历史的新颖奇特的审视和叙述，陌生感和新奇感给观众带来了愉悦。电影开头和结尾时的那片羽毛引发许多观众对这部影片的好感和浪漫感觉。羽毛忽而在空中、忽而在地上飘荡，利用电影特技在一个镜头中完成，不仅是一种视觉的美感，更是对整个人生的隐喻，使人在看完电影很久以后仍旧记忆犹新，回味无穷。在艺术片中巧妙运用电影特技，导演的这份聪慧为后来者提供了许多思路。

此外，影片用音乐烘托氛围，制造、推动情节，还展示故事时代背景的内涵，阐述隐喻着的一些复杂、抽象的概念，来透露主人公的心情和导演的想法。影片把一些曾经激励过、影响过一代年轻人的歌曲巧妙地穿插在故事中，就像插入的许多历史信息一样，并不让人觉得生拼硬凑、杂乱无章，反而与影片中的人物、情节水乳交融，结合得恰到好处。这也体现了导演对这些音乐的深刻理解。

【思考与练习】

1.《阿甘正传》中，甘夫人、詹妮、丹中尉分别象征什么？作者通过阿甘的故事宣扬的人生理念在当时的美国有什么社会意义？

2. 通过鉴赏影视文学，了解 1960 年以来美国社会的历史动脉和特质，深刻理解阿甘形象的典型意义，思考在不断变迁的时代中，应该如何掌握并抉择人生的方向。

下篇　口语训练

第六章　口才技巧

一、口才的基础知识

（一）口才的概念

口才是口语交际中说话(即口语表达)的才能。具体来说，口才是在交谈、演讲和论辩等口语交际活动中，表达者根据特定的交际目的和任务，结合特定的语言交际环境，准确、得体、生动地运用连贯、标准的有声语言，并辅之以适当的体态，表情达意以取得圆满交际效果的口头表达能力。它是人们的素养、能力和智慧的一种综合反映。

作为“最重要的交际工具”，对口语交际有以下三种要求：

第一，口语交际包括说话者和受(听)话者。无论是表达还是接受(实际情形往往是表达与接受交替转换)，都必须有明确的说或听的目的，否则交谈是没有意义的。

第二，口语交际必须有具体的语言交际环境。口语交际具有明确的目的性，进入具体的语言交际环境，就要思考选择什么样的表达内容和表达方式才能使对方愉快地接受，并进而使对方采取相应的反馈行动。

第三，口语交际的工具主要是口语，辅之以体态语。也就是口语交际要考虑如何恰当地使用有声语言和体态语言。

从以上的分析可以看出，口语交际是具有特定目的的人(包括听、说双方)，在特定的环境里，选择适当的话语内容和表达方式来进行思想交流和信息传递的一种语言活动。这种语言活动的主要表现形式是交谈、演讲和论辩。

（二）口才的特点

口才是在人际交往和社会实践中表现和发挥出来的，人是这种语言活动的主体，而这种语言活动又产生了积极的效果。因此，综合表达者及其口语成品的主要特点如下：

1. 明确的目的性

口语交际中表达者说话的目的虽然多种多样，但概括起来集中表现在以下六个方面：

(1) 明了，即让听者懂得所传递的信息或明白、理解他所不知晓、不了解的事情。

(2) 说服，即让听者在弄懂对方思想观点、立场看法的基础上接受对方的观点并信服，同时能产生相应的行动。

(3) 感动，即让听者随着讲说者的表达而产生情感、心境的变化，同悲同喜，同忧同乐，产生心灵相通、精神共鸣的效应。

(4) 拒绝，即让听者明白自己的观点、看法、要求，表示出不被接受。拒绝是一种逆向交流，尤其需要注意讲究方式与技巧。

(5) 反驳，即指出对方观点、要求的不合理乃至荒谬性。

(6) 赞许，即认为对方的表达正确而加以称赞。

2. 高度的灵活性、适应性

在口语交际时，情形往往较为复杂，表达者为实现特定的目的，在因人、因事、因物、因景而进行的讲说中，必须会灵活机智地选用特定的表达方式和技巧以切合语言内容，切合特定语境，切合自己的身份和交际对象的特点。只有具有高度灵活性的表达，才能创造出效果良好的口才佳品来，否则会适得其反。

3. 全面的综合性

优秀的口才是一个人素质和能力的全面综合反映。这里的素质，主要包括思想境界、道德情操、知识学问和天赋秉性。能力则主要包括观察能力、思维能力、决断能力、记忆能力、表达能力、交际能力和应变能力。人的素质和能力综合形成一种潜在的文化储备，这种储备在特定的语境中，通过想象和联想，发挥和创造，为讲说者取得讲说材料和讲说方式从而实现口语表达的目的。所以，从根本上讲，好的口才，是表达者学识、素养和能力的综合表现。

(三) 口才的基本要素

现代理论家认为德、识、才、学是口才家的必备四要素。德、识、才、学四要素奠定了口才的基础，要想具有一流的口才，必须“浇筑”好德、识、才、学这四大基石。四者之间，学是基础，德是灵魂，识是方向，才是核心。语言取决于学问和知识，学可以丰才、可以增识、可以益德。

1. 德是口才的灵魂

“德”是一个人灵魂所在，不仅在口才表达上，就是在其他领域，“德”也是第一位的，其内涵主要包括政治素质、事业心、责任感、务实作风和心理素质。口才受到“德”内涵的制约，尤其是受政治素质的影响最大，政治素质决定了一个人的言论立场，体现着明显的政治倾向，是评价一个人口才优劣的关键所在。

2. 识是口才的方向

口才家应是“有识之士”，具有深厚的知识储备。口才要产生震撼人心的力量，最好具有一些预见性，即表现为口才家的“识”。优秀的口才家的表达具有一定的前沿性，总能让人在精神上被撼动，并能促使人付诸行动。口才是一门综合性的艺术，影响表达效果的不仅仅是清晰、生动的口语，还有体态和神情动作。所以，口才家需要培养审美情趣从而提高鉴赏力，通过语言创造听觉艺术、视觉艺术来感染人、打动人。

3. 才是口才的核心

“才”是一个优秀口才家的标志。并不是掌握了语言表达才能的人，就可以称为口才家。因为口才是人的综合才能，除了语言表达才能，还得培养记忆才能、观察才能、思维才能、想像才能、创新才能和应变才能等。多种才能的有机结合才会孕育出一个出色的口才家。

4. 学是口才的基础

知识积累可以丰富口语表达的内容，可以使口语表达更加准确、更加生动。人的才能是建立在知识的基础上，由知识转化而来的。才能是知识的产物，是知识的结晶，知识是才能的元素和细胞。一个人才能的大小，首先取决于自身知识的多寡、深浅和完善程度。古今中外的口才家无不以有渊博的知识而著称。

英国哲学家培根说："知识就是力量。"口才的魅力深深扎根于知识的土壤中，作为口才家，必须拥有丰富的知识。只有拥有了丰富的知识，才能信手拈来，即兴发挥，使谈吐更高雅，论辩更精彩，出口成章，妙趣横生。

二、口才素质的形成

口才是恰当的语言与熟练的应用技巧的结合，"能说话"只是形成口才的一项基本条件，"会说话""说得好"才是口才的突出特征。

有人根据口才的这一特征，将形成口才的智能结构比喻成一座"金字塔"：又宽又厚的塔基是知识积累，它包括人的知识素养、品德修养、心理素质等；塔身是思维能力，它包括思辨能力、想象力和应变能力；塔顶则是口语表达能力。在这三个层次中，知识积累、思维能力属一个人内在的素质修养，是通过后天努力提炼、升华、积淀而成的，需借助口头表达能力才能得以外现；而口头表达能力的提高，必须从素质修养入手。只有三个方面相互配合，才能相得益彰。

（一）知识积累

知识的积累是一个漫长而又复杂的过程，它需要有持之以恒的毅力以及认真和努力，有了宽厚的"塔基"，才有冲入云霄的"塔身"，才能成其风景。

1. 品德修养

品德是指人的思想品质和道德观念，它包括一个人的世界观、人生观、价值观、审美观、幸福观、使命感和责任感等内容。一个人的"德"是才的灵魂，它威力巨大，是一个人立于天地之间不败的脊梁，更是挖潜内在学问，激活思维品质的保障。"其身正，不令而行；其身不正，虽令不从。"(孔子《论语》)。这正说明了"德"对一个人的重要影响。

品德修养高低的判断标准，主要表现在四个方面：一是有无崇高的理想信念；二是有无高尚的道德情操；三是有无优良的心理素质；四是有无美好的仪表风度。

2. 知识素养

知识是人们在社会实践活动中所获得的认识和经验的总和，是口语表达内容的坚实基础，也是形成优秀口才的必要条件。一个人知识素养的形成，主要体现在对专业知识、社会人文知识和自然科学知识的综合把握上。

1) 专业知识

专业知识包括理论指导方法和专业理论知识两个层面。

理论指导方法主要是指世界观和方法论。要学会全面、深入、发展地看问题，防止片面性、主观性和简单化；要学会对具体情况做具体分析；要学会用比较的方法观察和分析事物等。也就是说，好的口才要求表达者要有自己正确的世界观和是非判断标准。专业理论知识是行业性的专业基础知识理论。作为一名优秀的口才家要扎实熟练地掌握所从事专业的全面的而不是片面的、系统的而不是杂乱的知识，做一个专业上的“内行”人。最重要的是对专业知识能形成自己消化后的理论体系，这样在表达时才会做到信手拈来，左右逢源。

2) 社会人文知识

专业的知识只能表现一个人口语表达上的科学性，口才的形成还必须有更加宽泛的社会人文知识。社会经验、生活常识、天文地理、乡土人情、风俗习惯、名人名言、成语典故、名篇佳作、逸闻趣事、街谈巷议等都属于社会人文知识范畴，一个优秀的口才家都应有所涉猎。

此外，口语交际的对象是人，表达者还应了解有关人的，诸如心理学、行为学、教育学、人际关系学等方面的知识，只有这样才能在交流表达过程中做到侃侃而谈，谈笑风生。

3) 自然科学知识

自然科学是研究大自然中有机或无机的事物和现象的科学。自然科学包括物理学、化学、地质学、生物学等。系统地、要点式地掌握一定的自然科学知识对口才的形成具有不可忽视的积极作用，会让表达深入事物本质、客观理性，增强表达的说服力。

(二) 思维能力

思维是人脑对客观事物的一般特性和规律性的一种概括的、间接的反映过程。人的思维决定于外界的客体，但是外界的客体并不是直接地、机械地决定着思维，而是通过人的内部条件，通过人脑对感性材料进行加工的过程而间接地决定着思维。

思维能力主要包括逻辑思维能力、形象思维能力和灵感思维能力三种。逻辑思维是以提示和把握事物的内在本质为根本任务，依据一定的系统知识、遵循特有的逻辑程序而进行的思维活动。形象思维是通过感性形象，运用想象、联想和幻想等手段来把握事物的思维活动。灵感思维是一种通过某种下意识(或“潜意识”)直接把握对象的思维活动，是在人的知识经验积累的基础上，在目的明确、意识高度集中的思维中，在外界事物的参考和诱导下，产生形象、概念思维的快速撞击而出现的认识突变的思维过程，因而带有顿悟性、突发性和意外性。

思维能力的高低对口语表达的优劣、成败往往起着决定性作用。这主要表现为：思维的选择性和创造性制约着语言活动，思维的内容决定了语言表述的意义，思维的质量决定着语言表达的效果。由此可见，语言的发展可以促进思维的发展，而思维的发展又可以反过来促进语言的发展。

(三) 语言素养

口语表达成功的关键是运用语言的能力，具有较高的语言素养，才有可能表现出较强的语言运用能力。

口语表达所需要的语言素养，主要从以下三种途径获得：

(1) 系统学习语法、修辞和逻辑方面的知识、法则，以提高口语表达的正确性、生动性和严谨性。

(2) 系统地学习和掌握副语言特征和体态语言等方面的知识，以便更好地展现表达者的精神风貌、情绪感受和个性特征。副语言特征主要包括音质、音强、音色、语气、语调、语速、节奏等，体态语言主要包括表情、神态、动作、身姿、手势等。

(3) 坚持积累和吸收优秀的语言养料，譬如学习和借鉴经典名家的演讲、大量阅读中外名著、与时俱进在现实生活中学习那些有生命力的活语言等，都是行之有效的办法。古往今来的实践证明，不断地在生活中为自己补充新鲜的语言信息，是提高语言素养永不枯竭的源泉。

【本章实训】

1. 了解口才的基础知识和训练方法。
2. 自我介绍(时间 3 分钟)。
3. 请介绍你所就读的大学(时间 5 分钟)。
4. 请介绍你的家乡(时间 5 分钟)。

第七章 演讲技巧

一、演讲的基础知识

(一) 演讲的概念

演讲，又叫讲演、演说。演讲是一种对众人有计划、有目的、有主题，系统的、直接的带有艺术性的社会实践活动。

演讲是演与讲的有机结合，是一种在特定的时空环境中，演讲者凭借有声语言和相应的体态语言，郑重地、系统地发表见解和主张，从而达到感召听众、说服听众、教育听众的艺术化的语言交际形式。“演”与“讲”在演讲实践活动中，在传递信息的时候，并不是平分秋色，各占一半。二者虽然需要和谐统一，但不是一加一等于二的统一，而是以“讲”为主，以“演”为辅，互相交织、互相渗透、互相促进。“讲”起主导作用，是决定因素，而“演”则必须建立在“讲”的基础上，否则就失去了存在的意义。

(二) 演讲的本质

演讲是人类的一种社会实践活动，具有鼓动性、现实性、适应性和艺术性等特征。整个演讲活动，必须具备演讲者(主体)，听众(客体)，沟通主客体的信息及主、客体同处一起的时境(时间环境)四个条件。这四者缺一不可，也就是说，离开任何一个条件，都构不成演讲活动。但是仅仅具备这四个条件，也不足以揭示出演讲的本质属性。因为，任何一种带有艺术性的活动，都有其自己独特的物质传达手段，形成自己特殊的规律，揭示着自身活动的本质特点。演讲活动自然也不例外，演讲者想要发表自己的意见，陈述自己的观点和主张，从而达到影响、说服、感染他人的目的，就必须通过与其内容相一致的传达手段。

作为演讲的传达手段主要有：有声语言、体态语言和主体形象。

1. 有声语言(讲)

有声语言是由语言和声音两种要素构成的，是在演讲活动中传递信息、表达思想最主要的媒介和物质表达手段，它是演讲者思想感情的载体，以流动的方式，运载着演讲者的主张、见解、态度和感情，将其传达给听众，从而产生说服力、感召力，使听众受到教育和鼓舞。

我们对有声语言的要求是吐字清楚、准确；声音清亮圆润、甜美；语气、语调、声音和节奏富于变化；要注意形式美和声音美。有声语言具有时间艺术的某些特点，是听众听觉的接受对象和欣赏对象。

2. 体态语言(演)

体态语言就是演讲者的姿态、动作、身势、手势、表情等；它是流动着的形体动作，辅助有声语言表达思想和感情，诉诸听众的视觉器官，使听众产生与听觉同步的效应，加强了有声语言的表达效果。由于演讲是流动的，因此，体态语言存在于一瞬间，转眼即逝，这就要求它准确、鲜明、自然、协调和优美，要有表现力和说服力。这样，才能在听众心里引起美感，并得到启示。体态语言具有空间艺术的某些特点，是听众视觉的接受对象和欣赏对象。然而，体态语言虽然增强了有声语言的感染力和表现力，弥补了有声语言的不足，但如果离开了有声语言，它就没有直接地、独立地表达思想情感的意义了。

3. 主体形象

演讲者是以其自身出现在听众面前进行演讲的，所以它必然以整个主体形象，包括形体、仪表、着装、发型、举止神态等。而整个主体形象的美与丑、好与差，在一般情况下，不仅直接影响着演讲者思想感情的表达，更直接影响着听众的心理情绪和美感享受，因此演讲者在自然美的基础上，要有一定的艺术美。而这种艺术美，是以演讲者本人为依托的现实的艺术美，它不同于舞台艺术的性格化和表演化的艺术美。这就要求在符合演讲特定活动的前提下，演讲者要注意着装朴素、自然、轻便、得体，举止潇洒、大方、优雅，只有这样，才有利于思想感情的表达，有利于取得演讲的良好效果。

演讲的类型多种多样，它的分类没有固定不变的规定，但每种分类都必须采用同一角度和同一标准。探讨演讲的分类，了解各种演讲的性质与特点、区别与联系，是演讲学研究的一个重要课题，对人们参加演讲实践具有一定的指导意义。

(三) 演讲的分类

1. 从演讲内容上分类

从内容上分类，演讲主要有政治演讲、生活演讲、学术演讲、法庭演讲和宗教演讲等。

1) 政治演讲

凡是为了一定的政治目的，出于某种政治动机，就某个政治问题以及与政治有关的问题而发表的演讲均为政治演讲。它包括外交演讲、军事演讲、政府工作报告、各种会议上的总结报告、政治评论、就职演说、集会演讲、宣传演讲等。

政治演讲的特点是具有鲜明的思想性、严密的逻辑性和强烈的鼓动性。

2) 生活演讲

生活演讲指演讲者就社会生活中存在的各种问题、风俗、现象而做的演讲，它表达了演讲者对这些问题的看法、见解和观点。这种演讲涵盖的内容更加广泛，如亲情友谊、悼贺(悼词、贺词)、迎送(欢迎词、欢送词)、祝酒词、答谢等均属此类。

生活演讲具有时代性、劝导性和生动性等特点。

3) 学术演讲

学术演讲指演讲者就某些系统、专门的知识和学问而发表的演讲，一般指学校和其他场合的专题讲座、学术报告、学术发言、学术评论、科学讨论、科学报告、信息报告、学位论文的答辩等。学术演讲必须具有内容的科学性、论证的严密性和语言的准确性三大要素，这是与其他类型演讲的重要区别。

学术演讲的特点是深刻的论证、高度的逻辑修养、严谨的语言风格，同时还有一系列专门的术语。

4) 法庭演讲

法庭演讲指公诉人、辩护代理人在法庭上所作的演讲，主要包括检察官的演讲(起诉词)、律师的演讲(辩护词)、社会起诉词、社会辩护词、被告的自我辩护等。

法庭演讲具有向法性、公正性和针对性等特点。

5) 宗教演讲

宗教演讲是指宗教神职人员在教堂宣传宗教教义、教规，讲授宗教故事或一切与宗教仪式、宗教宣传有关的激发宗教热情的演讲，主要包括布道演讲(布道词)和宗教会议演讲，例如神父、牧师等面对教徒们所作的祈祷等。这种演讲在我国的影响不大，听演讲和做演讲的人都不多。

宗教演讲的基本特征是语言通俗、事例丰富，精神感染力强，其典型的特征是进行伦理道德方面的说教。

2. 从演讲的表达形式上分类

从表达形式上分类，演讲主要有命题演讲、即兴演讲和论辩演讲等。

1) 命题演讲

命题演讲是由别人拟定题目或演讲范围，并经过一定时间的准备后所做的演讲。它包含两种形式：全命题演讲和半命题演讲。全命题演讲的题目一般是由演讲组织部门来确定的。半命题演讲指演讲者根据演讲活动组织单位限定的范围，自己拟定题目进行的演讲。

命题演讲的特点是主题鲜明、针对性强、内容确定、结构完整。

2) 即兴演讲

即兴演讲指演讲者在事先无准备的情况下就眼前场面、情境、事物、人物等临时起兴发表的演讲，如婚礼祝辞、欢迎致辞、丧事悼念、聚会演讲等。即兴演讲要求演讲者要紧扣主题，抓住由头，迅速组合，言简意赅。

即兴演讲的特点是有感而发，时境感强，篇幅短小。

3) 论辩演讲

论辩演讲指由两方或两方以上的人因对某个问题产生不同意见而展开面对面的语言交锋，其目的是坚持真理、批驳谬误、明辨是非，比如我们生活中常见的法庭论辩、外交论辩、赛场论辩，以及每个人都曾经历过的生活论辩等。论辩演讲比命题演讲、即兴演讲更难些，它要求演讲者必须具备正确的思想、高尚的品质、严密的逻辑性、较强的应变性。

论辩演讲的突出特点是针锋相对，短兵相接。

(四) 演讲的特点

演讲是一种言语表现，但并非所有言语表现都是演讲。演讲有以下几方面特点。

1. 现实性

演讲属于现实公众活动范畴，不属于艺术活动范畴，它是演讲者通过对社会现实的判断和评价，直接向听众公开陈述自己的主张和看法的现实活动。

2. 艺术性

这里的艺术性是指现实活动的艺术。演讲为了达到启迪心智、感人肺腑的目的，需要借助一些艺术表现手段增加艺术感染力。演讲的艺术性在于其具有文学特征、朗诵艺术色彩和富有感召力的体态语言，形成了统一的整体感和协调感，即演讲中的各种因素(语言、声音、表演、形象、时间、环境)形成一种相互依存、相互协调的美感。同时，演讲还具备戏剧、曲艺、舞蹈、雕塑等艺术门类的某些特点，并将这些特点融为一体，形成具有独立特征的活动。

3. 鼓动性

演讲活动一向被喻为是进行宣传教育、政治斗争的有力武器，人们通过演讲来宣传真理，统一思想，赢得支持，从而引导他人的行为。所以说，没有鼓动性，就不能称为演讲。这是因为：

(1) 所有正直的人都有追求真善美的愿望，演讲者传播了真善美，自然会引起共鸣，激励和鼓舞听众。

(2) 演讲者以自己炽烈的感情去引发听众的感情之火，容易达到影响听众的目的。

(3) 演讲者的形象、语言、情感、体态以及演讲词的结构、节奏、情节等均能冲击听众的心。

(4) 演讲的直观性使其与听众直接交流，极易感染和打动听众。可以说，鼓动性是演讲成功与否的一个标志。

4. 工具性

演讲是一门科学，更是一个工具，是人们交流思想的工具。任何思想、任何学识、任何发明和创造，都可以借助演讲这个工具来传播。可以说，演讲是最经济、最实用、最方便的传播工具，任何人都可以使用它。

5. 针对性

演讲是一种社会实践活动，它所面对的听众也是社会的成员。因此，演讲应具有社会现实的针对性，要与时俱进。演讲者的观点来源于对现实社会生活的归纳和提炼，只有这样，演讲才有说服力、感召力，才能引人深思。

6. 适应性

演讲的内容包罗万象，社会生活事无巨细，古今中外纵横千里，它适合于男女老幼，不同背景、文化层次、职业、身份、种族、阅历的所有人；同时，它不受时空、设备等限制，可以随时随地进行。因此，演讲是具有很强适应性的宣传教育形式之一。

(五) 演讲的作用

演讲主要有以下作用：

(1) 演讲是一种重要的宣传手段，它可以倡导正确的舆论，促进社会文明发展。人类社会的文明史、发展史，一定程度上就是真善美与假恶丑的斗争史，而演讲历来是这种斗争的主要工具之一。古今中外一切正义的演讲家，都是拿着演讲这一武器，宣传真理，唤醒民众，推动社会进步。我国商代盘庚为了迁都所作的演讲，将旧都比作被砍倒的树木，把新都比作刚生出的新芽，使民众深刻认识到了迁都的意义而欣然接受，实现了迁都的伟大壮举。1775 年，美国演讲家帕特里克·亨利在弗吉尼亚州会议上发表了激励人心的抗英演讲，迅速地唤起了千百万人民坚定地投身到抗英斗争中。他的“不自由，毋宁死”的名言，至今仍激励着广大民众为自由而战。可见，正义的演讲可以启人心智，传播文化，宣传真理，把人类社会推向理想境界。

(2) 演讲是一种重要的交际工具，它可以进行道德教化，培养高尚的道德情感，促进人类的文明建设。演讲者在演讲时，总是用正确的道德情感来感染和影响听众，从而培养听众的情感，诸如爱国主义情感、国际主义情感、集体主义情感、革命英雄主义情感等。

(3) 演讲是一种重要的舆论引导方式，它可以增强人们的意志，唤起听众的行动和实践。一次成功的演讲，除了启迪人心，传播真理，培养情感外，最重要的目的是增强人们的意志，唤起听众的行动和实践，使之投身于改造主观、客观世界的实践活动中。我国伟大的民主主义革命先行者孙中山先生在致力于民主革命 40 年间，始终以演讲为武器启迪和呼唤民众投身于民主革命。实际上演讲的功能是非常复杂、多样的，它的功能和作用是紧密相连、相互包容、相辅相成的。

二、演讲的技巧

(一) 做好演讲的准备

演讲的准备工作包括了解听众，熟悉主题和内容，搜集素材和资料，准备演讲稿，作适当的演练等。

(二) 选择优秀的演讲者

优秀的演讲者应具备下述条件：

(1) 演讲者有足够的权威性；

(2) 演讲者具有较强的语音能力和技巧；

(3) 演讲者有足够的热情；

(4) 演讲者具备较好的理智与智慧；

(5) 演讲者的仪表状态良好。

(三) 运用演讲艺术

演讲艺术包括开场白的艺术，结尾的艺术，立论的艺术，举例的艺术，反驳的艺术，幽默的艺术，鼓动的艺术，语音的艺术，表情动作的艺术，等等，通过运用各种演讲艺术，使演讲具备两种力量，即逻辑的力量和艺术的力量。

(四) 善用空间的演讲

所谓空间就是指进行演说的场所范围、演讲者所在之处以及与听众间的距离，等等。演讲者所在之处以位居听众注意力容易汇集的地方最为理想。例如开会的时候，主席多半位居会议桌的上方，因为该处正是最容易汇集出席者注意力的地方。让自己位居听众注意力容易汇集之处，不但能够提升听众对于演讲的关注，甚至具有增强演讲者信赖度和权威感的效果。

(五) 演讲时的姿势

演讲时的姿势也会带给听众一定的印象，例如堂堂正正的印象或者畏畏缩缩的印象。个人的性格与平日的习惯对此影响较大，演讲时要让身体放松，不要过度紧张。过度的紧张不但会表现出笨拙僵硬的姿势，而且对于舌头的动作也会造成不良的影响。

放松身体的诀窍之一是张开双脚与肩同宽，挺稳整个身躯。另一个诀窍是想办法扩散并减轻紧张情绪。

(六) 演讲时的视线

在大众面前说话，亦即表示必须忍受众目睽睽的注视。当然，并非每位听众都会对你报以善意的目光。尽管如此，演讲者还是不可以漠视听众的目光，避开听众的视线来说话。尤其当你走到麦克风旁边，站立在大众面前的那一瞬间，来自听众的视线有时甚至会让你压力倍增。

克服这股视线压力的秘诀，就是一面进行演讲，一面从听众当中找寻对于自己投以善意而温柔目光的人，并且无视那些冷淡的目光。此外，把自己的视线投向强烈“点头”以示首肯的人，对巩固信心来进行演讲也具有效果。

(七) 演讲时的脸部表情

演讲时的脸部表情无论好坏都会带给听众极其深刻的印象。紧张、疲劳、喜悦、焦虑等情绪无不清楚地表露在脸上，这是很难由本人的意志来加以控制的。演讲的内容即使再精彩，如果表情总觉缺乏自信，老是畏畏缩缩，演讲就很容易变得欠缺说服力。

控制脸部的方法，首先“不可垂头”。人一旦“垂头”就会给人“丧气”之感，让听众觉得自己很不自信。而且若视线不能与听众接触，就难以吸引听众的注意。另一个方法是“缓慢说话”。说话速度一旦缓慢，情绪即可稳定，脸部表情也得以放松，再者，全身上下也能够轻松起来。

(八) 演讲时的服饰和发型

服装也会带给观众各种印象。尤其是东方男性总是喜欢穿着灰色或者蓝色系列的服装，难免给人过于刻板无趣的印象。轻松的场合不妨穿着稍微花俏一点的服装；正式的场合，一般来说仍以深色西服、男士无尾晚宴服以及燕尾服为宜。同时，发型也可塑造出各种形象来。长发和光头各自蕴含其强烈的形象，而鬓角的长短也被认为是个人喜好的表征。

站出来演讲之际，应该好好地思量着装和发型。

(九) 演讲时的声音和腔调

声音和腔调是与生俱来的，不可能一朝一夕之间有所改善，不过音质与措辞对于整个演讲影响很大。根据有关研究报告，声音低沉的男性比声音高亢的男性信赖度更高。因为声音低沉会让人有种威严沉着的感觉。即使是音质不好的人，如果能够秉持自己的主张与信念的话，依旧可以吸引听众的热切关注，重要的是让自己的声音清楚地传达给听众。

说话的速度也是演讲的关键。为了营造沉着的气氛，说话稍微慢点是很重要的。不过，适时调整说话节奏也很重要，倘若从头至尾一直以相同的语速来进行，听众会疲劳的。

(十) 与观众互动

演讲时要注意与听众互动，这样可以渲染场上的氛围，调动听众积极性，增强感染力，从而更好地达到演讲的目的。

拓展阅读

【本章实训】

1. 掌握并学会运用演讲的技巧。
2. 演讲题目：《我爱我的专业》《倡导诚信，从我做起》。

第八章 辩论技巧

一、辩论的基础知识

(一) 辩论的概念

辩就是辩解或辩驳，论就是议论、论述。当双方或多方围绕一个或几个问题产生了针锋相对的观点时，就需要展开一番讨论，以确保谁是谁非，这种口头讨论的深入化和激烈化，就是辩论。

(二) 辩论的要素

一场辩论，必须包括三个要素，这就是辩题、辩论规则、辩论人。这里，我们通过辩论与演讲的比较来分析这些要素。演讲赛也是一种智力的竞技运动，从比赛的进行形式看，我们可以把演讲看成是表演式的智力竞技运动，而辩论是对抗式的智力竞技运动。

1. 辩题

辩题是辩论的中心，整场辩论都是围绕辩题进行的。无论辩论赛还是演讲赛，题目都是事先确定的，通常由比赛的组织者拟定后让参赛者抽签选定，辩论赛还要确定各方所持的立场。在设置辩题时应具备以下几方面的特性。

(1) 辩题的对抗性。辩题与演讲题不同，演讲题诸如“我有一个梦”“还我地球”“长江：1998”“澳门，你好”，等等，都是直接以肯定或者否定的形式表达一种观点、愿望、理想，题目不需要包含冲突。而辩题则必须设置冲突，形成对抗，这好比赛跑只能有一个终点，而足球则必须有两个相对的球门。参辩双方的观点必须是对立的或者分歧的，这是辩论的前提。双方围绕这种对立或分歧展开对抗，进行论述、反驳和辩护。因此，辩题总是要求双方在对立和分歧中作出选择，这种选择大体上可以分成三种类型：是与非，如“高薪是否能够养廉”“电脑是否将取代书本”；正与反，如“人性本善还是本恶”“美是客观存在还是主观感受”；此与彼，如“愚公应该移山还是应该搬家”“社会秩序的维系主要靠法律还是主要靠道德”。辩题的这种对抗性，也可以称之为“可辩性”。通过辩论，尽管不可能达成最终的统一，却有助于深化人们对这个问题的认识，充实其内涵。在知识爆炸、信息爆炸、社会变革的步伐日益加快的今天，这类问题层出不穷，举不胜举。

(2) 辩题的平等性。仅仅具有对抗性还不一定就是可辩的，下面几类题目就不可辩：一是尚无结论而需要通过科学实验和发现来决定的命题，如“UFO(不明飞行物)是不是星外来客”“神农架有没有野人”，就是不可辩的。二是需要通过定量才能得出确定结论的问题，也是不可辩的。三是属于常识性的或已有定论的或已形成人们共识的命题同样是不可辩的，譬如“地球是否围绕太阳转”。这些题目之所以不可辩，就因为对辩论双方不平等。任何一个辩题，都必须对双方平等，使正方和反方都能在平等立论的基础上展开。不过，同样一个问题，如果设计得好，不可辩也可以成为可辩的。例如，在“为了预防洪水，人类是否应该保护环境”“武汉大学是否应该建设成世界一流大学”这样的辩题下，反方几乎是没有展开的空间。但是，如果把这两个题目改为“预防长江洪水，保护上游植被比疏通下游河道更重要”或者“抵御洪水：修筑堤坝还是疏浚河道”“建设一流大学：本科教育比研究生教育更重要”或者“教学比科研更重要”，也许就可辩多了。

(3) 辩题的准确性。辩题必须准确，经过字斟句酌，反复推敲。演讲题则可以有模糊性、隐喻性、象征性。如“我有一个梦”，这里“梦”指什么，可以由演讲人自由想象和发挥。辩题就不行，每一个字、每一个词都必须经得起推敲，而不能有任何模糊。就辩论的参赛者来说，必须对辩题的每一个字、词和每个概念及概念之间的关系都进行一番仔细的分析推敲。

辩题的措辞必须准确、严谨，但不等于说没有给予辩论者主动定义的余地。定义得好，可以为己方造成有利的辩论基点，如上面说到的把烟草业定义为国民经济的一个行业，就是一个非常有智慧的例子。但是，也不能为了辩论就任意定义，如在以“大学生兼职利大于弊还是弊大于利”为题的辩论中，正方把学生担任学生干部也作为兼职的内容，就违背了人们已有的约定，失去了本来有利的地位。辩论中的另一个通病，是纠缠于辩题中的某个定义，例如，“流动人口对城市发展利大于弊还是弊大于利”这个辩题，正方为了说明利大于弊，主张流动人口应包括流进和流出，而一方定义后另一方也上来跟着跑，在是否采纳这个定义的问题上纠缠不休，听众听起来感到没有意义。

2. 辩论规则

演讲比赛是由参赛人各自独立地完成，然后由评委们作出评判，演讲比赛的规则比较简单，主要是对演讲的时间作出限制。而辩论的规则显然比演讲更复杂，因为它更多的是一种游戏，游戏的博弈过程千变万化，就得事先立下一些约定，制定出比较复杂的规则。辩论的规则可以分为三个方面：

(1) 比赛组织规则。比赛组织规则主要涉及组队资格、报名程序和赛制，赛制包括对阵图格局和抽签办法等，由辩论赛的组委会负责执行。赛制目前采用的多为淘汰制，经过初赛、半决赛、决赛，从八个参赛队中产生出冠军。

(2) 赛场规则。赛场规则涉及辩论的模式，主要是包括双方上场人数，发言的次序和次数，每一阶段的时间等。从亚洲大专辩论赛开始，新加坡模式比较流行，为四对四阵式，辩论过程包括陈词、盘问、自由辩论、总结陈词。后来，北大模式在此基础上做了修改，增加了盘问，意图在于加强辩论的对抗性。1996 年的第二届中国名校辩论邀请赛又尝试了一种新模式，即三对三阵式，除了保留上述辩论过程外，在赛前增加了双方教练的辩论方案介绍。赛场规则由主持人监督执行。主持人与裁判不同，其职责主要是程序性的，没有裁决胜负的实权，主要负责在辩论开始前讲明比赛规则和注意事项，并主持比赛的全过程。对主持人的基本要求是公正、中立。为了活跃赛场气氛，他(她)可以适当地、用最简洁的语言对辩手的表现给以鼓动，但不可使用评论性语言，更不能对辩手的发言加以褒扬或贬抑，而对辩论某一方的偏袒或刁难，则是绝对不能有的。

(3) 关于参赛人选语言和行为的规范和评判，包括两个部分的内容，一是所使用的语言为普通话，不能宣读事先准备的辩论稿，不能对对方进行人身攻击，等等。这些内容通常也构成赛场规则的一部分，要在评判中得到贯彻，是评分的依据。二是评判规则，包括评判团的产生和组成、评分标准和评分程序等。演讲和辩论都需要评判，评判不同于裁判，体育中的裁判有许多硬性的指标，可以根据这些指标作出判断和裁决。而演讲和辩论的评判所依据的标准大多是软性的，在很大程度上依赖评判团成员的主观判断。这种评判也不同于批阅试卷，没有时间进行比较斟酌，但相比之下，辩论中双方对阵，变局较多，而且辩论的语速比演讲更快，观众和评委都更难与辩论参赛者进行同步思考，因而评判时不可能进行仔细的斟酌和推敲，评判中的主观性更多一些，依据更多的是印象和感觉，而不是精确的量度和计算。认识这一点，对制定辩论的战略和策略是很重要的。

3. 辩论人

辩论人是辩论的主体，包括参辩双方，可以分为个人的和团体的两种，具体有一对一、二对二、团体对团体。作为辩论的参赛双方，应是来自同一个层次的，在文化、理论和道德修养以及气质、涵养诸方面应是相当的，否则辩论就不能形成交锋和高潮，不可能真正展开，也就没有了观赏价值。辩论的成功与否取决于辩论人的素质，辩论是一种综合素质的较量。这种素质可以分为三个方面：① 知识性素质，有文化积累、知识结构和知识面等；② 技巧性素质，有逻辑思辨、语言艺术、幽默感等；③ 人格性素质，有道德涵养、心理心态、合作精神、风度气质、仪表仪态等。

这里，特别需要强调一下辩论队员的人格性素质。辩论与演讲的重要区别在于存在一个对手，既要与对方唇枪舌剑，针锋相对，又要与对方平等相待，友好相处，对对方的人身、人格、知识层次、文化水准及场上表现都应给以充分的、真诚的尊重。任何人身攻击、有损人格或者挖苦对方的语言、措辞、手势和动作都是应该绝对避免的。做一个辩手，首先要学会做人，要体现出受过高等教育的气质和涵养，接受了现代文明的洗礼和熏陶，具有现代人的风度、礼貌和宽容，场上场下都彬彬有礼。

(三) 辩论的特点

辩论具如下几方面特点：

(1) 辩论人员的双边性：辩论是双边活动，最少两人参加，单一方面只能是议论而已。

(2) 辩论观点的对立性：双方观点是对立的，或是或非，这样才有辩论的可能，否则就是谈判。

(3) 论证的严密性：只有合乎思维逻辑的辩论，才可能获胜。

(4) 追求真理的目的性：辩论目的是追求真理，取得共识。

(四) 辩论的类型

1. 自由辩论

人们在社会生活中看到或听到了某些事情对此产生看法，并发表议论，有人附和，有人反对，由此产生的辩论就是自由辩论。这种辩论，没有固定的地点，没有固定的人数，也没有一定的规则，总之，是人们在社会生活中由于观点的对立，自发产生的而不是有意识组织的。它不能产生结果，分出胜负，更多的则是不了了之。

2. 专题辩论

专题辩论是辩论最基本最有意义的形式。首先，是有组织有准备的活动，都是由主持者按预定的程序组织辩论；其次，是有明确的目的性；最后，要统一到正确的看法上来，具体来说有如下四种：法庭辩论、社交辩论、决策辩论、赛场辩论。

专题辩论是一种人为组织的辩论形式，是有组织、按一定规则进行的，围绕同一题目，由辩论双方陈述自己的见解，抨击对方观点的一种团体演讲比赛形式。这种辩论，由于双方当面交锋，短兵相接，因此，最能锻炼人的思维能力、应变能力和口头表达能力，也容易对观众产生较强的感染力和吸引力。

二、辩论的技巧

本节将以技法理论结合对实际辩例的分析，介绍几种反客为主的技巧。

(一) 借力打力

武侠小说中有一招数，名叫“借力打力”，是说内力深厚的人，可以借对方攻击之力反击对方。这种方法也可以运用到论辩中来。

例如，在关于“知难行易”的辩论中，有这么一个回合：

正方：对啊！那些人正是因为上了刑场死到临头才知道法律的威力。法律的尊严，可谓“知难”哪，对方辩友！(热烈掌声)

当对方以“知法容易守法难”的实例论证于“知易行难”时，正方马上转而化之从：“知法不易”的角度强化己方观点，给对方以有力的回击。扭转了被动局势。

这里，正方之所以能借反方的例证反治其身，是因为他有一系列并没有表现在口头上的、重新解释字词的理论作为坚强的后盾：辩题中的“知”，不仅仅是“知道”的“知”，更应该是建立在人类理性基础上的“知”；守法并不难，作为一个行为过程，犯法也不难，但是要懂得保持人的理性，克制内心滋生出犯法欲望，却是很难。这样，正方宽广、高位定义的“知难”和“行易”借反方狭隘、低位定义的“知易”和“行难”的攻击之力，有效地回击了反方，使反方构建在“知”和“行”表浅层面上的立论框架崩溃了。

(二) 移花接木

剔除对方论据中存在缺陷的部分，换上于我方有利的观点或材料，往往可以收到“四两拨千斤”的奇效。我们把这一技法喻名为“移花接木”。

例如：在《知难行易》的论辩中曾出现过如下一例：

反方：古人说“蜀道之难，难于上青天”，是说蜀道难走，“走”就是“行”嘛！要是行不难，孙行者为什么不叫孙知者？

正方：孙大圣的小名是叫孙行者，可对方辩友知不知道，他的法名叫孙悟空，“悟”

是不是“知”？

这是一个非常漂亮的“移花接木”的辩例。反方的例证看似有板有眼，实际上有些牵强附会：以“孙行者为什么不叫孙知者”为驳难，虽然是一种近乎强词夺理的主动，但毕竟在气势上占了上风。正方敏锐地发现了对方论据的片面性，果断地从“孙悟空”这一面着手，以“悟”就是“知”反诘对方，使对方提出关于“孙大圣”的引证成为抱薪救火、惹火烧身。

移花接木的技法在论辩理论中属于强攻，它要求辩手勇于接招，勇于反击，因而它也是一种难度较大、对抗性很高。说服力极强的论辩技巧。诚然，实际临场上雄辩滔滔，风云变幻，不是随时都有“孙行者”“孙悟空”这样现成的材料可供使用的，也就是说，更多的“移花接木”。需要辩手对对方当时的观点和我方立场进行精当的归纳或演绎。

比如，在关于“治贫比治愚更重要”的论辩中，正方有这样一段陈词：“……对方辩友以迫切性来衡量重要性，那我倒要告诉您，我现在肚子饿得很，十万火急地需要食物来充饥，但我还是要辩下去，因为我意识到论辩比充饥更重要。”话音一落，掌声四起。这时反方从容辩道：“对方辩友，我认为‘有饭不吃’和‘无饭可吃’是两码事……”反方的答辩激起了更热烈的掌声。正方以“有饭不吃”来论证贫困不足以畏惧和治愚的相对重要性，反方立即从己方观点中归纳出“无饭可吃”的旨要，鲜明地比较出了两者本质上的天差地别，有效地扼制了对方偷换概念的倾向。

(三) 顺水推舟

表面上认同对方观点，顺应对方的逻辑进行推导，并在推导中根据我方需要，设置某些符合情理的障碍，使对方观点在所增设的条件下不能成立，或得出与对方观点截然相反的结论。

例如，在“愚公应该移山还是应该搬家”的论辩中：

反方：……我们要请教对方辩友，愚公搬家解决了困难，保护了资源，节省了人力、财力，这究竟有什么不应该？

正方：愚公搬家不失为一种解决问题的好办法，可愚公所处的地方连门都难出去，家又怎么搬？……可见，搬家姑且可以考虑，也得在移完山之后再搬呀！

神话故事都是夸大其事以显其理的，其精要不在本身而在寓意，因而正方绝对不能让反方迂旋于就事论事之上，否则，反方符合现代价值取向的“方法论”必占上手。从上面的辩词来看，反方的就事论事，理据充分，根基扎实，正方先顺势肯定“搬家不失为一种解决问题的好办法”，接着又从“愚公所处的地方连门都难出去”这一条件，自然而然地导出“家又怎么搬”的诘问，最后水到渠成，得出“先移山，后搬家”的结论。如此一系列理论环环相扣。节节贯穿，以势不可挡的攻击力把对方的就事论事打得落花流水，真可谓精彩绝伦！

(四) 正本清源

所谓正本清源，本文取其比喻义而言，就是指出对方论据与论题的关联不紧或者背道而驰，从根本上矫正对方论据的立足点，把它拉入我方“势力范围”，使其恰好为我方观点服务。较之正向推理的“顺水推舟”法，这种技法恰是反其思路而行之。

例如，在“跳槽是否有利于人才发挥作用”的论辩中，有这样一节辩词：

正方：张勇，全国乒乓球锦标赛的冠军，就是从江苏跳槽到陕西，对方辩友还说他没有为陕西人民作出贡献，真叫人心寒啊！(掌声)

反方：请问到体工队可能是跳槽去的吗？这恰恰是我们这里提倡的合理流动啊！(掌声)对方辩友戴着跳槽眼镜看问题，当然天下乌鸦一般黑，所有的流动都是跳槽了。(掌声)

正方举张勇为例，他从江苏到陕西后，获得了更好地发展自己的空间，这是事实。反方马上指出对方具体例证引用失误：张勇到体工队，不可能是通过“跳槽”这种不规范的人才流动方式去的，而恰恰是在“公平、平等、竞争、择优”的原则下“合理流动”去的，可信度高、说服力强、震撼力大，收到了较为明显的反客为主的效果。

(五) 釜底抽薪

刁钻的选择性提问，是许多辩手惯用的进攻招式之一。通常，这种提问是有预谋的，它能置人于“两难”境地，无论对方作哪种选择都于己不利。对付这种提问的一个具体技法是，从对方的选择性提问中，抽出一个预设选项进行强有力的反诘，从根本上挫败对方的锐气，这种技法就是釜底抽薪。

例如，在“思想道德应该适应(超越)市场经济”的论辩中，有如下一轮交锋：

反方：……我问雷锋精神到底是无私奉献精神还是等价交换精神？

正方：……对方辩友这里错误地理解了等价交换，等价交换就是说，所有的交换都要等价，但并不是说所有的事情都是在交换，雷锋还没有想到交换，当然雷锋精神谈不上等价了。(全场掌声)

既然谈不上等价，那么自然不可能是等价精神，反方应该立即打蛇随棍上，指出这一点，并将问题展开深入

反方：那我还要请问对方辩友，我们的思想道德它的核心是为人民服务的精神，还是求利的精神？

正方：为人民服务难道不是市场经济的要求吗？(掌声)

正方的回答其实很不恰当，而此时反方的知识储备或者应变能力严重不足，如果反问一句“难道毛泽东同志提出为人民服务是为了顺应市场经济的要求么”，则立刻将正方推至风口浪尖，迫使其选择回避。

第一回合中，反方有“请君入瓮”之意，有备而来。显然，如果以定势思维被动答问，就难以处理反方预设的“两难”：选择前者，则刚好证明了反方“思想道德应该超越市场经济”的观点；选择后者，则有悖事实，更是谬之千里。但是，正方辩手却跳出了反方“非此即彼”的框框设定，反过来单刀直入，从两个预设选项抽出“等价交换”，以倒树寻根之势彻彻底底地推翻了它作为预设选项的正确性，语气从容，语锋犀利，其应变之灵活、技法之高明，令人叹为观止！

当然，辩场上的实际情况十分复杂，要想在论辩中变被动为主动，掌握一些反客为主的技巧还仅仅是一方面的因素，另一方面，反客为主还需要仰仗于非常到位的即兴发挥，而这一点却是无章可循的。

(六) 攻其要害

在辩论中常常会出现这样的情况：双方纠缠在一些细枝末节的问题、例子或表达上争论不休，结果，看上去辩得很热闹，实际上已离题万里。这是辩论的大忌。一个重要的技巧就是要在对方一辩、二辩陈词后，迅速地判明对方立论中的要害问题，从而抓住这一问题，一攻到底，以便从理论上彻底地击败对方。如“温饱是谈道德的必要条件”这一辩题的要害是：在不温饱的状况下，是否能谈道德？在辩论中只有始终抓住这个要害问题，才能给对方以致命的打击。在辩论中，人们常常有“避实就虚”的说法，偶尔使用这种技巧是必要的。比如，当对方提出一个我们无法回答的问题时，假如强不知以为知，勉强去回答，不但会失分，甚至可能闹笑话。在这种情况下，就要机智地避开对方的问题，另外找对方的弱点攻过去。然而，在更多的情况下，我们需要的是“避虚就实”，“避轻就重”，即善于在基本的、关键的问题上打硬仗。如果对方一提问题，我方立即回避，势必会给评委和听众留下不好的印象，以为我方不敢正视对方的问题。此外，如果我方对对方提出的基本立论和概念打击不力，也是很失分的。善于敏锐地抓住对方要害，猛攻下去，务求必胜，乃是辩论的重要技巧。

(七) 利用矛盾

由于辩论双方各由四位队员组成，四位队员在辩论过程中常常会出现矛盾，即使是同一位队员，在自由辩论中，由于出语很快，也有可能出现矛盾。一旦出现这样的情况，就应当 马上抓住，竭力扩大对方的矛盾，使之自顾不暇，无力进攻我方。比如，在与剑桥队辩论时，剑桥队的三辩认为法律不是道德，二辩则认为法律是基本的道德。这两种见解显然是相互矛盾的，我方乘机扩大对方两位辩手之间的观点裂痕，迫使对方陷入窘境。又如对方一辩起先把“温饱”看作是人类生存的基本状态，后来在我方的凌厉攻势下，又大谈“饥寒”状态，这就是与先前的见解发生了矛盾，我方“以子之矛，攻子之盾”，使对方于急切之中，理屈词穷，无言以对。

(八)“引蛇出洞”

在辩论中，常常会出现胶着状态：当对方死死守住其立论，不管我方如何进攻，对方只用几句话来应付时，如果仍采用正面进攻的方法，必然收效甚微。在这种情况下，要尽快调整进攻手段，采取迂回的方法，从看来并不重要的问题入手，诱使对方离开阵地，从而打击对方，在评委和听众的心目中造成轰动效应。在我方和悉尼队辩论“艾滋病是医学问题，不是社会问题”时，对方死守着“艾滋病是由 HIV 病毒引起的，只能是医学问题”的见解，不为所动。于是，我方采取了“引蛇出洞”的战术，我方二辩突然发问：“请问对方，今年世界艾滋病日的口号是什么？”对方四位辩手面面相觑，为不至于在场上失分太多，对方一辩站起来乱答一通，我方立即予以纠正，指出今年的口号是“时不我待，行动起来”，这就等于在对方的阵地上打开了一个缺口，从而瓦解了对方的坚固的阵线。

(九)“李代桃僵”

当我们碰到一些在逻辑上或理论上都比较难辩的辩题时，不得不采用“李代桃僵”的方法，引入新的概念来化解困难。比如，“艾滋病是医学问题，不是社会问题”这一辩题就是很难辩的，因为艾滋病既是医学问题，又是社会问题，从常识上看，是很难把这两个问题然分开的。因此，按照我方预先的设想，如果让我方来辩正方的话，我们就会引入“社会影响”这一新概念，从而肯定艾滋病有一定的“社会影响”，但不是“社会问题”，并严格地确定“社会影响”的含义，这样，对方就很难攻进来。后来，我们在抽签中得到了辩题的反方，即“艾滋病是社会问题，不是医学问题”，在这种情况下，如果我们完全否认艾滋病是医学问题，也会于理太悖，因此，我们在辩论中引入了“医学途径”这一概念，强调要用“社会系统工程”的方法去解决艾滋病，而在这一工程中，“医学途径”则是必要的部分之一。这样一来，我方的周旋余地就大了，对方得花很大力气纠缠在我方提出的新概念上，其攻击力就大大地弱化了。“李代桃僵”这一战术之意义就在于引入一个新概念与对方周旋，从而确保我方立论中的某些关键概念隐在后面，不直接受到对方的攻击。

辩论是一个非常灵活的过程，在这一过程中，可以施展的技巧的一些比较重要的技巧。经验告诉我们，只有使知识积累和辩论技巧珠联璧合，才可能在辩论赛中取得较好的成绩。

(十) 缓兵之计

在日常生活中，我们可以见到如下情况：当消防队接到求救电话时，常会用慢条斯理的口气来回答，这种和缓的语气，是为了稳定说话者的情绪，以便对方能正确地说明情况。在某些特定的场合，“慢”也是处理问题、解决矛盾的好办法。论辩也是如此，在某些特定的论辩局势下，快攻速战是不利的，缓进慢动反而能制胜。

在论辩中要正确使用“以慢制胜”法，至少要注意以下三点：

其一，以慢待机后发制人。

俗话说：“欲速则不达。”在时机不成熟时仓促行事，往往达不到目的。论辩也是如此，“慢”在一定条件下也是必须的。“以慢制胜”法实际上是论辩中的缓兵之计，缓兵之计是延缓对方进兵的谋略。当论辩局势不宜速战速决，或时机尚不成熟时，应避免针尖对麦芒式的直接交锋，而应拖延时间等待战机的到来。一旦时机成熟，就可后发制人，战胜论敌。如第一例中，丘吉尔在时机不成熟时，不急于成功，以慢待机。在讨论首相人选的关键时刻，以沉默表示反对，最终赢得了胜利。

其二，以慢施谋 以弱克强。

“以慢制胜”法适用于以劣势对优势、以弱小对强大的论辩局势。它是弱小的一方为了战胜貌似强大的一方而采取的一种谋略手段。“慢”中有计谋，缓动要巧妙。这里的“慢”并非反应迟钝，不善言辞的同义语，而是大智若愚、大辩若讷的雄辩家定计施谋的法宝之一。如第一例中，丘吉尔面对张伯伦的追问，装聋作哑，拖延时间，实际上是假痴不癫的缓兵之计。在这一种韧性的相持中，张伯伦一方终于沉不住气了，丘吉尔以慢施谋终于取得了胜利。

其三，以慢制怒以冷对热。

“慢”在论辩中还是一种很好的“制怒”之术。论辩中唇枪舌剑，自控力较差的人很容易激动。在这种情况下，要说服过分激动的人，宜用慢动作、慢语调来应付。以慢制怒，以冷对热，才能使其“降温减压”。只有对方心平气和了，你讲的道理他才能顺利接受。如第二例中的营业员，就是以冷静的态度、和缓的语气，平息了对方的怒气，化解了矛盾。

总之，论辩中的“快”与“慢”也是一种对立统一的辩证关系。兵贵神速，“快”当然好。可是，有时“慢”也有“慢”的妙处。“慢”可待机，“慢”可施谋，“慢”可制怒。“慢”是一种韧性的战术，“慢”是一场持久战，“慢”是舌战中的缓兵之计。缓动慢进花的时间虽长，绕的弯子虽大，然而在许多时候，它却往往是取得胜利的捷径.

【本章实训】

1. 掌握并学会运用辩论的技巧。

2. 辩论题目：“人生机遇与奋斗，哪个更重要？”“网上交友利大于弊还是弊大于利？”“在校大学生应不应该谈恋爱？”。

第九章　交际口语技巧

一、日常交际口语技巧

1995 年，美国哈佛大学心理学教授丹尼尔·戈尔曼提出了“情商”(EQ)的概念，认为情商是个体的重要生存能力，是一种发掘情感潜能、运用情感能力影响生活各个层面和人生未来的关键的品质因素。戈尔曼甚至认为，在人的成功要素中，智力因素是重要的，但更为重要的是情感因素，情商大致可以概括为五方面内容：情绪控制力；自我认识能力，即对自己的感知力；自我激励、自我发展的能力；认知他人的能力；人际交往的能力。日常人际沟通其实就是一个人情商的充分展示。

(一) 交谈

1. 交谈礼仪

交谈是我们日常生活中最为常见也最为广泛的沟通方式。我们在相互交谈中传递信息，交流思想，沟通情感，从而达到交际的目的。

交谈作为最常见的沟通方式，也有其基本的礼仪规范。

首先，谈话的表情要自然，语气和气亲切，表达得体。说话时可适当做些手势，但动作不要过大，更不要手舞足蹈，不要用手指指人。与人谈话时，不宜与对方离得太远，但也不要离得过近，不要拉拉扯扯，拍拍打打。谈话时不要唾沫四溅。

其次，参加别人谈话要先打招呼，别人在个别谈话时，不要凑前旁听。若有事需与某人说话，应待别人说完。有人与自己主动说话，应乐于交谈。第三者参与说话，应以握手、点头或微笑表示欢迎。发现有人欲与自己谈话，可主动询问。谈话中遇有急事需要处理或需要离开，应向谈话对方打招呼，表示歉意。

再次，谈话现场超过三人时，应不时地与在场的所有人攀谈几句。不要只与一、两个人说话，不理会在场的其他人。也不要与个别人只谈彼此知道的事而冷落第三者。如所谈问题不便让旁人知道，则应另找场合。

在交际场合，自己讲话要给别人发表意见的机会，别人说话，也应适时发表个人看法。要善于聆听对方谈话，不轻易打断别人的发言。一般不提与谈话内容无关的问题。如对方谈到一些不便谈论的问题，不好对此轻易表态，可转移话题。在相互交谈时，应目光注视对方，以示专心。对方发言时，不左顾右盼、心不在焉，或注视别处，显出不耐烦的样子，也不要老看手表，或做出伸懒腰、玩东西等漫不经心的动作。

谈话的内容一般不要涉及疾病、死亡等不愉快的事情，不谈一些荒诞离奇、耸人听闻、黄色淫秽的事情。一般不询问女性的年龄、婚姻状况，不径直询问对方履历、工资收入、家庭财产、衣饰价格等私人生活方面的问题。与妇女谈话不说妇女长的胖、身体壮、保养得好等语。对方不愿回答的问题不要追问，不追根问底。对方反感的问题应表示歉意，或立即转移话题。一般谈话不批评长辈、身份高的人员，不讥笑、讽刺他人。

男子一般不参与女性圈内的议论，也不要与女性无休止地攀谈而引起旁人的反感侧目。与女性谈话要更谦让、谨慎，不与之开玩笑，争论问题要有节制。

2. 交谈的基本原则

任何人际关系的建立、发展、巩固、改善、调整都要依靠一定的语言艺术。人际交往中口才水平的高低直接关系到人际关系的好坏。能够娴熟地运用口才技巧，是人际互动取得成功的重要因素之一。

在日常交流中，我们必须遵循以下这些原则。

1) 目的性原则

目的性首先体现在对交谈的总体目的、议论范围、交谈方式心中有数，即“话要说到点子上”。一个新郎在婚礼上如此致辞：“我衷心感谢大家在百忙之中赶来参加我们的婚礼，这是对我们的极大鼓舞，极大鞭策，极大关怀。由于我们是初次结婚，缺乏经验，还有待各位今后多多给我们帮助、扶持与指导。今天有招待不周之处，欢迎大家多提宝贵意见，以便下次改进。”这个就违反了目的性原则，说话没有说在点子上，结果就闹了大笑话。

目的性还体现在交谈要看说话对象的年龄、身份、地位、职业、文化、心理等。如一位年轻的人口普查员问一位农村老大娘：“你的配偶呢？”大娘不知所云。普查员赶紧补充说：“就是您的老伴啊！”大娘笑着说：“你说老伴不就成了？”此处普查员第一次的询问显然没有充分考虑到被调查者的身份、年龄而导致沟通的失败。

2) 真切性原则

所谓真切性原则就是指事真、理真、情真，忌假、大、空。如 1860 年，林肯与民主党候选人道格拉斯竞选美国总统的一次演讲：“有人问我有多少财产？我有一个妻子，三个儿子，都是无价之宝。此外，还租有一个办公室，室内有办公桌一张、椅子三把，墙角还有一个大书架，架上的书值得每个人一读。我本人既穷又瘦，脸蛋很长，不会发福。我实在没有什么可依靠的，唯一可依靠的就是你们。”林肯演讲中的真情真意打动了广大的选民，为最终赢得大选的胜利打下了良好的基础。

3. 逻辑性原则

逻辑性是指在交谈中做到思路清晰、条理分明，并且理由充分。比如我国名著《三国演义》中“诸葛亮游说东吴联合抗曹”就是典型的例子：诸葛亮首先给孙权分析当前形势，进而表明己方立场，然后分析曹军弱点及孙刘联合的优势，最后阐明联合抗曹的好处。孙权听了这番合情合理的分析，增加了联刘抗曹的信心，最后促成了孙刘联盟。

4) 时空性原则

时空性原则是指交谈要符合时间、地点、场合等，也就是说交谈要符合当时的语境。

比如，平时遇到熟人问一句“吃了吗？”是很得体的，达到了寒暄，表示关心的目的，容易为我们所接受。但如果不讲究时机，对刚从卫生间出来的人说类似的问候语，就会让双方陷入尴尬境地。

3. 交谈的口语技巧

1) 使用礼貌语

谈话中要使用礼貌语言，如：你好、请、谢谢、对不起、打搅了、再见、好吗，等等。

2) 擅用习惯语

在我国人们相见习惯说“你吃饭了吗？”“你到哪里去？”“今天天气不错”等等。在西方，一般见面时先说“早安”“晚安”“你好”“身体好吗？”“最近如何？”“一切都顺利吗？”“好久不见了，你好吗？”“夫人(丈夫)好吗？”“孩子们都好吗？”“最近休假去了吗？”对新结识的人常问：“你这是第一次来我国吗？”“到我国来多久了？”“这是你在国外第一次任职吗？”“你喜欢这里的气候吗？”“你喜欢我们的城市吗？”分别时常说：“很高兴与你相识，希望再有见面的机会。”“再见，祝你周末愉快！”“晚安，请向朋友们致意。”“请代问全家好！”等。

3) 慎重选话题

交谈时选择什么话题，特别是对初次见面者而言，一直是困扰交谈者的一个问题。有时，由于彼此间的不熟悉，诙谐有趣的谈话话题反而会阻碍交流的进一步发展。因此，选择一个合适的话题成为了交谈者双方的共同任务。一般来说，对于彼此不是很熟悉的人而言，我们可以尝试从以下几方面展开话题：

(1) 目前社会上的热门话题，并征询对方的看法；
(2) 谈论对方感兴趣的事情或对方熟知的事情如所从事的行业；
(3) 谈论当下你感兴趣的话题，并征询对方意见；
(4) 谈论你刚看过的一部电影，并征询对方的观感；
(5) 评论你所参加的活动，并问对方对此活动的看法。

这些话题可以挨个尝试，在瞬间引起对方关注，从而挑起别人也感兴趣的对话。

当然，在社交场合，也可以谈论涉及天气、新闻、工作、业务等方面的话题。

(二) 赞美与道歉

1. 赞美

犹太人有句谚语：“唯有赞美别人的人，才是真正值得赞美的人。”说的就是在日常生活中只有懂得欣赏和赞美他人的人，才能够赢得别人的尊重与爱戴。可以这么说，赞美是人际交往中的润滑剂，我们在赞美中体味尊重，实现互赢。但有时不恰当的赞美却也会给他人带来伤害。在现实生活中，我们赞美他人必须做到：

1) 情真意切

虽然人都喜欢听赞美的话，但并非任何赞美都能使对方高兴。你若无根无据、虚情假意地赞美别人，他不仅会感到莫名其妙，更会觉得你油嘴滑舌、诡诈虚伪。比如，现在非常流行的“美女”称呼，在现实中已演变为了“发霉的女人”，你见到一位其貌不扬的小姐，却偏要对她说："你真是美极了。"对方立刻就会认定你所说的是虚伪之至的违心之言。但如果你着眼于她的服饰、谈吐、举止，发现她这些方面的出众之处并真诚地赞美，她一定会高兴地接受。因此，赞美他人时必须基于事实、发自内心、情真意切。

2) 详实具体

在日常生活中，人们有非常显著成绩的时候并不多见。因此，交往中应从具体的事件入手，善于发现别人哪怕是最微小的长处，并不失时机地予以赞美。赞美用语愈翔实具体，说明你对对方愈了解，对他的长处和成绩愈看重。让对方感到你的真挚、亲切和可信，你们之间的人际距离就会越来越近。如果你只是含糊其词地赞美对方，说一些"你工作得非常出色"或者"你是一位卓越的领导"等空泛飘浮的话语，不能引起对方的猜度，甚至产生不必要的误解和信任危机。

3) 因人而异

人的素质有高低之分，年龄有长幼之别，因人而异，突出个性，有特点的赞美比一般化的赞美能收到更好的效果。老年人总希望别人不忘记他"想当年"的业绩与雄风，同其交谈时，可多称赞他引为自豪的过去；对年轻人不妨语气稍为夸张地赞扬他的创造才能和开拓精神，并举出几点实例证明他的确能够前程似锦；对于经商的人，可称赞他头脑灵活，生财有道；对于有地位的干部，可称赞他为国为民，廉洁清正；对于知识分子，可称赞他知识渊博、宁静淡泊……当然这一切要依据事实，切不可虚夸。

当然，我们在赞美他人时还必须认识到，最需要赞美的不是那些早已功成名就的人，而是那些因被埋没而产生自卑感或身处逆境的人。这时对他们及时送上一声赞美的话语，便有可能促使他们振作精神，大展宏图。因此，最有实效的赞美不是"锦上添花"，而是"雪中送炭"。

4) 合乎时宜

赞美的效果在于相机行事、适可而止，真正做到"美酒饮教微醉后，好花看到半开时"。当别人计划做一件有意义的事时，开头的赞扬能激励他下决心做出成绩，中间的赞扬有益于对方再接再厉，结尾的赞扬则可以肯定成绩，指出进一步的努力方向，从而达到"赞扬一个，激励一批"的效果。

此外，赞美并不一定总用一些固定的词语，有时，投以赞许的目光、做一个夸奖的手势、送一个友好的微笑也能收到意想不到的效果。

2. 道歉

有道是"知错就改"，人不怕犯错误，却怕不承认过失，明知故犯。在人际交往中，倘若自己的言行有失礼不当之处，或是打扰、麻烦、妨碍了别人，最聪明的方法，就是及时向对方道歉。道歉如果得当，对个人名誉和人际关系均有促进作用。但如果方式欠妥，反而会错上加错，有时甚至会造成不堪设想的严重后果。

一般情况下，真诚道歉应该具备以下三要素：承认犯了错误或冒犯了对方；为此表示悔恨；承担相应的责任。当然，在真实事件中，视具体情况而定，但心中必须有具体认知。

1) 真诚道歉五原则

(1) 诚恳。道歉时用词要清晰明了、准确无误，不可带有挑衅成分。道歉做得好，受害方会觉得："是的，他知错了。"往往受害者所希望看到的是你勇于承担责任的态度和对错误的警觉，他要知道的是类似的事情以后不会再发生。

(2) 明确。不要为无关痛痒的事情道歉。如果冒犯一方道歉的事由与受害一方所认为的错误风马牛不相及时，那么道歉反而会使问题更加复杂。往好了说，人们会觉得冒犯者对问题本身仍是两眼一抹黑；往坏了说，别人会认为你是在故意歪曲事实。

(3) 恰当。道歉必须选择一种恰当的方式，比如对一个公司职员而言，他可以考虑是从职位对职位的角度去进行道歉更方便，还是从个人对个人的角度更好。如果你对要做道歉的对象很气愤，可能从相应的工作或职位角度去设计如何进行道歉会更容易一些。要选择对你来说比较容易做好的方式进行道歉。这样，就不会使所做的道歉看起来别别扭扭、极不情愿而导致丝毫不起作用。

(4) 沟通。不要总想着"如何才能表达悔恨情绪"，你的目的是将你的悔恨传达出去，让另一方知道。如何表达只是单方面的事，就算你从心窝里掏出忏悔，那也只是取决于你自己；而沟通交流是人与人之间的事。不要光想着自己，要把精力放在你的对象身上以及道歉的三大要素上——认错、悔恨和担当责任。这样你就不会显得好像在为自己辩护，而你做的道歉也就更容易被接受了。

(5) 行动。"我想道歉"不是真正的道歉。这就好比"我想减肥"不等于减肥一样。要有实际行动。要做出明确无误、直截了当的道歉。不要遮遮掩掩、拐弯抹角或搬出陈词滥调。

2) 真诚道歉三技巧

(1) 文明规范的道歉语。有愧对他人之处，适合说："深感歉疚""非常惭愧"。希望他人谅解的，可以说："多多包涵""请您原谅"。有劳别人时可说："打扰了""麻烦了"。一般场合，则可以讲："对不起""很抱歉""失礼了"。

(2) 及时得体地道歉。知道自己错了，马上就要说"对不起"，否则越拖得久，越容易使人误解，道歉的效果也越差。因此，道歉需及时，避免因小失大。同时要明白，道歉不是耻辱，所以要大大方方，完全彻底，而不要遮遮掩掩，"欲说还休"，给人感觉不够真诚。

(3) 适当借助"物语"。有些道歉的话当面难以启齿，写个纸条、发个短信或者电子邮件，都不失为一种好方法。而有时，借助于某些具体的物件，也能收到意想不到的道歉效果。如对西方妇女而言，令其转怒为喜，既往不咎的最佳道歉方式，无过于送上一束鲜花，婉"言"示错。这类借物表意的道歉"物语"，会有极好的反馈。

道歉可以冰释前嫌，消除他人对自己的恶感，也可以防患于未然，为自己留住知己，赢得朋友。但我们也必须清楚，向他人道歉，更重要的是要使自己此后的所作所为有所改进，不要言行不一，依然故我。让道歉仅仅流于形式，只能证明自己待人缺乏诚意。

(三) 拒绝

拒绝，就是不接受。在语言方面来说，拒绝既可能是不接受他人的建议、意见或批评，也可能是不接受他人的恩惠或赠予的礼品。从本质上讲，拒绝亦即对他人意愿或行为的间接性否定。人生就是在不断地遭到拒绝和拒绝他人中展开。我们不断地说服他人，以寻求合作；而对某些过分的要求，我们又在不断地拒绝。在社会交往中，直截了当说出拒绝的话，很难出口，然而，有时候又不得不拒绝对方，这就要求掌握拒绝的技巧。

1. 有效拒绝的原则

1) 态度和蔼

拒绝，既然是对他人意愿或行为的一种间接的否定，那么在有必要拒绝他人时，就应考虑不要把话说绝，不要在他人开口要求时予以断然拒绝。对他人的请求迅速采取反驳的态度，或流露出不快的神色，或藐视对方，坚持完全不妥协的态度等，都是不妥当的，都可能对他人造成一种伤害。因此，在拒绝他人时，首先应该以和蔼可亲的态度诚恳应对。

2) 开诚布公

如果拒绝的理由充分有力，那么在拒绝时完全可以据实言明，把不得不拒绝的理由以诚恳的态度加以说明，直到对方了解你是爱莫能助，这是最成功的拒绝。否则如果采取模棱两可的说法，致使对方摸不清自己的真正意思，反而会产生许多误会，而导致彼此关系的破裂。

3) 诚挚尊重

拒绝时不要伤害对方的自尊心，要给对方留一个退路，要能让他自己下梯子。在听他人求助时，必须自始至终耐心倾听，给予足够的重视和尊重，这时再来拒绝对方，就不会使对方难堪。

2. 有效拒绝的策略

1) 推脱策略

对于某些敏感问题，不能立马给予答复，可以采用推脱策略，如“此事要和某某商量，现在恐怕难以决定”等。

2) 拖延策略

有时候，拖延一段时间，审慎选择机会，会使得原来紧张的局面完全改观，这也是一种拒绝人的技巧。如“此事还须进一步调查，等最后结果出来后我们再讨论怎样处理，如何？”。

3) 笑而不语

对于一些难以说清的或不需要多解释的问题，可以避实就虚，以笑代答。对对方不说“是”，也不说“否”，只是搁置此事，转而议论其他事情。

4) 装聋作哑

对于一些对自己完全不利，任何解释都无法令对方满意的问题，不妨以静制动，一言不发，静观其变。这种不说“不”字的拒绝，所表达出的无可奉告之意，常常会产生极强的心理上的威慑力，令对方不得不在这一问题上“遁去”。

5) 含糊其词

对于不容易回答的问题，可采取模棱两可的方法做出回答，如："此笔交易的最终效益要视交易是否进展顺利。"

6) 诱导对方自我否定

如："对于你刚才提出的问题，如果换了你是我应该如何回答？"

7) 先同情后拒绝的策略

如果对方提出的要求，但限于条件一时无法满足，可采取该策略。如"你提的建议很有建设性，我们将加以研究，如果今后条件成熟，我们一定会采纳你的这一建议。"

二、求职口语技巧

(一) 求职与口才的关系

求职与口才能力密切相关。重庆大学就业信息网曾经就求职成败与口才的关系这个课题专门展开过一次随机抽样调查，调查对象为来深圳市人才大市场的求职者，有效回答率为 88%；97.8%的人认为求职成败与交际和口才能力有关系；76.1%的人认为"人际交往与口才能力好不好，在很大程度上决定着一个人事业的成功与否"；69.3%的人对"交际与口才是现代人必须具备的能力，需要像学习专业知识那样系统学习"表示认可；93%以上的被调查者表示愿意参加交际与口才方面的培训。

(二) 求职口才的重要性

(1) 口才是能力的外在标志。能力分为实干能力和说话能力。我们把前者称为技能，后者称为口才。

(2) 口才是综合素质的具体体现。

(3) 口才是能力的扩大和延伸。因为一方面口才可以展示自己，另一方面口才能够唤起团结、激励公众。

(4) 口才是求职和经营、交往的现实需要。

(三) 职场口才技巧

1. 自我介绍的口才技巧

(1) 直白式。就是有什么说什么，原原本本、直截了当地表露出来。

如："我叫×××，是××人，××学院毕业，学的是英语专业，3 年制专科……"这种方式轻松洒脱，但难与招聘者的问话目的契合，很难留下较为深刻的第一印象。

(2) 文雅式。就是把话说得很规范而且有文采，显示出丰厚的涵养水平来。

如："鄙人×××，祖籍江西省，就学于××学院，主修专业为××，学制时间 3 年……"这种方式虽有文采，但绝大多数招聘者只是请你去干活的，对基础性的学问研究之类并没有多大兴趣，所以很容易在第一时间就被刷一下来。

(3) 成果式。就是着重展示自己的成果，用成果去抓住并打动招聘方的心。

如："我叫×××，××人，××大学××专业，取得了一个硕士、两个学士学位，曾为学校筹款××万元，获得过省部级以上设计奖 4 个，先后有 5 家报刊做过报道……"这种方式具有吸引优势，但如果实力不强，容易陷入"巧妇难为无米之炊"的困窘之中。

(4) 幽默式。就是说得生动、说得风趣，从平淡中说出了新意，给人耳目一新的感觉的同时，也产生出较强烈的第一印象。

如："我叫××，知名度小；生于××省，一个乡巴佬；硕士毕业，普通院校；成绩优良，技能还少……"能在短期内迅速引起招聘方的注意，拉近求职者与招聘者的心理距离。

(5) 职务式。就是借助于职务的列举来显示出自己的学识水平与技术或组织能力来。

如："我叫×××，××市人，××××大学××专业毕业，我崇尚并特别注重实践，先后兼任过 3 家化工公司的总经理助理，主持过 4 个学生科技攻关小组，做过 5 次大型企业活动的总策划，担任过学生会主席等 6 个职务……"这种方式很容易一下子抓住招聘方的注意力，成为用人单位的首选目标。

2. 具体训练基本要求

(1) 符合不同场合，必须简短，在 1～5 分钟之内说完。必须有条理，有重点。

(2) 语速要适中，不能太快或太慢；口齿清楚，尽量用普通话。

(3) 禁忌：

吞吞吐吐——说明自信心不足；

前言不对后语——说明所说内容不可信；

话语太长——说明求职者心不在焉；

满口套话——没有实战经验；

过分自谦——底气不足或城府太深。

(四) 求职引发共鸣的口才技巧

(1) 喜剧式，就是用幽默、风趣或自嘲等方法来营造良好的交流氛围。在招聘者心目中建立起良好的初始印象。

(2) 实用式，就是求职者要学会用语言去提醒或启发招聘者，使招聘者感觉到求职者的知识与技能确实对自己有用，而且十分迫切。

(五) 求职展示亮点的口才技巧

(1) 工作式，在实际工作发现自己的优势，并用生动、精当的语言陈述、表露出来。

(2) 技术式，在应用技术中发现自己的优势，并用生动、精当确的语言周密陈述、表露出来。

(3) 生活式，在日常生活中展露独特的某一项本领，形成自己的优势，让旁人用生动、精当的语言陈述、表露出来，并不断地传扬开去。

(4) 特殊式，求职者只要具备了某一项较为独特的本领，都可以而且应该寻找到急需的相关行业展露出来。

(5) 发展式，也就是要发展好自己的优势。

展示亮点要从招聘单位或岗位职责中最薄弱的环节去寻找并展示亮点。重点展示职业亮点，而不是性格亮点。

(六) 求职应对尴尬的口才技巧

(1) 极端式，让求职者经受极端的锻炼，学会从极端中寻求解脱，重觅新路，创造出“柳暗花明又一村”的新境界来。

(2) 急智式，使求职者在紧急状况下快速反应，能在最短的第一时间内做出合理的选择，拿出较科学正确的解决办法来。

(3) 模拟式，模拟出情境相似的实践环境，能在最接近真实的情况下做出有利的反应。

要求：镇定不慌乱并争取时间；奉行无伤害原则；解决问题、突破尴尬；不要无理转移问题；不要完全被既定的思路限制；一般不要直接拒绝回答。

(七) 如何过好招聘口试关

作家柳青有句名言：“人生的道路虽然漫长，但紧要处常常只有几步，特别是当人年轻的时候。”招聘工作中的笔试、口试(面试)，无疑是应聘者人生道路上的紧要一步。所以应聘者除了要做好文化及专业知识的准备，还要加强口才的训练，通过下面几点的努力，过好招聘的口试关。

(1) 克服自卑心理，答话要表现出自信与沉着。

(2) 要听清题意，“靠船下篙”地回答问题，发挥自己的专业特长和优势。

(3) 重视情境设置型题目，事前做一些模拟练习。

(4) 灵活应答，给评委留下深刻印象。

三、谈判口语技巧

所谓谈判口才，简而言之，就是在谈判时口语表达的才能，即谈判时所使用的口语表达的艺术和技巧。具体言之，谈判口才就是在一定的时空条件下，谈判主体运用准确、得体、恰当、有力、生动、巧妙、有效的口语表达策略，同对手进行磋商，以达到特定的经济或政治目的，取得圆满的口语表达效果的艺术和技巧。

口才实际上是一种综合性的学问，是一门艺术，也是一种能力。一个具有卓越口才的人，往往同时具有敏捷的思维、清晰的思路、渊博的知识、出众的智慧、机警的反应、高超的口语表达艺术，尤其是具有良好的心理素质。

回顾人类社会发展的历史就会发现，口才在社会发展和人自身的发展中的作用是不可低估的。中国南北朝时期，著名学者刘潞，曾高度评价口才的作用：“一言之辩，重于九鼎之宝；三寸之舌，强于百万之师。”春秋战国时的毛遂自荐使楚，口若悬河，迫使楚王歃血为盟。战国时的苏秦游说诸侯，身佩六国相印，促成合众抗秦联盟。在漫长的社会发展进程中，口才作为一门艺术，天下学者、志士沉醉于其中。无论是在西方，还是在东方，无数个著名的演说家，留下了许许多多脍炙人口的千古佳话。

现在，人类社会已经步入了 21 世纪，进入了知识经济时代。竞争越来越激烈，人们的生活节奏日益加快，活动空间越来越大，由此带来的人与人之间的交往也比过去任何时代都更频繁、更紧密，口才在社会发展和人自身的发展中的作用越发重要起来。第二次世界大战以后，西方一些人将舌头和原子弹、金钱并提，称之为“三大威胁力量”：现在，又将舌头与美元、电脑视为人们赖以生存和竞争的“三大战略武器”。这就是足以证明口才的地位和作用已被推崇到何等惊人的高度！

口才是人类生活中最难能可贵的艺术或技能，不仅在社会发展中具有重要作用，而且也是现代人所必须具备的重要能力之一。然而，出众的口才不是与生俱来的，它依赖于我们每个人后天的刻苦学习和锻炼，只有通过强化训练才能精通掌握。只要你愿意努力，通过坚持不懈的训练，你同样可以成为出色的演说家，成为一个谈判高手。

(一) 谈判口才的特征

谈判与口才密不可分，一切谈判都要经过双方人员的口才较量然后才能达成协议。谈判的过程就是口才的运用和发挥的过程。谈判口才有四个方面的特征：

1. 目的的功利性

促使谈判的动力是人们的需要。谈判各方都是为了满足自己的需要而走到谈判桌前。因此，无论是个人间的，组织间的，还是国家间的谈判，都具有明显的功利性。

2. 话语的随机性

谈判必须根据不同的对象、不同的内容、不同的阶段、不同的时机来随时调整自己话语的表述方式，包括不同的句型、语气、修辞，随机应变地运用自己的口才技巧，与对方周旋。

3. 策略的智巧性

谈判与论辩一样，既是口才的角逐，也是智力的较量：或言不由衷，微言大义；或旁敲侧击，循循暗示；或言必有中，一语道破……出色的谈判大师总是善于鼓动如簧巧舌，调动手中的筹码，取得理想的效果。

4. 战术的实效性

谈判不同于朋友之间的聊天，也不同于情人之间的绵绵絮语，谈判注重效率，在战术上具有实效性的特征，这也是它独具的特征之一。谈判之初，参谈各方都有自己预定的谈判决策方案，其中包括各谈判阶段所安排的内容、进度、目标，以及谈判的截止日期等。这种实效性特征也可以用作迫使对方让步的武器。

(二) 谈判口才的攻防策略

谈判口才的策略有很多，不胜枚举，但根据双方所处的地位，概括起来可分为攻势策略和防御策略两大类。

1. 攻势策略

当谈判一方实力较强，处于主动地位时，可以发起攻势，迫使对方做出更大让步。

1) 软硬兼施

同一谈判班子中某人扮演固执己见的顽固角色，而另一个人则扮演通情达理的“老好人”角色，即我们通常所说的一个唱白脸一个唱红脸。两人互相配合，虚实难分，软硬兼施。这是一种常用且很奏效的策略。

2) 反向诱导

为了说服对方接受某主张，可以提出一项恰恰相反的主张，即逆向谈判法。有的谈判对手总是怀疑，这时，就很难说服他相信自己建议的诚实性。因此，可以故意提出一条截然相反的建议，反向引导对方接受先前的建议。

3) 最后期限

大多数谈判，常常到了谈判的最后期限或临近这个期限时才达成协议。在谈判开始时规定最后期限，也是一个谈判策略。心理学家指出：当某一最后期限来到时，人们迫于这种期限的压力，会迫不得已改变自己先前的主张，以求尽快解决问题。

在谈判中常有这样的情况，在谈判开始时，就告诉对方最后期限。对方对此并不注意，但随着期限的迫近，对方内心的焦虑就会渐增，并表现出急躁不安。到了截止日期，这种不安和焦虑就会达到高峰。

2. 防御策略

当谈判中的一方处于被动局面时，就采用防御策略。

1) 先发制人

对方处于绝对优势时，往往提出十分苛刻的条件。这时自己可以先发制人，抢先开出条件，并以此作为谈判的基础。

2) 避重就轻

谈判的目的是使双方都得到利益上的满足。当谈判出现僵局时，在重要问题上仍要坚持立场，而在次要利益上可以做出适当让步。

3) 抑扬对比

如果在谈判过程中，对方趾高气扬，宣扬自己的优惠条件从而压迫你时，你要根据自己掌握的详细资料，采用抑扬对比策略应对。“抑”是贬低对方所说的条件，“扬”是适当突出己方优点。

4) 原地退后

有一种舞蹈动作，看起来在后退，实际还在原地。在谈判中也可以根据这种思路做出无损失的让步，让对手感到满足，从而达成合作。

5) 虚设转嫁

当对方实力雄厚，咄咄逼人时怎么办？可以虚设后台，拒绝对方，并把责任推在虚设的后台上。例如，向对方讲“上级有指示”或“不在自己权限范围内”等，这样，可以将自己的处境转劣为优。

6) 缓兵解围

当对方占据主动，己方一时不能接受对方的要求导致谈判僵局时，可采用缓兵解围策略。例如，宣布休会，即暂时终止谈判，以便取得更多的时间制定应付的策略，这样往往能使谈判从“山重水复疑无路”转到“柳暗花明又一村”的境界。

7) 让步策略

在商业谈判中常常出现僵局，双方因为某个问题而争论不休。这时，如果没有一方愿意作出让步，那么谈判是不可能成功的。让步是保证谈判获得成功的原则和策略，在谈判中让步，不是一件容易的事情。每一次让步，均应考虑其对全局的影响。

(三) 谈判口才的思维策略

谈判口才的思维策略主要有以下几种。

1. 主动出击策略

谈判中双方往往会有“主动－被动”交替的现象，这是正常的。但是如果一味地处于被动，被对方牵着鼻子走，对方问了什么，你就回答什么，缺乏提问意识，缺乏控制全局的能力，这对你的谈判是非常不利的。

2. 把握底线策略

谈判是彼此作出一些妥协和让步的决策活动。谈判者应该明确自己在谈判中想要获得的基本需求(即根本需求或首要需求)和派生需求(即次级需求)分别是什么，这样才能在谈判中灵活把握什么是必须保证的，什么是可以舍让的。如果你的需求是多方面的，那么应对这些需求按其强烈程度进行排队，使自己对谈判的进程心中有数。

3. 目标策略

即制定自己的分阶段、分步骤目标，以促成自己目标的实现。

4. 手段策略

这类策略是以完善自己的手段，钳制对方的手段为基本要求。它对目标的作用是间接的。如反建议、反议程方案，技术性措施的实施，环境的变更，等等。

5. 灵活变通立场

立场是指谈判的立脚点。谈判中，双方刚开始都是站在不同的立场发言。我们可以做一个简单的假设，如果对方都死死地抱住自己的立场不放，那么谈判的让步是很难实现的，谈判的过程会历尽艰辛。另一方面，谈判中灵活变通立场并不等于放弃自己的立场，而是学会从不同的思维方向重新考虑这个问题，也许会收到“柳暗花明又一村”的效果。

6. 方位和方法策略

方位和方法策略是指在何处、何种问题上，使用什么手段，以及如何应用这些手段。

7. 讨价还价策略

公关谈判离不开讨价还价。在西方国家，不仅商务公关谈判要进行讨价还价，其他活动如企业兼并、劳资纠纷、与政府官员周旋等谈判活动也需要讨价还价。

8. 关注长远利益

中国有一句古训“人无远虑，必有近忧”。谈判中利益有的是短期利益，有的是长远利益，作为一个聪明的谈判者，更应该关注长远利益。

9. 关注各方利益

中国还有一句古训“知己知彼，百战不殆”，只有明白对方需要什么，我们才能够在允许的范围内从容进退。站在对方的立场上思考，了解对方的期望值，对谈判进行整体的认识，以更广阔的思维空间和视野全盘考虑能够使谈判朝着合作的方向进行。

10. 寻找共同因素

谈判是在观点不一时开展的决策活动。很多时候，谈判会因意见不一而陷入僵局，影响谈判进程。在这种情况下，“寻找各方共同因素”是一个可行的方法。共同因素是指各方共同感兴趣的话题，这一话题可以是谈判范围内的，也可以是谈判范围外的。这些共同因素可以拉近谈判者的距离，缓和谈判过程中的对立情绪，从而促进谈判的顺利进行。

(四) 谈判口才的语言要求

1. 有声语言要求

1) 表情达意准确、明确

(1) 准确规范。在谈判中要用准确、规范的语言陈述自己的观点。要求说话清楚、吐字准确、措辞得当，语言完整，逻辑层次明晰，概念的运用准确无误，语句没有歧义。

(2) 明确明晰。谈判中，要尽量避免话中有话的语句。能够根据自己表情达意的需要正确处理语句的停顿、重音、节奏和速度，让对方能够明确地把握你所表达的意思。

(3) 注意修辞效果。其要求是，不仅要把话说对，把话说好，还要让人容易入耳。

2) 态度真诚、不卑不亢

谈判各方应该是一种平等对话的关系，谈判者只有怀着真诚的态度，做到说话时不愠不火，不卑不亢，才能赢得对方的尊重，要注意说话距离的保持，多用礼貌用语，泰然自若、从容自信，话语逻辑严密，有条不紊。在谈判中，要以理服人，不能过于亲昵，也不能咄咄逼人，应该做到心平气和。

3) 语气委婉礼貌

委婉礼貌是谈判中的语言原则，甚至当你不同意或不明白对方的观点时，也不能用气势汹汹或不屑一顾的语气，而应该用委婉礼貌的语气阐述自己的看法。

2. 无声语言要求

无声语言即指人的身体语言。在谈判中，无声语言运用得好，可以给你的谈判带来意想不到的效果。坐姿：两脚着地，膝盖成直角，身体适当前倾，不能靠在椅背上，坐沙发时双脚侧放或稍叠放。在谈判过程中，可以随着讲话人的内容不断调整自己的姿势以表示对其话语感兴趣，不能跷二郎腿。走姿：双肩平衡，目光平视，面带微笑，双臂伸直放松，自然摆动。

倾听对方谈话：双眼注视对方；可以边听边记录，以示重视。可将双手合拳按在额前或下巴表示沉思；也可以点头表示赞成，微微摇头表示不赞成。

表示厌倦或愤怒：眼神不专注，左顾右盼，皱眉，人往椅子背上靠，整理案前资料，看表，把玩身边的小物件，画一些不相干的图画，做出欲离开的样子等。

整体上看，谈判中的无声语言应该很好地体现出你的人格修养，这对你的谈判成功将起到重要的作用。

(五) 谈判中停顿的处理技巧

停顿是语言交流中的第一大要素，它是指口头表述中，词语之间、句子之间、层次之间、段落之间在声音上的间断。停顿和语言相配合，能创造出双重的意境，有停有连，停连得当，可以使口语表达语清意明，还能控制速度和节奏，创造出内容所需要的多种情势，产生动人的力量。

同样的内容，由于停顿的不同，意思也就可能不同。下面是处理语句停顿时要注意的几个问题：

(1) 停顿和呼吸的关系，停顿不等于换气，一般应在停顿较长的地方换气而且有助于表情达意，语气连贯，而不是相反。

(2) 停顿在表现大的层次关系和特殊的心理状态时，需要较长时间，一般情况下应是似断非断，藕断丝连，不能停顿过多过长，否则会破坏语调的连贯流畅。

(3) 停顿和重复一样，要和语调、节奏联系起来，恰如其分地处理，要注意具体问题具体分析，不可生搬硬套。

(4) 任何停顿，尤其较长的停顿，都不是信息的中断、内心的空白，停顿是传情达意的一种技巧而不仅仅是为了调节气息。

(六) 谈判中的答复技巧

谈判中回答问题不是一件容易的事，不但要根据对方的提问来回答，而且要尽可能地把答案讲清楚，让提问者满意。要对自己回答的每一句话都负责任，因为对方可以把他得到的回答理解为一种承诺。这就给回答问题的人带来一定的精神负担和压力。因此，一个谈判者水平的高低很大程度上取决于答复问题水平的高低。

掌握谈判的答复技巧应注意以下要领：

1. 对问题不要彻底回答

答话者要将问话者的询问范围缩小，或者对回答的前提加以修饰和说明。

2. 不要确切回答对方的提问

回答问题要给自己留一定余地，在回答时，不要过早地暴露你的实力。通常可以先说明一件类似的情况，再拉回正题。或者利用反问的方法把重点转移。

3. 减少问话者追问的兴致和机会

问话者如果发现了答话者的漏洞，往往会刨根问底地追问下去。所以，回答问题时要特别注意不让对方抓住某一点继续发问。

4. 让自己获得充分的思考时间

回答问题前必须对问题进行谨慎、认真的思考，要做到这一点需要有充分的思考时间。一般情况下，谈判者对问题答复的好坏与思考时间成正比。正因为如此，有些提问者会不断地催问，迫使你在对问题没有进行充分思考的情况下仓促作答。

这种情况下，作为答复者更要沉着，你不必顾虑谈判对手的催问，而是转告对方你必须进行认真思考，因而需要时间。

5. 有些问题不值得回答

谈判者有回答问题的义务，但这并不等于谈判者必须回答对方所提的每一个问题。特别是对某些不值得回答的问题可以礼貌地加以拒绝。

例如，在谈判中有些谈判者会提出与谈判主题无关的问题，回答这种问题显然是浪费时间。或者，对方会有意提出一些容易激怒你的问题，其用意在于使你失去自制力。回答这种问题只会损害自己，因此可以一笑了之。

6. 不轻易做答

谈判者回答问题，应该具有针对性，有的放矢，因此有必要了解问题的真实含义。有些谈判者会提出一些模棱两可或旁敲侧击的问题，以此摸对方的底。对这一类问题更要特别留意。否则，极易造成己方的被动。

7. 找借口拖延答复

在遇到自己不能确定或不方便立刻回答的问题时可以用资料不全或需要请示等借口来拖延答复。拖延时间只是缓兵之计，并不意味着可以拒绝回答对方提出的问题。因此，谈判者要进一步思考如何来回答问题。

8. 有时可以将错就错

谈判中，由于双方在表述与理解上的不一致，错误理解对方讲话的意思的事情是经常发生的。一般情况下，这会增加谈判双方信息交流与沟通上的困难，因而有必要予以更正、解释。但在特定情况下，这种错误理解能够为谈判中的某一方带来好处，因此可以采取将错就错的对策。比如，当对手对你的答复做了错误的理解，而这种理解又利于你时，你不必去更正对方的理解，而应该将错就错，因势利导。

(七) 谈判中应注意的事项

1. 学会认真倾听

心理学研究发现，在语言交流中，人们更愿意被倾听。因此，对于谈判者来说，不仅需要运用机智幽默的语言阐述自己的观点，同时还需要养成一个优秀的品质，那就是认真倾听对方的谈话。这一方面表示你对对方的尊重，体现了自身良好的人品修养和人格魅力，给对方以人格魅力的威慑；另一方面也能够在认真倾听之中把握更多你所需要的信息，及时调整自己的谈判策略。

2. 保持充分自信

雷登·B·约翰逊曾说过，自信使人心服，如果在谈判辩论中做不到这一点，就会失去机会。的确，我们无法想象，一个畏畏缩缩的人如何在谈判中获得成功。自信从哪里来？自信来源于谈判前的充分准备和谈判中的沉着应对。谈判前的准备包括积极分析资源(利我资源、利他资源、弊我资源、弊他资源等)，搜集主题信息(如果你对谈判主题有关的各种信息的把握比对方更加迅速和准确，那么你在谈判中往往会占主动地位，你将能够明晰地指出对方的问题所在，从而迫使对方作出让步)，丰富相关知识(包括谈判的技巧和谈判主题所涉及的方方面面的知识)。

3. 积极控制情绪

尽管谈判桌不是战场，但是对不同的观点进行论辩、妥协，总会出现许多情绪异常激动的场面。在这种情况下，必须很好地控制自己的情绪，什么时候该收敛情绪，什么时候该爆发情绪，都要根据谈判的进程而定，千万不要让情绪左右你，从而影响谈判。

四、营销口才技巧

营销，是工商企业组织针对社会需求，面对市场竞争，在市场调查论证的基础上，采用人员或非人员(广告推销、活动促销、服务促销)形式所进行的促进产品、商品销售流通的专门活动。西方企业家说："没有推销，就没有企业。"可见，营销对于企业是多么的重要。

口才是人生财富的起源，是一辈子的财富。有人说"口才是金""口才是宝"。市场营销人员无人不知"一言兴商""一语千金"的道理；做成生意最需要的是好口才，营销的奇迹 80%是由口才创造的。因此，掌握营销口才至关重要。

(一) 营销口才的概念

营销口才，是与顾客进行情感沟通的语言技巧，是一门把话说得悦耳动听、滴水不漏的经商艺术，是赢得顾客、扩大市场的成功法宝。决战商海，必须要拥有良好的营销口才。用好口才，就可以使营销化难为易，化繁为简，就可以让顾客变拒为纳，变疑为信，进而采取购买行动。

(二) 营销口才的作用

人员推销既是一种最古老、最简单的销售方法，也是现代营销中特别有效的方法。人员推销具有其他推销方式无可比拟的优势和特点，即人与人之间接触，用语言沟通所产生的特别效应。它明显地表现在：

(1) 企业和客户之间的联系纽带，帮助顾客认识商品和解决有关问题，在顾客心目中建立起企业和商品的良好信誉，使顾客最终成为企业的买主。

(2) 针对性强，工作弹性比较大，可以直接对顾客进行预测分析，确定重点对象，进行面对面的推销，签订销售合同，克服广告销售无法立即购买的不足。

(3) 可以使推销员在本职工作范围内独立地、创造性地工作，稳妥有效地实现企业的销售目标。很多企业都知道"顾客就是上帝"。企业的宗旨就是要让顾客满意且忠诚。"满意的客户不一定忠诚，忠诚的客户一定是满意的客户。”因此，企业经营者必须意识到，只有培养、选用口才优秀的人去开发市场、促进销售，才能占领市场、扩大市场，企业的生命之树才能常青。推销人员力求提供客户满意的服务，防止客户流失，让更多的客户成为回头客；树立起良好的服务品牌，从而形成企业发展壮大的基石。

(三) 营销语言的基本原则

视顾客为朋友，为熟人，想方设法让服务用语做到贴心、自然，令人愉悦，这是营销语言的基本出发点。营销语言在使用时应注意的原则有以下几个方面。

1. 顾客中心原则

设身处地为对方着想，急顾客之所需。主动说明顾客购买某种东西所带来的好处。对这些好处做详细、生动、准确的描述，才是引导顾客购买产品的关键。“如果是我，为什么要买这个东西呢？”这样换位思考，就能深入顾客所期望的目标，也就能抓住所要说明的要点。最好用顾客的语言和思维顺序来介绍产品，安排说话顺序，要注意顾客的表情，灵活调整销售语言，并力求通俗易懂。

2. 倾听原则

“三分说，七分听”，这是人际交谈基本原则——倾听原则。在推销商品时，要“观其色，听其言”。除了观察对方的表情和态度外，还要虚心倾听对方议论，洞察对方的真正意图和打算。要找出双方的共同点，表示理解对方的观点，并要扮演比较恰当、适中的角色，向顾客推销商品。

3. 禁忌语原则

在保持积极的态度时，沟通用语也要尽量选择体现正面意思的词，选择积极的用词与方式。要保持商量的口吻，不要用命令或乞求语气，尽量避免让人丧气的说法。

4.“低褒微感”原则

“低”，就是态度谦恭，谦逊平易；“褒”是褒扬赞美；“微”是微笑，销售人员要常带微笑，给顾客带来好的心情；“感”是感谢，由衷地感谢顾客的照顾。

(四) 营销语言技巧

在销售过程中，销售人员需要灵活运用销售语言技巧，向客户介绍产品或服务等方面的情况，以便成功地促使顾客决定购买或消费。而当销售过程中顾客有异议时，恰当的语言表达技巧又是转移或搁置矛盾、缩小或化解分歧的主要手段。同时，在阐述意见和要求时，合理的语言表达方式，既可以清楚地说明自己的观点，又不至于引起对方的不良反应。想客户之所想，帮助客户得到更多、更好的服务。

1. 销售陈述

销售陈述就是在销售过程中，销售人员向客户进行的产品或服务方面的清晰而简明的介绍。其目的在于以下三个方面：

(1) 让客户通过销售陈述能清晰地了解自己的需求。销售人员应适时且及时地找出其购买动机，为下一步的销售陈述做铺垫。

(2) 创造消费、享受的氛围，让客户有满足的感觉。当客户有了购买的动机后，往往需要咨询相关的商品、技术原理、使用技巧和复杂设备运行的可行性等。销售人员应积极、主动地充当专家的角色，为顾客做产品介绍、评估和提供相关服务。这种销售陈述，是销售过程的核心部分。

(3) 通过销售陈述化解客户异议，进入购买程序，实现商品销售。销售陈述讲得好，将对促进顾客愉快消费产生重要影响。

基于销售陈述在推销业务中的重要作用，在销售陈述之前，销售人员需要明确目的，做好充分的准备。首先要从客户角度出发，以客户为中心来组织陈述要点，才能获得成功。其次，应该优化陈述序列。一个产品的相关信息有很多，其中有些是客户所关心的，有些是销售人员必须知道，但客户却不感兴趣的。比如，销售人员要了解产品的成分、工艺等，而客户对此并不感兴趣而更关心的是功能、结果。所以在做销售陈述时，销售人员要把已知的信息进行分类，按照优先次序排列。销售人员应把重点放在客户必须知道的信息上，特别是在客户提供的时间有限时，要保证快捷而准确地传达给客户关键信息。

在销售陈述时，有的客户会担心如果表现出外行，就可能在交易中占弱势，因而往往表现出一种挑战的神情，在洽谈中争强好胜。面对这种情形，销售人员要用得体的态度和专业的销售陈述来打消客户的疑虑。此外，当客户谈到价格时，销售人员不要立即认为客户不愿意听销售陈述，只关心价格。事实上，很多时候客户往往是在试探一下谈判的可能性，因为价格是最容易说出来的一个理由。所以客户常常也相应地由价格开始谈起。

好的陈述所产生的效果要大于公司和产品的知名度对客户的影响。因此，销售人员不必因为自己的产品没有做过广告，或知名度低而产生畏惧的心理，实际上完全可以凭借自己专业的销售陈述来成功地打动客户。作为基本功，销售人员一定要练就扎实的销售陈述功底。

2. 理解顾客异议

在与顾客沟通的过程中，顾客对销售人员所提供的产品或服务提出异议，这是很常见的。所谓异议，也就是顾客的不同意见，其实质是顾客对于产品或服务的不满意。顾客表达异议的方式多种多样，可能直接说对产品没兴趣，也可能借口要开会或需要和其他人进行商量。这些异议有可能是真的，也有可能是假的。但即使是假的，异议背后也往往隐藏着真的反对意见。

异议的存在和积累往往会造成交易的失败。只有正确理解争议，才能科学化解异议，进而对顾客的疑惑进行解释，化解顾客的不满。

从顾客方面看，有的顾客对具有新功能的新产品、新的推销方式缺乏认识，没有认识与发现自己新的需要，还是固守原来的购买内容、对象、方式，因而对新事物提出异议；有的客户由于缺乏支付能力，而对自己喜爱的商品提出价格方面的异议，等等。

从销售方面来说，有的异议来源于产品质量与顾客的需求有差距，有的异议是因为商品定价不稳定，有的异议则是因为推销服务的态度与质量欠佳。解决问题的关键不在于推销人员能不能有理有据地驳倒对方异议中的不合理因素，而在于首先树立“顾客是上帝”

的宗旨，并由此去理解顾客的不满，了解他们提出异议的合理性和客观性，改进自己的服务，化解顾客的不满和抱怨。

现代社会是一个越来越注重情商的社会，人与人之间及人与社会之间的关系非常密切，广泛的社会往来不可缺少。随着社会的发展，人们对口才有了更高的要求，所以大学生学习口才显得更加重要。大学生要培养自己的口才，在学习技巧性知识之外，还应该以修炼自身的内涵为根本。

【本章实训】

1. 掌握并学会运用各种日常交际口语的技巧。
2. 进行一次模拟谈判，内容自选。
3. 任选一种商品，进行一次模拟推销。

附　录

中国文学史概述

一、上古至秦代文学

我国文学有着悠久的历史，杰出的作家、作品、理论著作很多，文学遗产极其丰富，是人类文化的宝藏之一。

早在文字发明以前，便产生了原始的文学、艺术。原始人在集体劳动中，由于有节奏的运动，逐渐产生了原始的音乐、舞蹈和诗歌。那时生产力低下，人们缺乏知识，不能科学地解释自然现象和社会生活的矛盾、变化，就借幻想来表达他们同自然的斗争和对理想的追求，于是便产生了神话。我国许多神话保存在《山海经》《楚辞》《淮南子》等古代诗文典籍中，著名的如《女娲补天》《后羿射日》《鲧禹治水》《精卫填海》《夸父追日》等。这些神话富有想象力，优美动人，具有积极的意义，是我国文学史上浪漫主义文学的萌芽，对后世的文学有较大的影响。

周代的文学，主要是诗歌和散文。

西周时期，诗歌获得了很高成就，出现了我国第一部诗歌总集《诗经》。《诗经》里收入了西周初年至春秋中叶约500年间的诗歌，共305篇。《诗经》分风、雅、颂三个部分。其中“风”属于地方民歌，包括“国风”“魏风”等，有诗160篇；雅分“大雅”“小雅”，大部分属于贵族作品，有诗105篇；颂分“周颂”“鲁颂”“商颂”，是宗庙祭祀乐歌，有诗40篇。“国风”是《诗经》中的精华，是我国古代文学宝库中璀璨的明珠。其中如《七月》《伐檀》《硕鼠》等反映了劳动人民备受压迫的凄惨生活和愤怒情绪，是奴隶血泪生活的写照。《氓》《谷风》《柏舟》等反映了古代妇女的悲惨遭遇。“国风”的现实主义精神对后世文学影响很大，是我国现实主义文学的光辉起点。诗篇以四言为主，普遍运用“赋”“比”“兴”的表现手法(“国风”多用“比”“兴”,“大雅”多用“赋”)，这对后世诗歌创作有深远的影响。《诗经》的出现及其思想、艺术成就，在我国乃至世界文化史上都有很高的地位。

我国第一部散文集《尚书》，是殷周历史文稿的汇编。它以散体文章形式反映历史，代表了当时散文发展的水平。春秋末，孔子(前551年—前479年)依据鲁国史官所编的史书加工创作的《春秋》，是我国最早的一部编年体史书。公元前8世纪到公元前3世纪的春秋战国时期，社会发生巨大变革，斗争异常尖锐复杂，新旧统治阶级迫切需要借鉴历史，总结经验，于是促进了历史散文的发展。著名的历史著作《左传》《国语》《战国策》应运而生。他们代表先秦历史散文的最高成就，尤其是《左传》《战国策》具有很高的文学价值。

《左传》是仿《春秋》体例的编年史，相传为鲁国史官左丘明所作。内容主要是记春秋时期各国的政治、外交和军事活动及有关人物的言论。其特点是：善于描写战争，善于刻画人物，语言简而精、曲而达。

《国语》是国别史，记言多而叙事少，文字朴实简练，逻辑严密。就总体来说，文采不如《左传》，但也不乏情文并茂之作。

《战国策》是战国时期各国史料的汇编，由西汉刘向整理编辑而成。基本内容是战国时代谋臣策士纵横捭阖的斗争及有关谋议或辞说。它的特点是：长于记事，文辞明白晓畅；描绘人物形象生动；善用比喻和寓言故事，说服力强。

上述著作对后世历史学家和古文家的写作，影响极为深远。

春秋战国时期，社会变化剧烈，兼并战争频繁，人民陷入水深火热之中。当时“士”这个阶层最为活跃。由于这个阶层来源复杂，各人的立场不同，对现实问题提出的要求与主张也不同。他们都企图用自己的主张来缓和矛盾，解决问题。这是一个百家争鸣的时代，诸子百家的散文蓬勃发展起来，其中《论语》《孟子》《荀子》《墨子》《老子》《庄子》《韩非子》是代表著作。《论语》是孔门弟子记录孔子言行的书，是典型的语录体。语言明白简练，说理简括，具有格言特色，是儒家的经典著作。《墨子》是墨家的著作，文章逻辑性强，善用具体事例说理论辩。《孟子》是记孟子(约前 372 年—前 289 年)言行的书。文章富有鼓动性，善用比喻和寓言故事来说理，语言生动风趣，说服力强。《庄子》是庄子(约前 369 年—前 286 年)及其门徒的著作。庄子是道家学派的代表人物，主张顺其自然，承认事物的相对性，有辩证因素。庄子散文大量采用寓言故事，想象力丰富，语言表达力很强，具有浪漫主义的艺术风格。《荀子》一书，大都是荀子(约前 313 年—前 238 年)亲著。荀子对自然的看法颇有唯物思想，《天论》是其代表作。荀子散文论断精确，分析透辟，亦善比喻，辞藻丰富多彩。《韩非子》大部分为韩非(约前 280 年—前 233 年)自著，文章深刻明彻、锋利无比，具有严峻峭拔的风格。

公元前 4 世纪中叶以后，南方的楚国出现了以屈原(约前 40 年—前 278 年)为代表的楚人创作的新体诗歌——楚辞。屈原是我国文学史上伟大的爱国主义诗人，在祖国危亡之际，他反对屈服投降，在尖锐的斗争中和被放逐的境遇里，写下了《离骚》《九歌》《天问》《九章》等光辉灿烂的诗篇。他的爱国主义思想和他用心血写成的爱国诗篇，滋育了后世许多进步文人作家。

屈原的代表作《离骚》是我国古典文学中最长的抒情诗，作者在前半篇中，反复倾诉对楚国命运的关怀，表达了他要求革新政治、与腐朽贵族集团斗争的强烈意志；后半篇通过神游天上、追求理想的实现和失败后欲以身殉国的陈述，反映出他热爱祖国的思想感情。作品运用美人香草的比喻、大量的神话传说和丰富的想象，形成绚烂的文采和宏伟的结构，表现出积极浪漫主义精神。《离骚》继承并发展了《诗经》的比兴传统，使比兴具有象征的性质。屈原之后的楚辞作家宋玉(生卒不详)的长篇抒情诗《九辩》也是较有影响的佳作。

秦王朝结束了战国纷争的局面，实现了诸侯国“车同轨、书同文”的大一统。这对中国历史文化的发展有很大的推动作用。由秦丞相吕不韦的门客集体编著的《吕氏春秋》取材很广，包括许多先秦故事传说和寓言。《吕氏春秋》有自己的完整体系，记录了春秋战国以来的各派思想。李斯(? —前 208 年)的《谏逐客书》，从“跨海内”“制诸侯”的利益出发，证明秦王“逐客以资敌国，损民以益仇”的失策，不但表现了政治家的远见卓识，而且比物连类，辞采斐然，是一篇文学色彩浓厚的议论文。

二、两汉、魏晋、南北朝文学

汉王朝建立后，社会相对稳定，生产逐步恢复，文化也得到了发展。汉初文学的主要成就是散文和辞赋，著名作家有贾谊、晁错等。

贾谊(前 200 年—前 168 年)是政治家和文学家，主要作品是政论文。他继承了先秦诸子政论文的优秀传统，文章切中时弊，畅所欲言，善用比喻，排偶。著作有《过秦论》《陈政事疏》《论积贮疏》《鹏鸟赋》《吊屈原赋》等。晁错(前 200 年—前 154 年)的《论贵粟疏》也是一篇著名的政论文。

汉朝是赋最发达的时期，出现了一大批优秀的赋，如司马相如(前 179 年—前 118 年)的《子虚赋》《上林赋》《长门赋》，扬雄(前 53 年—18 年)的《甘泉赋》，东汉班固(32 年—92 年)的《两都赋》，张衡(78 年—139 年)的《二京赋》等。

汉武帝时，出现了伟大的历史学家、文学家、思想家司马迁(约前 145 年—前 87 年)。他的《史记》开创了纪传体的历史学，代表了西汉散文的最高成就，其中许多人物传记有极高的文学价值，把我国的史学和文学推向了一个新阶段。这部书从黄帝写到汉武帝时代，总结了我国 3000 多年的发展历史。全书分 12 本纪(记历代帝王政绩)、8 书(记政治、经济、典章制度)、10 表(记大事年月)、30 世家(记封建诸侯的存亡事迹)、70 列传(记主要历史人物的言行事功，靠本纪和年表贯穿起来)5 个部分，共 130 篇。作者不遗余力地揭露了历史上暴君的罪恶，统治集团的丑恶嘴脸及内部的尖锐矛盾，还以饱满的热情描写了一系列爱国英雄和一些见义勇为、不畏强暴、重承诺、轻生死的下层人物中的游侠和刺客，明显地表现出作者的爱憎，具有高度的思想性。《史记》是伟大的历史著作，也是传记文学名著，叙述历史人物不仅有感人的故事情节，而且形象鲜明、语言生动。鲁迅誉之为“史家之绝唱，无韵之离骚。”

东汉的叙事性散文以班固《汉书》中的部分人物传记为代表作品。

东汉的诗歌以乐府民歌和五言诗为代表。乐府民歌多是五言诗的形式，其中大部分真实地反映了当时的生活。《孔雀东南飞》是汉乐府叙事诗发展的高峰，是我国文学史上现实主义诗歌发展的重要标志。乐府民歌还有《陌上桑》等。这个时期在乐府民歌的基础上，产生了文人创作的五言诗，如《古诗十九首》等。

建安是我国文学史上一个人才辈出的时代。曹操(155 年—220 年)和他的儿子曹丕(187 年—226 年)、曹植(192 年—232 年)都是杰出的诗人和诗歌的热情倡导者，同一时期还有许多著名的文人，如被誉为“建安七子”的孔融、王粲、徐干、刘桢、陈琳、阮瑀、应玚等人。他们运用五言诗形式，以慷慨悲凉的调子，描写动乱的现实，表达了向往安定统一、渴望建功立业的政治理想，形成了“建安风骨”。这使五言诗得到了进一步巩固和发展。

曹操的《短歌行》、王粲的《七哀诗》、曹植的《赠白马王彪》《吁嗟篇》等，代表了五言诗的最高成就。

魏晋时期的阮籍和嵇康(223 年—262 年)的散文《与山巨源绝交书》，内容大多表达了对当时政治不满，自己又无法解脱的苦闷心情和不愿同统治者合作的坚定意志。

西晋比较重要的作家是左思(约 250 年—305 年)。他的《咏史诗》反映了因才能受到压抑、抱负不能施展而产生的不满情绪。

东晋的陶渊明(365 年—427 年)被称为“田园诗人”，他用通俗自然的语言来写五言诗，赞美劳动生活，歌咏农村景物，独树一帜，如《归园田居》《饮酒》等。他书写弃官归隐的《归去来兮辞》，寄托社会理想的《桃花源记》等，都是千古名篇。

南朝期间，谢灵运(385 年—433 年)所开创、谢朓(464 年—499 年)等人所继承的山水诗，清新自然。鲍照(约 414 年—466 年)继承发展了汉乐府的精神，写了许多讨伐统治、反映社会不平现象的乐府诗。南朝乐府民歌绝大部分是青年男女的恋歌，如《西洲曲》；北朝乐府民歌体裁广泛，风格刚健质朴。《敕勒歌》和《木兰诗》是北朝乐府民歌的杰作。

南朝的齐、梁、陈三个朝代，诗歌形式上大多讲求声律，讲求句子的整齐对偶，内容空虚贫乏，但对唐代近体诗的形成有很大影响。散文写作也由散入偶，讲求对偶工整，音韵优美，注重使用典故。雕琢辞藻的骈文，在这一时期达到了高潮。孔稚圭(447 年—501 年)的《北山移文》，梁江淹(444 年—505 年)的《恨赋》《别赋》，庾信(513 年—581 年)的《哀江南赋》等，都是名篇。以散为主、骈散结合的散文著作，有北魏郦道元(466 年—527 年)的《水经注》、杨衒之(生卒年不详)的《洛阳伽蓝记》，北齐颜之推(531 年—约 590 年)的《严氏家训》。

魏晋南北朝在反对形式主义文风中，文学理论和文学批评的专著相继出现。曹丕的《典论·论文》是我国最早探讨文学“创作问题”的专著；陆机(261 年—303 年)的《文赋》，比较全面地论述了文学创作的复杂过程；刘勰(约 465 年—520 年)的《文心雕龙》对文学的创作方法、流派以及作家作品的评价等问题进行了全面系统的论述；钟嵘(？—约 518 年)的《诗品》在评价作家与作品方面，也有许多独到之处。

魏晋南北朝还出现了记佛、道等宗教迷信的志怪小说，如干宝(生卒年不详)的《搜神记》；记名士言行的轶事小说，如刘义庆(403 年—444 年)的《世说新语》等。这一时期是我国小说的雏形阶段，对后代的笔记小说产生了深远的影响。

三、隋、唐、五代、宋文学

隋、唐、五代、宋时期，中国文学进入全面繁荣的阶段。隋代五言诗、七言诗在形式、格律上有新发展。唐代诗歌高度成熟，是诗歌创作的黄金时代。宋代的词最繁荣兴盛。文学史上素有“唐诗”“宋词”之称。

唐代的诗歌从风格流派看，既有浪漫主义的大师，又有现实主义的巨匠。多种多样的流派，交相辉映，竞放异彩。

初唐时期的“四杰”——王勃(649 年—676 年)、杨炯(650 年—693 年)、卢照邻(约 637

年—约689年)、骆宾王(约640年—？)等，已在作品内容上有所开拓，是扭转齐梁浮艳诗风的先锋。稍后的陈子昂(661年—702年)，提倡建安风骨，痛斥齐梁诗风，是一代诗风的倡导者。沈佺期(约656年—713年)、宋之问(约656年—712年)等诗人，使律诗定型化，形成流传千古的格律诗。

盛唐诗歌在初唐诗歌的基础上有很大发展，出现了以高适(约706年—765年)、岑参(715年—770年)为代表的边塞诗派，以王维(701年—761年)、孟浩然(689年—740年)为代表的山水田园诗派以及李白(701年—762年)、杜甫(712年—770年)、王昌龄(约698年—757年)、李颀(690年—751年)、王之涣(688年—742年)、王翰(生卒年不详)和崔颢(704年—754年)等著名诗人。高适的边塞诗，音节嘹亮、气势豪健；岑参的边塞诗不仅写边塞风光，还表现战士的英勇战斗精神，具有雄浑奔放、奇峻壮阔的浪漫主义风格，如《白雪歌送武判官归京》。王维诗的特点是"诗中有画"，如《鹿柴》等，而孟浩然的诗则是清新雅逸、恬静淡远，如《过故人庄》。李白的诗歌具有蔑视权贵、反抗封建礼教束缚的叛逆精神，他歌颂祖国的壮丽山河，歌颂自由生活，对社会现象的不合理和自己才能的不得施展表示强烈的愤慨。他的诗风雄奇豪放、想象丰富，语言流转自然，音律和谐多变。他善于从民歌、神话中吸取营养和素材，构成其特有的绚丽动人的色彩，富有积极浪漫主义精神，是浪漫主义作家的代表。李白的诗对后世影响很大，著名作品有《蜀道难》《梦游天姥吟留别》《望庐山瀑布》《早发白帝城》等。与李白齐名的是被尊称为"诗圣"的伟大现实主义诗人杜甫，他的诗篇反映了广阔的现实生活，成为那个苦难时代的镜子。在他的笔下，突出地表现了对祖国命运的关注，对人民苦难生活的同情，对统治阶级罪恶的鞭笞。杜甫的诗博大精深、沉郁顿挫，发扬了《诗经》、楚辞、乐府的优秀传统，代表作有《自京赴奉先咏怀五百字》《春望》《北征》"三吏"(《石壕吏》《新安吏》《潼关吏》)"三别"(《新婚别》《无家别》《垂老别》)等。

中唐时期，一些优秀诗人以乐府诗的形式来反映人民的苦难生活和统治者的荒淫，形成了波澜壮阔的新乐府运动。现实主义诗人白居易(772年—846年)是这个运动的有力倡导者。他主张"文章合为时而著，歌诗合为事而作"。他创作的讽喻诗有170多篇，《秦中吟》和"新乐府"是这类作品的代表作。它们广泛地反映了劳动人民的悲惨生活，揭露了当时政治的黑暗。此外，如《长恨歌》《琵琶行》等名篇佳作，也有所讽喻与寄托。通俗易懂、声调优美是白居易诗艺术上的特点。同一时期著名的诗人还有元稹(779年—831年)、韩愈(768年—824年)、孟郊(751年—814年)、李贺(790年—816年)等，他们在艺术上也有各自的风格和特色。

晚唐时期，诗风倾向纤巧，能另辟蹊径，艺术上有所创新者当推杜牧(803年—853年)和李商隐(约813年—约858年)。杜牧擅长七绝，诗风清丽俊逸，如《山行》；李商隐工于七律，格调绚丽绵密，如《无题》。他们虽在一定程度上有忧国忧民的思想，并表现了不同的艺术风格，但感伤情绪极其浓重。

贞元、元和时期，韩愈、柳宗元(773年—819年)倡导古文运动，从复兴儒道出发，提倡古文，反对骈文。被称为"文起八代之衰"的韩愈主张"文以载道"，学古文应"师其意不师其辞""辞必已出""唯陈言之务去"等；柳宗元同样提倡文以明道。他们完成了文体革新任务，建立了新的散文传统。韩愈的散文感情充沛、气势磅礴、结构严谨、波澜曲折、语言精练、有独创性，《原毁》《祭十二郎文》《送孟东野序》《师说》等均为名篇。柳宗元的散文多描写下层人物，揭露阶级矛盾，有比较强烈的现实主义精神，如《捕蛇者说》。他的杂文、寓言、传记、游记都有很高的成就，尤以《永州八记》最为后人传诵，其文笔清新秀美，富有诗情画意，善于借景抒情，寓愤激之情于景物描写之中，对后世游记文学有深远影响。

唐代中期，由于城市繁荣，市民阶层发展，传奇小说在六朝志怪小说的基础上盛极一时，以反映现实生活为其共同倾向。沈既济的《枕中记》、李公佐的《南柯太守传》、李朝威的《柳毅传》、元稹的《莺莺传》等，标志着中国小说趋于成熟。宋代的传奇、后世的小说和戏剧多从唐传奇中发掘题材。如元代马致远的《黄粱梦》和明代汤显祖的《邯郸记》等。

唐代城市繁荣，音乐发达。中唐时期在民间词的基础上产生了文人词。到晚唐，词的数量有所增加，但内容空虚，唯美主义之风很重。五代时，西蜀和南唐的文人词，实际是晚唐浓艳华靡的诗风和词风的继续。我国第一部文人词总集《花间集》辑录晚唐五代 18 家词人 500 首。南唐词主要反映贵族宫廷享乐生活，成就最高、影响最大的南唐后主李煜的词，因为他前后生活环境的剧烈变动，分为前、后两期：前期写宫廷享乐生活，风格柔靡；做了俘虏后，表现出家国之痛和伤今忆往之情，形成感伤低沉的情调。他的代表作都产生在后期。李煜的作品，扩大了词的表现范围，丰富了词的表现手法，在词的发展过程中，有较重要的贡献。

唐代文学的辉煌成就，表现了我们民族的高度智慧与巨大的创造力，它不仅在我国文学史上占有极重要的地位，对日本、朝鲜、越南等国家文学的影响也是很大的。

到了宋代，散文革新运动继续发展。在欧阳修(1007 年—1072 年)、王安石(1021 年—1086 年)、苏氏父子等人的大力号召和带动下，散文创作继承了韩愈、柳宗元的成就，联系现实，进一步摆脱了汉魏以来辞赋家铺张扬厉的习气，建立起平易畅达的文风。后人将欧阳修、王安石、苏洵(1009 年—1066 年)、苏轼(1037 年—1101 年)、苏辙(1039 年—1112 年)、曾巩(1019 年—1083 年)和唐代的韩愈，柳宗元合称为“唐宋八大家”。

宋代在诗歌方面也出现了新的面貌。王禹偁(954 年—1001 年)、梅尧臣(1002 年—1060 年)、苏舜钦(1008 年—1048 年)等人的诗歌，上承杜甫、白居易、韩愈诸家的传统，内容多揭发社会矛盾，同情人民疾苦；艺术上具有散文化、议论化的特征。王安石和苏轼更进一步丰富和发展了诗歌的题材和表现艺术，使五言诗、七言诗再一次在文学史上放射光辉。到了北宋后期，又出现了以黄庭坚(1045 年—1105 年)为代表的江西诗派。南宋诗人首推陆游(1125 年—1210 年)，他经历了国破家亡的惨痛遭遇，创作了许多爱国主义诗篇，正气磅礴，给人们以热爱祖国、反抗侵略的力量。陆游是位作品极为丰富的伟大爱国诗人，共存有 9300 多首诗。范成大曾出使过金国，不辱使命。他的许多诗作表达了爱国之情。文天祥是以身殉国的民族英雄，他的古体诗《正气歌》《过零丁洋》诸篇，是他光辉品格的写照。

两宋时期，词发展到了极盛阶段，它逐渐从晚唐以来的应歌、娱宾中解脱出来，成为可以独立抒情达意的新诗体。宋初词的题材不够广泛，但在表现手法、艺术风格上有不少创新，出现了不同流派和众多的作家。北宋初期的词家如晏殊(991 年—1055 年)、欧阳修等有不少好词，但多是个人的离愁别绪。同时期的柳永(1004 年—1054 年)开始大量写慢词，语言既通俗，又富艺术性，有较为强烈的感染力量。柳永的词，表现出较浓厚的市民阶层的思想意识，对后来的通俗文学影响比较显著。苏轼以杰出的才能，巨大的创造力，把局限于写儿女柔情的曲子词改变为可以多方面表情达意的新词体，创立了豪放词派，他的《水调歌头·明月几时有》《念奴娇·赤壁怀古》等篇至今脍炙人口。南宋辛弃疾(1140年—1207年)继承了苏词的革新精神和豪迈气概，用词来表现他的爱国热情。在他的影响下，形成了以陈亮(1143年—1194年)、刘过(1154年—1206年)、刘克庄(1187年—1269年)、刘辰翁(1232年—1297年)等为代表的爱国词派，把宋词的思想水平和艺术成就提高到空前的高度。宋代女词人李清照(1084年—约1151年)是中国文学史上一位地位很高的女作家，也是婉约词派的代表。她南渡前生活安定美满，南渡后被迫颠沛流离。生活境遇的变化，在她的作品中得到鲜明的反映。其前期词作，热情、明快、活泼；后其词作，缠绵、凄苦、悲怨。宋代的词比诗在艺术上表现出更多的特色和独创性，后人以词为宋代文学的代表。

综上所述，可知宋代文学在我国文学发展史上起着承前启后的重要作用。

四、元、明、清文学

元、明、清时期，我国文学又有新的发展，在戏剧和小说方面有很大成就。

元代文学的最高成就是元曲，元曲包括散曲、杂剧和南戏。其中杂剧的成就最大。关汉卿(约1210年—约1300)是杂剧的创始者和代表作家。他博学能文，擅长歌舞，精通音律，不但写剧本，还经常参加舞台演出，一生共创作了63个剧本。王实甫(生卒年不详)、白朴(1226年—？)、马致远(生卒年不详)也颇负盛名。他们的创作大多从现实中摄取题材，并创造性地继承了我国文学的优良传统，表现出强烈的时代精神。

关汉卿的代表作《窦娥冤》是一部享誉世界的悲剧名著，此外《救风尘》《望江亭》《拜月亭》和《单刀会》等也分别显示了关汉卿的杂剧在不同方面的成就。关剧大多暴露了封建统治的黑暗腐败，表现了古代人民特别是青年妇女的苦难遭遇和斗争精神。

王实甫的代表作《西厢记》是以董解元的《西厢记诸官调》为蓝本，进一步加工改编而成的。他将崔、张的爱情故事成功地搬上了舞台。作品塑造了一系列丰满和完善的人物形象，揭露了封建礼教对青年自由和幸福的禁锢，歌颂了青年男女对爱情的热烈追求及他们斗争的胜利。曲词优美，充满诗情画意。

马致远的《汉宫秋》也是优秀剧作之一。它通过汉元帝妃子王嫱(王昭君)和番的故事，鞭挞了画家佞臣毛延寿，歌颂了王嫱的美丽、正直和爱国精神。在民族矛盾尖锐的元代有其现实意义，也有较强的艺术感染力。

元前期的散曲朴素自然。散曲包括小令和套数两种形式。最初的作者是一些市民和无名艺人，后来出现了关汉卿、马致远等作家。关汉卿的《南吕·一枝花·不伏老》、马致远的《天净沙·秋思》等，表现了对现实强烈不满，明快泼辣，景色描绘自然，给人以艺术享受。元后期的散曲成就稍逊，佳作有张可久的《卖花声·怀古》、睢景臣的《般涉调·哨遍·高祖还乡》等。

南戏是南曲戏文的简称。高明(约1305年—1359年)的《琵琶记》向来被推为“南戏之祖”。

明代传奇兴起，汤显祖(1550年—1616年)是最杰出的传奇作家。他创造性地继承了唐人小说和元杂剧的优良传统，写了“临川思梦”(《牡丹亭》《紫箫记》《紫钗记》《邯郸记》)。其中《牡丹亭》又名《还魂记》，是汤显祖的代表作。作品通过杜丽娘和柳梦梅生死离合的爱情故事，热情歌颂了反对封建礼教、追求自由幸福的爱情和强烈要求个性解放的精神，是我国戏曲史上浪漫主义的杰作。

清代戏曲继承并发展了明传奇的传统，产生了洪昇(1645年—1704年)的《长生殿》和孔尚任(1648年—1718年)的《桃花扇》等优秀作品。《长生殿》以唐明皇李隆基和妃子杨玉环的爱情故事为题材，反映了当时社会的政治动乱，对人民的疾苦也有所表观。《桃花扇》以李香君和侯方域的爱情故事为线索，集中地反映了明末腐败、动荡的社会现实及统治阶级内部的矛盾和斗争。《桃花扇》的出现使这类戏剧达到了新的艺术高度。

明、清时期的小说有空前的发展，产生了在我国文学史上辉煌夺目的作品。著名小说有罗贯中(约1330年—约1400年)的《三国演义》、施耐庵(生卒年不详)的《水浒传》、吴承恩(约1500年—约1582年)的《西游记》和曹雪芹(约1715年—约1763年)的《红楼梦》。

《三国演义》从黄巾起义写到西晋统一，反映公元184年到280年间的历史现实。它集中描绘了三国时代魏、蜀、吴封建统治集团之间军事的、政治的、外交的种种斗争。《三国演义》的艺术成就是多方面的。它的艺术结构，既宏伟壮阔，又严密精巧。全书涉及的时间漫长、人物众多、事件复杂、头绪纷繁。作者以蜀汉为中心，抓住了三国矛盾斗争的主线，井然有序地展开情节，既曲折变化，又前后连贯、宾主照应、脉络分明，构成了一个完美的艺术整体。这部小说在人物塑造方面有惊人的成就，它描写了诸葛亮等400多个人物，其中主要角色都是具有鲜明个性的不朽典型。《三国演义》的成就是巨大的，它代表着历史小说的光辉成就。

《水浒传》是一部描写北宋末年波澜壮阔的农民起义的不朽史诗。作者施耐庵把口头传说、话本、杂剧中互不连缀的水浒故事收集起来，运用惊人的艺术才能，进行创造性的劳动，描述了以宋江为首的农民起义发生、发展、直至失败的全部过程。《水浒传》的艺术成就，最突出的是描绘了100多个具有鲜明性格的人物。小说的语言以北方口语为基础，经过加工、锤炼，丰富而又生动。《水浒传》流传广泛，并成为后世许多文学艺术作品题材的来源。

《西游记》是一部神话小说，描写孙悟空保唐僧去西天取经，一路上降妖伏魔扫清障碍的故事。它表达了人民摆脱压迫、征服自然、主宰自己命运的愿望，反映了人民对统治者的反抗精神。作者以其杰出的艺术才能，成功地运用了浪漫主义的手法，把奇特的神话题材和丰富深刻的现实内容熔铸在一起。作品的情节怪异离奇，又合情合理；环境奇特瑰丽，引人入胜；塑造的虽是神话中的人物，却极富人情味。《西游记》中幽默、诙谐、讽刺的艺术描写，圆满地表达了深刻的思想内容和作者的鲜明爱憎。它是我国浪漫主义古典长篇小说的高峰。

明代的拟话本在我国古代短篇小说的发展中有着重要地位，它一般由文人模仿宋元话本创作。著名的拟话本集有冯梦龙(1574年—1646年)的《喻世明言》《警世通言》《醒世恒言》，凌濛初(1550年—1644年)的《初刻拍案惊奇》《二刻拍案惊奇》，合称为“三言”“二拍”。

清代的小说创作在继承前朝优秀传统的基础上，在思想性、艺术性方面都有新的高度。蒲松龄(1640年—1715年)的《聊斋志异》、吴敬梓(1701年—1754年)的《儒林外史》和曹雪芹(约1715年—约1763年)的《红楼梦》相继产生。

《聊斋志异》是一部优秀的文言短篇小说集。它通过人鬼怪异、花妖狐魅等神奇变幻的故事，反映了广阔的现实生活，提出了许多重要的社会问题，寄托了作者内心的孤愤，在思想、艺术上反映了文言小说的杰出成就。小说的重要主题是描写男女青年的爱情，这类作品数量最多。小说的另一主题是抨击科举制度的腐败，揭露其埋没人才的罪恶。再一主题是揭露现实社会的腐败和统治阶级对人民的残酷压迫，歌颂被压迫人民的反抗斗争，这类作品具有更高的思想价值，如《促织》《席方平》等。《聊斋志异》的人物形象鲜明、个性突出，情节曲折离奇、引人入胜。

《儒林外史》是讽刺文学巨著，作者以嬉笑怒骂的巧妙文笔，刻画了各类文士虚伪无耻、丑恶可憎的面目。书中也写了一批正面人物，以及一些下层人民和"市井奇人"的劳动和生活情趣。小说中许多人物都有原型，许多人情世态都是当时司空见惯的。作者抓住了这些材料，加以典型概括，进行合理的夸张，取得了强烈的讽刺艺术效果。《儒林外史》奠定了我国古典讽刺小说的基础，为以后讽刺小说的发展开辟了道路。

《红楼梦》是代表我国小说最高成就的巨著。它和《儒林外史》出现于同一时期，即所谓的"乾隆盛世"，实际是清朝由盛而衰的转折时期。作者曹雪芹敏锐地感到时代风雨的来临，创作了这部不朽的巨著，全面而深刻地反映了这个时代的特征。《红楼梦》以贾、史、王、薛四大家族为背景，以贾宝玉和林黛玉的爱情悲剧为主要线索，从一个大官僚地主家庭的变迁，深刻地揭示了封建社会末期的腐朽和封建礼教的虚伪及其行将崩溃的结局。对蔑视封建礼教、力求发展个性的青年和敢于反抗的奴婢，表示很大的同情和赞美。小说描绘了巨大的生活画面，刻画了几十个性格极其鲜明，有高度典型意义的人物形象。《红楼梦》出现后即被广为传抄，一直受到人民群众的喜爱。它发展了我国古典小说现实主义的艺术传统，在文学史上的影响极为深远，为后代的作家提供了丰富的艺术经验。

元、明、清三代的诗歌、散文，虽各有特色，但总体来看不如小说、戏剧的成就巨大。

元代诗文作家，有赵孟頫(1254年—1322年)、王冕(1300年—1359年)等。元末明初的宋濂的代表作有《送东阳马生序》《秦士录》《王冕传》等，刘基的《卖柑者言》是人们传诵的名篇。

明代"唐宋派"归有光(1506年—1571年)的散文有较大成就，《先妣事略》《项脊轩志》《寒花葬志》等都是他的代表作，这些散文即事抒情、纡徐平淡、亲切动人，但缺乏社会内容。张溥(1602年—1641年)是"复社"的创始人和领袖，他的《五人墓碑记》歌颂苏州市民与阉党的斗争，强调匹夫之死"有重于社稷"，是一篇政治性很强的散文。

清代诗文作家较多。清初钱谦益(1528年—1664年)、吴伟业(1609年—1671年)的诗名颇盛。顾炎武(1613年—1682年)、黄宗羲(1610年—1695年)、王夫之(1619年—1692年)的诗作，充满了反抗民族压迫的思想感情。黄宗羲的散文，多记抗敌的亡国大夫和义侠节烈之士，他改写的《刘敬亭传》就是这样的作品。他的《原君》是一篇激烈抨击封建君主专制政治的战斗檄文，具有民主主义思想。诗人王士祯(1634年—1711年)是当时文坛领袖，论文以"神韵"为宗。纳兰性德(1655年—1685年)、陈维崧(1625年—1682年)、朱彝尊(1629

年—1765 年)等作家的词比诗工丽，较有成就。郑燮(1693 年—1765 年)的诗文独具一格，反对模拟古文，主张直达肺腑，同情人民疾苦。诗人袁牧(1716 年—1797 年)主张“性灵”，格调清新，所作《祭妹文》，凄婉动人。

清代中叶出现了著名的散文流派——“桐城派”，主要作家有方苞(1668 年—1749 年)、刘大櫆(1698 年—1779 年)、姚鼐(1732 年—1815 年)。他们讲求“义法”，强调文道统一，尤其强调形式技巧。代表作如方苞的《狱中杂记》《左忠毅公逸事》，姚鼐的《登泰山记》，刘大櫆的《论文偶记》。

五、近代文学

中国文学发展到清代中叶，除小说外，一般文学趋于衰落。许多流派翻来覆去，只在形式、技巧或风格上彼此模拟，始终找不到出路。鸦片战争以后，中国沦为半封建半殖民地社会。这时，尽管反映传统思想内容的诗、词、文仍然存在着，但充满反帝爱国和民主主义精神的作品以浩大的声势，代表着这一时代的文学主流，并显示出通俗化的特色。

晚清诗人成就最大的是龚自珍(1792 年—1841 年)，他的诗、词、文都有自己的风格。诗以《己亥杂诗》、文以《明良论》《病梅馆记》等最为脍炙人口。龚诗冲破格律的束缚，以浪漫主义的笔调，对腐朽的清王朝和官僚上流社会进行了揭露和抨击，并提出了改革内政、抵御外侮的主张。与龚齐名的魏源(1794 年—1857 年)，也有呼吁变革图强的爱国主义诗文。

戊戌变法时期，康有为(1858 年—1927 年)、梁启超(1873—1928 年)，谭嗣同(1865 年—1898 年)等的诗文鼓吹维新改良。梁启超、谭嗣同曾提出“诗界革命”的口号，黄遵宪(1848 年—1905 年)是最早从理论和创作实践给“诗界革命”开辟道路的先行者。他反对模拟古人，主张“我手写我口”，著名诗作有《度辽将军歌》《哀旅顺》《台湾行》等。他以自己的诗作反映社会的重大事变，洋溢着爱国主义的热情。梁启超对晚清文学有多方面的影响。他提倡“诗界革命”和“小说界革命”，并竭力促进这种变革。他在文学上以散文最为著名，影响也最大。《少年中国说》极力歌颂少年的精神作用，反复强调、淋漓尽致；运用语言非常自由，或奇或偶、或文或白、或中或外，力求表达得明白无碍。他的散文为当时学者竞相效仿，称之为“新文体”，是当时政治斗争的有效工具，为后来的白话文运动开辟了道路。

近代小说创作有新发展。李伯元(1867 年—1906 年)的《官场现形记》、吴趼人(1866 年—1910 年)的《二十年目睹之怪现状》，揭开了官场的黑暗内幕，讽刺了清末政治的腐败和贪官污吏、买办洋奴的种种丑态，写得较深刻。此外，刘鹗(1857 年—1909 年)的《老残游记》、曾朴(1872 年—1935 年)的《孽海花》也是比较著名的作品，艺术上有一定成就。林纾(1852 年—1924 年)以古文翻译了不少外国文学名著，在当时很有影响。

辛亥革命的进步作家有邹容(1885 年—1905 年)、章炳麟(1869 年—1936 年)、秋瑾(1878 年—1907 年)、柳亚子(1887 年—1958 年)等。邹容所著《革命军》是强有力的战斗檄文。章炳麟是一个有广博学问的革命家，他以严密、犀利的政论文，表达强烈的民族、民主革命思想，对打击改良派与宣传民主主义革命，起了很大作用，如《驳康有为论革命书》《革命军序》等。秋瑾是一个冲决封建罗网、英勇战斗的女革命家，诗歌笔力雄健。她的《宝刀歌》《红毛刀歌》等很有名。柳亚子是诗人兼革命家，是近代第一个革命文学团体“南社”的发起人之一，他一生著述甚多，有《磨剑室诗集》《磨剑室文集》等。

地方戏、京剧、话剧也在这时兴起，普遍受到群众的欢迎，并有所发展，特别是话剧在革命宣传中起了较大的作用。民间文学(民歌、民间故事等)形式的多方面运用，是文学趋向通俗化的表现。晚清至“五四”时期的近代文学是有一定成就的，它为“五四”以后新文学崛起准备了条件。

六、现代文学

“五四”以后的新文学是无产阶级领导的人民大众的反帝反封建的文学，是产生在中国现实土壤上，继承和发扬民族优秀文化传统，适应民族民主革命要求，大胆吸收外国文学营养而创造出来的新文学。

在现代文学的发展过程中，充满着矛盾和斗争，其中有新文学主流同封建文学、买办文学、汉奸文学的斗争，有无产阶级文艺思想同资产阶级文艺思想的斗争，也有革命文学阵营内部的论争。这些矛盾和斗争，推动了新文学的发展。同时，文学社团的出现使得新文学阵营日益壮大，其中影响较大的有文学研究会、创造社、太阳社、中国左翼作家联盟和中华全国文艺界抗敌协会等，它们对新文学的发展起了推动作用。

新文学中的小说创作获得了丰收。其中影响最大的作家是鲁迅(1881 年—1936 年)，他的小说集《呐喊》和《彷徨》真实地反映了辛亥革命前后到“五四”前后的社会现实，揭露了封建制度和封建礼教的罪恶。他的第一篇白话小说《狂人日记》为新文学奠定了第一块基石，其他著名作品还有《孔乙己》《风波》《祝福》等。

叶邵钧(叶圣陶)(1894 年—1988 年)的代表作、长篇小说《倪焕之》反映了从辛亥革命到第一次国内革命战争时期一部分小资产阶级知识分子的生活历程和精神面貌，他的短篇小说《多收了三五斗》《潘先生在难中》等也很出名。郁达夫(1896 年—1944 年)的代表作有《沉沦》《春风沉醉的晚上》《薄奠》等。冰心(1900 年—1999 年)的代表作有《两个家庭》《斯人独憔悴》等。

茅盾(1896 年—1981 年)的文学活动贯穿了现代文学史的始终，其代表作、长篇小说《子夜》描写了中国民族资产阶级、买办金融资本家、革命工作者、工人群众等各阶层各社会集团之间的矛盾斗争及其内部冲突，展现了 20 世纪 30 年代中国社会波澜壮阔的生活场景。他的代表作有《林家铺子》“农村三部曲”(《春蚕》《秋收》《残冬》)、《蚀》(由三个连续中篇《幻灭》《动摇》《追求》组成)、《虹》《腐蚀》《霜叶红似二月花》等。

巴金(1904 年—2005 年)的代表作《家》(与《春》《秋》合称为“激流三部曲”)描写了“五四”初期知识青年的觉醒及对封建势力所进行的抗争，宣告了封建社会必然覆灭的历史运动。此外，《灭亡》《新生》《寒夜》及“爱情三部曲”(《雾》《雨》《电》)等也有一定影响。老舍(1899 年—1966 年)的代表作《骆驼祥子》以北平洋车夫生活为题材，展现了当时城市劳动人民的悲惨生活，对半封建半殖民地的黑暗社会提出了抗议，他的代表作品还有《老张的哲学》《猫城记》《离婚》《四世同堂》等。

另外，较著名的作品还有张恨水(1895年—1967年)的《八十一梦》《五子登科》，沈从文(1902年—1988年)的《边城》《长河》，丁玲(1904年—1986年)的《太阳照在桑干河上》，赵树理(1908年—1970年)的《小二黑结婚》《李有才板话》，周立波(1908年—1979年)的《暴风骤雨》，钱钟书(1910年—1998年)的《围城》，萧红(1911年—1942年)的《生死场》，孙犁(1913年—2002年)的《荷花淀》，柳青(1916年—1978年)的《种谷记》等。

在新文学的各类创作中，新诗走在最前面。代表作品有郭沫若(1892年—1978年)的诗集《女神》《星空》《瓶》《前茅》《恢复》，胡适(1891年—1962年)的《尝试集》，闻一多(1899年—1946年)的诗集《红烛》《孤雁》《太阳吟》《一句话》，徐志摩(1897年—1931年)的诗集《志摩的诗》《翡冷翠的一夜》《猛虎集》《云游》，臧克家(1905年—2004年)的诗集《烙印》《罪恶的黑手》《运河》，戴望舒(1900 年—1950)的诗集《我的记忆》《望舒草》《灾难的岁月》，艾青(1910年—1996年)的《大堰河——我的保姆》，田间(1916年—1985年)的《给战斗者》《赶车传》，光未然(1913年—2002年)的《黄河大合唱》(歌词)等。

话剧艺术发展较为成熟。曹禺(1910年—1996年)的代表作《雷雨》展现了1925年前后中国社会生活的一个侧面，表现了对下层劳动人民不幸遭遇的同情及他们的反抗。其他较有影响的作品还有田汉(1898年—1968年)的《午饭之前》《获虎之夜》《名优之死》，洪深(1894年—1955年)的“农村三部曲”(《五奎桥》《香稻米》《青龙潭》)，欧阳予倩的《泼妇》《屏风后》，丁西林(1893年—1974年)的《一只马蜂》《三块钱国币》及改编的《孟丽君》，夏衍(1900年—1995年)的《上海屋檐下》《法西斯细菌》，茅盾的《清明前后》，陈白尘的《升官图》等。

散文方面以鲁迅的作品最富有表现力量和艺术光彩，他的散文诗集《野草》、散文集《朝花夕拾》是优美的散文精品，这些作品以其深刻的革命精神和独特的艺术风格，在现代文学史上留下了光辉的一页。其他有影响的作品还有瞿秋白(1899年—1935年)的散文集《饿乡纪程》《赤都心史》，朱自清(1898年—1948年)的《背影》《荷塘月色》，冰心的《寄小读者》，周作人(1885 年—1967 年)的《故乡的野菜》《北京的茶食》《乌篷船》等。另外，郭沫若、茅盾、巴金、叶圣陶、徐志摩、沈从文等都有精美的散文传世，繁荣了散文园地。

七、当代文学

中国当代文学，首先指的是1949年以来的中国文学；其次指的是发生在特定的社会主义历史语境中的文学。中国当代文学发展到今天主要分为“社会主义初期文学”、改革开放后的“新时期文学”“中国先锋文学”“中国自由文学”“通俗流行文学”等五大类。

八、各时期标志性作家及其作品

(一) 社会主义初期

巴金(1904年—2005年)，现代著名作家，原名李尧棠，字芾甘，笔名巴金，四川成都人，1982 年曾获“国际但丁文学奖”，先后担任中国作家协会主席、上海市作家协会主席等职。他的代表作有长篇小说《灭亡》、“爱情三部曲”(《雾》《雨》《电》)、“激流三部曲”(《家》《春》《秋》)等。

丁玲(1904 年—1986 年)，现代女作家，原名蒋伟，字冰之，湖南临澧人。她的代表作有《莎菲女士的日记》《太阳照在桑干河上》。1951 年《太阳照在桑干河上》获斯大林文学奖二等奖。

臧克家(1905 年—2004 年)，现代诗人，山东诸城人，历任《诗刊》主编。他的第一本诗集是《烙印》，其主要作品有诗《老马》、讽刺诗集《宝贝儿》、小说集《挂红》等。

赵树理(1906 年—1970 年)，现代小说家，山西沁水县人。他的代表作有长篇小说《李家庄的变迁》《三里湾》，中篇小说《李有才板话》，短篇小说《小二黑结婚》《登记》等。他的作品有浓厚的乡土气息，被誉为“山药蛋派”。

张天翼(1906 年—1985 年)，现代作家。原籍湖南湘乡，出生于南京。他的代表作有讽刺短篇小说《华威先生》，长篇小说《鬼士日记》，短篇小说《从空虚到充实》，儿童文学作品有《大林和小林》《宝葫芦的秘密》《大灰狼》等。

周立波(1908 年—1979 年)，现代作家，原名周绍仪，湖南益阳人。其代表作有长篇小说《暴风骤雨》《铁水奔流》《山乡巨变》，短篇小说《湘江一夜》等。

艾青(1910 年—1996 年)，原名蒋正涵，字养源，号海澄，现代诗人，浙江金华人。他于 1936 年出版了第一部诗集《大堰河》，其长诗《大堰河——我的保姆》是他的成名之作。抗日战争期间，写了长诗《向太阳》《火把》，新中国成立后写了《在浪尖上》《光明的赞歌》等。

杨朔(1913 年—1968 年)，现代小说家、散文家，山东蓬莱人。他的第一部长篇小说是反映抗美援朝的《三千里江山》，他的散文《荔枝蜜》《茶花赋》《海市》《香山红叶》等都是优秀散文佳作。

孙犁(1913 年—2002 年)，现代作家，原名孙树勋，河北省安平县人。其代表作有长篇小说《风云初记》、中篇小说《铁木前传》、短篇小说《荷花淀》，小说散文结集《白洋淀纪事》。他的小说充满诗情，有“诗体小说”之称。

杨沫(1914 年—1995 年)，现代女作家。1914 年生于北京，原籍湖南省湘阴县。1950 年出版描写抗日的中篇小说《苇塘纪事》。1958 年出版的优秀长篇小说《青春之歌》是她的代表作，后陆续出版了长篇小说《东方欲晓》《芳菲之歌》《英华之歌》。

周而复(1914 年—2004 年)，1914 年生于南京，祖籍安徽旌德县。他的代表作有报告文学《诺尔曼·白求恩片断》、长篇小说《上海的早晨》。

徐迟(1914 年—1996 年)，现代诗人、报告文学作家，原名徐商寿，浙江吴兴人。他的代表作有诗集《二十岁人》，散文集《美文集》《我们这时代的人》《庆功宴》，报告文学集《哥德巴赫猜想》等。

郭小川(1919 年—1976 年)，现代诗人，河北丰宁县人。抗战时期他开始写诗，主要作品有诗集《平原老人》《甘蔗林——青纱帐》《投入火热的斗争》以及长诗《将军三部曲》等，著有《郭小川诗选》。

秦牧(1919 年—1992 年)，现代散文家，原名林阿书，祖籍广东澄海，生于香港。其代表作有散文集《长河浪花集》、小品文《贝壳集》，以散文体裁写成了文艺论文集《艺海拾贝》。

魏巍(1920 年—2008 年)，现代作家，原名魏鸿杰，笔名红杨树，河南郑州人。其代表作是文艺通讯《谁是最可爱的人》，此外，还有诗集《黎明风暴》，文艺随笔《路标》。他的长篇小说《东方》获首届茅盾文学奖。

李季(1922 年—1980 年)，现代诗人，原名李振鹏，河北唐县人，代表作有长篇叙事诗《杨高传》。1945 年以陕北民歌“信天游”的形式写出了长篇叙事诗《王贵与李香香》。

马烽(1922 年—2004 年)，现代作家，山西孝义县人。其主要作品有《三年早知道》《我的第一个上级》，电影剧本《我们村里的年轻人》，长篇小说《吕梁英雄传》(与西戎合作)等。

贺敬之(1924 年—)，现代诗人、剧作家，山东枣庄人。1942 年，他和丁毅执笔集体创作的新歌剧《白毛女》获 1951 年斯大林文学奖。新中国成立后，写了《回延安》《放声歌唱》《西去列车的窗口》等诗篇。

(二) 新时期

王蒙(1934 年—)，当代作家，北京人。其处女作是长篇小说《青春万岁》。他的短篇小说《组织部来了个年轻人》影响很大，从 1976 年—1981 年发表 30 多篇作品。其中《最宝贵的》《悠悠寸草心》《春之声》分获 1978 年、1979 年、1980 年全国优秀短篇小说奖。中篇小说《蝴蝶》获全国优秀中篇小说奖。

张贤亮(1936 年—2014 年)，当代著名作家，小说《男人的一半是女人》《绿化树》等为其代表作。

刘绍棠(1936 年—1997 年)，当代作家，北京通州人。13 岁开始创作，17 岁发表了第一部短篇小说《青枝绿叶》。他的中篇小说《蒲柳人家》，短篇小说《峨眉》分别获得了全国中篇小说奖和短篇小说奖。

茹志鹃(1925 年—1998 年)，现代女作家，曾用笔名阿如、初旭，祖籍浙江省杭州市，生于上海。代表作有短篇小说《百合花》《静静的产院》《剪辑错了的故事》，其中《剪辑错了的故事》获 1979 年全国优秀短篇小说奖。

路遥(1949 年—1992 年)，原名王卫国，出生于陕西榆林清涧县，中国当代作家。他 1980 年发表了《惊心动魄的一幕》，获得第一届全国优秀中篇小说奖；1982 年发表了中篇小说《人生》；1991 年完成长篇巨著《平凡的世界》，获得茅盾文学奖。2019 年《平凡的世界》入选“新中国 70 年 70 部长篇小说典藏”。

蒋子龙(1941 年—)，当代作家，河北沧县人。其成名作是《机电局长的一天》，短篇小说《乔厂长上任记》荣获 1979 年全国优秀短篇小说一等奖，《开拓者》荣获全国优秀小说奖。

刘心武(1942 年—)，当代作家，四川资阳人。其短篇小说《班主任》荣获 1978 年全国短篇小说一等奖，长篇小说《钟鼓楼》荣获第二届茅盾文学奖。

张洁(1937 年—)，当代女作家。其处女作《从森林里来的孩子》和后来写的《谁生活得更美丽》分别获 1978 年、1979 年全国优秀短篇小说奖。长篇小说《沉重的翅膀》荣获第二届茅盾文学奖。

高晓声(1928-1999 年)，当代作家，江苏武进人。代表作《李顺大造屋》《陈奂生上城》分别获 1979 年、1980 年全国优秀短篇小说奖。

陈忠实(1942 年—2016 年)，中国当代作家，出生于陕西西安。其代表作有《白鹿原》《李十三推磨》《白鹿原纪事》等。作品《白鹿原》获 1997 年茅盾文学奖。

外国文学史概述

一、欧美文学

(一) 古希腊罗马文学

古希腊文学，即公元前 12 世纪到公元前 8 世纪，史称“英雄时代”，又称“荷马时代”的文学。希腊的神话和荷马史诗是人类文明的产物，具有永久的魅力。

希腊神话包括神的故事和英雄故事，内容涉及开天辟地、神的产生、神的谱系、人类的起源等。希腊神话的特点是人神同形同性，想象丰富，形象生动，极富艺术魅力。后世许多欧洲作品取材于希腊神话，从希腊神话中汲取丰富的营养。

古希腊最早的文学作品是两部史诗——《伊利亚特》和《奥德赛》，相传为盲诗人荷马所作，故称“荷马史诗”。《伊利亚特》通过对特洛伊战争的描写，歌颂英勇善战、维护集体利益、为集体建立了功勋的英雄人物，反映了希腊的社会情况。《奥德赛》是一部描写航海生活和家庭生活的史诗，是早期奴隶社会的生动画卷。荷马史诗是西方文学中最优秀的叙事长诗。

公元前 6 世纪时，希腊民间流传着一些散文故事，其中有些是动物寓言，相传是一个获得解放的奴隶伊索的作品，故称《伊索寓言》。它反映了下层平民和奴隶的思想感情，后人常作典故引用，或加以改写和模仿，具有广泛的世界影响。

公元前 6 世纪末到公元前 4 世纪初是希腊戏剧繁荣时期，历史上称之为“古典时代”。这一时期悲剧、喜剧的成就卓著，散文、文艺理论方面的成就也不可忽视。被称为“悲剧之父”的埃斯库罗斯(前 525 年—前 456 年)是雅典奴隶主民主制初期的悲剧诗人，他的代表作是“普罗米修斯三部曲”，流传下来的仅有其中一部——《被缚的普罗米修斯》。被称为“喜剧之父”的阿里斯托芬(前 446 年—385 年)的代表作是《阿卡奈人》。在这个历史时期里，古希腊出了著名文艺理论家柏拉图和亚里士多德，散文家有被称为“历史之父”的希罗多德，以及著名演说家苏格拉底等人。

古代罗马文学，包括公元前 3 世纪至公元 5 世纪的文学。罗马是稍晚于希腊而兴起的另一个奴隶制国家。它的文学是在希腊文学的影响下发展起来的。罗马文学前期的主要成就是戏剧，以喜剧成就最高。普劳图斯(前 254 年—前 184 年)的剧作揭露上层人物的恶习，同情穷人和奴隶，具有罗马民间戏剧的生动性，代表作品为《孪生兄弟》。另外，罗马史诗也较有成就，最著名的是维吉尔(前 70 年—前 19 年)的《伊尼德》，它开创了“文人史诗”的先例。

(二) 中世纪欧洲文学

从公元 5 世纪后期到公元 15 世纪中期，欧洲历史上称这段时期为封建社会的初、中期。中世纪文学即指这段时期的文学。欧洲中世纪文学，主要有教会文学、骑士文学、英雄史诗、城市文学和城市戏剧。

欧洲文学从中世纪向近代过渡，以意大利诗人但丁(1265 年—1321 年)为重要标志。但丁的《神曲》分《地狱》《炼狱》《天堂》三部，写诗人在维吉尔引导下游地狱、炼狱，并由贝阿特丽彩引导游历天堂的故事，表现了强烈的爱国主义精神和人文主义思想。它是中世纪文学中最早写出的广泛反映当时社会生活、表现人文主义萌芽的伟大诗篇，在欧洲文学史上具有划时代的意义。

(三) 文艺复兴时期的欧洲文学

14 世纪—16 世纪欧洲出现了以复兴古代文化为旗号的新文化运动——“文艺复兴”。它是封建制度解体、资本主义萌芽的历史时期下形成的资产阶级反封建反教会的思想文化运动。文艺复兴运动猛烈地冲击了教会的神权统治，在意识形态和文化科学各个领域里取得了空前伟大的成就，并造就了一批文化巨人。许多代表人物为了追求真理，曾进行艰苦的斗争，有的还献出了生命。

文艺复兴时期形成的资产阶级思想被称为人文主义。这个时期欧洲主要国家都产生了崭新的文学，由于各国历史条件不同，人文主义文学在各国的发展时间和取得的成就不尽相同。

意大利是资本主义生产关系产生得最早的国家之一，也是人文主义文学的发源地。意大利人文主义作家是欧洲人文主义作家的先驱。彼特拉克(1304 年—1374 年)是第一个人文主义者。他的著名作品抒情诗集《歌集》，首创十四行诗，开一代诗风，为近代欧洲抒情诗的发展奠定了基础。

薄伽丘(1313 年—1375 年)也是人文主义者。他的著名文学作品是短篇小说集《十日谈》。《十日谈》的重要主题是反教会、揭露教会僧侣的虚伪性和欺骗性；另一个重要主题是肯定爱情自由，反对禁欲主义和封建偏见。它是欧洲第一部现实主义作品，对欧洲现实主义文学的发展有深远的影响。

法国人文主义也相继出现。一派以沙龙(1524 年—1585 年)为代表的带有贵族倾向的“七星诗社”，他们推崇古典文学，提倡民族诗歌和民族语言，但轻视民间文学和人民语言。另一派的代表是具有民主倾向的人文主义的“巨人”拉伯雷(1495 年—1553 年)，《巨人传》是他的代表作。他主要从反愚昧主义、经院教育、封建法制等方面表现了比较深广的人文主义思想内容。这对后来法国和欧洲的文学产生了较大的影响。

西班牙塞万提斯(1547 年—1616 年)的《堂吉诃德》是一部讽刺骑士制度的长篇小说。写的是西班牙穷乡绅哈诺化名堂吉诃德·台·拉曼却，模仿骑士率领侍从桑丘·潘沙到处游走的故事。《堂吉诃德》为近代长篇小说的发展奠定了基础。戏剧家洛卜德·维迦(1562 年—1635 年)是西班牙民族喜剧的主要代表，代表作为《羊全村》。

文艺复兴时期的英国文学，以戏剧的成就最大。威廉·莎士比亚(1564 年—1616 年)是文艺复兴时期英国和欧洲最重要的作家，剧作成就最高。主要有《亨利四世》《威尼斯商人》《罗密欧与朱丽叶》以及被称为莎士比亚四大悲剧《哈姆雷特》《奥赛罗》《李尔王》《麦克白》等。莎士比亚的剧作是 16 世纪末 17 世纪初英国社会的产物，也是英国人文主义的最高成就，被称为“时代的灵魂”，产生过巨大影响。莎士比亚在欧洲文学史上占有重要地位，是世界文学史上最重要的巨匠之一。

(四) 17 世纪欧洲文学

17 世纪中叶英国的资产阶级革命，标志着世界近代史的开端，文学因此有了新的发展。当时英国最重要的作家和诗人是约翰·弥尔顿(1608 年—1674 年)。长诗《失乐园》是他最重要的作品，写撒旦引诱亚当、夏娃偷吃禁果而被赶出乐园的故事，其在欧洲诗歌史上具有重要的地位。

17 世纪初期，一种政治上主张拥护王权，文学上主张创作有规范、有法制，并以古代希腊罗马为榜样的古典主义文学流派在法国迅速兴起，出现了高乃依、拉辛为代表的悲剧作家和以莫里哀为代表的喜剧作家。

高乃依(1606 年—1684 年)是法国古典悲剧的奠基者，代表作《熙德》是古典悲剧的奠基作品。拉辛(1639 年—1699 年)是法国古典主义全盛时期的悲剧作家，代表作《安德洛马克》被称为第一部标准的古典主义悲剧。莫里哀(1622 年—1673 年)是法国重要的喜剧作家，他的《唐璜》和《恨世者》是抨击贵族阶级的作品，五幕诗体喜剧《伪君子》是欧洲古典喜剧的杰作。

(五) 18 世纪欧洲文学

18 世纪欧洲许多国家在革命高潮日益迫近的情势下，发生了一次声势浩大的思想文化革命运动—— 启蒙运动。它是文艺复兴以来资产阶级反封建反教会斗争的继续和发展。启蒙文学是启蒙运动的一个重要组成部分。启蒙文学的基本特点是具有鲜明的政治倾向和强烈的民主精神。启蒙作家还根据现实斗争的需要，创造了一些新的文学形式，如现实主义长篇小说、哲理小说、正剧、书信体小说、教育小说等。

英国文学的主要成就是现实主义小说。丹尼尔·笛福(1660 年—1731 年)是英国现实主义小说的奠基人，他的代表作《鲁宾逊漂流记》被认为是近代长篇小说的奠基作品之一。

法国的启蒙作家也是启蒙思想家，他们用文艺形式来宣传革命。伏尔泰(1694 年—1778 年)是法国启蒙运动的精神领袖，主要成就是小说，代表作是《老实人》。狄德罗(1713 年—1784 年)是法国唯物主义和无神论的代表，他的代表作是《修女》和《拉摩的侄儿》。卢梭(1712 年—1778 年)是法国启蒙运动激进民主派领袖。他在文学史上的主要贡献是他的三部小说：《新爱洛伊丝》《爱弥儿》和《忏悔录》。这些作品对后来的浪漫主义文学有巨大的影响。

启蒙时期的德国，政治落后、经济衰落，但文学繁荣。莱辛(1729—1781 年)是德国启蒙运动的代表，德国民族文学的奠基人。18 世纪 70 年代发生的全国性的狂飙突进运动，是德国文学史上一次反封建斗争的高潮。青年时期的歌德和席勒是这一运动的主要代表。歌德(1749 年—1832 年)是德国最伟大的民族诗人，作品有剧本《葛兹》《普罗米修斯》，小说《少年维特之烦恼》，诗剧《浮士德》等。《浮士德》是歌德以毕生心血完成的一部杰作，它是文艺复兴以来 300 年间资产阶级精神发展史的艺术总结。席勒(1759 年—1805 年)是杰出的诗人和剧作家，德国民族文化的代表人物之一，他在狂飙运动时期写的两部剧本《强盗》和《阴谋与爱情》，突出地表现了这一运动的叛逆精神。

(六) 19 世纪欧洲文学

浪漫主义是 18 世纪末 19 世纪初期欧洲普遍流行的文艺思潮，它是法国革命、欧洲民主运动和民族解放运动高潮时期的产物，反映资产阶级上升时期对个性解放的要求。

德国浪漫主义文学的代表作家有海涅(1797 年—1856 年)，他的代表作品有《歌集》和长诗《德国——一个冬天的童话》。海涅的创作完成了德国浪漫主义文学向民主主义文学的过渡，对德国和欧洲文学产生了积极影响。

英国浪漫主义文学的主要代表人物有华尔兹、科勒律治、骚塞、拜伦和雪莱等。拜伦(1788 年—1824 年)是英国杰出的浪漫主义诗人、欧洲浪漫主义文学和资产阶级民主力量的代表，著名作品有长篇讽刺诗《英国诗人和苏格兰评论家》、长诗《卡尔德·哈洛尔德游记》《东方叙事诗》等。他的诗体小说《唐璜》是近代英国诗歌创作的高峰。雪莱(1792 年—1822 年)是英国第一个表现空想社会主义思想的浪漫主义诗人，诗剧《解放了的普罗米修斯》是其代表作。

在法国，浪漫主义存在的时间最长。雨果(1802 年—1885 年)是法国杰出的浪漫主义作家，名作有长篇小说《巴黎圣母院》《悲惨的世界》《海上劳工》《笑面人》和《九三年》，这些作品深刻地揭露和批判了法国社会的黑暗和腐朽，生动地描绘了普通人民悲惨的生活。大仲马(1802 年—1870 年)的剧作《亨利第三和他的宫廷》揭开了法国浪漫主义戏剧的序幕，其代表作还有长篇小说《三个火枪手》《基督山伯爵》等。

19 世纪中后期，西欧文学出现了空前繁荣的局面，文学的主流是批判现实主义。这期间，一方面是自然主义和形形色色的颓废文学相继出现，风行一时，标志着资产阶级文学的没落；另一方面是无产阶级的文学兴起，巴黎公社文学继英国宪章派文学和德国工人诗歌之后，唱出了时代的最强音。上述种种文学，都在 19 世纪中后期同时存在，彼此有过斗争和影响。批判现实主义是西欧资本主义制度确立和发展的产物，它的基本特征是：第一，真实地反映社会本来面目；第二，强烈的批判性和暴露性；第三，重视描写典型环境中的典型性格。

法国批判现实主义文学的奠基人是司汤达(1783—1842 年)和巴尔扎克(1799 年—1850 年)。司汤达是 19 世纪法国第一个用现实主义方法写现实题材的作家，代表作是《红与黑》。巴尔扎克是世界文学中最伟大的批判现实主义作家之一，他的作品生动地描绘出法国王朝复辟时期和七月王朝时期的生活图景。其代表作《人间喜剧》反映 1789 年到 1848 年法国的历史，规模宏伟。《人间喜剧》包括 96 部小说，重要作品有《高老头》《欧也妮·葛朗台》《夏倍上校》《幻灭》等。这些作品深刻地揭露了资产阶级社会中人与人之间的冷酷无情，控诉了金钱的罪恶。福楼拜(1821 年—1880 年)是巴尔扎克以后法国最重要的作家，代表作是《包法利夫人》。都德(1840 年—1897 年)以普法战争为背景写了《最后一课》《柏林之围》等短篇小说，用卓越的艺术技巧表现了深刻的爱国主义思想。莫泊桑(1850 年—1893 年)是西欧短篇小说成就最高的作家，写有 300 余篇短篇小说，著名的有《羊脂球》《项链》《我的叔父于勒》等。罗曼·罗兰(1886 年—1944 年)是法国 19 世纪末 20 世纪初最重要的作家。他的代表作是长篇小说《约翰·克里斯朵夫》。

英国批判现实主义文学以狄更斯(1812 年—1870 年)为杰出代表，他一生写了 14 部长篇小说，题材非常广泛，具有幽默讽刺的风格，重要作品有《老古玩店》《董贝父子》《大卫·科波菲尔》《艰难时世》《双城记》等。英国重要的批判现实主义作家还有萨克雷(1811 年—1863 年)，代表作是《名利场》；夏洛蒂·勃朗特(1816 年—1855 年)，代表作是《简·爱》；盖斯凯尔夫人(1810 年—1865 年)，代表作是《玛丽·巴顿》；哈代(1840 年—1928 年)，代表作是《德伯家的苔丝》；萧伯纳(1856 年—1950 年)，代表作有《华伦夫人的职业》《巴巴拉少校》《苹果车》等。

19 世纪后期欧洲产生了自然主义和颓废文学的资产阶级文学流派。自然主义强调文学创作的科学性和真实性，否认文学的典型化原则；主张作家应超越政治和道德，对社会采取纯科学的态度；把社会人看成生物学意义上的人，用遗传学和生理学去解释人的思想活动和社会现象。这种理论的创建者是法国的左拉(1840 年—1902 年)。他最重要的著作有《卢贡·马加尔家族》《小酒店》《娜娜》《萌芽》等。颓废文学是当时西欧资产阶级颓废没落文化流派的总称，其总纲领是“为艺术而艺术”，否认文学应反映现实生活，主张文学应表现精神世界。

19 世纪 30 年代，随着工人运动的高涨，出现了早期的无产阶级文学。如英国宪章派的诗人艾内斯特·琼斯(1819 年—1869 年)和威廉·林顿(1791 年—1876 年)的诗歌是最有代表性的。德国也出现了一批工人诗人和作家，其中最重要的代表是维尔特(1822 年—1856 年)和恩格斯(1820 年—1895 年)。法国巴黎公社文学是社会主义现实主义文学的萌芽，最重要的代表人物是欧仁·鲍狄埃，他写了不少战斗诗歌，反映法国生活中的重大事件，号召法国工人阶级团结一致，同资产阶级作斗争。他创作的《国际歌》表现了无产阶级为解放全人类而斗争的大无畏精神。

19 世纪，北欧文学在欧洲民族解放运动的鼓舞下发展起来，19 世纪 70 年代，达到了空前繁荣。挪威的戏剧家易卜生(1828 年—1906 年)和丹麦的童话作家安徒生(1805 年—1875 年)是这一时期的中坚人物。安徒生的童话以动人的故事、民主主义思想和深刻的寓意深得孩子们喜爱，也吸引着广大成年读者。易卜生创作了一系列“社会问题剧”，在世界文学史上有重大影响，其代表作《玩偶之家》提出了现代资产阶级社会的妇女地位和妇女解放问题。

(七) 19 世纪俄国批判现实主义文学

19 世纪俄国批判现实主义文学是欧洲批判现实主义文学的一部分，俄国批判现实主义文学形成于 19 世纪 30 年代，随即迅速走向繁荣，到 20 世纪初才趋于没落。作家批判的锋芒主要是针对封建农奴制，后来也触及资本主义制度，他们作品的思想性和艺术性都达到相当高的水准。

俄国批判现实主义文学形式在形成和发展时期的主要代表作家有普希金、莱蒙托夫和果戈理等。普希金(1799 年—1837 年)是俄国伟大的民族诗人，他是俄国浪漫主义文学的主要代表人物，也是俄国批判现实主义文学的奠基人之一，他的诗体小说《叶甫盖尼·奥涅金》是俄国现实主义文学的典范作品。短篇小说《驿站长》表现出对现实社会的批判倾向。莱蒙托夫(1814 年—1841 年)的名著是长篇小说《当代英雄》。果戈理(1809 年—1852 年)的著名剧本《钦差大臣》、长篇小说《死魂灵》等，用讽刺的手法和卓越的艺术描写，揭发了农奴制的腐朽和官僚统治的罪恶。《死魂灵》问世后，在俄国引起巨大反响。

19 世纪 50 年代，俄国批判现实主义文学空前繁荣，许多作家对现实生活做了比较深刻的艺术概括，提出了许多迫切的问题。最著名的作品有冈察洛夫(1812 年—1891 年)的《奥勃洛摩夫》、屠格涅夫(1818 年—1883 年)的《前夜》和《父与子》、陀思妥耶夫斯基(1821 年—1881 年)的《罪与罚》和《白痴》。列夫·托尔斯泰(1828 年—1910 年)是俄国批判现实主义文学最伟大的代表。他在《战争与和平》《安娜·卡列琳娜》《复活》等优秀长篇小说中以惊人的艺术力量，勾画出那个时代的基本特征，体现了他“撕毁一切假面具”的现实主义主张。车尔尼雪夫斯基(1828 年—1889 年)的长篇小说《怎么办？》是俄国文学史上反沙皇专制制度最激烈的一部作品。契诃夫(1860 年—1904 年)是俄国批判现实主义文学最后一位作家，他是杰出的小说家和剧作家。他和托尔斯泰等作家一起把俄国批判现实主义文学发展到高峰，代表作有小说《变色龙》《普里希别耶夫中士》《苦恼》《第六号病房》《装在套子里的人》和剧本《万尼亚舅舅》《樱桃园》等。

(八) 19 世纪美国文学

美国在独立后相当长的时间内，文学艺术上仍处在英国的影响之下。在现实面前它有创立民族文学的任务。19 世纪前期，美国文学中最主要的流派是浪漫主义，因为浪漫主义的美学原则和创作方法可以更好地反映美国资产阶级上升时期的理想和热情。

美国早期有名的浪漫主义作家有华盛顿·欧文(1783 年—1859 年)、詹姆斯·费尼莫·库柏(1789 年—1851 年)等，他们是美国文学的先驱。在浪漫主义文学中，充分反映出“新世界”的朝气蓬勃精神的是诗人惠特曼(1819 年—1892 年)，代表作是《草叶集》。小说方面最有影响的是霍桑(1804 年—1864 年)，代表作是《红字》。

美国批判现实主义的最主要代表是马克·吐温(1835 年—1910 年)，他的《竞选州长》《高尔斯密的朋友再度出洋》《汤姆·索亚历险记》《哈克贝利·费恩历险记》《王子与贫儿》等都是讽刺性、揭露性强的作品。另一位出色的短篇小说大师欧·亨利(1862 年—1910 年)，他的代表作有《麦琪的礼物》《警察和赞美诗》《最后一片叶子》等。

(九) 20 世纪前期的苏联文学

苏联文学是在十月革命的烈火中诞生的。它继承了俄国文学的优秀传统，又以新的主题、新的主人公、新的创作方法出现在世界文坛上，标志着世界文学发展的新阶段。它对世界人民的革命斗争和世界进步文学产生了深远影响。苏联文学有四个特点：第一，遵循列宁提出的文学党性原则；第二，文学事业接受共产党的领导；第三，以社会主义现实主义为基本的创作方法；第四，具有多样化的民族风格和特色。十月革命后至 20 世纪 50 年代初的苏联无产阶级文学取得了巨大成就。

革命初期和内战时期，以诗歌最为活跃。马雅可夫斯基(1893 年—1930 年)是苏维埃时代最优秀的诗人之一，长诗《列宁》是他最成功的代表作之一，是世界文学中最早描写无产阶级革命领袖的政治抒情诗。诗人创造了一种以“阶梯式”排列的新诗形式，节奏鲜明、有力，便于强调重要部分，适于朗诵。他的诗歌的战斗风格和写作技巧，对我国诗歌的发展有着深远影响。

20 世纪 20 年代是苏联无产阶级文学迅速成长的奠基时期。高尔基(1868 年—1936 年)

是苏联文学的奠基人，他的创作开创了无产阶级文学的新纪元。他早期最有名的作品是《伊则吉尔老婆子》和《鹰之歌》。前者谴责了腊拉的个人主义，歌颂了丹柯为集体而献身的英勇精神；后者抨击了苟且偷安、害怕斗争的小市民习气，颂扬了追求光明和自由而不怕牺牲的英雄主义精神。20 世纪初，高尔基以战斗诗篇《海燕》，迎接了当时的无产阶级革命风暴。1906 年高尔基的杰作《母亲》问世，《母亲》是社会主义现实主义文学的奠基作，是世界文学史上一部划时代的巨著。它真实地反映了 20 世纪初俄国革命的现实，使高大的无产阶级的英雄形象第一次进入文学领域。《母亲》是高尔基用社会主义现实主义创作方法写作的新文学的典范作品，之后他又相继创作了自传体三部曲《童年》《在人间》《我的大学》。20 世纪 20 年代，高尔基写了《阿尔达莫诺夫家的事业》《克里姆•萨姆金的一生》等著名作品。在这一时期的著名作家，还有富尔曼诺夫(1891 年—1926 年)，代表作为《恰巴耶夫》；绥拉菲莫维奇(1863 年—1949 年)，代表作为《铁流》；法捷耶夫(1901 年—1956 年)，代表作为《毁灭》；革拉特科夫(1883 年—1958 年)，代表作为《水泥》。

20 世纪 30 年代著名的作家有奥斯特洛夫斯基(1904 年—1936 年)。他的长篇小说《钢铁是怎样炼成的》，塑造了一个献身革命和建设的优秀共产党员保尔 • 柯察金的形象。这个形象成为世界进步青年的榜样。同一时期还有肖洛霍夫(1905 年—1984 年)，代表作为《静静的顿河》；马雷什金(1892 年—1938 年)，代表作为《来自穷乡僻壤的人》；阿 • 托尔斯泰(1882 年—1945 年)，代表作为《苦难的历程》，等等。

反法西斯的卫国战争时期，优秀的作家有戈尔巴托夫(1908 年—1954 年)，代表作为《宁死不屈》;法捷耶夫(1901 年—1956 年)，代表作为《青年近卫军》。

20 世纪 50 年代初期的代表作家有巴甫连柯(1899 年—1951)，代表作为《幸福》；列昂诺夫(1899 年—1994 年)，代表作为《俄罗斯的森林》，等等。

综上所述，从 1917 到 1953 年将近 40 年的苏联文学取得了巨大的成就，出现了大批优秀作家和大量优秀作品。这个时期的文学对于我国革命和我国文学都产生过深远的影响，值得我们认真研究、总结和借鉴。

二、亚非文学

亚洲和非洲历史悠久，是古代文明的摇篮。亚非文学亦称东方文学，是世界文学的重要组成部分。亚非文学是在亚洲、非洲人民生活的土壤上产生的，和欧洲文学相比，有其自身的一些突出特点。首先，亚非文学历史悠久，世界上几个大的文明古国(埃及、巴比伦、中国、印度、希腊)大多数是在东方；其次，亚非文学的发展具有多源性；再次，亚非文学与宗教意识形成有着更为紧密的联系；还有，亚非文学与人民口头创作联系紧密。亚非文学的发展过程，大体上是与社会发展的各个历史阶段相适应的。

(一) 古代文学

古代文学，主要指从原始公社制社会末期至奴隶制社会的文学。古代文学取得重大成就的有埃及文学、巴比伦文学、希伯来文学和印度文学等。古代埃及文学产生了远古劳动歌谣《庄稼人的歌谣》《尼罗河颂》，故事《能说会道的农夫》等。古代巴比伦文学的代表作《吉尔嘉美什》是已知的世界文学中最早最古的史诗。希伯来文学的代表作是古代犹太教的经典《旧约》，它不仅是一部宗教书，还是一部内容充实的希伯来文学总集。古代印度文学丰富多彩，产生了诗歌总集《吠陀》、民间故事集《书五卷》、两大史诗《摩诃婆罗多》《罗摩衍那》以及迦梨陀裟的戏剧《沙恭达罗》、普陀罗加的《小泥车》等优秀作品。

(二) 中古文学

中古文学反映了封建社会的形成、发展以及衰落的过程，大体上包括了从公元 5 世纪至 19 世纪初叶的作品。与欧洲文学不同的是，亚非国家由于商品货币经济发展缓慢，所以直到封建社会末期也没有产生像欧洲文艺复兴那样的早期资产阶级文学。但中古亚非文学无论在思想上、艺术上都取得了巨大的成就，它的初、中期文学是当时世界文学的高峰。在中古时期日本、波斯、阿拉伯、印度等国的文学走在亚非文学的前列；朝鲜、越南等国文学取得了相当不错的成就，如日本的《万叶集》和《源氏物语》、阿拉伯的《一千零一夜》、朝鲜的《春香传》、越南的《金云翘传》等。

(三) 近代文学

亚非国家的近代史，除个别国家外，是逐渐沦为殖民地半殖民地的历史。时间一般从 19 世纪中叶到第一次世界大战前后。近代日本文学是亚非国家中唯一在资本主义基础上发展起来的资产阶级文学。近代印度文学也十分丰富，出现了泰戈尔等大作家。他们的创作表现了鲜明的反殖民主义、反封建的倾向。

(四) 现代文学

亚非现代文学通常指第一次世界大战前后到 20 世纪 50 年代。十月革命后，各国工人运动大发展，无产阶级文学逐渐占据突出地位，出现了不少著名作家。如日本的小林多喜二、朝鲜的李箕永、伊朗的拉胡蒂等，都有较大的影响。与此同时，现代资产阶级进步文学也较发达，如日本的井上靖，印度的普列姆昌德等作家的创作都取得了较大的成就。

参考文献

1. 郭预衡. 中国历代散文精品[M]. 北京：时代文艺出版社，2001.
2. 任继愈. 老子新译[M]. 上海：上海古籍出版社，1985.
3. 徐中玉，齐森华. 大学语文[M]. 上海：华中师范大学出版社，2005.
4. 杜启荣，等. 大学语文[M]. 北京：中国水利水电出版社，2012.
5. 吕艺. 大学语文[M]. 北京：中国传媒大学出版社，2008.
6. 陈洪. 大学语文[M]. 北京：高等教育出版社，2005.
7. 马跃，许贻斌，梁丽丹. 大学语文[M]. 沈阳：辽宁教育出版社，2011.
8. 薛颖. 文苑撷英：新时代大学语文读本[M]. 北京：北京理工大学出版社，2018.
9. 童庆炳. 文学理论教程[M]. 北京：高等教育出版社，2015.
10. 曹顺庆. 比较文学概论[M]. 北京：中国人民大学出版社，2015.
11. 崔际银. 大学语文[M]. 天津：南开大学出版社，2014.